广视角·全方位·多品种

皮书系列为"十二五"国家重点图书出版规划项目

权威·前沿·原创

中国社会科学院创新工程学术出版资助项目

中亚国家发展报告
（2012）

ANNUAL REPORT ON DEVELOPMENT
OF CENTRAL ASIA (2012)

中国社会科学院俄罗斯东欧中亚研究所
主　编／孙　力
副主编／吴宏伟

社会科学文献出版社
SOCIAL SCIENCES ACADEMIC PRESS (CHINA)

图书在版编目(CIP)数据

中亚国家发展报告. 2012/孙力主编. —北京：社会科学文献出版社，2012.6
（中亚黄皮书）
ISBN 978-7-5097-3392-9

Ⅰ.①中… Ⅱ.①孙… Ⅲ.①社会发展-研究报告-中亚-2012　Ⅳ.①D736.069

中国版本图书馆 CIP 数据核字（2012）第 089037 号

中亚黄皮书
中亚国家发展报告（2012）

主　　编／孙　力
副 主 编／吴宏伟

出 版 人／谢寿光
出 版 者／社会科学文献出版社
地　　址／北京市西城区北三环中路甲 29 号院 3 号楼华龙大厦
邮政编码／100029

责任部门／编译中心（010）59367004　　责任编辑／刘　娟　蒋颖洁
电子信箱／bianyibu@ssap.cn　　　　　　责任校对／师军革
项目统筹／祝得彬　　　　　　　　　　　责任印制／岳　阳
总 经 销／社会科学文献出版社发行部　（010）59367081　59367089
读者服务／读者服务中心（010）59367028

印　　装／北京季蜂印刷有限公司
开　　本／787mm×1092mm　1/16　　　印　张／23.75
版　　次／2012 年 6 月第 1 版　　　　　字　数／405 千字
印　　次／2012 年 6 月第 1 次印刷
书　　号／ISBN 978-7-5097-3392-9
定　　价／79.00 元

本书如有破损、缺页、装订错误，请与本社读者服务中心联系更换
版权所有　翻印必究

中亚黄皮书编委会

主　　编　孙　力

副 主 编　吴宏伟

编　　委　（按姓氏笔画排序）

冯育民　朱晓中　孙　力　李永全　李进峰
吴宏伟　何　卫　张盛发　郑　羽　常　玢
程亦军　潘德礼　薛福岐

撰 稿 人　（按姓氏笔画排序）

王　聪　史谢弘　石　岚　孙　力　孙壮志
孙昌洪　李中海　李　琪　李抒音　李　瞰
李昕韡　吴大辉　吴宏伟　张　昊　包　毅
苏　畅　苏晓宇　肖　斌　许勤华　杨　进
赵会荣　赵常庆　柳丰华　黄秋菊　潘志平
薛福岐

英文翻译　朱晓中　朱红根

主要编撰者简介

孙　力　中国社会科学院俄罗斯东欧中亚研究所副所长、研究员。长期从事中亚与上海合作组织问题研究。曾两次任人民日报驻中亚记者站记者，亲身经历了"9·11"事件后中亚地缘政治格局的变化、吉尔吉斯斯坦政权更迭、"安集延事件"等，撰写了大量关于中亚政治、经济、外交、安全等方面的文章。《俄罗斯东欧中亚国家发展报告》（2010、2011）副主编，"俄罗斯东欧中亚研究网"和"中亚研究网"主持人之一。

吴宏伟　中国社会科学院俄罗斯东欧中亚研究所中亚研究室主任、研究员，中国社会科学院研究生院教授，中国社会科学院上海合作组织研究中心副秘书长。长期从事中亚与上海合作组织研究，著有《中亚人口问题研究》《突厥语族语言语音比较研究》等专著，主编过《俄美新较量——俄罗斯与格鲁吉亚的冲突》《中亚地区发展与国际合作机制》等著作，是《上海合作组织发展报告》主编之一。

摘　要

　　2011年是中亚国家独立20周年。中亚国家举办了各种类型的庆祝活动。中国国内相关单位也召开一系列学术研讨会，对中亚国家独立20年发展道路和发展模式进行研讨，就如何进一步推动中国与中亚国家关系建言献策。

　　2011年以来，国际政治、经济形势发生深刻变化。在复杂多变的国际环境下中亚国家采取积极应对措施，有效消除了国际金融危机、欧债危机以及中东、北非动荡带来的不利影响，总体上保持了社会稳定和经济发展。2012年中亚国家仍然是挑战与机遇并存。三股极端势力仍然是中亚安全的最大威胁，但总体上中亚能够继续保持稳定。中东、北非动荡对中亚国家影响有限。发展经济，改善民生，构建和谐社会仍然是中亚国家的主要目标。

　　本报告为首次发布，由六个板块与几篇附录组成，包括总报告、热点与关注点、国际形势变化与中亚、中国与中亚国家关系、中亚与世界和国别形势。作者运用定量与定性相结合的研究方法，从宏观和微观的角度对2011年以来中亚地区形势、热点问题、重大事件以及各国基本国情进行了深入分析。鉴于国内对中亚国家的情况介绍得较少，本报告在某些板块中也收录了有关中亚国家独立20年变化的文章，以便使广大读者能对中亚国家的全貌有较全面的了解。

Abstract

The 20th anniversary of independence was commemorated by Central Asian countries where a variety of celebrations were held in 2011. Relevant organizations in China arranged a series of symposia aimed at delving into the evolutionary tracks and patterns of these nations over the past 20 years, and thus to formulate policy advices on the method of further improving the relations between China and the young nations in Central Asia.

Both social stability and economic development were generally actualized in Central Asian countries in despite of fundamental changes in world political and economic structure since 2011. All countries in this region have effectively eliminated the negative impacts of Global Financial Crisis, European Sovereign-Debt Crisis and of the political turbulence in Middle East and North Africa through the implementation of positive countermeasures in the both complicated and volatile situation. Central Asian countries are expected to maintain stability in 2012, though faced with both opportunities and challenges amongst which the Three Extremist Forces serve the vital threat, while the impact of political turbulence in Middle East and North Africa was limited, by contrast. The main objectives for Central Asian countries remain the development of national economy, the amelioration of standard of living, and the construction of harmonious society.

Initially publicized, this report is composed of six chapters and an appendix inclusive of General Report, Regional Focus, World Situation and Central Asia, Sino-Central Asian Relations, Central Asia and the World, and Country Review. In-depth analysis, as represented by the integration of both quantitative and qualitative approaches, was conducted in our research process when relevant authors were formulating their papers with respect to regional situation, hot topics, major issues, and the background information from both macro-and micro-perspectives. Some chapters included papers regarding the 20-year evolution since the independence of Central Asian countries for our readers to comprehensively acquire knowledge about the panorama of these countries, considering the inadequacy of domestic papers concerning Central Asian countries.

主编寄语

在文化与学术创新广泛开展的今天，在中国社会科学院领导的大力支持下，由中国社会科学院俄罗斯东欧中亚研究所组织、国内从事中亚研究的专家学者大力鼎助并参与撰写的《中亚国家发展报告》与广大读者见面了，这是值得高兴的事情。本报告是社会科学文献出版社出版的"皮书"系列中的一棵新苗，属于国际问题研究皮书的一种。本报告涉猎的对象为我国西部五个邻国或近邻：哈萨克斯坦、乌兹别克斯坦、吉尔吉斯斯坦、塔吉克斯坦、土库曼斯坦。这五个国家于2011年底刚刚庆祝独立20周年，2012年则纪念与我国建交20周年，在此值得庆贺的年份出版关于中亚五国发展情况的报告，其重要意义非同一般。

中亚五国面积总和为400万平方公里，人口约6400万。在五个国家中，哈萨克斯坦、吉尔吉斯斯坦和塔吉克斯坦为我国的邻国，与我国有3300多公里的共同边界，构成我国周边安全带的重要一环。从国家综合实力来看，中亚国家不算强大，从经济与科技水平来看，中亚国家并不属于发达国家，它们皆属于发展中国家成员。不过，由于这些国家拥有很多不同于其他发展中国家的特点，因此，在国际社会中占据重要位置，独立以来始终为国际社会所瞩目。

中亚国家的重要性在于：第一，它们位于欧亚两大洲的接合部，北部与俄罗斯为邻，东部与中国接壤，南部与多事之秋的阿富汗、伊朗搭界，西部隔里海与外高加索国家和西亚伊斯兰世界相望。中亚地区战略位置相当重要，尤其是对那些想充当"世界领袖"而不曾染指过中亚地区的某些国家而言。由于历史原因，中亚国家与俄罗斯存在特殊的关系，由于现实需要，中亚国家与世界大国开展多方面的合作。在这种情况下，中亚国家会身不由己地成为俄与美欧大国争夺的对象。第二，中亚国家自然资源丰富，尤其是石油、天然气储量在世界上占据举足轻重的地位。在谁控制油气资源，谁就能影响世界的今天，中亚国家无疑会成为觊觎的目标。

以上是就世界战略而言。而对我国来说，中亚国家具有更为重要的意义。首

先，它们是我国的邻国或近邻，那里发生的一切变化都会对我国产生影响。既存在积极影响，也存在消极影响。特别是中亚国家独立后，少数国家政局不稳定，很多国家都存在恐怖势力活动问题，中亚地区也是威胁和破坏我国西部安全与稳定的"东突"势力的栖身场所之一，因此，中亚地区的安全与稳定直接关系到我国新疆地区的安全与稳定。多年来，中国致力于构筑周边安全带，将发展与周边国家的友好关系作为外交工作的重点之一，中亚国家作为我国的邻国自然位列其中。其次，中亚国家也是我国开展对外经济合作的重点地区之一。建交以来彼此经济合作发展迅速。中亚地区已经成为我国油气进口的重要来源地之一。日益密切的经济合作拉近了彼此的距离，促进了合作的深化，给各国人民带来实实在在的利益。最后，多数中亚国家和我国同为上海合作组织成员国，在国际和地区重大问题上存在广泛的共识，在事关彼此核心利益问题上能够相互理解和支持，在复杂多变的当代世界，这一点也十分重要。

正是由于中亚国家具有的对国际社会和对我国的重要性，而且这种重要性与日俱增，才使得中亚国家为国际社会特别是我国所青睐，也使它们能在中国社会科学院编写的国际问题皮书系列为数不多的出版物中占据一席之地。应该说，这是客观存在和现实需要的反映，是科研为国家、为社会服务的具体体现，也是我院"创新工程"取得的具体成果。

本报告为首次发布，由六个论文板块与附录组成，内容以2011年中亚五国国情和中亚地区发生的重大事件为主。鉴于国内对中亚国家的情况介绍得较少，本报告在某些板块中也收录了有关中亚国家独立20年变化的文章，以便广大读者能对中亚国家的全貌有较全面的了解。

本报告"总论"板块由两篇文章组成。第一篇介绍2011年中亚国家当前总体形势，使读者能对中亚国家现状有所了解；第二篇则对中亚国家独立20年来的变化，包括政治、经济、对外关系、安全形势等作了较为详细的描述。读者可通过这两篇文章对中亚国家独立以来的发展过程和现状形成大致的印象。"热点与关注点"这个板块收录了七篇文章。所谓"热点"，是指近期发生的引起国际社会广泛关注的重大事件，例如，哈萨克斯坦发生的"扎瑙津事件"就属于这类问题。"关注点"是指中亚国家存在的、同样引起国际社会热议的问题，只是关注程度略逊于"热点"罢了，例如，关于中亚国家的政治体制改革就属于这类问题。本报告还设有"国际形势变化与中亚"板块，载有几篇值得一读的文章，从中可以看出世界形势变化对中亚地区产生的影响。众所周知，2011年是国际形势激烈变化的一年，大国博弈在加剧，经济危机在深化，中东、北非战火不停，阿富汗仍处于硝烟未灭、前景不明阶段。处在这种国际形势中的中亚国家很难独善其身。从这一板块文章中读者可以看到中亚国家的外部环境的险恶，也可以看到中亚国家为维护自身利益如何予以应对。关于我国与中亚国家的关系是各方都关注的内容，本报告为此设立专门的板块，读者从中可以看到我国与中亚国家在各方面的关系，特别是经济合作的成就与问题，中国新疆与中亚国家存在的互动。在我国与中亚国家的关系中，我国新疆特殊的地理位置和民族构成，决定了其具有的特殊地位和重要性。本板块还收录了探讨我国缘何能与中亚国家友好合作20年的文章，这不单单是使读者了解我国与中亚国家长期友好的原因，还在于通过总结经验、吸取教训，使友好合作关系永久保持下去。在"中亚与世界"这一板块中，可以看到除与中国关系外，中亚国家与世界其他大国——俄罗斯、美国和欧盟的关系。"国别形势"板块分国别介绍中亚国家一年中的各方面情况，如总统选举、经济和安全形势变化、对外关系等。将这个板块与总论结合起来阅读，可以从宏观和微观不同角度解读中亚国家，从而得出完整的结论。

本报告虽然由中国社会科学院俄罗斯东欧中亚研究所组织编写，但撰稿人却分属国内各有关单位，包括位于首都的科研机构与高校，以及新疆、上海、甘肃、陕西等地的科研单位与高校。他们都是多年从事中亚问题研究的专家学者，有较深厚的学术造诣。尽管论文观点属于作者本人，但论文论据属实，结论也具有重要参考价值。报告收录的文章具有很强的现实性、前瞻性，并具有一定的学术价值，是关注中亚问题以及国际问题的机构和读者值得拥有的工具书。

2012年仍是国际形势极其复杂的一年，很多问题仍存在不确定性，中亚事务也是一样。但并非一切问题皆不可知，有些情况是确定无疑的。这是指：中亚战略地位的重要性、大国对中亚地区的角逐、中亚国家面对险峻的国际环境不断前行、我国与中亚国家的友好关系不断发展。当然，年轻的中亚国家在前进的道路上还会遇到很多坎坷，国际形势变化会影响它们的进程。本报告作者会不断跟踪中亚国家的动向，将看法在以后报告中奉献给广大读者。我们也希望得到读者对本报告的反馈意见，以便将《中亚国家发展报告》越办越好。

目录

Ⅰ 总报告

Y.1 2011年以来中亚国家总体形势概述 …………………… 孙 力 / 001
Y.2 中亚国家独立20年回眸 ………………………………… 吴宏伟 / 017

Ⅱ 热点与关注点

Y.3 2011年中亚安全形势及发展趋势 ……………………… 苏 畅 / 029
Y.4 哈萨克斯坦扎瑙津骚乱的过程、原因及启示 ………… 李中海 / 042
Y.5 吉尔吉斯斯坦走势分析 ………………………………… 薛福岐 / 049
Y.6 美军驻中亚军事基地去留问题分析 ………… 李抒音 李 瞰 / 057
Y.7 中亚的宗教发展与问题 ………………………………… 李 琪 / 065
Y.8 影响中亚地区稳定的社会问题
　　——以贫困为视角 …………………………………… 杨 进 / 078
Y.9 稳中求变的中亚国家政治改革 ………………………… 包 毅 / 097

Ⅲ 国际形势变化与中亚

Y.10 中亚国家外部形势变化与外交调整 …………………… 赵会荣 / 110
Y.11 中东北非动荡与中亚 …………………………………… 王 聪 / 124
Y.12 俄美博弈中亚的近期态势 ……………………………… 潘志平 / 132
Y.13 阿富汗局势变化对中亚安全的影响 …………………… 苏晓宇 / 139
Y.14 后国际金融危机时期中亚国家经济发展趋势解析 …… 黄秋菊 / 149

Ⅳ 中国与中亚国家关系

- Y.15 中国与中亚国家缘何友好合作20年 ………… 赵常庆 / 160
- Y.16 中国新疆与中亚
  ——互动、依存、发展 ………………………… 石 岚 / 171
- Y.17 中国与中亚国家能源合作新进展 …………… 许勤华 / 186
- Y.18 中国与中亚国家经济合作中的安全问题 …… 孙昌洪 / 196
- Y.19 上海合作组织：中国与中亚合作的重要平台 … 孙壮志 / 206

Ⅴ 中亚与世界

- Y.20 中亚与俄罗斯关系：20年间的演变 ………… 柳丰华 / 217
- Y.21 美国的中亚政策：利益目标与当务之急 …… 吴大辉 / 231
- Y.22 西方视野中的中国与中亚 …………………… 肖 斌 / 241

Ⅵ 国别形势

- Y.23 哈萨克斯坦 …………………………………… 赵会荣 / 254
- Y.24 乌兹别克斯坦 ………………………………… 李昕鞞 / 269
- Y.25 吉尔吉斯斯坦 ………………………………… 史谢虹 / 283
- Y.26 塔吉克斯坦 …………………………………… 杨 进 / 294
- Y.27 土库曼斯坦 …………………………………… 张 昊 / 305

Ⅶ 附录

- Y.28 2011年中亚国家大事记 …………………………………… / 322
- Y.29 中国与中亚国家高层交往与友好合作大事记
  （1991.12~2011.12）…………………………………………… / 338

CONTENTS

Ⅰ General Report

Ⅰ.1 Overview of Central Asian Countries since 2011　　　　　　Sun Li / 001

Ⅰ.2 Central Asian Countries: 20-Year Independence in Review　　Wu Hongwei / 017

Ⅱ Regional Focus

Ⅱ.3 Regional Security in Central Asia: Review 2011 and Prospect　　Su Chang / 029

Ⅱ.4 Zhanaozen Unrest in Kazakhstan: Process, Cause and Enlightenment　　Li Zhonghai / 042

Ⅱ.5 General Trend of the Kyrgyzstan Situation　　Xue Fuqi / 049

Ⅱ.6 To Go, or Not to Go: the Fate of US Army Base in Central Asia　　Li Shuyin, Li Kan / 057

Ⅱ.7 Religious Development and Problems in Central Asia　　Li Qi / 065

Ⅱ.8 Social Problems Impacting upon Regional Stability in Central Asia
　　—A Perspective of Poverty Issue　　Yang Jin / 078

Ⅱ.9 Seeking a Stability-Preserved Change: Political Reform in Central Asian Countries　　Bao Yi / 097

001

Ⅲ World Situation and Central Asia

Y.10 Central Asian Countries: Changes in the External Situation and the Corresponding Adjustments to Their Diplomatic Policies
Zhao Huirong / 110

Y.11 Unrest in the Middle East and North Africa: Anything to do with Central Asia? *Wang Cong* / 124

Y.12 Recent Trends of Russia-US Competition in Central Asia *Pan Zhiping* / 132

Y.13 The Impact of Afghan Situation upon Regional Security of Central Asia *Su Xiaoyu* / 139

Y.14 Economic Outlook of Central Asian Countries in the Post-Global Financial Crisis Era *Huang Qiuju* / 149

Ⅳ Sino-Central Asian Relations

Y.15 Behind China's 20-Year Friendly Cooperation with Central Asian Countries *Zhao Changqing* / 160

Y.16 Xinjiang Autonomous Region and Central Asia
—*Interaction, Interdependence and Common Development* *Shi Lan* / 171

Y.17 Latest Progress in Sino-Central Asian Energy Cooperation *Xu Qinhua* / 186

Y.18 The Security Issue in Sino-Central Asian Economic Cooperation *Sun Changhong* / 196

Y.19 Shanghai Cooperation Organization: An Essential Platform for Sino-Central Asian Cooperation *Sun Zhuangzhi* / 206

Ⅴ Central Asia and the World

Y.20 Central Asia-Russia Relations: 20-Year Evolution in Review
Liu Fenghua / 217

Y.21 US Policy towards Central Asia: Fundamental Interests vs. Imperative Targets　　*Wu Dahui* / 231

Y.22 China and Central Asia in Western Eyes　　*Xiao Bin* / 241

Y VI　Country Review

Y.23 Kazakhstan　　*Zhao Huirong* / 254
Y.24 Uzbekistan　　*Li Xinwei* / 269
Y.25 Kyrgyzstan　　*Shi Xiehong* / 283
Y.26 Tajikistan　　*Yang Jin* / 294
Y.27 Turkmenistan　　*Zhang Hao* / 305

Y VII　Appendix

Y.28 Central Asian Countries in 2011: A Chronicle of Major Events　　/ 322

Y.29 High-level Official Contacts and Friendly Cooperation between China and Central Asian Countries: A Chronicle of Major Events(1991.12-2011.12)　　/ 338

总 报 告

General Report

Y.1
2011年以来中亚国家总体形势概述

孙 力*

摘　要：2011年中亚形势总体良好，态势平稳，但各种潜在威胁仍然存在。中亚国家经济普遍出现恢复性增长，但受国际金融形势的影响，中亚国家经济形势并不乐观，国家间发展差距继续拉大；威胁本地区安全与稳定的内外因素一直存在，个别国家不稳定因素凸显；大国在本地区的博弈一直伴随着地区局势的发展变化。

关键词：中亚　总体形势　2011年

2011年对中亚国家来说非常重要，是中亚国家独立20周年。这一年，中亚国家政治形势总体稳定，但各种潜在威胁仍然存在，这促使中亚各国加快改革步伐，并设法巩固执政地位；中亚国家采取积极的危机应对措施，各国经济普遍增

---

* 孙力，中国社会科学院俄罗斯东欧中亚研究所副所长、研究员。

长,但各国经济发展差距在继续扩大,大量民生问题仍然摆在各国政府面前,需要着力去解决;非传统安全威胁仍然存在,阿富汗局势前景不明,与此同时,部分国家社会矛盾凸显;大国在本地区的博弈一直伴随着地区局势的变化而变化。

一 政治形势

2011年,中亚各国的政局平稳,大部分国家仍然保持传统的政治模式,即大总统、弱议会、小政府的政治体制,吉尔吉斯斯坦的政治体制改革取得了一些效果,但由总统制向议会制转型过程中也出现了不少问题。在过去的一年里,中亚地区发生了许多影响政局发展的重大事件。

(一) 政治基本稳定,多数国家政权稳固

2011年,中亚国家中的哈萨克斯坦和乌兹别克斯坦总统已经连续执政20多年(包括国家独立前),塔吉克斯坦总统拉赫蒙从1994年担任总统至今,土库曼斯坦总统别尔德穆哈梅多夫2007年2月担任总统。从目前情况看,哈萨克斯坦、乌兹别克斯坦、土库曼斯坦和塔吉克斯坦四国领导人在国内仍然有较高威望,地位比较巩固。2010年5月5日,哈萨克斯坦一些议员向议会提交两项修正案。一项是宪法修正案,主要内容是赋予纳扎尔巴耶夫总统"民族领袖"地位。另一项是法律修正案,主要内容是:哈萨克斯坦首任总统纳扎尔巴耶夫在其任职期间和卸任后,对他在履行总统责任期间的所有行为免于追究刑事和民事责任;不得拘留和逮捕民族领袖,也不能对其进行搜身;谋害民族领袖的行为属于恐怖犯罪;任何歪曲民族领袖形象和破坏其声誉的行为都将受到法律追究;纳扎尔巴耶夫及其家庭成员的财产享受法律保护等。经过审议,议会下院于5月12日、议会上院于5月13日分别通过这两项修正案。6月3日,纳扎尔巴耶夫总统签署了第二份修正案,否决了第一份修正案,拒绝接受"民族领袖"地位。

乌兹别克斯坦一直在延续独立以后的政治体制,没有发生大的变化。2009年末和2010年初举行了议会立法院选举。政治层面也在进行一定程度的改革,主要是加强议会的作用,缩短总统任期,提高政党在乌社会政治生活中的作用,开放大众传媒的自由度,加强公民社会的建设。

自2007年2月上任以来,土库曼斯坦总统别尔德穆哈梅多夫推行了一系列

改革措施,在政治、经济、社会人文和外交等领域都实施了更加开放的政策。这不仅增强了土库曼斯坦国力,改善了民生,同时还使土库曼斯坦的国际地位日益提升。"国家服务于人民"的惠民政策赢得民众普遍支持。土不仅保持自身中立国地位,还就全球和地区问题提出了一系列建设性倡议,不仅使土国际声誉日益提升,同时也为其自身的发展与进步营造了良好的国际环境和周边环境。

(二) 2011 年以来中亚国家发生了一系列有重要影响的事件

1. 哈萨克斯坦提前总统选举

哈萨克斯坦部分议员 2010 年 5 月提出赋予纳扎尔巴耶夫"民族领袖"称号,11 月提出"将总统任期延长到 2020 年"建议。这两项建议均被总统本人否决。2011 年 2 月 4 日,纳扎尔巴耶夫总统宣布 2011 年 4 月 3 日提前举行总统选举。此后,共有 22 人申请成为总统候选人,但 18 人因未能通过国语——哈萨克语测试或未能收集到足够数量的支持者签名等原因没能获得候选人资格。根据《哈萨克斯坦选举法》,精通哈萨克语和至少获得 91010 份支持者签名是成为总统候选人的必备条件。最终,只有 4 人成功注册为总统候选人,即现任总统纳扎尔巴耶夫、共产主义人民党中央委员会书记艾哈迈德别科夫、生态学家叶列乌西佐夫和爱国者党领袖卡西莫夫。4 月 3 日,哈举行新一届总统选举,纳扎尔巴耶夫以95.5% 的得票率高票当选,任期由 7 年改为 5 年。

2. 哈萨克斯坦议会提前选举

哈萨克斯坦总统纳扎尔巴耶夫采纳了部分议员的建议,于 2011 年 11 月 16 日签署总统令,根据这一命令,马日利斯(议会下院)将解散并提前举行选举。总统令说,根据哈萨克斯坦宪法以及选举法相关规定,第四届哈议会下院将被解散,哈萨克斯坦将于 2012 年 1 月 15 日举行新一届议会下院选举。总统令要求哈政府机关、中央选举委员会及各级地方政府积极筹备选举。

本届议会下院是 2007 年选举产生的,共有 107 名议员,任期 5 年,其中执政的"祖国之光"人民民主党占有全部经选举产生的 98 个议席,另外 9 个席位由哈人民大会推选。

2012 年 1 月 15 日,哈萨克斯坦议会选举顺利举行。根据哈中央选举委员会公布的结果,"祖国之光"人民民主党获得了 80.99% 的选票,"光明道路"民主党获得 7.47% 的选票,共产主义人民党获得 7.19% 的选票。它们分别获得议会

下院83个席位、8个席位和7个席位。① 哈实现了真正的多党制议会。

3. 扎瑙津事件

在2011年即将结束时，12月16日在哈萨克斯坦西部曼吉斯套州小城市发生引人震惊的骚乱，这就是"扎瑙津事件"。是日，哈萨克斯坦全国举行庆祝独立20周年活动。上午11时30分，在扎瑙津市中心广场，一群不法分子在当地庆祝纪念活动现场向平民发起袭击，推倒了新年枞树和临时舞台，并动用刀棍袭警，企图夺取武器，还焚烧了警车，造成14人死亡，近百人受伤。17日，哈总统纳扎尔巴耶夫签署了总统令，在扎瑙津实行为期20天的紧急状态，持续到2012年1月5日，后又将紧急状态令延续到1月31日。2011年12月22日，纳扎尔巴耶夫总统飞抵扎瑙津，接见当地民众和执法机关代表。纳扎尔巴耶夫对死难者表示哀悼，要求检察机关加大刑侦力度，尽快将犯罪分子绳之以法，同时保证调查过程公开透明。他还责成有关部门迅速修复扎瑙津市的受损设施，恢复正常社会秩序，为当地居民提供足够的工作机会。当日，纳扎尔巴耶夫签署命令，解除了其二女婿国家主权基金"萨姆鲁克—卡泽纳"董事会主席的职务，同时将该州州长调离。②

4. 吉尔吉斯斯坦政权平稳过渡

2011年10月30日，吉尔吉斯斯坦举行总统选举。这是吉独立以来举行的第六次总统选举，也是2010年4月巴基耶夫政权解体后的首次总统选举。共有包括现任总理阿坦巴耶夫在内的16位候选人参加角逐。吉选举委员会网站11月1日发布的信息说，对所有选票统计结果显示，阿坦巴耶夫获得了63.24%的选票。他的主要竞争对手——统一吉尔吉斯斯坦党议会党团领袖马杜马罗夫和故乡党领导人塔希耶夫的得票率分别为14.77%和14.32%。③

12月1日，吉尔吉斯斯坦新任总统阿尔马兹别克·阿坦巴耶夫在首都比什凯克国家音乐厅宣誓就职。中国国家主席胡锦涛特使、全国人大常委会副委员长司马义·铁力瓦尔地、土耳其总统居尔、上海合作组织秘书长伊马纳利耶夫等国家和国际组织代表以及驻吉使团代表出席了就职仪式。

---

① http：//www.inform.kz/rus/article/2433992.
② http：//www.inform.kz/rus/article/2428316.
③ http：//www.kabar.kg/rus/politics/full/21260.

12月2日,吉尔吉斯斯坦社会民主党宣布退出议会多数联盟,议会多数联盟解体。8日,吉新当选总统阿坦巴耶夫授权社会民主党进行总统选举后的首轮组阁。12日,吉尔吉斯斯坦议长克尔迪别科夫向吉议会递交辞呈并获通过。16日,社会民主党、"共和国"党、"尊严"党和"祖国"党签署协议,成立议会多数联盟,"故乡"党成为议会中唯一的反对党。随后,多数联盟的议员就政府总理和议长候选人的人选问题进行了不记名投票。在竞争最为激烈的总理候选人争夺中,"共和国"党领导人、代总理巴巴诺夫以52票击败了其他两位候选人,成功获得提名。而社会民主党成员、副议长热恩别科夫在无人竞争的情况下,获得75票赞成,顺利成为议长候选人。21日,热恩别科夫获得77票,顺利当选新议长。① 23日,在议会特别会议上,巴巴诺夫获得了议会全体120名议员中的113票,以绝对多数的优势当选为总理。这次会议上还通过了新政府的组成及副总理和各部部长人选。②

吉尔吉斯斯坦政权经过两次政权非正常更迭后,首次实现平稳过渡,避免了再次街头革命。但也要看到,吉议会多数联盟的基础并不稳固,吉政局还存在很多不确定因素。

5. 土库曼斯坦总统选举

2011年8月4日,在土库曼斯坦议会举行的第十一次会议上,议员们一致投票,决定于2012年2月12日举行总统选举。2006年12月21日,土库曼斯坦首任总统尼亚佐夫因心脏病突发逝世,时任副总理兼卫生部长别尔德穆哈梅多夫出任土代总统和武装力量最高统帅。2007年2月11日,别尔德穆哈梅多夫在全民选举中当选总统。土总统任期一届为5年。根据土宪法规定,凡是年龄在40岁至70岁,且熟练掌握土库曼斯坦语以及最近15年长期在国内生活的土公民都有权参选土总统。经过层层筛选,最终包括别尔德穆哈梅多夫在内的8人进入最后角逐。

2012年2月12日,土库曼斯坦顺利举行总统选举。此次选举土在全国共设立了2278个投票站,在册选民数量为298.7324万人,来自独联体的63名国际观察员和2300多名土本国观察员全程监督了选举投票和计票进程。③ 独联体观

---

① http://www.kabar.kg/rus/politics/full/24360.
② http://www.kabar.kg/politics/full/24548.
③ http://www.turkmenistan.ru/ru/articles/37023.html.

察团团长列别杰夫在随后的新闻发布会上对此次大选组织工作给予了高度评价，认为大选的投票和计票过程完全符合民主原则和相关国际标准。列别杰夫指出，此次选民投票积极性非常高，全国投票率达到了96.7%。选民之所以决定把票投给现任总统别尔德穆哈梅多夫，反映出民众对其实施的旨在保障和改善民生的政策的支持，也说明土人民希望国家能够继续保持稳定，健康发展。

15日，土库曼斯坦中央选举委员会主席内亚兹雷耶夫公布了最终选举结果，别尔德穆哈梅多夫以97.14%的绝对优势蝉联总统。17日，获得连任的土库曼斯坦总统别尔德穆哈梅多夫在首都阿什哈巴德宣誓就职。胡锦涛主席特使、全国人大常委会副委员长周铁农率中国代表团出席了就职仪式。①

二 经济形势

2011年，中亚国家采取积极的危机应对措施，取得了明显效果。各国普遍出现了经济恢复性增长，但表现不同。与此同时，中亚国家间的经济联系进一步减弱，国家间的发展差距持续拉大。哈萨克斯坦经济恢复强劲；乌兹别克斯坦和土库曼斯坦走的是一条稳健的经济发展道路，近年来一直保持较快发展；吉尔吉斯斯坦和塔吉克斯坦经济恢复后劲不足。

（一）各国宏观经济形势总体看好

在世界经济形势并不景气的情况下，中亚国家经济都在增长，成为全球引人瞩目的一隅，不过中亚各国发展仍存在不同。

1. 哈萨克斯坦经济"一枝独秀"

哈萨克斯坦政府网站公布的数据显示，2011年哈国内生产总值同比增长7.5%，人均国内生产总值11300美元。其中，工业增长3.5%，农业增长26.7%，粮食产量高达2600万吨，加工业增长6.2%，矿山开采业增长1.6%，化学工业增长21%，机械制造业增长16.8%，冶金工业增长6.5%，货物运输增长16.6%，零售贸易增长12.5%，"工业路线图计划"和"至2020年商业路线图计划"对国内生产总值的贡献率为2%。其中，"工业路线图计划"积极推进：

---

① 2012年2月18日《人民日报》，第三版。

计划实施 609 个项目,总价值为 9.7 万亿坚戈,建设阶段提供 20.5 万个就业岗位,运营后创造 18 万个就业岗位。其中,2011 年建成 237 个项目,价值 1 万亿坚戈,提供了 4.5 万个就业岗位。2010~2011 年在"工业路线图计划"框架内共建设 389 个项目,价值 1.8 万亿坚戈,创造了 9 万个就业岗位。2011 年已投产项目总产值为 5000 亿坚戈,开发了 106 种产品。在"至 2020 年商业路线图计划"框架内,对拥有 9.5 万员工的 1000 家企业的 820 个项目进行了补贴,总金额达 251.4 万亿坚戈。①

2. 乌、土两国经济持续快速发展

2012 年 1 月 19 日,乌兹别克斯坦总统卡里莫夫在政府工作会议上说,最近 5~6 年以来,乌经济保持持续稳定增长。2011 年乌国内生产总值同比增长 8.3%,其中,工业生产增长 6.3%,农业生产增长 6.6%,服务业增长 16.1%。2011 年共收获 680 万吨谷物、350 万吨棉花、820 万吨蔬菜和瓜果。2011 年乌居民工资、奖金和社会补贴增长了 20.2%,退休金增长了 26.2%,居民收入总体上增长了 23.1%。2012 年,乌政府将把 60% 的预算支出用于卫生、教育、科学和文化事业,并将居民工资水平、退休金、奖金和社会补贴继续提高 20% 以上,居民实际收入水平将提高 22%~24%。2011 年乌有 7400 个家庭喜迁新居。2012 年预计迁入新居的家庭数量将达到 8510 个。②

2011 年 1~9 月,土库曼斯坦国内生产总值同比增长 14.6%,其中工业产值增长 24.1%,建筑业增长 12.4%,运输和通信业增长 7.8%,贸易增长 8.7%,服务业增长 8.1%,农业增长 0.2%。③ 据世界银行和国际货币基金组织预测,2011 年土库曼斯坦国内生产总值增长率可达 9%。土库曼斯坦独立后重视发展农业,增加了对农业的投资,对农业管理进行了改革,扩大了种植业面积,并取得了显著成效。2011 年土库曼斯坦农业喜获丰收,粮食产量达到 400 万吨,土库曼斯坦历史上首次成为粮食出口国,棉花产量达到 105 万吨。土库曼斯坦油气资源丰富,特别是天然气资源储量特别大。石油和天然气是土库曼斯坦经济的支柱产业。2011 年前 8 个月,石油产量增加 107%;天然气产量增加 42.3%,出口增

---

① http://www.pm.kz/ru/govnews/5206.
② http://uza.uz/ru/politics/17767/.
③ http://www.banki.ru/news/lenta/?id=3359302.

加76.1%，预计2011年天然气产量将达880多亿立方米。

3. 吉、塔两国经济趋稳复苏，但面临很大的困难

吉尔吉斯斯坦2011年前三季度经济呈恢复性增长，增长率高达8.7%，曾引发外界关注。但自第四季度开始，受世界经济前景不明等外部因素影响，吉黄金出口增长势头减慢，侨汇收入也开始减少，银行业恢复进程受阻，导致吉经济增速逐步放缓。据吉统计委日前公布的数字，吉2011年国内生产总值2731亿索姆（约合58.7亿美元），同比增长5.7%，比前三季度大减3个百分点，亦明显低于国际货币基金组织两月前所作全年增长7%的预测。2011年，扣除"库姆托尔"金矿产值，吉工业生产总值为2406亿索姆，同比增长5.6%，矿山开采业增长24.6%，加工业增长9.8%，电力、天然气和水力增长22.4%，农业、狩猎和森林领域增长2.3%。①

据塔吉克斯坦总统直属统计署数据显示，2011年塔国内生产总值为300亿索莫尼（约合63亿美元），同比增长7.4%。其中，农业、林业、渔业和狩猎业收入占国内生产总值的23.8%，贸易、汽车维修、日用品生产和销售、餐饮和宾馆业占16.7%，运输、通信和仓储业占14.3%，工业（包括电力）占12.3%，税收占11%，建筑业占7.4%，教育占4.5%，国家管理和社会保险占3.8%，医疗卫生占2.2%，租赁行业等占0.4%。② 2011年，塔工业生产总值为76亿索莫尼（约合16亿美元），同比增长5.9%。塔农业部长2012年1月6日说，塔2011年农业全面丰收：皮棉生产41.5万吨，是塔独立以来最高纪录；粮食约110万吨；蔬菜120多万吨；土豆86.3万吨；水果26.2万吨；等等。③

（二）困扰各国的经济问题依然存在

中亚国家独立前就存在经济结构不合理、区域发展不平衡等问题。独立后，由于各国自然禀赋不同、经济模式和经济政策不同等原因，各国原有的问题继续放大，经济发展出现很大的差距。

---

① http://www.kabar.kg/economics/full/25393.
② http://www.news.tj/ru/news/obem-vvp-tadzhikistana-po-itogam-2011-goda-prevysil-63-mlrd.
③ http://www.news.tj/ru/news/minselkhoz-rt-v-2011-godu-sobrany-vysokie-urozhai-pochti-po-vsem-kulturam.

2011 年以来中亚国家总体形势概述

哈萨克斯坦、土库曼斯坦和乌兹别克斯坦的能源相对丰富,三国早在独立初期就把能源出口作为实现国家稳定和经济增长的重要途径,通过吸引外资和不断提高能源开采量增加外汇收入,从而为建立新的工业基础设施、发展加工业和服务业创造条件。而塔吉克斯坦和吉尔吉斯斯坦缺乏可大量出口换汇的资源和高水平的技术与加工能力,加之经济规模小,严重依赖原材料出口、移民收入和国际援助,经济发展缓慢。从经济结构和从业人口状况看,哈、乌、土三国仍为工业—农业国,经济实力相对更强,发展速度更快。塔、吉两国仍为农业国,经济实力弱,发展严重依赖外援。

2011 年,中亚地区国家间的发展差距进一步拉大,哈萨克斯坦成为独联体第二大经济体,经济总量比中亚其他四国经济总量之和还要多,正向中等发达国家迈进。塔、吉两国经济如无大的改观,与哈、土等国差距渐行渐远。

(三)各国物价上涨、通货膨胀等问题凸显

近年来,中亚国家为应对国际金融危机,在采取一系列经济刺激政策的同时,大幅提高社会保障和工资水平。2011 年哈国民感受最深的经济现象是物价上涨,消费品物价指数从 1 月份的 1.7%(环比指数)逐月递增,10 月份达到 6.5%。据哈萨克斯坦国家统计署公布的数据,2011 年哈通胀率为 7.4%。其中,食品类商品价格上涨 9.1%,非食品类商品价格上涨 5.3%,服务价格上涨 7.3%。[1] 2011 年塔吉克斯坦通货膨胀率为 9.3%,其中食品类为 10.3%,非食品类为 7.2%,居民社会服务为 9.2%。2011 年初塔政府预计今年全年通货膨胀率为 7%,至年中这个数字修正为 11%,而国际货币基金组织的预测则为 13.5%。[2]

三 务实平衡外交呈现鲜明特点

2011 年中亚国家继续奉行务实平衡外交,取得积极成果,但各国外交重点表现不同,各自具有鲜明的特点。

---

[1] 中国驻哈萨克斯坦大使馆经济商务参赞处网站,http://kz.mofcom.gov.cn/aarticle/jmxw/201201/20120107914916.html。

[2] http://www.news.tj/ru/news/inflyatsiya - v - tadzhikistane - po - itogam - proshlogo - goda - sostavila - 93。

（一）继续推动务实的大国平衡外交

在对大国关系中，对俄关系是中亚国家外交的优先方向。尽管有的国家与俄在一些问题上发生不愉快，表现出疏俄倾向，但无法摆脱与俄在传统的政治、经济、军事、文化等方面的联系。与此同时，俄也将发展与中亚国家关系放在重要位置，在双边和多边领域积极巩固与中亚国家关系。2011年美国针对中亚的外交主要围绕阿富汗撤军问题展开。2011年2月，美国助理国务卿罗伯特·布莱克访问乌兹别克斯坦时说，美欢迎乌为北约在阿富汗的军事行动提供合作。5月，哈总统纳扎尔巴耶夫签署《批准哈美两国关于过境哈领空运送人员物资的协议》的法令，积极配合美建设阿富汗"北方配送网"。10月21～24日，美国国务卿希拉里对塔吉克斯坦和乌兹别克斯坦进行了工作访问。其间，希拉里与塔总统拉赫蒙会谈时说，美国高度评价塔在地区，特别是在恢复阿富汗经济和保障阿富汗安全等领域发挥的重要作用。[①] 希拉里与乌总统卡里莫夫会谈时说，美国感谢乌在解决阿富汗问题及其经济社会重建方面发挥的重要作用。[②]

1. 欧亚联盟 vs 新丝路战略

2011年，受国际和国内局势制约，俄、美两国在中亚事务上基本保持协调一致立场，但竞争并没停止。

继关税同盟成立之后，2011年10月4日，俄罗斯总理普京在《消息报》撰文，希望今后以俄罗斯、白俄罗斯、哈萨克斯坦三国关税同盟为基础建立"欧亚联盟"，有效连接欧洲和亚洲太平洋地区。这是普京表明竞选总统意向后首次提出外交倡议。他同时强调，"欧亚联盟"不会成为新的苏联或取代独立国家联合体。普京说，俄白哈关税同盟和共同经济空间"为未来建立欧亚经济联盟奠定基础"。以贸易自由化为基础的经济一体化意义重大，"欧亚联盟"将作为超国家机构协调成员国之间"经济和货币政策"，寻求与欧洲联盟推动经济一体化。"这是一个开放的项目，"他说，"欢迎其他伙伴加入。"

2011年10月21～24日，美国国务卿希拉里对阿富汗、巴基斯坦、塔吉克斯坦和乌兹别克斯坦四国进行了访问，提出了美国针对南亚和中亚地区合作，尤其

---

① http：//www.president.tj/rus/novostee_201011a.html.
② http：//uza.uz/ru/politics/16746/.

是针对阿富汗和巴基斯坦的新政策,被称为"新丝路战略"。但相关具体执行方案尚未出台,只是11月2日在土耳其伊斯坦布尔、11月5日在德国波恩举行研讨会,征求各方意见和建议。"新丝路战略"是之前"大中亚计划"的延续,实质是将中亚、阿富汗和南亚连为一体,主要着眼于美军全面撤出阿富汗后,中亚和南亚的地缘战略安排。中亚国家对该战略持积极支持立场。塔吉克斯坦总统拉赫蒙在会见美国国务卿希拉里时表示,"新丝路战略"目的在于建立中亚和南亚间的经贸、投资、交通运输、能源网,以及确保两个地区人民间的往来畅通无阻,塔支持美国的这一倡议。①

2. 中国与中亚国家关系进入崭新阶段

2011年6月12～15日,中国国家主席胡锦涛访问哈萨克斯坦并出席在哈首都阿斯塔纳举行的上海合作组织十周年峰会。访哈期间,中哈两国元首签署了《中哈关于发展全面战略伙伴关系的联合声明》,将两国关系提升到一个新的高度。在国际金融危机背景下,2011年中国与中亚国家之间的贸易额大幅增长。据哈萨克斯坦统计署公布的数据,2011年中国与哈萨克斯坦双边贸易额为213.1亿美元,同比增长51.19%,中哈外贸额在哈外贸总额中的占比为16.9%,中国是哈萨克斯坦第二大贸易伙伴,仅次于俄罗斯。②据乌兹别克斯坦国家统计委员会统计,2011年上半年,中乌双边贸易额为9.37亿美元,同比增长6.5%,中国为乌第三大贸易伙伴。据塔吉克斯坦统计局数据,2011年中国与塔吉克斯坦的贸易总额为6.62亿美元,占塔外贸总额44.43亿美元的14.9%,其中塔对中国出口2.55亿美元,塔自中国进口4.07亿美元,中国成为塔第二大贸易伙伴。③国际金融危机以来,中国对中亚国家提供了大量优惠贷款和援助。中国成为塔最大债权人。被誉为当代丝绸之路的"中国—中亚"天然气管道双线(A、B线)已投入使用,第三条天然气管道建设启动。2011年4月19日,在乌兹别克斯坦总统访华期间,"中石油"与"乌兹别克油气"国家控股公司签订了"中国—乌兹别克斯坦天然气管道建设协议"。该管线是"中国—中亚"天然气管线A、B线之后的第三条管线(C线),设计输气能力为250亿立方米/年,总投资预计

---

① http://www.president.tj/rus/novostee_201011a.html.
② 中国驻哈萨克斯坦大使经济商务参赞处网站,http://kz.mofcom.gov.cn/aarticle/jmxw/201202/20120207981585.html。
③ http://tj.mofcom.gov.cn/aarticle/jmxw/201202/20120207979203.html.

22亿美元，将于2013年底前建成投产。① 中国在中亚的投资和经济技术合作也在全方位、多层面展开。2011年11月22～25日，土库曼斯坦总统库尔班古力·别尔德穆哈梅多夫对中国进行国事访问。两国领导人签署了《中华人民共和国和土库曼斯坦关于土库曼斯坦向中华人民共和国增供天然气的协议》。② 根据该文件，土每年将向中方提供250亿立方米天然气。在不远的将来，土库曼斯坦向中国供气总量将达到每年650亿立方米。

（二）积极参与区域合作，维护地区安全与稳定

2011年，中亚国家积极参与上海合作组织、集体安全条约组织、欧亚经济共同体等区域组织的活动。

6月15日，上海合作组织十周年纪念峰会在哈首都阿斯塔纳举行，签署了《上海合作组织十周年阿斯塔纳宣言》，既总结了上海合作组织十年成长之路，也规划了未来发展的宏伟蓝图，在上海合作组织发展进程中具有承前启后的重要意义，将使这个新型多边区域合作组织更加团结紧密地向前迈进。

俄罗斯与中亚国家在欧亚经济共同体和集体安全条约组织框架内的区域合作日益紧密。2011年8月12日，独联体集体安全条约组织成员国领导人非正式会议在哈萨克斯坦首都阿斯塔纳举行。会议主要结合发生在西亚、北非等地区的重大事件，讨论集体安全条约组织面临的涉及安全与稳定的各种问题。12月19日，欧亚经济共同体首脑会议在莫斯科举行，有关各方签署了多项合作协议。12月20日，独联体集体安全条约组织成员国领导人在莫斯科举行的峰会上，成员国就他国在其境内部署军事基地问题达成一致。担任此次峰会主席的哈萨克斯坦总统纳扎尔巴耶夫宣布，其他国家在集安组织成员国内部署任何军事基础设施必须经过该组织全体成员国的一致同意。俄罗斯总统梅德韦杰夫则表示，此举对于维护集安组织内部团结具有"重要意义"。

2011年6月28日，哈萨克斯坦正式担任伊斯兰会议组织外长理事会轮值主席国，承担起加强伊斯兰世界团结协作、减少冲突、维护稳定发展的重任。10

---

① 中国驻乌兹别克斯坦大使馆经济商务参赞处网站，http://uz.mofcom.gov.cn/aarticle/jmxw/200912/20091206674970.html。

② 2011年11月24日《人民日报》，第一版。

月21日，为期一天的首届突厥语国家合作理事会成员国峰会在阿拉木图举行，商讨了继续深化突厥语国家间关系、加强经济和人文领域合作、发展突厥语国家过境运输潜力、提升突厥语国家国际地位以及共同应对全球金融危机等问题，并签署了《阿拉木图宣言》。

此外，吉尔吉斯斯坦积极谋求加入关税同盟。乌兹别克斯坦继续推进解决阿富汗问题的"6+3机制"。

（三）外交呈现不同特点

中亚国家外交致力于服务本国政治经济利益，呈现不同的特点。

哈萨克斯坦是中亚地区面积最大、资源最丰富的国家。独立以来，哈经济发展一直处于领先地位。油气部门是哈支柱产业，哈已制定了该领域的长期发展战略，该领域也是哈吸引外资最多的领域，能源企业多数是外国企业控股，近两年来开始回收，争取国有控股。2011年，哈利用担任上海合作组织、伊斯兰会议组织外长理事会等组织轮值主席国之际，大幅提升其国际影响力。乌兹别克斯坦改善与西方国家关系，尤其是改善了与美国的关系，对外合作渠道进一步拓宽。土库曼斯坦继续能源多元化政策，取得诸多成果。除与中国签署新的天然气合作协议外，土还积极探讨修建土库曼斯坦—阿富汗—巴基斯坦—印度的天然气管线。吉尔吉斯斯坦自2010年实行议会制政体以来，积极谋求国际社会的认同，并争取广泛的经济援助，以维护国家的稳定。塔吉克斯坦利用各种国际场合宣传其外交政策和对中亚水资源利用的立场，强调塔在解决阿富汗问题上的作用，为广泛争取国际支持和援助、促进经济发展创造条件。

四　安全形势

2011年中亚安全形势总体可控，但隐患增多。

（一）2011年中亚外部安全环境发生重大变化

1. 阿富汗局势持续恶化

2011年5月2日，美军特种部队在巴基斯坦境内击毙"基地"组织头目本·拉登。这是阿富汗反恐战争以来的最大成果。6月22日，美国总统奥巴马宣布了美国撤军计划后，其他国家也纷纷制订了撤军计划。为确保撤军计划顺利实施，反恐联盟军队一方面对"基地"组织实施不遗余力的打击，另一方面与塔利班开始私下进行接触。"基地"组织一些高级领导人相继被清除，但阿富汗安全形势并未好转。因受反恐联盟军队的高压打击，恐怖组织加快向中亚"回流"。与此同时，阿富汗毒品问题更加严重。10月11日，联合国毒品和犯罪问题办事处与阿富汗禁毒部在喀布尔发布的一项调查报告显示，由于安全形势和价格等原因，2011年阿富汗罂粟种植面积预计高达13.1万公顷，比2010年增加7%，同时，鸦片产量预计高达5800吨，比2010年增加61%。[①]

2. 国际金融危机有反复的危险

欧债危机持续恶化，世界经济充满不确定性，国际金融危机可能再次反复，致使国际石油和粮食价格攀升，造成一些中亚国家面临高通胀、低就业的难题。

3. 西亚北非局势动荡

受此影响，中亚国家"输入"了很多政治、经济和安全难题。尽管中亚与中东地缘相距甚远，但由于这两个地区在诸多方面具有相似性，因此中东和北非局势引起中亚各国领导层高度重视和警惕。中亚国家一方面采取一些防范措施，另一方面吸取中东、北非乱局的教训，继续推进稳健的政治改革。

（二）2011年中亚安全形势呈现新的特点

1. 恐怖暴力事件频发

近年来，吉尔吉斯斯坦和塔吉克斯坦一直是中亚安全的重灾区。吉尔吉斯斯坦因政局不稳，使恐怖分子有可乘之机，恐怖暴力事件不断；塔吉克斯坦境内"三股势力"蠢蠢欲动，国内安全形势遭遇新的挑战。

值得关注的是，2011年哈萨克斯坦极端势力猖獗，严重的恐怖暴力事件频发，遍布共和国西部、中部和南部，包括首都阿斯塔纳、第一大城市阿拉木图在内的七个主要城市地区。

一年来，哈萨克斯坦至少发生12起恐怖暴力事件，造成重大人员伤亡。2月24日，阿克纠宾地区丘里梅市监狱附近爆炸。5月17日，阿克纠宾地区发生自杀式袭击，造成一死三伤。5月24日，阿斯塔纳安全部门建筑物受到自杀式

[①] http://news.xinhuanet.com/photo/2011-10/12/c_122148917_2.htm.

汽车袭击。车上发现两具尸体，分别为哈萨克斯坦公民和吉尔吉斯斯坦公民。6月30日，阿克纠宾地区苏巴尔西村，有两名警察被枪击。7月2~3日，阿克纠宾地区苏巴尔西村，与武装分子交火中，两名警察死亡，3人受伤。7月11日，阿克纠宾地区肯基亚克村，与武装分子交火中，一名警察死亡，9名武装分子死亡。7月29日，阿克纠宾地区在对克孜尔扎尔村专项行动中，一名警察和两名涉嫌恐怖分子死亡。10月31日，阿特劳发生两起爆炸案中，2人自杀死亡。11月12日，在塔拉兹，自称为"圣战主义追随者"组织与警察交火，造成8人死亡，其中包括5名警察。① 11月18日，阿拉木图城西两名警察在巡逻时被枪杀。12月3日，阿拉木图，特种部队RPS对市郊波拉勒岱地区的"哈里法战士"分子采取特别行动，造成7人死亡，包括两名特种部队成员。12月3日，特种部队侦察到持枪杀警者藏身于城北郊波拉勒岱区棚户平房内，在抓捕过程中，罪犯拉响身上的炸弹，造成特种部队人员重大伤亡。12月16日，哈萨克斯坦西部石油重镇扎瑙津因大规模骚乱，造成14人死亡，近百人受伤。②

需要强调的是，2011年中亚恐怖事件虽然发生了不少，但并不表明安全形势恶化，大部分事件造成的危害小，社会影响有限。但是，中亚的恐怖主义和极端主义已经常态化，短期内不会消除，这也与独立20年以来，由于体制和政策的问题，反恐机制落后、人员不足、装备陈旧，地方安全部门力量较弱，预警能力不强有关。

2. 阿富汗形势对中亚的影响加大

美国在阿富汗的收缩态势明显。阿富汗的塔利班忙于国内事务，无暇顾及中亚的"三股势力"。一些活动只是局部的，呈点状分布，不成大气候。而美、俄的态度各异：美国呈收缩态势或者说是战略转变期，而俄罗斯加快整合中亚战略，从安全角度来说有利于中亚。塔利班北上导致在阿富汗的中亚武装分子谋求渗入中亚、塔阿边境成为恐怖分子和毒贩常来常往的通道、塔利班也有外溢到中亚的趋势。但总体来看并没有造成地区性威胁。

3. 中亚安全正在变成一个"综合性问题"

独立20年中亚国家渡过了最困难的时期，但积累的问题也在逐渐显现，政

---

① http://www.inform.kz/rus/article/2418806.
② http://www.inform.kz/rus/article/2428644.

治制度的缺陷、经济发展中存在的问题、社会矛盾的激化,这些与安全形势缠绕在一起,互为因果,相互影响。近年外部因素对中亚的影响在减弱,但新的地区内的不稳定因素在增加。未来一年中亚国家面临总统大选、阿富汗形势变化、吉尔吉斯斯坦新政权上台后政治力量的整合等重大事件,以及贫困、黑社会势力增长、经济发展缓慢等难题,安全形势会更加复杂。

中亚地区的问题多,矛盾多,许多问题都是暂时被压制住,未来在哪个点爆发具有不可预测性。对中亚问题需要综合和整体考虑,不能单独把某一个问题拿出来作为影响地区稳定的关键因素,否则在判断上会有偏差。

五 结论

总体上,国内政治稳定、安全可控、经济发展、民生改善、外交活跃,但受外部"阿拉伯之春"和内部矛盾凸显等因素影响,也出现一些新变化,如通货膨胀继续、恐怖主义抬头等。受国际和地区局势的影响,未来一段时间,中亚地区形势仍处于不断发展变化中,确保政局稳定、社会安宁、民族和睦、经济发展仍是中亚国家长期面临的艰巨任务。

Overview of Central Asian Countries since 2011

Sun Li

Abstract: Overall speaking, the situation in Central Asia was good in 2011. However, all categories of potential threats are still there. Affected by global financial crisis, economic outlook for Central Asia is not optimistic despite of recovery. There are some problems should be solved. For examples, disparity between countries is widened, internal and external factors that undermine regional security and stability persisted, with instability getting conspicuous in some country. The competition among major world powers persisted in Central Asia along with the evolution of regional situation, and so on.

Key Words: Central Asia; General Situation; Year 2011

Y.2
中亚国家独立 20 年回眸

吴宏伟*

摘　要：2011 年是中亚国家独立 20 周年。这 20 年对中亚国家来说是不平凡的 20 年。20 年来，中亚国家不断克服重重困难，不断探索适合本国国情的发展道路和发展模式，用自己的方式在人类历史发展进程中写下了厚重的一笔。我们对中亚 20 年发展进行总结和回顾，可以对中亚地区有进一步了解，有助于推动双边关系继续进一步向前发展。

关键词：中亚　20 年　发展　回顾

2011 年是中亚国家独立 20 周年，中亚各国都在以不同形式庆祝这个特殊的日子，并对过去 20 年自己所走过的道路和取得的经验教训进行总结。可以说，这 20 年对中亚国家来说是不平凡的 20 年，是在复杂多变的国际政治局势和跌宕起伏的经济形势下度过的。人们还记得，1991 年苏联解体对原苏联地区，特别是苏联的中亚地区带来灾难性影响。被迫走向独立的中亚国家面临许许多多迫切需要解决的问题：经济联系中断，商品短缺，经济发展停滞，民众生活水平大幅下降；有的地方出现社会动荡，有的地区出现内战；国家之间突然出现很多在苏联时期未曾遇到的问题，如边界划分、跨界民族、水资源分配等。在这种背景下，新独立的中亚国家开始了艰难发展进程。我们看到，20 年来，中亚国家不断克服重重困难，不断探索适合本国国情的发展道路和发展模式，用自己的方式在人类历史发展进程中写下了厚重的一笔。作为中亚国家独立以后一直关注中亚国家社会和经济发展的学者，我们见证了中亚国家不断向前发展的整个过程。

---

* 吴宏伟，法学博士，中国社会科学院俄罗斯东欧中亚研究所中亚研究室主任、研究员，中国社会科学院研究生院教授，中国社会科学院上海合作组织研究中心副秘书长。

中亚黄皮书

一 探索适合本国国情的政治发展道路

（一） 实现由加盟共和国到主权国家的平稳过渡

中亚五国是在苏联五个加盟共和国基础上宣布独立的。在独立之后相当长一段时间内，中亚多数国家领导人由苏联解体之前各加盟共和国领导人继续担任，这在保持中亚地区稳定、克服经济下滑所造成的困难方面发挥了重要作用。在苏联后期，在戈尔巴乔夫的推动下，苏联开始进行政治变革，一党执政体制瓦解，实行总统制，接受三权分立的原则。这一系列剧烈变化导致苏联最终解体。中亚国家独立以后，中亚国家普遍延续了苏联后期开始的政治改革进程。

在国体方面，中亚国家虽然穆斯林人口众多，但都选择建立"世俗的、民主的、法制的"单一制国家。在政体方面选择三权分立原则以及总统制和多党议会体制。中亚国家独立以后短时间内都颁布了宪法，并在其后根据需要对宪法进行不断修订，并通过修改相关法律不断强化总统制。

在20年发展中，中亚多数国家政府执政能力不断提高，各国在保持政治稳定的同时，都把国内经济建设、提高人民生活水平作为自己的主要任务。中亚国家独立以后根据本国实际情况确立的国家政治体制有利于保持国家的政治与社会稳定，是符合国家基本国情的。中亚国家独立以来最大成就是实现了由加盟共和国到独立主权国家的平稳过渡。

（二） 实现从苏维埃制度到议会制的转变

苏联时期，最高苏维埃是国家最高权力机关，它统一领导立法、行政和司法工作，也是各加盟共和国的政治基础。人民通过苏维埃行使国家权力。各级苏维埃的代表均为兼职，通过选举产生。在苏联解体和中亚国家独立这一特殊时期，苏维埃制度在稳定国家形势方面发挥了重要作用。随着新宪法的制定，中亚国家逐步用议会制取代了苏维埃制度，议员职业化，通过选举产生。

中亚五国议会均为立法机关，主要行使国家的立法权。中亚国家中有一院制议会，也有两院制议会。一院制国家有吉尔吉斯斯坦、土库曼斯坦，两院制国家有哈萨克斯坦、塔吉克斯坦、乌兹别克斯坦。议员任期各国基本相同，均为5

年,但哈萨克斯坦上院(参议院)任期为6年。在名称上各国也有一定区别,具有本国特色。哈萨克斯坦下院称"马日利斯";塔吉克斯坦称"马吉利西·奥利"(Маджлиси Оли),意为最高会议;土库曼斯坦称国民会议;乌兹别克斯坦称最高会议。

(三)多党制架构基本形成

中亚国家多党制的形成经历了一个较长的发展过程。苏联时期中亚各加盟共和国都是一党执政,苏联后期开始实行政治多元化。独立以后中亚各国在宪法中都规定实行多党制,但政党情况在各国有较大差别。

哈萨克斯坦2002年7月出台《政党法》,规定只有党员人数超过5万,在全国14个州和两个直辖市均设有分支机构,且各分支机构成员达到700人以上的政党才可在司法部获准登记。截至2010年司法部共登记有9个政党。2007年8月18日哈举行议会下院选举,"祖国之光"党获得88.41%的选票,囊括按照政党名单选出的全部98个议席。该党主席由哈现任总统纳扎尔巴耶夫担任。近年来哈萨克斯坦调整了政党进入议会的门槛,在2012年1月15日举行的新一届议会选举中,"祖国之光"人民民主党、"光明道路"民主党和共产主义人民党三个政党跨过门槛进入议会。

吉尔吉斯斯坦在司法部正式登记注册并开展活动的政党有140余个,主要有社会民主党、"故乡"党、"尊严"党、"阿塔—梅肯"(祖国)党、"共和国"党,它们在议会中都占有席位。塔吉克斯坦目前主要有8个政党,其中人民民主党是最大党,在议会中占有43个席位,主席为现任总统拉赫蒙。乌兹别克斯坦经过批准登记的政党有4个,人民民主党、自由民主党、"民族复兴"民主党和"公正"社会民主党。土库曼斯坦只有一个正式登记的政党,党主席是现任总统库尔班古力·别尔德穆哈梅多夫。

中亚国家除吉尔吉斯斯坦以外,其他国家有的基本没有反对党,有的反对党影响力十分有限。

(四)不断探索适合本国特点的政治发展模式

独立以前中亚国家政治体制和政治发展模式大体相同,中亚国家独立以后,各国没有采取统一的发展模式,也没有照搬其他国家的发展模式,都在不断学习

借鉴他国经验,结合本国实际国情来制定本国政治经济发展模式。由于没有现成的道路可走,对部分中亚国家而言,这是一个艰难的探索过程。

哈萨克斯坦独立以来一直实行渐进式民主政治改革,走的是一条先进行经济改革、后进行政治改革的道路,保持了政治长期稳定。哈萨克斯坦1995年8月30日全民公决通过首部宪法,1998年10月对宪法进行修改。宪法规定哈萨克斯坦为总统制共和国。2007年6月中旬哈议会通过宪法修正案,确定哈政体由总统制向总统—议会制过渡,首任总统为终身制。

乌兹别克斯坦总统卡里莫夫提出按"乌兹别克斯坦发展模式"建设国家的"五项原则":经济优先,国家调控,法律至上,循序渐进,社会保障。在该"五项原则"指导下,乌国内政局一直较为稳定,政府致力于复兴民族精神和宗教传统,提高社会宽容度,增进族际互容,对弱势阶层和群体实施社会保障。

塔吉克斯坦1997年实现民族和解,内战结束。1999年9月塔修改宪法,规定保持世俗国体、允许建立宗教性质政党。2000年2月,塔分别举行了首次议会下院和上院选举。3月,塔总统签署命令,宣布从4月1日起正式停止民族和解委员会活动,民族和解进程结束。自2002年起,塔政府加大打击宗教极端主义、贩毒及各种犯罪的力度,积极争取国际支持和援助,社会形势持续好转。

吉尔吉斯斯坦独立以后所走过的道路极为曲折,也为此付出了巨大代价。2005年吉尔吉斯斯坦发生骚乱,担任14年总统的阿卡耶夫被迫下台。2010年吉又发生"4·7"事件,巴基耶夫政权倒台,临时政府成立。6月吉举行全民公决通过新宪法草案,政体由总统制改为议会制,总统权力受到削弱,议会成为国家管理体系的主导。从总统制到议会制,这是一次巨大的转变,是吉在发展道路上一次新的尝试。

土库曼斯坦1992年5月18日通过第一部宪法,规定土为民主、法制和世俗的国家,实行三权分立。1995年12月,土修改宪法,将永久中立国地位写入宪法,并获得联合国的认可。1999年12月再次修宪,明确规定尼亚佐夫作为首任总统,其任期无时间限制。2006年12月尼亚佐夫总统去世,库尔班古力·别尔德穆哈梅多夫任代总统,并在随后举行的总统大选中获胜。土库曼斯坦独立后始终将捍卫独立、主权和领土完整,发展经济,保持社会稳定作为基本国策,提倡复兴民族精神,重视民族团结与和睦,主张宗教信仰自由,禁止宗教干预国家政治生活。

中亚国家独立以后积极探寻适合本国国情的政治发展模式和发展道路。虽然其政治体制和发展模式不断受到西方国家一些政客的质疑与批评，也存在较为严重的腐败、贫富差距较大等许多现实问题，但现有政治体制在稳定中亚地区政治局势方面发挥了很大作用，为经济发展创造了良好的条件，因而得到了本国民众的广泛支持。

（五）和睦是中亚社会发展的主流

中亚国家独立以后，国际上很多国家学者，特别是一些西方国家政治家和学者都不看好中亚地区发展前景，认为中亚国家将会陷入混乱。直到今天，还有西方国家学者对中亚一些国家前景不看好，认为不可避免很快就会发生动荡。这种论调和预言存在了十几年，历史不断证明这种论调和预言无法变成现实。这些人不了解中亚的历史和文化传统。

中亚地区自古以来就是一个多民族聚集区。每一个国家都生活着众多的民族。哈萨克斯坦和乌兹别克斯坦有130多个民族，吉尔吉斯斯坦有80多个民族，土库曼斯坦有120多个民族。在苏联时期，各民族之间形成了良好和睦的关系。独立以后，这种关系得到了传承。20年来虽然在个别国家也出现过短暂的民族冲突和矛盾，但在周边地区政治安全局势如此复杂多变，特别是中东、北非局势动荡不安的情况下，多数国家能够保持长期社会稳定和经济发展，民族之间和睦的关系发挥了重要作用。而且在边界问题、水资源问题依然存在的状况下，中亚国家之间总体保持和平稳定的国家关系，这在世界范围内也是不多见的。

二 在困境中发展本国经济

经过20年的发展和探索，中亚国家已经形成了具有本国特点的经济发展模式。主要成果如下。

（一）虽然遇到很多困难，但各国经济都在程度不同地向前发展

在独立初期，中亚国家在经济方面面临许多困难，主要包括与原苏联地区经济联系中断、商品短缺、通货膨胀严重、物价飞涨、工厂停工停产、人民生活水

平大幅下降等。有资料显示,1992年哈萨克斯坦通货膨胀率达到3061%,1993年国内生产总值降幅为12.9%。乌兹别克斯坦1992年国内生产总值同比下降16.6%。吉尔吉斯斯坦1992年国内生产总值同比下降13.9%。塔吉克斯坦1992年国内生产总值只相当于1991年的67.7%。土库曼斯坦国内生产总值1992年同比下降5.3%。

随着中亚各国政治局势稳定以及把经济发展和改善民众生活水平作为主要目标,中亚各国经济都有程度不同的发展。其中,哈萨克斯坦、土库曼斯坦和乌兹别克斯坦发展速度最快,塔吉克斯坦和吉尔吉斯斯坦发展较慢。根据独联体统计资料,中亚国家中乌兹别克斯坦在2001年,哈萨克斯坦在2002年已经恢复到苏联解体以前的水平。2008年美国次贷危机引发世界金融危机,国际原材料和大宗商品价格暴跌,对中亚国家造成严重冲击,中亚各国纷纷出台应对措施。在各国共同努力下,中亚国家克服了很多困难,恢复了经济发展。根据中亚国家统计材料,2010年塔吉克斯坦GDP为56.13亿美元,人均国内生产总值为737美元;吉尔吉斯斯坦GDP约合45亿美元,人均国内生产总值约870美元;乌兹别克斯坦2010年国内生产总值约合375亿美元,人均国内生产总值约1328美元;哈萨克斯坦2010年国内生产总值1460亿美元,人均国内生产总值超过9000美元;土库曼斯坦2010年国内生产总值约合202亿美元,人均国内生产总值达到2950多美元。这些数据表明,经过20年发展,中亚各国经济都有不同程度的发展,但出现明显差别。

(二) 多数国家建立了多种所有制并存的市场经济体制

中亚国家独立以后,各国基本上放弃了由国家下达计划指标的做法,改为市场调节,国家运用经济杠杆对经济进行宏观调控。在20年中,各国都分阶段、按计划基本上完成了对国有企业的私有化改造,初步形成了市场经济的基础设施,包括商品市场、资本市场和劳动力市场。农业体制也发生变化。这种经济模式被称为社会市场经济体制。虽然采取的措施和私有化的进度在不同国家还是互有区别,但总体方向大致相同,都是建立以市场经济为主导的经济体制。近年来,有部分中亚国家对企业政策进行调整,加强了国家对关系到国计民生的重点企业和重点行业的监管力度,加强国家对经济宏观调控,取得一定成效。

（三）发行本国货币，建立自己的金融体系

在1993～2000年间，中亚国家克服很大困难发行了本国货币，迈出了经济独立的第一步。吉尔吉斯斯坦是在独联体中第一个发行本国货币的国家。1993年5月3日，吉决定退出卢布区，发行本国货币——索姆。哈萨克斯坦1993年11月15日开始发行本国货币——坚戈。乌兹别克斯坦1993年先是发行了国家货币代用券苏姆—库邦，1994年7月1日发行正式货币——苏姆。土库曼斯坦1993年11月开始发行本国货币马纳特并退出卢布区。中亚国家中塔吉克斯坦是最后一个发行本国货币的国家。1995年5月10日塔吉克斯坦启用塔吉克卢布。2000年10月30日正式发行本国货币——索莫尼（Somoni）。部分中亚国家发行本国货币后币值不太稳定，特别是在通胀严重、缺少外汇的背景下本币币值不断下降，个别国家一直有官方公布汇率价与黑市价格并存的情况。

独立以后中亚国家都在原苏联金融体系的基础上建立了本国的金融体系。金融改革是中亚国家向市场经济过渡的一个组成部分。改革之后的中亚各国银行体系基本由两级银行体系构成，即中央银行和商业银行。银行的种类包括国有银行、合资银行、外国独资银行等。外资银行在中亚国家独立以后发展比较快。多数中亚国家的商业银行在改革初期都经历快速发展，到出现混乱状况，再到整顿有序这样几个阶段。

（四）放开物价，告别商品短缺时代

苏联时期，物价处于政府严格监管之下，物价一直比较稳定。但由于政府重视发展重工业，轻视轻工业，造成国内长期商品短缺。这也被一些学者认为是导致苏联解体的重要原因之一。

中亚国家独立以后，一些国家很快完全放开监管，物价由市场决定；另一些国家还保持着对部分商品的定价权。各国政府根据本国的财政状况，在一定程度上维持了苏联时期的社会福利制度，在教育、公共交通、医疗、水、电、民用燃气等方面给予大量补贴，有的甚至是完全免费。这在很大程度上保证了多数中亚国家在独立初期这一特殊历史时期维持政治和社会的稳定。现在，除了少数涉及民生的重要商品外，绝大多数商品都按照市场原则进行定价。大量进口国外轻工业商品，弥补了中亚国家市场商品的严重不足。在这一过程中，中国商品发挥了

特殊的作用。虽然中亚国家独立初期,由于监管不到位和以倒爷为主要特征的边境贸易,使少数质量低劣产品进入中亚市场,败坏了中国商品的信誉,但大量进口廉价的中国商品却在一定程度上满足了广大民众最基本的生活需求。关于这一点我们在和中亚国家学者进行交流时,不少人对此表示充分肯定。现在,中国商品在中亚国家市场不仅仍然占有很大份额,而且品质已经有很大提升,商品种类不断扩大,高附加值产品越来越多。

近年来,中亚国家已经完全渡过了商品短缺的时代。我们在对中亚国家进行访问时看到,市场上商品种类繁多,物品充足,既有大量本国生产的产品,也有从世界各国进口的商品。

(五) 非国有化和私有化进程取得明显进展

随着中亚国家向市场经济过渡,非国有化和私有化成为这些国家经济改革总的方向,但在具体的方法、步骤和程度上中亚国家又各不相同,有的国家进展要快一些,有的国家则要缓慢一些。到1997年,哈萨克斯坦私有制企业已经占全部企业的80%。乌兹别克斯坦在2006年底已登记的各类企业中,国有企业仅占5.7%,而非国有企业占总数的94.3%。小企业2006年的产值已经占国内生产总值的42.1%。吉尔吉斯斯坦到2003年,有72%的企业已经完成私有化或改制。塔吉克斯坦到2001年1月,公有制企业占主体经济的27.8%,私有制企业占47.1%,集体私有制企业占19.3%,混合私有制企业和组织占5.8%。中小企业和民营企业成为中亚国家经济发展的重要推动力,产出在国内生产总值中所占比重越来越大,成为吸收劳动力就业的主要渠道。现在,中亚国家主要的非国有化和私有化进程已经基本结束。这些都成为中亚国家经济改革取得的重要成就之一。

中亚国家在私有化过程中可以分为几个阶段,每个阶段的主要任务是不同的。通过对国有资产私有化,中亚国家的所有制形式和结构都发生重大变化,在各种经济领域,私有制成分已经占较大优势。

近年来,一些中亚国家在对原国有大型企业私有化政策方面有所调整,不再片面追求将一些重要国有企业完全私有化或非国有化,而是强调国家控股。如哈萨克斯坦成立了"萨姆鲁克"国有资产管理公司。2008年哈政府决定将"萨姆鲁克"国有资产管理公司和"卡泽纳"稳定发展基金合并成立"萨姆鲁克—卡泽纳"国家福利基金。该基金成员包括400余家企业成员。这些企业在国家基金发展中发挥着非常重要的作用。

（六）建立了比较完善的法律体系，为经济发展提供保障

苏联解体以前以及中亚国家独立以后，为适应向市场经济过渡，顺利实现私有化，中亚国家都先后制定和出台了大量为市场经济服务的法律和法规，并在实践中不断去完善。如哈萨克斯坦独立前两年就已经制定了《私有制法》、《国有化和私有化纲领》、《土地改革法》、《对外经济活动基本法》和《外商投资法》等法律文件。在独立以后的1992~1993年间，先后颁布了《关于价格自由化措施的总统令》、《关于加速物质生产部门资产非国有化和私有化工作措施的总统令》、《保护和支持个体经营法》、《对〈哈萨克斯坦共和国私有制法〉的修改与补充法》等。1994年以后又先后颁布了《关于建立有价证券市场的总统令》、《关于商品交易所的总统令》、《银行与银行活动法》、《关于保险法的总统令》等，还颁布了新的《外国投资法》。[①] 塔吉克斯坦政府制定并颁布了《企业法》、《企业注册法》、《外商投资法》、《对外经济活动法》、《塔吉克斯坦共和国关于国有资产非国有化和私有化法》、《税收法》、《土地法》等。土库曼斯坦颁布的法律文件主要有《土库曼斯坦国有财产非国有化和私有化法》、《企业法》、《商业活动法》、《国家税收法》、《关税法》、《破产法》、《国家银行法》、《商品交易法》、《对外经济活动法》、《股份公司法》、《外国投资法》等。乌兹别克斯坦颁布了《乌兹别克斯坦共和国外国投资法》、《对外活动经济法》、《自由经济区法》、《乌兹别克斯坦外资政策》等。

（七）建立支撑本国经济发展的优势产业

苏联时期，中亚地区就是苏联重要的能源和原材料产地。哈萨克斯坦当时是苏联第三大煤炭基地；乌兹别克斯坦和土库曼斯坦是苏联重要的天然气产区；塔吉克斯坦和吉尔吉斯斯坦是重要的水电产区。这些产业在中亚国家独立以后逐渐得到恢复，特别是最近这些年来发展很快，成为国家国民经济发展的支柱产业，为发展其他产业提供了资金积累。以哈萨克斯坦为例，2011年，哈萨克斯坦开

---

① 参见赵常庆编著《哈萨克斯坦》，社会科学文献出版社，2004，第91页。

采原油6774万吨，开采凝析气1230万吨，开采天然气393亿方。同年，哈出口石油和凝析气共6961万吨（约合552亿美元）。土库曼斯坦和乌兹别克斯坦早已成为重要的天然气生产和出口大国。塔吉克斯坦和吉尔吉斯斯坦也一直在向周边国家出口电力。

中亚国家还是重要的农业和畜牧业产品产地。哈萨克斯坦的粮食生产已经达到相当水平，是世界上重要的小麦出口国。乌兹别克斯坦也已经从粮食进口国变为粮食出口国。乌兹别克斯坦、塔吉克斯坦和土库曼斯坦还是著名的棉花产地，棉花在出口商品中占相当比重。这种优势产业为主导的产业结构是中亚国家社会经济发展过程中一个必须要经历的阶段。这些产业的发展为经济全面均衡发展培养了人才，积累了资金，壮大了国家实力，提高了全社会人民大众的生活水平。

三　睦邻友好政策为和平发展保驾护航

（一）成为国际社会重要成员

中亚国家独立20年来，在外交上取得的成就尤其引人瞩目。除了政权建设、经济发展、巩固国家独立等重任以外，获得国际社会承认与支持，在国际社会占有一席之地是主要任务。独立以后，中亚国家很快就得到世界多数国家的承认，先后与100多个国家建立了外交关系，在很多国家设立了使领馆和代表机构，加入了联合国、独联体、欧安组织、不结盟运动、中西亚经济合作组织、伊斯兰会议组织、国际货币基金组织、世界银行、亚洲开发银行等几十个国际和地区组织或机构。有很多国家和国际组织在中亚国家设立了使领馆和代表机构。中亚国家已经成为国际大家庭的重要成员和国际社会不可忽视的力量。

（二）欧亚经济共同体、独联体集体安全条约组织和上海合作组织是重要依托力量

独立以后，中亚国家积极参加了俄罗斯主导的地区安全与经济合作机制，是独联体创始成员国。哈萨克斯坦、乌兹别克斯坦、吉尔吉斯斯坦和塔吉克斯坦参加了独联体集体安全条约组织和欧亚经济共同体以及上海合作组织。这三个组织在维护地区安全与稳定，促进经济发展等方面发挥了重要作用。

（三）周边国家是对外政策的优先方向

中亚国家十分重视发展与邻国的关系，如中亚国家之间的关系、中亚国家与俄罗斯的关系、中亚国家与中国之间的关系。中亚国家都把与邻国之间的关系处于优先地位和主要方向，通过与邻国发展睦邻友好关系来创造和平发展的环境，并通过这种方法来实现自己国家的安全。这种外交理念代表着国际关系和国际新安全体系的发展方向。在中亚和上海合作组织地区这种理念已经深入人心，而且取得了积极效果。

在中亚，在上海合作组织覆盖地区，中亚国家的突厥文化、波斯文化和伊斯兰文化、俄罗斯的斯拉夫文化、中国的儒家文化以及不同社会制度之间相互交融、和平共处，为世界做出了榜样。

（四）与中国关系是地区内发展最快的双边关系

"远亲不如近邻"是中亚国家领导人来中国访问用得比较多的一句俗语。中亚国家发展与中国的双边关系有着得天独厚的有利条件，双方山水相依，人民血脉相连。独立20年来，中亚国家与中国关系发展一直都比较顺利。从1994年到2004年的十年中，中国与中亚三个邻国圆满解决了边界划分问题，长达3200多公里的边界线成为和平、友好、和谐的地区，消除了中国与中亚国家关系发展中最主要障碍，为加强双边政治互信创造了条件。

在解决边界问题之后，中国又分别与中亚多个国家签订了睦邻友好合作条约和友好合作伙伴关系条约。2002年，中吉签署《中吉睦邻友好合作条约》，中哈签署《中哈睦邻友好合作条约》。2005年，中乌签订《中乌友好合作伙伴关系条约》。2007年，中塔签署《中塔睦邻友好合作条约》。2007年，在吉尔吉斯斯坦召开的第七次上海合作组织元首峰会上通过了《上海合作组织成员国长期睦邻友好合作条约》。这些文件的签署为发展中国与中亚国家的友好关系奠定了坚实的法律基础。

在过去20年中，中国与中亚国家同甘苦，共患难，在困难的时候站在一起互相帮助，在合作取得巨大成功的时候共同享受欢乐。我们共同应对三股极端势力对我们这一地区的威胁和挑战，维护了地区安全与稳定。我们还共同成功应对了国际金融危机对本地区的严重冲击，各国经济出现持续发展的势头。

当前国际形势正在发生剧烈变化,很多地区陷入了经济衰退和社会动荡之中,世界经济发展前景不容乐观。在这种背景之下,中亚国家坚信,中亚国家之间、上海合作组织成员国之间只有团结一致,共同应对各种威胁和挑战,才会有更加美好的未来。

Central Asian Countries: 20-Year Independence in Review

Wu Hongwei

Abstract: 2011 was the 20th anniversary of independence of Central Asian countries. It is an extraordinary 20 years. Within the 20 years, Central Asian countries have kept on overcoming the difficulties and exploring the development path and model that are suitable to their national conditions. Central Asian countries successfully left their traces in the process of human development in their own way. By summering and reviewing the 20 years history of Central Asian countries, we can understand more about Central Asia and promote the bilateral relations between China and Central Asia.

Key Words: Central Asia; 20 Years; Development; Review

热点与关注点

Regional Focus

Ү.3
2011年中亚安全形势及发展趋势

苏 畅*

摘 要：2011年中亚安全形势与上年相比没有改善，但总体可控。贫困问题严重是恐怖主义和宗教极端主义在中亚常态化的根本原因。哈萨克斯坦安全形势变化是多种因素经过多年积聚发酵后出现的质变。当前外部因素对中亚安全的影响在减弱，但新的地区内的不稳定因素在增加，安全形势变得更加复杂。中亚国家多年积累的政治、经济、社会问题与安全相互影响，中亚安全正在变成一个"综合性问题"。

关键词：中亚安全 恐怖主义 宗教极端主义 阿富汗形势

与2010年相比，2011年中亚安全形势没有改善，恐怖主义和极端主义的表现方式与活动区域发生变化，在中亚的活动常态化，恐怖事件呈小规模多频率的

---

* 苏畅，中国社会科学院俄罗斯东欧中亚研究所中亚室副研究员。

特点。多年积累的政治、经济、社会问题与安全相互影响,安全形势变得更加复杂。不过,由于受中东局势警戒,乌兹别克斯坦、吉尔吉斯斯坦和塔吉克斯坦加强打击力度,控制反对派,防御境外恐怖组织和极端组织渗透,从而使这些本来比较脆弱的国家保持了基本稳定,没有发生重大安全事件。地区安全受阿富汗局势影响有限。总体来看,安全形势仍在可控范围内。

一 2011年中亚安全形势特点

第一,哈萨克斯坦袭击事件增加,发生大规模社会骚乱性质的"扎瑙津事件"。2011年5月、10月、11月、12月哈萨克斯坦发生多起袭击事件,这些事件的主要特点有:①形式大多为自杀式爆炸;②针对目标是安全、警察、税务、海关等强力部门;③恐怖事件的策划和实施手段比较初级;④造成的伤亡一般不大;⑤出现武装劫狱或监狱暴动事件。哈方称一些袭击事件与新兴恐怖组织"哈里发战士"有关。但是现在很多情况还没查清楚,不能完全把袭击事件归为恐怖活动,不排除是有组织犯罪集团、个人对社会不满进行的恐怖犯罪。12月16日,曼吉斯套州扎瑙津市由于石油工人长达数月罢工而引发骚乱,造成14人死亡,数十人受伤。这一事件对哈萨克斯坦政治与社会稳定造成一定冲击。

第二,出现了一些新的恐怖组织和宗教极端组织,"新月"弧线再度明显。如"吉尔吉斯斯坦社会"、"哈里发战士"、"乌兹别克斯坦伊斯兰圣战"等地区内部出现的一些组织,还有一些恐怖组织和极端组织以中亚为活动中心,有的来自俄罗斯高加索地区,有的来自巴基斯坦和阿富汗。这些组织的活动痕迹由点连线,俄罗斯—中亚—南亚这一"新月"弧线更加明显。恐怖组织和极端组织的活动有所增多,例如,吉尔吉斯斯坦的安全部门称该国的一些恐怖事件有来自高加索的恐怖组织参与。① 塔吉克斯坦在2011年1月22日发生自杀式袭击,查获了6公斤威力巨大的炸药,② 3月又发生了恐怖爆炸事件。③

---

① Захвачены террористы-организаторы теракта в Бишкекской синагоге, 13.01.2011, http://izrus.co.il/dvuhstoronka/article/2011-01-13/13107.html.

② Таджикистан: исламизм от нищеты и безысходности, 25.01.2011, http://www.bbc.co.uk/russian/international/2011/01/110125_tajikistan_radicalism_growth.shtml.

③ Взрыв в столице Таджикистана признан терактом, 09.03.2011, http://avesta.tj/index.php?newsid=7733.

第三，恐怖主义和宗教极端主义呈现出三个"多样化"特点。一是恐怖组织支持者多样化，即恐怖组织得到某些全球性或区域性政治集团、经济集团、宗教集团、犯罪集团的支持；二是极端主义形式多样化，除了宗教极端主义，民族极端主义在增长，还有其他一些极端主义情绪；三是行动手段多样化，一些恐怖组织手中有大量武器，并且越来越多利用高科技技术，① 利用一切手段达到目的。一些宗教极端组织改变策略，更加温和，也更加具有吸引力，谋求扩大社会基础，争取更多的政治认同。如伊斯兰解放党设立所谓的"解放党银行"，通过小额无偿贷款的方式吸引了很多穷人加入。② 据塔吉克斯坦内务部长 A. 卡哈洛夫称，恐怖主义和极端主义组织准备采取新的尝试进入中亚，破坏地区稳定，尤其是在吉尔吉斯斯坦、塔吉克斯坦和乌兹别克斯坦的活动比较多。③

第四，"乌兹别克斯坦伊斯兰运动"（下称"乌伊运"）在快速恢复实力。目前"乌伊运"有不到3000人，骨干来自乌兹别克斯坦和其他中亚国家，活动区域在巴基斯坦和阿富汗边境、巴基斯坦的瓦济里斯坦（该地有许多"乌伊运"的训练营），以及阿富汗北部。"乌伊运"与塔利班近年在阿富汗北部建立了许多训练营。作为多年并肩作战的盟友，"乌伊运"在塔利班中的地位不断提高，得到塔利班的高度信任，该组织的骨干分子进入塔利班"影子政府"，④ 许多"乌伊运"成员担任塔利班的指挥官，塔利班高层人物的一些保镖也由"乌伊运"成员出任。⑤ 在塔利班的支持下，"乌伊运"在阿富汗北部的势力增长很快，返回中亚的意愿趋向强烈，给中亚边境安全带来明显威胁。2011年"乌伊运"在塔吉克斯坦制造的恐怖事件较多，尤其是自杀式爆炸事件。⑥

---

① PATC ШОС обеспокоен укреплением материальной базы террористов, 22. 02. 2011, http：//ria. ru/society/20110222/337233726. html.

② Исламисты придумали "Хизбут-банкинг", 01. 04. 2011, http：//www. rosbalt. ru/exussr/2011/04/01/834920. html.

③ Борьба за терроризмом в Центральной Азии, 22. 07. 2011, http：//redstar. ru/2011/07/22_07/2_07. html.

④ Афганистан: На севере страны захвачен в плен командир ИДУ, еще двое убиты, 12. 03. 2011, http：//www. fergananews. com/news. php？id = 16469&mode = snews.

⑤ Афганистан: Захвачен один из высокопоставленных лидеров ИДУ, имя не разглашается, 26. 04. 2011, http：//www. fergananews. com/news. php？id = 16662&mode = snews.

⑥ Таджикистан: С начала года на севере страны задержан 21 член ИДУ, 22. 07. 2011, http：//www. fergananews. com/news. php？id = 17053&mode = snews.

第五，吉尔吉斯斯坦宗教极端主义问题更严重一些。受到2010年政局动荡和奥什事件的影响，加上经济落后，社会问题多，族际矛盾没有解决，为极端主义的发展提供了条件。2011年吉尔吉斯斯坦发生的恐怖事件比较多，"乌伊运"、伊斯兰解放党在吉尔吉斯斯坦的费尔干纳谷地加紧活动。① 成立于2002年的宗教极端组织伊斯兰圣战联盟在吉尔吉斯斯坦南部的活动也趋向活跃。② 吉尔吉斯斯坦安全部门在年初破获一个名为"吉尔吉斯斯坦社会"的恐怖组织，据吉方称，这个组织策划实施了2010年下半年到2011年初一系列的恐怖事件。③ 吉尔吉斯斯坦奥什市长M.梅尔扎克马托夫表示，基地组织、"乌伊运"、"突厥伊斯兰运动"、伊斯兰解放党在吉活动很积极，有的组织还试图制造爆炸事件。④

第六，阿富汗形势对中亚的影响加大。主要是塔利班北上导致在阿富汗的中亚武装分子谋求渗入中亚，塔阿边境成为恐怖分子和毒贩常来常往的通道，塔利班也有外溢到中亚的趋势。阿富汗巴达赫尚省长B.阿吉卜称，塔利班和基地武装分子渗入中亚，尤其是对塔吉克斯坦的威胁正在增加，而阿富汗安全部门没有足够的武器装备和技术用于打击这种威胁。⑤ 随着反恐战争进入尾声，阿富汗战争对中亚的安全威胁在降低；同时，中亚国家对恐怖分子采取露头就打的策略，因此来自阿富汗的恐怖主义威胁总体可控。但是，阿富汗的毒品对中亚的影响越来越大，贩毒集团利用由阿富汗—巴基斯坦—伊朗—塔吉克斯坦—俄罗斯组成的"金半月"路线贩运更多毒品，⑥ 同时中亚与俄罗斯正在由毒品通道变成毒品消

---

① В Кыргызстане ужесточают контроль над мечетями из-за 《коррупции и экстремизма》，20.01.2011, http://rus.azattyq.org/content/kyrgyzstan_mosque_islam_extremism_/2281493.html.

② Кыргызстан: На юге страны захвачен десяток террористов-членов Союза исламского джихада, 10.10.2011, http://www.fergananews.com/news.php?id=17423&mode=snews.

③ Кыргызстан: Глава ГКНБ назвал экстремистскую организацию, стоящую за последними громкими преступлениями, 17.01.2011, http://www.fergananews.com/news.php?id=16222&mode=snews.

④ На юге Кыргызстана проходят совместные антитеррористические учения, 03.05.2011, http://www.fergananews.com/news.php?id=16683&mode=snews.

⑤ Афганистан: Губернатор Бадахшана предупреждает о попытках талибов проникнуть в Таджикистан, 05.08.2011, http://www.fergananews.com/news.php?id=17111&mode=snews.

⑥ Министерства внутренних дел России и Таджикистана договорились о совместной борьбе с наркотрафиком, 23.09.2011, http://www.fergananews.com/news.php?id=17338&mode=snews.

费国。①

2011年的中亚安全形势还有其他一些特点。例如，伊斯兰解放党在境外比较活跃。在2011年1月乌兹别克斯坦总统卡里莫夫访问欧洲期间，上百名伊斯兰解放党成员举行抗议活动，发表声明，指责欧洲国家邀请"独裁者"卡里莫夫，呼吁欧洲人施压释放千名被关押（在乌）的该组织成员和其他穆斯林。② 女性加入宗教极端组织的情况在增多，如在吉尔吉斯斯坦的伊斯兰解放党中，有8%是女性。③ 女性对家庭成员的影响大，容易吸引更多的人加入极端组织。中亚国家的宗教设施过多对宗教极端主义的发展起着助长作用，如吉尔吉斯斯坦奥什州有720座清真寺，④ 塔吉克斯坦索格德州有1375座清真寺。⑤ 在塔吉克斯坦和吉尔吉斯斯坦还有大量的非法宗教学校和地下讲经点。

需要强调的是，2011年中亚恐怖事件虽然发生了不少，但并不表明形势恶化，大部分事件造成的危害小，社会影响有限。像"乌伊运"这样的传统宗教极端组织并没有制造大规模的恐怖袭击。伊斯兰解放党也在谋求非暴力化。但是，中亚的恐怖主义和极端主义已经常态化，短期内不会消除，这也与独立20年以来，由于体制和政策的问题，反恐机制落后、人员不足、装备陈旧、地方安全部门力量较弱、预警能力不强有关。

二 安全形势变化原因分析

第一，贫困问题严重是宗教极端主义在中亚常态化的根本原因。社会无法向年轻人提供令人满意的实现自我价值的机会，失业、失学使宗教极端组织吸引了

---

① Афганистан: готовьтесь к росту наркотрафика, 24.06.2011, http://www.mn.ru/newspaper_opinions/20110624/302763940.html.
② В день визита И. Каримова в Бельгию активисты 《Хизб ут-Тахрир》 провели в Брюсселе акцию протеста, 28.01.2011, http://www.fergananews.com/news.php?id=16294&mode=snews.
③ Женщины вовлекаются в экстремистские течения, 06.10.2011, http://rus.azattyk.org/content/kyrgyzstan_extremism_womens_hizb_ut_tahrir/24350753.html.
④ В Кыргызстане ужесточают контроль над мечетями из-за 《коррупции и экстремизма》, 20.01.2011, http://rus.azattyq.org/content/kyrgyzstan_mosque_islam_extremism_/2281493.html.
⑤ На севере Таджикистана проходит операция 《Медресе》, 19.05.2011, http://news.tj/ru/news/na-severe-tadzhikistana-prokhodit-operatsiya-medrese.

众多年轻的支持者。尤其是经济落后地区,如费尔干纳、拉什特等农业山区的失业率和贫困程度非常高。高税和严重腐败使中小企业主对政府和社会不满情绪增加。"小生意人受到各种部门的层层盘剥,这种情况在城市尤其普遍,要比那些贫困地区糟糕得多。"① 在贫困问题日益突出的情况下,宗教价值观成为人们联合起来的方便口号。塔吉克斯坦伊斯兰复兴党领导人 M. 卡比利认为:"(中亚地区宗教)激进化的根源并不在于伊斯兰,不在于宗教,而是由于社会经济问题,由于缺乏自由和民众间普遍存在的绝望情绪,尤其是年青一代。"②

第二,外部因素的影响,包括中东乱局、巴基斯坦和阿富汗形势。尤其是阿富汗局势变化,塔利班被北约军队赶到阿富汗北部,使一些武装分子"批量"转移到中亚邻国,③ 这令中亚国家的边境地区形势变得复杂。中东政局动荡,引起一些中亚国家政权的紧张,西方国家继续扶持中亚国家的反对派,其活动在西方国家增多。在这种情况下,中亚国家政权对国内持不同政见者和伊斯兰激进势力加强打压,激化社会矛盾。

第三,中亚国家的过激打压政策引起反弹,监狱的传导作用不可忽视。塔吉克斯坦和乌兹别克斯坦在打击宗教极端主义问题上采取严厉措施。塔吉克斯坦限制居民着传统的伊斯兰服饰,禁止从伊斯兰国家留学回来的年轻人蓄须;④ 加强监管宗教精神领袖,⑤ 向宗教人士施压,令一些伊玛姆被迫辞去教职,甚至包括著名的政治宗教活动家 H. 图拉庄佐德;⑥ 禁止在中学教授关于伊斯兰教的相关课程,⑦ 颁

---

① Таджикистан: исламизм от нищеты и безысходности, 25 января 2011 г., http://www.bbc.co.uk/russian/international/2011/01/110125_tajikistan_radicalism_growth.shtml.
② Таджикистан: исламизм от нищеты и безысходности, 25 января 2011 г., http://www.bbc.co.uk/russian/international/2011/01/110125_tajikistan_radicalism_growth.shtml.
③ ОДКБ создает единый реестр террористических и экстремистских организаций, 05.03.2011, http://www.fergananews.com/news.php?id=16451&mode=snews.
④ Таджикистан: Главы десяти мечетей Душанбе ушли в отставку, 30.01.2011, http://www.fergananews.com/news.php?id=16296&mode=snews.
⑤ Таджикистан: Известный богослов Эшони Зайнулобиддин обвиняется в разжигании розни и призывах к экстремизму, 25.01.2011, http://www.fergananews.com/news.php?id=16267&mode=snews.
⑥ Таджикистан: Главы десяти мечетей Душанбе ушли в отставку, 30.01.2011, http://www.fergananews.com/news.php?id=16296&mode=snews.
⑦ В Таджикистане запретили преподавание предмета 《Познание ислама》, 08.02.2011, http://www.fergananews.com/news.php?id=16348&mode=snews.

2011 年中亚安全形势及发展趋势

布法律禁止 18 岁以下公民参加宗教团体、进入清真寺或教堂。①

由于怀疑参与宗教极端组织活动，乌兹别克斯坦在 2011 年关闭了一些土耳其企业；② 2011 年 9 月乌兹别克斯坦进行了一轮规模较大的抓捕行动，一些嫌疑人被逮捕。西方国家指责乌兹别克斯坦关押大量激进的，但不是宗教极端分子也不是恐怖分子的穆斯林。根据国际人权组织公布的消息，在乌兹别克斯坦约有 10 万名穆斯林被控"攻击法律"和"企图建立政教合一国家"而被剥夺了自由。③ 更让人担忧的是，这些人被关进监狱后，在狱中宣传自己的思想，制造出的伊斯兰分子比送进去的还要多，④ 监狱成为继地下宗教学校和非法清真寺之后又一个能够密集传播宗教极端主义的地方。

这种打压方式对国家的稳定非常不利，尤其是在政权交替的敏感时期。塔吉克斯坦伊斯兰复兴党领导人 M. 卡比利确信，塔吉克斯坦当局的严厉打压不能解决根本问题，反而会刺激社会的激进情绪。"政府的强力打压成为极端主义者的工具——官员们在不愿进行政治经济体制改革的同时，成为宗教极端化的同谋：他们奠定了社会不满的基础。"⑤ 利用这种传统的高压方式打击恐怖主义和宗教极端主义带来的负面效应，应引起中亚国家政府的警惕。过于依靠强力部门保持稳定，具有非常高的风险性。经济发展跟不上，解决不了根本问题。这将成为中亚国家面临的主要危机之一。

2011 年哈萨克斯坦袭击事件增多有多重因素的影响。

哈萨克斯坦学者普遍认为，2011 年哈萨克斯坦袭击事件增多，其原因一部

---

① США указывают на факты нарушения свободы вероисповедания в Таджикистане, 05.03.2011, http://news.tj/ru/news/ssha - ukazyvayut - na - fakty - narusheniya - svobody - veroispovedaniya - v - tadzhikistane; Таджикистан: Парламент запретил несовершеннолетним посещать мечети и церкви, 22.07.2011, http://www.fergananews.com/news.php? id = 17051&mode = snews.

② В Узбекистане за последние два года закрыты около 50 узбекско-турецких СП, 04.03.2011, http://www.regnum.ru/news/economy/1380665.html.

③ Узбекистан: Тринадцать человек отправлены в тюрьму по обвинению в причастности к джихадистам, 18.02.2011, http://www.fergananews.com/news.php? id = 16392&mode = snews.

④ Таджикистан: исламизм от нищеты и безысходности, 25 января 2011 г., http://www.bbc.co.uk/russian/international/2011/01/110125_ tajikistan_ radicalism_ growth.shtml.

⑤ Таджикистан: исламизм от нищеты и безысходности, 25 января 2011 г., http://www.bbc.co.uk/russian/international/2011/01/110125_ tajikistan_ radicalism_ growth.shtml.

分与哈议会通过向阿富汗派兵决议有关，一部分与哈议会审议宗教活动和组织法有关。事实上，哈萨克斯坦安全形势变化是多种因素经过多年积聚发酵后出现的质变。从内部因素看，有以下几个方面。

（1）社会经济因素。哈萨克斯坦近年经济迅速发展，同时地区差距、贫富差距、行业差距和民众心理差距也在快速拉大；腐败问题严重；金融危机对哈有较大影响，货币坚戈严重贬值；关税同盟限制贫困阶层购买中国的廉价产品，不得不选择更贵的关税同盟国家商品。社会经济存在的问题令人们对政府的不满情绪增加，抗议事件增多。

（2）政府治理因素。哈萨克斯坦政府工作重点不是反恐，而是经济社会问题。由此打击力度不够，使恐怖组织和极端组织有相对宽松的生存和发展空间。哈萨克斯坦虽然有70%的居民是穆斯林，但宗教意识淡薄，加上独立后20年间很少发生恐怖袭击事件，因此政府对恐怖主义和宗教极端主义问题的治理较中亚其他国家要放松。有资料显示，哈萨克斯坦的安全部门掌握极端组织的情况较少。政府这种态度上的忽视令武装组织活跃。乌兹别克斯坦国家安全委员会称，"乌伊运"与一些新的武装组织，如乌兹别克斯坦伊斯兰圣战等扩大在哈萨克斯坦的活动。①

（3）民族因素。哈萨克斯坦的一些少数民族中存在宗教极端主义问题。首先是在哈萨克斯坦北部生活着大约50万的车臣人，一些车臣政治领袖就出生在哈萨克斯坦，包括杜达耶夫、马斯哈托夫。这些散居的车臣人给武装分子的高加索恐怖活动网络提供了渗透的可能性。其次，哈萨克斯坦南部的乌孜别克族人口迅速增长，这些乌兹别克穆斯林的激进主义情绪明显比哈萨克人强烈。2010年奥什事件之后，一部分激进的乌兹别克人从吉移民到哈萨克斯坦，也是不安定的因素。另外，来自乌兹别克斯坦、吉尔吉斯斯坦和塔吉克斯坦的移民增加，这些移民成分复杂，很多人的生活和工作境遇较当地人差，容易接受极端思想的宣传和鼓动。

（4）政治因素。哈萨克斯坦内部争斗激烈，发生的袭击事件不排除是政治集团角力所至。

---

① Растущая культура экстремизма в Казахстане, 29.11.2011, http：//www.inosmi.ru/middle_asia/20111129/178764589.html.

(5) 哈萨克斯坦对宗教极端主义的打击也起到刺激作用。哈萨克斯坦出台新的宗教法，规定穆斯林不能在国家机关进行祷告，"哈里发战士"声称如不修改这一条将制造更多的恐怖事件。此外，哈萨克斯坦政府还限制修建新的清真寺，对激进分子进行调查和逮捕。这些都导致激进极端组织的报复。

外部因素主要有以下几点。

(1) 境外伊斯兰极端主义的渗入。近年中东国家尤其是沙特阿拉伯和科威特对哈萨克斯坦的伊斯兰组织和清真寺的支持力度加大，连带伊斯兰极端主义在哈传播迅速，尤其是借助互联网在年轻人中传播广泛。最近两年哈关闭了100多家与极端分子有关系的网站。从2011年8月起，抓获了一些犯罪嫌疑人。这些人利用网络与境外的武装分子联系，包括巴基斯坦、阿富汗、高加索等地区。

(2) 地区安全形势的影响。吉尔吉斯斯坦自2010年以来一直不稳定，尤其是南部地区。塔吉克斯坦的暴力事件也在增多。哈萨克斯坦、乌兹别克斯坦和吉尔吉斯斯坦的边境绵延着峡谷和高山，一些极端分子可以从乌兹别克斯坦、吉尔吉斯斯坦进入哈萨克斯坦。在这种情况下，哈萨克斯坦的中亚邻国加大打击力度，迫使恐怖组织和极端组织向哈萨克斯坦转移，并在哈萨克斯坦发展成员和筹集资金。

(3) 哈萨克斯坦奉行"支持美国阿富汗战略"的对外政策，易遭塔利班的报复。2011年5月18日，哈萨克斯坦下院通过了关于哈与北约联军共同参与在阿富汗的国际联盟条约的草案。(哈萨克斯坦社会各界对此有反对声音，如哈萨克斯坦穆斯林联盟称，政府不应过多考虑北约的利益，而应与塔利班建立和平对话。① 该草案很快于2011年6月9日被哈萨克斯坦上院否决。②) 根据草案，哈萨克斯坦将向阿富汗国际部队提供人员支持。③ 尽管哈萨克斯坦强调并未向阿富汗派遣军事力量，只是派遣4名军官参与北约在阿富汗的军事指挥，包括协调行动、信息分析等任务，但仍然很快得到了阿富汗塔利班"后果很严重"的警告。塔利班在声明中称："哈萨克斯坦政权只考虑保持美国的利益，而忽视本国人民

---

① Казахстан: Направляемые в Афганистан офицеры не будут участвовать в боевых действиях, 26.05.2011, http://www.fergananews.com/news.php?id=16785&mode=snews.

② Сенат Казахстана отказался от ввода военных в Афганистан, чтобы сохранить имидж мирной державы, 09.06.2011, http://www.fergananews.com/news.php?id=16838&mode=snews.

③ Казахстан: Направляемые в Афганистан офицеры не будут участвовать в боевых действиях, 26.05.2011, http://www.fergananews.com/news.php?id=16785&mode=snews.

和本国在地区的利益。哈萨克斯坦的穆斯林应反对这一错误决定。这一决定将长期影响阿哈关系和地区形势。"① 2011 年 5 月 17 日和 24 日，在哈萨克斯坦阿斯塔纳和阿克纠宾斯克州发生自杀式爆炸事件，恐怖分子袭击当地的安全部门，造成数人伤亡。② 有消息称袭击事件可能与塔利班有关。

三　未来发展趋势

第一，中亚恐怖主义和宗教极端主义进入增长期，未来在吉、塔、哈仍会继续发展。哈萨克斯坦的安全问题应重视。有消息称，哈萨克斯坦发生一系列恐怖事件之后，在哈萨克斯坦的维吾尔族激进分子蠢蠢欲动，也想制造事端。哈萨克斯坦与新疆的恐怖分子、极端分子相互渗透，两地恐怖主义形势相互影响，哈萨克斯坦的安全形势变化将直接威胁新疆地区。

第二，一些新问题影响中亚安全。首先是人口与移民问题突出。中亚国家的人口增长过快，最近 10 年来吉尔吉斯斯坦的人口增长了 18.5%，乌兹别克斯坦人口增长 32.5%，塔吉克斯坦人口增长 37%。③ 乌兹别克斯坦到 2011 年上半年人口达到 2863.9 万，④ 造成资源紧张，社会矛盾也在增加。人口的低龄化问题严重，在塔、土、哈的居民有超过一半低于 25 岁，⑤ 给极端组织提供了丰富的后援。非法移民问题突出，据俄罗斯移民局称，塔吉克斯坦有 100 万人在俄打工，⑥

---

① Казахстан: Направляемые в Афганистан офицеры не будут участвовать в боевых действиях, 26.05.2011, http://www.fergananews.com/news.php?id=16785&mode=snews.
② Генпрокуратура Казахстана: Взрыв в Актобе произошел в результате самоподрыва, личность смертника установлена, 17.05.2011, http://www.fergananews.com/news.php?id=16742&mode=snews; Казахстан: При взрыве в Астане погибли два человека, их личности установлены, 24.05.2011, http://www.fergananews.com/news.php?id=16768&mode=snews.
③ Россия: Госдума в закрытом режиме обсудит взаимоотношения России со странами Центральной Азии, 08.04.2011, http://www.fergananews.com/news.php?id=16593&mode=snews.
④ Население Узбекистана превысило 28,6 миллиона, 11.08.2011, http://www.gazeta.uz/2011/08/11/population/.
⑤ В Конгрессе США обсудили вероятность революций в странах Центральной Азии, 12.05.2011, http://www.fergananews.com/news.php?id=16723&mode=snews.
⑥ Каждый седьмой житель Таджикистана – трудовой мигрант, 25.04.2011, http://www.avesta.tj/index.php?newsid=8229.

2011 年中亚安全形势及发展趋势

60% 的外出务工者不懂俄语，这成为他们在俄罗斯找工作的障碍，在俄罗斯的中亚人参与的犯罪案件在增加。

其次，中亚边境问题趋向严重。乌塔、乌吉、吉哈、吉塔的边境矛盾明显。塔吉克斯坦媒体称，乌兹别克斯坦在两国边境陈兵布防，引起塔边境居民的恐慌。在吉塔边境地区，类似检查汽车之类的小事都可能引发数百人的冲突。① 吉哈边界也不平静。哈萨克斯坦边防士兵与吉尔吉斯斯坦居民关系紧张。② 吉塔边境地区发生过执法部门与当地居民的人数众多的冲突。③ 另外，中亚国家的边境防御问题越来越突出。塔吉克斯坦与阿富汗的边境线总长 1344 公里，由于大部分处于地势复杂的山地，以及边防力量较弱，导致防守非常疏松。吉尔吉斯斯坦边境线总长 4671 公里，但边防军只有 6800 人，按国际标准，每名边防士兵需要守卫 1.4 公里。但吉尔吉斯斯坦边防线每名士兵要负责 30~40 公里，在一些高山地区达到 50~60 公里。边境防御力量弱直接导致恐怖分子、毒贩轻松进入中亚国家。2011 年中亚境内毒品走私剧增，路线增多、毒品贩运量增多，警方缴获的毒品常创新高，如 2011 年 6 月在哈吉边境查获 30 多公斤海洛因。④

最后，塔吉克斯坦的社会危机正在临近。在俄罗斯提高出口关税后，塔吉克斯坦的石油产品价格开始上涨，导致货币贬值，物价抬升，甚至比欧洲还高，但人均工资却只有 92 美元 (2011 年 7 月)，最低工资仅 17 美元。⑤ 食品价格攀升导致 45% 的居民沦为贫困人口。⑥ 同时塔吉克斯坦的外债到 2011 年底增加到 22 亿美元。⑦ 国有资

---

① На границе Таджикистана и Кыргызстана предотвращен очередной конфликт，07.04.2011，http：//news.tj/ru/news/na - granitse - tadzhikistana - i - kyrgyzstana - predotvrashchen - ocherednoi - konflikt.

② С начала 2011 года на границах Кыргызстана произошло 35 конфликтных ситуаций，28.09.2011，http：//www.fergananews.com/news.php? id = 17361&mode = snews.

③ На границе Таджикистана и Кыргызстана предотвращен очередной конфликт，07.04.2011，http：//news.tj/ru/news/na - granitse - tadzhikistana - i - kyrgyzstana - predotvrashchen - ocherednoi - konflikt.

④ Казахстан：На границе с Кыргызстаном обнаружены бесхозные мешки с героином，10.06.2011，http：//www.fergananews.com/news.php? id = 16850&mode = snews.

⑤ MYM92 составляет средняя зарплата в Таджикистане，20.09.2011，http：//www.kyrtag.kg/? q = news/10512.

⑥ В Таджикистане ни реформ，ни денег，28.06.2011，http：//www.ng.ru/cis/2011 - 06 - 28/5_tajikistan.html.

⑦ Таджикистан：Внешний государственный долг до конца 2011 года превысит 2.2 млрд долларов，14.06.2011，http：//www.fergananews.com/news.php? id = 16862&mode = snews.

产正在被转入一少部分特权群体手中,尤其是农业用地还属于大地主,大地主们只把农业用地分配给与其有利益关系的部族成员或亲属。这将导致社会矛盾加剧,社会危机与日俱增。

第三,吉尔吉斯斯坦南部问题堪忧,族际问题仍然严重。2010年奥什事件影响深远,民族主义情绪迅速抬升,对立明显。南部地方政府在民族态度上倾斜,吉尔吉斯族对乌孜别克族的敌视没有消除,民族间的隔阂在加深,乌孜别克族在南部受到歧视,受到恐吓和勒索。未来两族之间仍有可能发生冲突。奥什事件及南部持续的社会紧张情绪引发许多奥什居民心理疾病,自杀率明显上升。① 南部地方政府与中央政府矛盾与分歧仍很突出。费尔干纳谷地的宗教极端势力活跃。这一地区伊斯兰解放党传播迅速,由于奥什事件和阿富汗形势的影响,恐怖组织在这个地区的活动增多,毒品问题严重。非法集会游行的情况在增加。2011年上半年有700多次此类活动,大部分发生在比什凯克,其他主要在奥什、贾拉拉巴德、巴特肯等州,其中有一半与社会矛盾和经济有关。② 贫困和粮食短缺问题突出。吉尔吉斯斯坦南部粮食短缺问题自2010年就已经被联合国提出警告,尤其是奥什事件之后的冬季,情况尤为严重。根据世界银行和联合国发布的消息,吉尔吉斯斯坦5岁以下死亡的儿童中有1/4是死于饥饿。③

第四,大国在中亚的争夺影响中亚安全。近年,美、俄在中亚事务上的合作大于竞争,但在军事安全领域仍暗中角力。中亚国家仍对大国在安全事务上的合作警惕多于欢迎,无论是对美还是对俄,安全防务任务仍以本国为主,这种状况在一定程度上会影响中亚的安全防卫态势。例如,在塔阿边境防御问题上,俄罗斯十分希望重新协助塔吉克斯坦防守与阿富汗的边境,在整治毒品问题上发挥作用,加强在中亚的军事影响。但塔吉克斯坦对此持拒绝态度,并开始与美国展开一些边境防御合作。俄罗斯学者 A. 克里亚泽夫认为,对于美国来说,中亚的混

---

① На юге Киргизии растет количество самоубийств, 08.07.2011, http://www.regnum.ru/news/accidents/1423612.html.
② Кыргызстан: С начала года в стране прошло 700 несанкционированных акций протеста, 29.07.2011, http://www.fergananews.com/news.php?id=17083&mode=snews.
③ Кыргызстан: Почти четверть умерших дошкольников скончались от голода, 20.09.2011, http://www.fergananews.com/news.php?id=17317&mode=snews.

乱一向有利——中亚长期的、低强度的，间或来上一次大的冲突，将给地缘政治竞争者中国和俄罗斯造成压力。①

中亚安全正在变成一个"综合性问题"。独立20年，中亚国家渡过了最困难的时期，但积累的问题也在逐渐显现，政治制度的缺陷、经济发展中存在的问题、社会矛盾的激化，这些与安全形势缠绕在一起，互为因果，相互影响。近年外部因素对中亚的影响在减弱，但新的地区内的不稳定因素在增加。未来一年中亚国家面临总统大选、阿富汗形势变化、吉尔吉斯斯坦新政权上台后政治力量的整合等重大事件，以及贫困、黑社会势力增长、经济发展缓慢等难题，安全形势会更加复杂。

中亚地区的问题多，矛盾多。许多问题都是暂时被压制住，未来在哪个点爆发具有不可预测性。要综合考虑、整体考虑中亚问题，不能单独把某一个问题拿出来作为影响地区稳定的关键因素，以避免判断偏差。

Regional Security in Central Asia: Review 2011 and Prospect

Su Chang

Abstract: Compared with last year, the security situation of Central Asia in 2011 saw little improvement but generally under control. Severe poverty is the root cause of making terrorism and religious extremilism regular in Central Asia. Accumulated factors after several years' evolution contributed to the qualitative change of security situation in Kazakhstan. With external factors less affecting the security in Central Asia, more unstable factors are emerging from the inside of Central Asia. Therefore, the security situation appears to be more complex. Due to mutual influence between political and economic and social issues and security, security has become a general issue in Central Asia.

Key Words: Security in Cenral Asia; Terrorism; Religious Extremis; Situation in Afghanistan

---

① Минобороны Казахстана: Весной и летом 2011 года в Средней Азии наступит дестабилизация, 22.02.2011, http://www.regnum.ru/news/polit/1377219.html.

Y.4
哈萨克斯坦扎瑙津骚乱的过程、原因及启示

李中海*

摘　要：扎瑙津骚乱是近年来哈萨克斯坦发生的最严重的一起暴力事件。这一事件起源于旷日持久的罢工风潮，还有国内外政治势力对骚乱的发生起到了推波助澜作用。骚乱教训沉痛，引人深思。这一事件的启示是：转型国家社会建设是转型国家面临的重点问题，忽视社会建设可能葬送经济建设成果；政府在劳资纠纷中应站在公平公正的立场上，代表广大劳动者的利益；反腐败成效直接决定国家经济的持续发展和长治久安。

关键词：扎瑙津骚乱　过程　原因　启示

扎瑙津是哈萨克斯坦西部地区的石油城市，旧称"新乌津"，哈萨克语"扎瑙津"即为新乌津之意。2011年12月16日，当哈萨克斯坦全国还沉浸在庆祝独立20周年喜庆气氛中，扎瑙津这个不起眼的城市却发生一起严重的骚乱事件，不仅令哈政府和民众震惊不已，也让国际社会将目光投向这座城市。人们不禁要问，扎瑙津事件是否成为哈萨克斯坦颜色革命的开端，"阿拉伯之春"是否已波及哈萨克斯坦，整个中亚地区是否因此进入持续动荡期？如今事件虽已平息，但哈政府还在对事件进行调查。在此对这场骚乱的发生过程及深层原因进行分析仍可得到许多有益的启示。

一　扎瑙津骚乱发生过程

扎瑙津是哈萨克斯坦曼吉斯套州的一座小城，20世纪60年代随着这一地区

---

* 李中海，法学博士，中国社会科学院俄罗斯东欧中亚研究所研究员。

油气田的大规模开发，地区社会经济得到很大发展，于是在1968年设立了扎瑙津市。这座城市的居民主要由哈萨克、俄罗斯、乌克兰和卡拉卡尔帕克族等组成，也有一部分来自高加索地区的民族。1989年6月，这里曾因民族纠纷而爆发大规模骚乱，造成多人死亡。为平息骚乱，苏联政府在当地实施了宵禁，还动用了苏军"勇士"特种部队。时隔20多年，一场新的骚乱再次使人们的视线聚焦在这座小城。

12月16日是哈萨克斯坦独立20周年纪念日，哈全国各地都组织了形式多样的庆祝活动。扎瑙津市政府计划于当天在城市中心广场举行音乐会。在群众进入活动现场时，一些身穿石油公司工作服的人员涌入会场。他们登上舞台，推翻台上的麦克和音响设备，并与在现场维持秩序的警察发生冲突。肇事者向警察投掷石块，焚烧车辆。骚乱事件造成14人死亡，80多人受伤。据哈总检察院发布的消息，死亡者多为枪伤。肇事者随后在扎瑙津全市进行破坏，焚烧了市政府大楼、乌津石油公司办公楼和宾馆等公共设施。

事件发生后，哈萨克斯坦总统纳扎尔巴耶夫命令哈内务部组成调查行动小组，紧急飞赴事发现场，在扎瑙津增加了警力。同时纳扎尔巴耶夫还签署总统令，宣布对扎瑙津实行为期20天的紧急状态（后将紧急状态延长至1月31日）。哈总检察院对骚乱事件立案，展开立案侦查。此外，哈总统还发布命令，组成了以第一副总理舒克耶夫为首的骚乱调查善后委员会。哈政府迅速果断的措施使扎瑙津局势很快平静下来。目前扎瑙津已开始对焚毁建筑物进行修缮。哈政府一方面采取措施，安置失业工人就业，稳定当地社会经济形势；另一方面对骚乱事件继续进行调查，抓捕骚乱的组织者和骨干分子，并对曼吉斯套州和扎瑙津官员进行整肃。

扎瑙津骚乱没有向哈其他地区蔓延，但在骚乱发生的次日，曼吉斯套州"舍特配"火车站的阻截列车事件也导致一人死亡，数人受伤。12月17日中午，在曼吉斯套州"舍特配"火车站，当地居民为声援扎瑙津抗议人士，在火车路轨上设置路障，阻挡列车通过。在当地政府和执法部门与参与事件的老人和妇女谈判后，大部分老人和妇女撤出车站，回到了附近村庄，但仍有大约50人不愿撤离。约20时，当地警察开始采取强力措施驱赶人群。20多名歹徒开始焚烧列车，向车厢投掷燃烧瓶。随后从村庄里出来150~200人，将警察包围起来，向他们投掷石块和燃烧瓶，导致部分警察受伤，警察被迫对空中和歹徒腿上开枪。

执法部门采取措施迅速恢复了当地稳定。

截至目前，哈总检察院已对7名骚乱组织者提起刑事诉讼，确定了36名骚乱骨干分子，其中29人已被逮捕。相关调查还在进行中。

二 扎瑙津骚乱的原因

首先，旷日持久的罢工风潮是骚乱的直接原因，也是根本原因。

扎瑙津是一座石油城市，当地总人口约为6万人，居民主体是石油公司员工及其家属，还有一部分从事服务行业的居民。此次骚乱的起因是石油企业劳资纠纷导致的罢工风潮。石油公司和当地政府的领导人对罢工潮处理不当，导致罢工工人失去耐心，最终酿成流血惨剧。

扎瑙津旷日持久的罢工风潮始于2008年。当时参与罢工的主体是服务行业的工人。随着近年来石油价格的上涨，石油行业迅猛发展，扎瑙津经济发展较快，每年吸引3000～4000外来人口到此定居，城市人口开始增长。但由于石油行业从业人员工资增长加快，带动了物价上涨，与石油行业无关人员的收入增长较慢，对现状不满，于是要求提高工资。

从2010年起扎瑙津石油企业的部分员工开始罢工。从当年3月4日起，哈油气公司所属的"乌津油气公司"及其他子公司的工人罢工，总人数超过1万人。罢工工人要求这些子公司的领导人下台，坚持要求与哈政府和石油公司控股者——"萨姆鲁克—卡泽纳"基金会领导人直接对话。当地政府封杀了工人罢工的消息，没有任何一家媒体对此进行报道。

2011年扎瑙津罢工风潮开始升级。3月，卡拉赞巴斯石油公司独立工会的法律专家索科洛娃致信哈政府总理和总检察长，状告石油公司以暴力方式攻击工会骨干人员。4月30日，工会副主席阿伊达尔巴耶夫遭到殴打和威胁，其住房遭到不明身份人员纵火。5月17日，卡拉赞巴斯石油公司的工人开始大规模罢工。5月26日，位于扎瑙津地区的乌津石油天然气公司生产企业的工人开始罢工。扎瑙津地区参加罢工的工人人数为1500人。5月29日，卡拉赞巴斯石油公司独立工会律师索科洛娃被法院以组织非法集会罪名判处8天行政拘留，并以挑起社会动乱罪对其提起刑事诉讼。6月初，石油企业对罢工主要组织者予以除名。6月2日，阿克套罢工工人在曼吉斯套州政府前举行和平抗议活动，他们要求会见州长库舍尔巴耶夫，请其将工人的要求转交给纳扎尔巴耶夫总统。6月底，乌津石油天然气公司的100多名工人开始绝食。8月2日，扎瑙津地区工会积极分子图尔巴耶夫被杀，24日尸体才被发现，此前，乌津石油天然气公司工会主席之女失踪。但曼吉斯套州内务部认为，图尔巴耶夫被杀事件与罢工无关。在以后7个月时间里，哈政府对罢工工人的要求没有做出任何反应。10月3日，扎瑙津发生罢工工人自杀事件。12月14日，罢工工人要求总统下台。

归结起来看，在扎瑙津罢工风潮中，当地政府和石油公司与罢工工人之间的矛盾体现在以下四个方面：一是罢工工人要求将工资标准提高2倍；二是罢工工人和独立工会要求释放被捕的工会律师索科洛娃；三是罢工工人要求恢复被开除的工人职位；四是要求石油公司支付罢工期间的工人工资。但石油公司认为，乌津石油天然气公司工人的平均月工资为30万坚戈（1美元约合147坚戈），卡拉赞巴斯石油公司工人的平均月工资约为26万坚戈，远远高于哈国内平均工资水平。至于索科洛娃被捕事件则涉及刑事问题，当地政府不可能做出妥协和让步。①

其次，哈国内外政治势力的挑唆对骚乱起到了推波助澜作用。扎瑙津骚乱发生在哈庆祝独立20周年纪念日当天及哈新一届议会大选前夕，这一事件的政治性显而易见。

事件发生后，哈"地缘政治网站"发表署名文章称，扎瑙津工人罢工长期化是外部势力精心策划的，罢工的积极组织者——卡拉赞巴斯石油公司独立工会律师索科洛娃，曾担任美国国际开发署的翻译和代办，与美国所谓人道主义组织关系密切。据媒体透露，在骚乱事件发生前，美国使馆官员曾与罢工工人组织过座谈会。这篇文章还指出，哈反对派报纸"共和国报"从事了挑唆活动。"共和国报"是哈反对派"人民阵线"建立的信息平台。"人民阵线"是哈反对党——"前进党"和哈共于2011年6月联合建立的。骚乱发生后，"人民阵线"在其网站发表声明，要求推迟计划于2012年1月15日举行的议会大选；此外，他们还要求建立由政治家、工会领袖、记者和政府官员组成的独立调查委员会。②

"帕拉萨特"信息分析中心网站发表文章指出，这场骚乱是外部势力导演

---

① Алия Ибрагимова, Где корни жанаозенского вопроса? Взгляд изнутри, http：//www.centrasia.ru/newsA.php? st = 1325026740.

② Валихан Капаров, Великолепная восьмерка. Кто зарабатывает очки на жанаозенской трагедии, http：//www.centrasia.ru/newsA.php? st = 1325021700.

的，肇事者充当了外部势力破坏哈国家稳定的工具，骚乱的指挥者隐藏在幕后，受到挑唆的工人则成为替罪羊，面临着法律的惩罚。战略文化基金网站发表署名为萨维的文章《哈萨克斯坦经受"颜色革命"考验》，文章称，西方玩木偶的人拉动自己手中的木偶，哈反对派领袖将哈现任领导人比作阿拉伯国家的领袖，暗示纳扎尔巴耶夫是"血腥的专制者"，愤怒的人民应该推翻它，打开"人道主义干预"之路。文章还说，在哈萨克斯坦制造混乱的首次尝试选择在石油产区，这不是偶然的，那里有丰富的自然资源。布热津斯基很早就指出了哈萨克斯坦战略地位的重要性。他说，勒紧欧亚地区的软肋就能控制中亚，同时打开通向俄罗斯和中国的道路。

从目前情况看，虽然骚乱已经平息，扎瑙津已开始重建，紧急状态已经解除，但这一事件仍然余波荡漾。哈所谓人权组织建立的"扎瑙津－2011"委员会仍然在兴风作浪，他们要求美国和欧安组织关注哈萨克斯坦被捕反对派情况。欧洲议会的议员甚至提出参与扎瑙津骚乱调查的要求。数十名骚乱者在扎瑙津医院死亡的流言偶尔还会见诸一些网站和报端。

三　扎瑙津骚乱的启示

劳资纠纷引起旷日持久的罢工风潮，罢工风潮最终酿成流血惨案，教训沉痛，引人深思。从这起事件中，可以得到以下三点启示。

启示一，社会建设是转型国家面临的重大问题，重视经济建设，忽视社会建设，必然激化社会矛盾，造成社会动乱，甚至葬送经济建设成果。社会建设是一个综合的系统性概念，涉及教育、科技、文化、就业、医疗、卫生等活动的社会服务，也涉及城乡管理制度、劳动就业制度、工资和收入分配制度、社会保障制度、社会福利制度等制度建设，还涉及社会公平与公正、社会秩序与规范、社会管理水平等多个方面。

近年来，哈萨克斯坦经济发展速度较快，国家面貌发生很大变化，纳扎尔巴耶夫倡导的民族团结、族际和睦思想深入人心，社会总体稳定，"哈萨克斯坦道路"得到民众的认同，"中亚雪豹"正在走向新的繁荣。但不可否认的是，由于哈国土面积大，各地区自然条件迥异，哈国内存在严重的地区差异，油气行业的快速发展也导致行业间工资水平拉大，社会两极分化严重。扎瑙津事件

哈萨克斯坦扎瑙津骚乱的过程、原因及启示

反映出哈在工资和收入分配制度以及社会公平公正方面存在严重问题。一些专家指出,哈油气开采领域工人的工资远高于哈平均工资水平,扎瑙津罢工工人所在石油公司的工资以及福利待遇都非常丰厚。但应该看到的是,这些公司的高层和管理者得到的更多。石油工人冒着严寒酷暑在油田工作,工作条件非常恶劣,而管理者身居高位,却拿着数倍于工人工资的收入。这自然引起一线工人的不满。在罢工已经形成风潮之际,当地政府仍对工人的要求置若罔闻,甚至一度出现迫害罢工工人领袖的传言,使民众感到社会缺失公平和公正。忽视社会建设教训深刻。

启示二,在劳资纠纷中,政府的立场至关重要,代表劳动者利益的政府才能赢得民心,才能妥善处理好劳资纠纷。在处理劳资纠纷事件中,一些国家的政府往往会不自觉地维护资方的利益,因为资方意味着生产能力,意味着经济指标,政府担心因劳资纠纷影响生产,造成经济滑坡,成为资方利益的代表者。

此次扎瑙津骚乱中的罢工工人主要来自当地石油企业。哈石油天然气勘探开采公司是哈国有石油天然气公司的子公司,是乌津石油天然气公司与恩姆巴石油天然气公司于2004年合并组建的,是哈三大油气开采企业之一。罢工事件发生后,石油企业强调的是罢工影响了石油生产。石油公司负责人称,仅2011年上半年的罢工事件就使哈石油天然气勘探开采公司的石油产量减少了3%。乌津石油天然气公司的罢工人数约为公司总人数的13%,卡拉赞巴斯石油公司的一线开采作业工人保持在62%左右,工人罢工造成了企业减产。这一说法有其合理成分,但忽视了罢工工人的诉求,导致罢工长期化。

启示三,任何群体性事件背后必然有政府官员的腐败,惩治腐败不容忽视。腐败是国家建设和发展的毒瘤。由于种种原因,原苏联各加盟共和国都存在非常严重的腐败问题,各国虽均提出打击和严惩腐败的方针,但腐败现象仍然随处可见。反腐败成效如何直接决定这些国家的经济持续发展和长治久安。

扎瑙津骚乱同样与政府官员腐败密不可分。2012年2月,哈总检察院先后逮捕了曼吉斯套州第一副州长阿伊特古洛夫、扎瑙津前市长巴巴哈诺夫及现市长萨尔博别耶夫。阿伊特古洛夫涉嫌利用职务之便,谋取个人私利,挪用扎瑙津建设经费,非法图利,涉案总金额近5000万坚戈。扎瑙津两任市长均涉嫌侵吞该市社会建设经费。

综上所述,扎瑙津骚乱的发生虽然是一场局部性突发事件,并未从根本上动摇哈社会稳定,更不会发生大规模社会动乱,但骚乱仍对哈社会稳定敲响了警钟。加强社会建设,降低失业率,增强政府行政能力,打击政府官员腐败,促进经济社会全面发展,将是哈政府面临的长期任务。

Zhanaozen Unrest in Kazakhstan: Process, Cause and Enlightenment

Li Zhonghai

Abstract: Zhanaozen unrest is the most severe violence occurred in Kazakhstan in recent years. It originated from protracted waves of strikes and was inflamed by domestic and foreign political forces. There are painful and contemplative lessons in the riot. These lessons are: social construction serves the vital problem for transitional countries; attainments in economic construction are likely ruined when social construction is ignored; governments should be on behalf of the interest of the labors by adopting fair and impartial stance in labor disputes; sustainable development and long-run stability depend upon the effectiveness of anti-corruption.

Key Words: Zhanaozen Unrest; Process; Cause; Revelation

Y.5
吉尔吉斯斯坦走势分析

薛福岐*

摘 要：2011年6月，吉尔吉斯斯坦按照2010年全民公决中通过的新宪法举行总统大选，首次实现独立以来最高权力的和平、顺利移交。这标志着吉尔吉斯斯坦的政治发展进入新阶段——在经历2005年和2010年两次政权非正常更迭之后，试图对国家的最高权力进行合理和平衡的分配，形成某种能够为民众所理解和支持的政治运作模式，据此来维持基本的政治稳定。在一定程度上，吉尔吉斯斯坦2010年政权非正常更迭之后的探索对后苏联空间各政治体，尤其是对中亚国家具有一定的借鉴意义。

关键词：吉尔吉斯斯坦 总统大选 最高权力移交 走势

2011年12月1日，阿·阿坦巴耶夫正式就任吉尔吉斯斯坦总统。这表明，吉尔吉斯斯坦首次实现独立以来的最高权力和平和顺利移交。这个先例对该国政治发展具有极其重要的意义。尤其在经历2005年和2010年两度政权非正常更迭之后，吉尔吉斯斯坦进入一个相对稳定的发展时期。与此同时，在经济社会发展方面，吉尔吉斯斯坦依然面临着诸多挑战和难题，需要一个长期稳定的内部环境。

一 2011年之前吉形势回顾

1991年8月31日吉尔吉斯斯坦宣布独立之时，它作为一个政治体并不是

---

* 薛福岐，中国社会科学院俄罗斯东欧中亚研究所副研究员，博士。

"心如白纸"（Tabula rasa）①。作为一个政治体，吉尔吉斯斯坦的政治发展经历了三个阶段：沙皇俄国之前、沙皇俄国时期和苏联时期。因而在独立之时，吉尔吉斯斯坦是一个以部族互动为核心和基础、苏联式官僚体制为张本的政治文化和政治经验的政治体。部族互动存在于吉尔吉斯沙皇俄国时期之前，在沙皇俄国和苏联时期继续存在，只不过有显性和隐性之别而已。苏联时期逐步形成的官僚体制则是一种引进的政治元素，同时它无疑也受到本土化的改良。此外，吉尔吉斯斯坦的独立发生在所谓第三波民主化浪潮的背景之下，受到外部因素的直接或者间接的影响——字面宪法、议会、多党制、政治多元化便成为题中应有之义。

在考察吉尔吉斯斯坦独立20年来的政治发展时，我们往往首先会注意到这样一个事实，那就是从1990年以来，在总统和议会之间就权力分配问题发生的三次重大的"重心转移"。

第一，1990年的最高苏维埃，按照当时的苏联宪法属于国家最高权力机关，选举产生了总统。1993年宪法基本上保留了这个架构。

第二，1994年之后，阿卡耶夫执政时期数次修宪，权力中心转移到总统，其主要手段是对议会选举方式进行调整。2005年上台的巴基耶夫更进一步采取政党比例代表制，通过政权党控制议会多数，并试图按照俄罗斯模式建立垂直权力体系。这些调整引起的反弹是强有力的，2005年和2010年的两次政权非正常更迭就是例证。

第三，2010年新版宪法不是回归到1993年宪法。它应该被看做是经过近20年探索和曲折之后，较为适合吉尔吉斯斯坦政治文化和政治传统的一个制度安排。这是因为，吉尔吉斯斯坦部族政治的历史十分久远。在不同的历史时期，部族之间的互动关系始终保持着一种互不隶属的平衡状态。俄国沙皇时期之前如此，俄国沙皇时期如此，苏联时期也是如此。这是吉尔吉斯斯坦国家建构（государственность）的一个重要历史特点，也是新独立的吉尔吉斯斯坦政治发展的出发点和落脚点。而吉尔吉斯斯坦政治权威的合法性基础在于部族之间的平衡，政治权威的合法性与代表性之间呈现出一种正相关的关系。即如果政治权威具有较高的代表性，那么政治稳定的基础就较为牢固。反之亦然。换言之，对于

---

① 有关历史上吉尔吉斯斯坦国家建构（государственность）问题，就目前学界的一般看法而言，尚没有完全的定论。——笔者注

吉尔吉斯斯坦的政治文化和政治传统而言，主要部族能否在政治上获得代表，首先是能否在国家权利机构获得代表，这便成为考量政治合法性的一个关键因素。

因此，对吉尔吉斯斯坦政治体系而言，核心问题是各个部族之间就权力分配问题达成共识并在此基础上形成一个较为稳定的权力分配机制。这实际上是类似吉尔吉斯斯坦这样一个传统社会向现代社会组织方式发展过程中的一个十分关键的环节。如果新制度不能结合原有的政治传统及其所代表的价值，则其运作的效能必然大打折扣，甚至招致失败也是完全可能的。

此外，在谈到部族主义的时候，许多论者往往会使用传统和现代之间的关系来加以类比说明。部族主义被划归到传统实践、信仰和制度之列，并且与现代的实践、信仰和制度不相容，呈现出一个零合（zero-zum）关系。但事实上，在许多情形之下，现代不仅不必排斥传统，相反有助于传统的发扬光大。任何社会都包含着传统与现代的要素，所有社会都是过渡的或混合的。并且传统的态度和行为，不见得会阻碍现代化的进展。

也就从这个意义上看，2010年选定的议会制可以看做是吉尔吉斯斯坦政治精英之间的共识或者契约，不失为维持吉尔吉斯斯坦国内政治稳定的有效制度安排。

综上所述，可以说，2010年"4月事件"结束了吉尔吉斯斯坦独立近二十年以来的政治发展历程中的政治集权模式的探索。连续两任总统的集权均以失败而告终表明，对于吉尔吉斯斯坦这样一个部族主义政治传统十分深厚的国家而言，类似"印度模式"的议会制也许是一个选项。这里所谓的"印度模式"，是笔者为方便起见所采用的一个比喻，是一个中性的描述性术语。具体对吉尔吉斯斯坦而言，这个模式具有两个层面的意义。其一，社会和议会内部政党林立，缺乏一个所谓的议会多数党（或者说，受宪法条款的限制，不会出现一党独大、控制议会多数的局面），且政党与部族之间具有高度相关性；政治决策过程中需要花费大量资源用于协调各方立场且往往不能达成共识，决策过程缓慢、冗长、效率低下。这是为了维持基本的政治稳定所必须付出的"代价"。其二，吉尔吉斯斯坦主要部族在议会获得代表，总统不再具有实权，权力中心从总统府转移到议会，代表部族利益的政党登上政治舞台，利益的协调和冲突基本上发生在议会范围之内，街头政治和政变的几率被降低到最低限度，从而使得一定程度上的政治稳定得以维系。也就是从这个意义上说，吉尔吉斯斯坦2010年的宪政改革不

是回到原点（即1993年宪法①），而是在经历近二十年探索和失败之后的一次新的尝试。从某种意义上来看，这种政治制度架构的安排也许是吉尔吉斯斯坦未来获得发展机会的最优化选择。

政治的核心问题是权力问题。只有解决了权力问题，才能保持政治稳定，为经济发展创造必要的政治条件。无论如何，我们有理由相信2010年新版宪法是吉尔吉斯斯坦人民的自主选择。作为吉尔吉斯斯坦的邻国，中国的外交政策一贯主张尊重各国人民的自主选择，并给予力所能及的帮助。我们衷心希望吉尔吉斯斯坦能够实现政治稳定、经济发展、社会和谐的目标。

二 2011年吉总统大选

2011年吉尔吉斯斯坦总统大选是按照2010年全民公决通过的新版宪法举行的。而新任总统阿坦巴耶夫与过渡总统奥通巴耶娃均来自吉尔吉斯斯坦社会民主党。

2010年4月，吉尔吉斯斯坦再度发生政权非正常更迭。以罗·奥通巴耶娃为首的临时政府开始执政，2009年当选的总统库·巴基耶夫被迫出走。2010年6月27日，吉尔吉斯斯坦举行全民公决，通过新版宪法，而奥通巴耶娃则被确认为过渡时期国家元首，任期至2011年12月31日。

2011年6月30日，吉尔吉斯斯坦议会决定，总统大选在2011年10月30日举行。

2011年7月1日起，各个政党、地方自治代表机关开始推举总统候选人。按照新的选举法，候选人必须在9月25日前征集至少3万选民的支持，缴纳约合2000美元的押金并通过国语（吉尔吉斯语）考试。最初登记的候选人为83个，其中16个候选人是政党推举，另外67人是独立候选人。在这些候选人之中，时任总理、吉尔吉斯斯坦社会民主党主席的阿·阿坦巴耶夫和民族主义政党"故乡"党领袖卡·塔希耶夫的呼声最高。

---

① 吉尔吉斯斯坦独立之初于1993年通过的第一部宪法，实际上在很大程度上延续了1972年苏联宪法的基本精神，即"一切权力归苏维埃"，议会是国家的最高权力机关。这种制度安排基本上可以称之为议会制。——笔者注

2011年10月30日，吉尔吉斯斯坦总统大选举行，投票率为61.28%，选举有效。阿坦巴耶夫获得63.24%（1175344张选票）的选票，阿·马杜马罗夫获得14.77%（274434）的选票，卡·塔希耶夫获得14.32%（266192）的选票。

2011年6月30日，吉议会通过《总统和议员选举法》。在非政府组织的压力下，新的选举法引进了一系列新的规则，如观察员无须事先获得批准即可对选举委员会的工作情况进行拍照、录音、录像等。此外，为防止境外媒体对竞选过程的影响，规定电视和广播电台对转播的境外电视广播节目是否有竞选宣传内容进行检查。

最初有83人报名参加总统选举。但其中绝大多数人由于无法征集到足够的选民支持签名（依法应征集3万选民的签名支持），通过国语考试并缴纳选举押金10万索姆（约合1.5万元人民币）而不能参选，最终有16位候选人参选。据吉中央选举委员会资料，2011年吉尔吉斯斯坦全国共有登记选民303.4万人，在国内外设立2322个投票站。

2011年11月12日，吉中央选举委员会宣布总统大选的最终结果。得票率居前三位的分别是，时任政府总理的阿·阿坦巴耶夫，议会"故乡"党议员团主席卡·塔希耶夫，"自由吉尔吉斯斯坦"党主席阿·马杜马罗夫。

总统大选再次凸显了吉根深蒂固的部族主义。绝大多数北方地区的选民投票支持阿坦巴耶夫，而南方地区的选民则支持马杜马罗夫和塔希耶夫。选举之后的抗议活动也基本上发生在南方地区，而北方地区基本未发生类似活动。就现实政治而言，解决问题的方法之一，就是在安排政府高级职位时保持相对的南北平衡。

三　几点展望

（一）总体上看，2011年吉国内局势基本稳定

其中主要的因素之一是，吉社会各界对2010年4月之后所形成的政治制度安排是满意的，这种安排符合吉国内各主要政治力量的利益。而总统与议会的权力平衡是维持稳定的重要因素。2010年新版宪法与此前的版本相比，对总统的权限作了调整，主要涉及总统不再组建和任命政府总理、不再能够直接干预政府

的经济政策。根据新宪法，政府由议会多数党或者议会政党联盟组建，负责实施经济社会政策并向议会负责。但总统依然保留了相当的职权，如总统依然是武装力量总司令，掌管所有强力部门，任命国防部长、近卫军司令、总检察长、央行行长、最高法院院长等。此外，总统可以行使宪法赋予的监督权，通过各种途径对政府的工作进行监督，对议员施加影响，甚至影响司法裁决。从这个意义上看，新宪法对总统、议会两大权力机构之间的职权分配是均衡的。总统不参与经济事务，这是汲取了前两任总统腐败的教训。

（二）经济形势短期内难以好转

吉尔吉斯斯坦经济发展面临的问题也是显而易见的。自20世纪90年代初以来，腐败严重，发展战略缺失，基础设施建设严重滞后，经济政策多变，严重依赖外部市场，市场秩序混乱等问题始终未能得到有效解决。长期以来，吉经济的主要资金来源是在俄罗斯、哈萨克斯坦等国的劳工汇款，外国和国际组织的贷款和援助，转口贸易的收入。

此外，吉尔吉斯斯坦所需的石油产品依赖俄罗斯和哈萨克斯坦，天然气供应则依赖乌兹别克斯坦。进口来源地以中国为主。转口贸易的对象国则是俄罗斯和哈萨克斯坦。

目前，吉外债为28亿美元，已经接近国内生产总值的59.8%，主要债权人是国际金融机构，如世界银行、亚洲开发银行和国际货币基金组织。双边债务方面，最大债权人分别是俄罗斯（4.91亿美元）、日本国际合作银行（3.39亿美元）、中国进出口银行（1.511亿美元）等。

根据吉尔吉斯斯坦国家统计委员会的数据，2011年国内生产总值增长5.7%，总额为2731亿索姆，工业生产增长5.6%，总值为2406亿索姆（不计"库姆托尔"金矿的产出）。其中采矿业增长速度达到24.6%，加工业增长9.8%，水、电、天然气行业增长22.4%，而农业和林业增长最为缓慢，仅为2.3%。

全年通货膨胀率为16.6%，消费价格指数上涨17.2%。其中食品价格上涨255%，烟酒价格上涨11.4%，工业品价格上涨10.7%，服务价格上涨11.6%①。

---

① 以上宏观经济数据的资料来源是吉尔吉斯斯坦国家统计委员会官方网站，http://212.42.101.124：1041/stat1.kg/index.php？option=com_frontpage&Itemid=1。

目前，吉成品油、天然气严重依赖哈萨克斯坦和乌兹别克斯坦以及俄罗斯等国。独立20年来，苏联时期留下的老本已经吃光。2010年上台的新政权面临巨大的就业压力。新政府为此一方面积极清除企业活动的各种障碍，主要是大幅度削减针对企业经营活动的各种检查和许可制度，另一方面积极努力吸引大的外资项目。与此同时，与其他中亚国家相比，吉尔吉斯斯坦居民自主开展经济活动的经验较多和能力较强，中小企业十分活跃。这对于国家政治经济局势的稳定是一个积极因素。

（三）吉尔吉斯斯坦是各大势力的利益相关区，尤其对俄美两国非常重要

俄罗斯在这个国家拥有传统利益，而美国将吉视为其阿富汗反恐战争的"桥头堡"。俄罗斯将中亚地区视为自己的"势力范围"，不希望外部势力染指。因此，在外交政策方面，吉尔吉斯斯坦仍将努力推行"大国平衡"外交，与俄罗斯等周边邻国、美国、欧盟、日本，以及伊斯兰国家和阿拉伯国家开展全方位合作，争取外部的各种援助和支持。

（四）腐败问题继续困扰吉尔吉斯斯坦

在立法层面，2005年，吉尔吉斯斯坦议会批准《联合国反腐败公约》，承诺将本国反腐败立法与公约的相关条款对接。但在对腐败的定义、腐败犯罪的入罪等方面，吉尔吉斯斯坦的《反腐败法》与刑法典，以及国际公约尚存在不一致之处。2012年2月，吉政府通过国家反腐败政策战略，其中的主要任务之一就是制定一部新的反腐败法。此外，2005年至2012年之间，共通过三个版本的反腐败国家战略，但版本之间的实质性差别不大，都缺乏可操作性。总体而言，在反腐败问题上，吉尔吉斯斯坦国内的行政部门与立法机关、国家政权与主要政治力量之间缺乏共识。

我们在考察吉尔吉斯斯坦这样一个独立历史较短国家的各项发展时，可以得出的一个显而易见的结论是，无论国家大小，对于缺乏现代意义民族国家建设经验的新兴政治体而言，政治发展、经济社会一类的重大问题没有简单解决方案。如何融合而不是拒绝既有的政治文化传统，并将其以建设性方式纳入新制度的框架，这是一个需要耐心和高度政治智慧的大课题。

General Trend of the Kyrgyzstan Situation

Xue Fuqi

Abstract: In June 2011, Kyrgyzstan held the presidential election successfully in accordance with the new constitution adopted by referendum in 2010 and it firsttime realized the supreme power transfer peacefully and smoothly. That means Kyrgyzstan's political development entered into a new stageafter two abnormal regime change in 2005 and 2010 respectively, the country is attempting to get a reasonable and balanced supreme power distribution, in order to form a understanded and supported political operation model by the public, and to maintain a basic political stability. Study of abnormal change of super power in Kyrgyzstan in 2010 can provide references for other political bodies in the "Post-Soviet Space", especially for other Central Asian countries.

Key Words: Kyrgyzstan; Presidential Election; the Supreme Power Transformation; Trend

Y.6
美军驻中亚军事基地去留问题分析

李抒音　李瞰*

摘　要：美国驻中亚军事基地的去留问题是影响当前俄、美及中亚三方间关系的重要因素。2001年，美国借阿富汗反恐战争实现了在中亚的军事存在，建立了军事基地，并逐步完善了驻中亚军事基地配置体系。随着美国从阿富汗撤军步伐的加快，美军中亚军事基地的去留问题也同时提上议事日程。文章认为，这一问题将取决于中亚国家、俄罗斯和美国三方。其中，俄美在中亚的博弈是最重要的外部因素，而中亚国家的利益选择则是决定性因素。

关键词：美军　中亚　军事基地

随着美国从阿富汗撤军进程的开启及重返亚太战略的实施，美国的反恐战争也即将告一段落。接下来的问题就是，当初美国以反恐战争为名在中亚地区所开设的军事基地是否还有存续的必要性？中亚国家对美军基地持何种态度？美、俄围绕这一问题将会展开多大程度的博弈？上述问题不仅关系到美俄关系，同时还将对地区安全格局产生重大影响。

一　美军实现历史性进驻中亚的基本情况

"9·11"事件是具有划时代意义的重大事件，此前谁也不曾想到在俄罗斯的传统势力范围中亚内有朝一日会有美国士兵的影子。美国为捉拿"9·11"事件元凶本·拉登，在俄罗斯和中亚国家的支持下，美军历史性地进驻了中亚。

---

* 李抒音，军事学博士，军事科学院世界军事研究部副研究员；李瞰，国防大学博士生。

（一）在较短时间内完成了中亚军事基地的从无到有

"9·11"事件后，多数国家对美国表示了同情和支持。时任俄罗斯总统普京还在第一时间向布什总统表示慰问。2001年9月24日，普京发表电视讲话，阐述了俄罗斯支持美国发动反恐战争的五点原则，其中第三条明确表示允许美军进驻中亚："我们与我们在中亚地区的盟国协调了立场，它们赞同这一立场，不排除它们提供本国机场的可能性。"① 可以说，俄罗斯的同意是美军顺利进入中亚的前提条件。阿富汗战争爆发前夕，美国又与中亚国家就建立军事基地问题进行了磋商。2001年9月，美国和乌兹别克斯坦达成协议，乌向美提供乌阿边境的汉纳巴德空军基地。10月，乌与美签署了《乌美合作打击国际恐怖主义的协议》，正式批准同意美军飞机及各类军事人员部署在汉纳巴德军事基地。当时，美军在汉纳巴德空军基地驻有1200～1500人，主要承担或参与紧急搜救、空中侦察、对地攻击、运输、空降和特种作战等任务。与此进程相类似，美国同其他中亚国家的磋商同步展开并相对顺利。12月，美国和吉尔吉斯斯坦达成协议，以每年支付2.73亿美元的资金租用马纳斯国际机场。美军在吉尔吉斯斯坦马纳斯机场修建的甘西空军基地是中亚最大的军事设施。基地位于比什凯克以东约10公里处，距中吉边境不足320公里，战略地位极为重要，是美军在中亚地区的"空中枢纽"，担负着空运、空中加油以及后勤保障等任务。此外，2002年4月，美国防部长拉姆斯菲尔德访问哈萨克斯坦时，哈表示"必要时"向美国提供位于南哈萨克斯坦州首府希姆肯特、江布尔州卢戈沃伊和阿拉木图的三个机场。

（二）伴随反恐战争的进行不断强化并形成体系

伊拉克战争打响后，由于中亚和中东相毗邻的地缘优势，美军又加强了在中亚地区的军事存在，对部分基地进行扩建。经过与驻在国磋商，美军又租用了乌兹别克斯坦的卡甘和卡凯德军用机场，塔吉克斯坦的库尔干秋别空军基地，并将库尔干秋别空军基地扩建为美军用飞机在中亚地区的中转场站，美军还扩建了吉尔吉斯斯坦的马纳斯机场，使该机场能够起降大型作战飞机。至2005年底，美军已经在除土库曼斯坦外的中亚地区及周边共9个国家租用了至少13处军事基

---

① Телеобращение президента России В. Путина. Коммерсанты. 25 сентября. 2001г.

地。美军租用的军事基地（包括补给站）有：乌兹别克斯坦的汉纳巴德军用机场、卡甘和卡凯德军用机场；吉尔吉斯斯坦的马纳斯甘西空军基地；塔吉克斯坦的库里亚布空军基地、库尔干秋别空军基地。哈萨克斯坦也表示，紧急情况下，美国飞机可以使用哈南部的阿拉木图机场和希姆肯特机场。在美军中亚大本营阿富汗，还有巴格拉姆空军基地和坎大哈机场等。反恐战争期间，根据和驻在国达成的协议以及上述基地的特点，美军分别赋予它们作战、支援保障和中转运输等任务。这些军事基地形成了一个分工明确、功能齐全、相互支援、互为依托的强大作战网络，大幅提升了美国在中亚的军事影响力。美军驻吉尔吉斯斯坦马纳斯机场的甘西空军基地距离中国新疆地区也不过400公里，通过空中加油，美军战机的作战半径可以涵盖整个新疆地区。

（三）中亚美军基地体系的瓦解和部分基地的丢失

美军在中亚的军事基地是以反恐为借口而设立的。随着美军反恐第一阶段的基本结束，这些基地的反恐作用不再突出，美军便逐渐丧失了继续存在的理由。俄罗斯更是对美军企图长期驻扎中亚表示担忧。特别是在2003年格鲁吉亚发生"颜色革命"和2005年3月吉尔吉斯斯坦发生政权更迭后，俄罗斯加大了促使美军从中亚撤军的工作力度。2005年5月，乌兹别克斯坦发生安集延事件后，乌美关系开始恶化，俄罗斯趁机促使乌排挤美国在乌的军事存在，并同中国和上海合作组织其他中亚成员国一道敦促美国从中亚撤军。2005年7月5日，在哈萨克斯坦首都阿斯塔纳举行的上海合作组织元首峰会上发表了《元首宣言》。宣言阐述了成员国在新形势下对国际形势和重大问题的最新看法和主张，表示支持美国在阿富汗的反恐行动，但同时强调，"鉴于阿富汗反恐的大规模军事行动已经告一段落，上海合作组织成员国认为，反恐联盟有关各方有必要确定临时使用上海合作组织成员国上述基础设施及在这些国家驻军的最后期限"[1]。在这一背景和其他诸如保持政权稳定等因素的考虑下，中亚国家权衡利弊，决定要求美军撤军。2005年7月26日，乌兹别克斯坦参议院正式通过要求美军撤离汉纳巴德空军基地的决定。7月29日，乌外交部正式照会美驻乌使馆，要求美军在180天内撤出汉纳巴德空军基地。无奈之下，美军开始陆续撤出，至2005年11月27

---

[1] 2005年7月6日《人民日报》。

日，美军最后一批人员90人撤出乌兹别克斯坦。在乌兹别克斯坦向美发出正式照会后，美国防部长拉姆斯菲尔德紧急出访中亚，以优厚条件使吉松口，称美在吉空军基地的存在期限将取决于阿富汗局势的发展，允许美国可以保留驻吉空军基地至阿富汗作战行动不再需要该基地为止。

二 美俄围绕美军中亚军事基地展开的角逐

从政治上讲，中亚五国是苏联解体后新兴的热点地区，也是大国角逐的前沿地带。从经济上讲，中亚拥有丰富的油气资源，同时也是国际上重要的制成品市场。从地理上讲，中亚是欧亚大陆陆路交通的枢纽，是兵家必争之地。在权力政治时代，军事存在是权力或力量的象征，并服从、服务于政治需要，可以说深层次的大国之争必然会表现在军事力量的此消彼长上。

（一）美俄之争是大国在中亚地区的主要矛盾

美俄在中亚的地缘政治博弈是影响中亚地区安全形势的重要外部因素。麦金德的心脏地带理论使美国人相信，位于欧亚大陆核心地带的中亚地区具有巨大的地缘政治活力。美国把进军中亚作为实现全球战略的一个重要部分，美国在中亚的战略利益主要包括：在政治上防止中亚国家与俄罗斯结盟，推进中亚国家"民主化"；在经济上最大限度控制中亚的油气资源，并向该地区输出军火和其他产品；在安全上和中亚国家发展反恐等领域的合作，使之成为遏制俄罗斯、伊朗等国的前沿阵地。由于上述任何一条利益离不开军事存在的支撑，所以美国谋求中亚军事基地永久化。而对俄罗斯而言，中亚地区历来被俄罗斯视为传统势力范围和可靠的"后院"，是俄南部重要的战略缓冲区和军事部署的前沿阵地，同时也是俄重要的贸易伙伴，哈、吉、塔三国还是俄的坚定盟友，因此，保持中亚稳定对于俄罗斯安全至关重要。近年来，美国在中亚推行"颜色革命"，并积极参与中亚能源争夺，从根本上对俄罗斯的安全和经济利益构成了巨大冲击。

（二）军事基地是美俄中亚斗争的关键

美俄之间对军事基地的争夺，变成了日益公开的对势力范围的争夺和排斥对方势力存在的角逐。在某种程度上讲，美国驻中亚军事基地尽管不多，但解决了有没有的根本问题,其政治意义远远超过实际作用。首先,在原先属于俄罗斯的传统势力范围的欧亚大陆心脏地带楔入一颗"钉子",能够发挥监控和辐射作用,形成遏制俄、中的战略态势。其次,一旦有事,美军能立即利用中亚军事基地所储备的物资发起军事行动,并将这些基地作为后续部队跟进的跳板,大大缩短美军作战反应时间。再次,维持在中亚地区的军事存在,有利于进一步推进美式民主,发动"颜色革命",对中亚地区进行塑造。总之,美国通过建立和巩固同中亚国家的军事联系,特别是保持在中亚地区的军事存在,具备了通过政治、军事和经济等手段直接影响地区事态的机会。由于俄罗斯已经清醒地认识到美国图谋彻底将中亚纳入自己势力范围的野心,故将美军驻中亚基地视为心腹之患。美军中亚基地对俄的主要威胁在于:一是挤压俄罗斯在独联体南部地区的势力范围,直至"将俄生存空间压回本土"、"扼住俄罗斯南下的咽喉要道",并"对俄罗斯腹地实施监控";二是和中东基地群相呼应,对从北非、中东到中亚的广大地区进行控制,辐射力达亚太地区;三是方便修建绕开俄罗斯的巴第杰石油管道,彻底打通里海石油外运通道,掌控里海石油的流向。正因为上述原因,美俄双方都试图加强己方在中亚的军事存在,并采用各种手段消除或减弱对方军事存在的影响力。

(三)美俄双方围绕中亚军事基地进行博弈

尽管俄罗斯在当时明确支持美国的反恐战争,默许美军进入中亚,但俄对于美国在中亚军事存在问题上的立场一直是明确的,即美军应该在反恐行动结束后撤出中亚地区。俄罗斯认为,中亚以外力量在该地区的军事存在,首先应当有利于维护该地区的稳定,应当考虑这些军事力量在多大程度上与阿富汗的反恐密切相关。[①] 然而,直至今日美国仍不愿从中亚撤军。俄罗斯曾为此一再提醒美国要信守诺言,美国并不予以理睬。为遏制美国不断扩大的军事影响力,俄罗斯不得不采取一系列措施强化本国在中亚地区的政治军事存在。2002年5月14日,俄罗斯主导的、以中亚地区为主要地理范畴的独联体集体安全条约组织宣告成立;11月30日,俄罗斯空军以独联体集体安全条约组织快速反应部队的名义进驻吉

---

① 郑羽、蒋明君:《普京八年:俄罗斯复兴之路(2000~2008)》(外交卷),经济管理出版社,2008,第53页。

尔吉斯斯坦坎特空军基地，2003年，俄正式宣布建立驻吉坎特空军基地，表明自己还是中亚的主导力量，并显示对美军常驻中亚的不满。坎特空军基地与美军马纳斯空军基地相距只有几十公里，出现了美、俄共驻一国的罕见局面。随后俄罗斯又在塔吉克斯坦建立了永久性军事基地。继乌兹别克斯坦总统要求美军限期撤出驻乌军事基地后，乌俄随后立即建立了战略同盟关系。2005年10月17日，俄罗斯在塔吉克斯坦的第201军事基地正式启用，这是继俄在吉尔吉斯斯坦启用坎特军事基地后，在中亚正式建立的第二个军事基地。

（四）马纳斯空军基地是当前美俄斗争的焦点

从2005年底至今，吉尔吉斯斯坦的马纳斯空军基地是美军在中亚五国仅存的唯一军事基地。也可以说，马纳斯空军基地是美国插手中亚事务，与俄、中叫板的有力支撑。在阿富汗战争期间，美军主要通过这一基地向阿富汗投送兵力和物资，该基地的存在能够保证通往阿富汗北部线的稳定。据美军文件透露，在2009年，该基地平均每月接纳约2.4万名中转盟军以及约450万吨货物。从2005年至今，美俄围绕马纳斯空军基地爆发了数次金元战。俄罗斯为敦促吉政府关闭美军基地，2009年俄政府曾承诺向吉提供总额20亿美元贷款和1.5亿美元无偿援助，免除吉1.8亿美元债务，并承诺在吉境内建设一座耗资17亿美元的水电站。而美国则为延续对基地的使用权付出了天价租金。美国为保住马纳斯空军基地，也曾在2009年支付吉租金1.781亿美元。同时，为淡化基地的对抗色彩，2010年，美军在满足吉方租金要求的同时，将马纳斯基地更名为空军过境运输中心。但实际上，该中心的职能没有变化，依然发挥着军事基地的作用。

三　影响美国驻中亚军事基地存在的主要因素

通过以下分析可以看出，美军驻中亚军事基地的去留存废将取决于中亚国家、俄罗斯和美国这三方。其中，俄、美在中亚的博弈是最重要的外部因素，而中亚国家的利益选择则是决定性因素，是内因。唯物辩证法告诉我们，外因必然通过内因起作用。因此，美国能否长期实现在中亚的军事存在，最终的决定权仍在中亚国家手中。

首先是俄罗斯因素。随着美国加紧部署欧洲反导系统和普京重返总统宝座，俄美之间遏制与反遏制、挤压与反挤压的斗争将会更加激烈。俄罗斯捍卫独联体势力范围、将美国驱逐出中亚的决心将会更加坚定。近两年来，俄在政治和军事领域采取了一系列措施，增加在中亚国家的影响力。2011年12月20日，集体安全条约组织首脑峰会作出重大决定，即只有该组织全体成员国一致同意，外国才能在成员国境内设立军事基地。该决定显然是针对美国驻中亚军事基地而做出的，意在敦促美国从阿富汗撤军后，不能再在中亚地区部署其军事基地。但是由于仅规定外国设立军事基地需要成员国一致同意，成员国就可以在名称上做文章。如美国当年将驻吉尔吉斯斯坦的马纳斯军事基地改为过境运输中心，仍可以实现在中亚的军事存在。

其次是美国因素。对于极力维持全球领导地位的美国来说，肯定不会轻易放弃在中亚的军事存在。美军尽管于2005年撤销了驻乌兹别克斯坦的汉纳巴德军事基地，但后来随着美乌关系的改善，又实现在乌纳沃伊机场的军事存在，其名称为国际反恐培训中心，但据悉，其中90%的业务是为阿富汗美军服务的。随着伊朗形势的日趋严峻，美军继续驻扎中亚的决心将会更加坚定。但为了不刺激俄罗斯，美国可能会故伎重演，不采用军事基地的名称，而是换用过境运输中心或者反恐培训中心等名称。在尽力保驻吉军事基地的同时，美国还争取在其他国家的军事存在。据俄军方透露，美国中央司令部的文森特·布鲁克斯准将在2011年11月底访问杜尚别和塔什干时，同塔吉克斯坦和乌兹别克斯坦的领导层就转交撤出阿富汗后的武器进行了非公开讨论。美军高级军官也表示，美国和北约军队在2014年撤离阿富汗后，会将在阿富汗使用过的武器无偿交给塔吉克斯坦和乌兹别克斯坦。这些武器装备的范围很广，包括无人机、数字无线电台、GPS导航仪、装甲车辆、防空设施、坦克和火箭炮，以及装备了夜视瞄准器的步兵武器。此外，美国还变换军事合作的形式，不再提建立军事基地，而是致力于在中亚建立训练中心、加强军事交流、提供培训机会等多种形式的军事渗透。美国已经在塔吉克斯坦建成军事培训中心，目前已开始运转。美方为该中心提供了300套个人装备和特种部队专用设备。

最后是中亚国家的考虑。中亚国家对美军去留问题比较纠结，一直在权衡利弊得失。而这也是美军驻中亚军事基地问题难以彻底解决的根源所在。美军基地能给中亚国家的好处在于，既能在一定程度上震慑地区三股势力，还能给中亚国家带来经济利益和军事援助，更重要的是，还可借此平衡其他大国特别是俄罗斯

中亚黄皮书

的影响力。吉尔吉斯斯坦通过在美俄之间玩平衡,已数次提高了基地租金,还得到了俄罗斯的巨额无偿援助。马纳斯军事基地已成为大国相争、小国得利的典型事例。但美国的军事存在也给中亚国家带来了一定弊端,尤其是政治风险。一是美国依托军事基地在中亚国家策动"颜色革命"的故事可能会再次上演。特别是在当前中东局势持续动荡且有可能向中亚地区蔓延的情况下,中亚国家对此更是高度警惕。二是安全风险。吉尔吉斯斯坦等国政府一直担心,美国可能会利用驻马纳斯空军基地来攻打伊朗。原因在于,马纳斯基地不仅离伊朗近,而且是美国和北约一些军事基地的中转站。这将使中亚国家面临遭受伊朗报复的威胁。三是军事基地问题引发的美俄博弈不可避免加剧各国高层亲俄派与亲美派之间的矛盾,甚至引发政权更迭。对于中亚国家来说,其允许美军继续驻扎中亚的底线是美军基地不会危及其政权稳定。2005年安集延事件后乌兹别克斯坦总统下令美军限期撤离就是一个典型的例子。

To Go, or Not to Go: the Fate of US Army Base in Central Asia

Li Shuyin Li Kan

Abstract: The fate of the U. S. military bases in Central Asia is an important factor to affect the Russia-US-Central Asia current triangle relationship. The United States, relied on lunch of the anti-terrorism war in Afghanistan in 2001, have achieved the military presence in Central Asia, have established a military bases, and have gradually improved the allocation system of the U. S. military bases in the Central Asian. With the accelerated withdrawal of the U. S. troops from Afghanistan, the issue of retention of the U. S. military bases in Central Asia has also put on the agenda. The article noted that the question will depend on the Central Asian countries, Russia and the United States. Here, competition between Russia and the United States in Central Asia are the most important external factors, and the choice of interests of the Central Asian countries is the decisive factor.

Key Words: U. S. ; Central Asia; Military Bases

Y.7
中亚的宗教发展与问题

李 琪[*]

摘 要：中亚国家独立20年来，传统宗教的复兴，新兴宗教的渗入，形成了一种迅猛发展、不断强化的态势。纷繁复杂的信仰网络在多种因素的助推之下促发了形形色色的宗教问题，成为影响国内社会现实和地缘政治关系不容忽视的重要因素和"导火索"。随着国际大环境和地区安全情势的发展变化，各国政府始终致力于协调政教关系和各种宗教之间的关系，并推行了一系列符合本国国情的针对性政策，且不断进行政策调整，坚持以立法形式予以治理。

关键词：中亚 宗教 发展 问题

宗教是一个复杂体，由共同的宗教崇拜、宗教教义、宗教情感、宗教礼仪、宗教组织和教职制度等诸多元素构成。宗教也是一种意识形态，隶属上层建筑，与社会及政治相互交织、互为影响。中亚国家独立20年来，传统宗教的复兴，新兴宗教的渗入，形成了一种迅猛发展、不断强化的态势，成为影响国内社会现实和地缘政治关系不容忽视的重要因素。然而，由于每个国家的政治、经济情境不尽相同，民族宗教政策略有差异，其宗教发展及其存在的问题既有共性，也有各自不同的特点。

一 中亚地区多元化宗教信仰及其发展趋势

中亚是多民族聚居、多宗教共存、多文化荟萃的地区。在中亚广为流行的传

---

[*] 李琪，陕西师范大学中亚研究所所长、教授。

统宗教信仰主要有伊斯兰教、基督教、东正教、天主教、佛教和犹太教等。这些宗教信仰都与相应的民族群体有关，使得宗教往往带有民族的特点。2009 年和 2010 年中亚各国相继进行了独立以后的第二次人口普查。现今在中亚地区有 130 多个民族，居民近 6000 万。其中乌兹别克、哈萨克、土库曼、吉尔吉斯、塔吉克等主体民族和俄罗斯族占总人口的 84%。民族人口情势决定了不同宗教在当地的生存发展和社会作用。由于操突厥语诸民族①和操波斯语的塔吉克人占民族人口的绝大多数，其广大居民都信仰伊斯兰教②，所以伊斯兰教信仰在中亚具有广泛的民族性和群众性。虽然大批俄罗斯、白俄罗斯回归"历史祖国"，但留居人口仍有近 600 万（哈萨克斯坦 397.93 万，乌兹别克斯坦 115 万，吉尔吉斯斯坦 47 万，土库曼斯坦 10 万，塔吉克斯坦 5 万），占相当比例，因而东正教有一定的社会影响。20 多万德意志人（吉尔吉斯斯坦 1.2 万，哈萨克斯坦 17.82 万③，部分散居在其他中亚国家）信仰基督教（天主教）。近 30 万朝鲜人（乌兹别克斯坦 16 万，哈萨克斯坦 10.3 万，吉尔吉斯斯坦 2 万）多信奉佛教和基督教。另外，在中亚地区还生活有 2.5 万多犹太人信奉犹太教。民族的多元性使中亚地区呈现出五彩缤纷的宗教多样化图景。

（一）宗教信仰格局与宗教情势的复杂性

考察中亚各国丰富多彩的宗教信仰格局，2009 年哈萨克斯坦人口普查数据显示，总人口 16009597，哈萨克人 10096763，占 63.07%；俄罗斯人 3793764，占 23.70%；乌兹别克人 456997，占 2.85%；乌克兰人 333031，占 2.08%；维吾尔人 224713，占 1.40%；鞑靼人 204229，占 1.28%；日耳曼人 178409，占 1.11%；其他民族人 721691，4.51%。④ 国内 16 大民族中的哈萨克、乌兹别克、维吾尔、鞑靼、车臣、吉尔吉斯、东干、土耳其、库尔德、塔吉克等 10 个民族信仰伊斯兰教。有的几乎全民族信教。国民宗教认同的普查数据反映，哈萨克斯

---

① 中亚地区操突厥语的主要有乌兹别克人、哈萨克人、土库曼人、吉尔吉斯人、维吾尔人、卡拉卡尔帕克人、土耳其人、鞑靼人、阿塞拜疆人和巴什基尔人等。
② 在中亚信仰伊斯兰教的民族还有东干人、车臣人和印古什人等。
③ Агентство Республики Казахстан по статистике: Итоги переписи населения Республики Казахстан 2009 года. Астана. 04.02.2010.
④ Агентство республики Казахстан по статистике. об итогах переписи населения республики Казахстан 2009. Астана. 04.02.2010г.

坦97%的居民具有不同的宗教信仰。其中70.19%的居民为穆斯林，人口1123.79万，其中多属逊尼派哈乃斐学派，也有少部分苏菲派和什叶派（占1%）。全国拥有清真寺2439个，其中正式注册的清真寺2369个（2011年1月）。基督教徒419.01万，占全国总人口的26%。俄罗斯、乌克兰和白俄罗斯等民族人口占国内1/3，大多信仰东正教。目前全国有东正教堂299个。日耳曼和部分乌克兰人等信仰天主教。现有罗马天主教堂83个。希腊—天主教堂5个。佛教徒1.46万人，占总人口的0.09%。朝鲜人多信奉基督教和佛教。犹太人多信仰犹太教，约有教徒5300人，占居民人口的0.03%。其他宗教信仰者3.01万，占0.19%。无宗教信仰者45.05万人，占总人口的2.81%。拒绝公开宗教信仰者8.1万人，占0.51%。① 宗教组织从1991年的671个增加到2009年的4200个之多，其中穆斯林组织占80%。

乌兹别克斯坦共和国总人口27533400人（2009年）。乌兹别克人占84%，俄罗斯及其他斯拉夫民族占4.5%，塔吉克人占4.5%，哈萨克人占2.5%，卡拉卡尔帕克人占2%，吉尔吉斯人占1%，鞑靼人占1%，另外，还有土耳其人、犹太人、朝鲜人、阿拉伯人、茨冈人、希腊人、维吾尔、东干等。乌兹别克人的伊斯兰信仰在中亚穆斯林中素有正统和保守之名，而费尔干纳、撒马尔罕和布哈拉又一直是中亚穆斯林传统文化圣地。因此，乌兹别克斯坦被视为中亚的伊斯兰教中心。国内穆斯林占88.46%（主要是逊尼派，什叶派占2.3%）。注册的清真寺2252个。非穆斯林宗教设施180个。其中朝鲜人基督教新教教堂57个，东正教堂37个，洗礼教教堂23个。② 现有16种宗教信仰的2250个宗教组织，穆斯林组织2050个，占全国宗教组织的93%。近几年基督教背景的组织发展很快，达到175个。朝鲜人基督教团体52个，俄罗斯人东正教团体37个，洗礼教团体23个，基督复临安息日会团体10个。另有8个犹太教组织、6个巴哈伊教派团体、1个佛教组织、1个印度教克利须那派教徒组织。③

---

① Доклад о свободе вероисповедания в странах мира за 2010 г. Казахстан. Дипломатическая Миссия соединеных штов Казахстан. 13.01.2011г.

② Факультет мировой политики Московского государственного университета им. М. В. Ломоносова. Россия Средняя Азия. Том2. политика и ислам в xx-начале xxiвв. Москва. 2010. с. 331.

③ Бюро по вопросам демократии, правам человека и труду. Доклад о свободе вероисповедания в странах мира за 2010 г. Узбекистан. Ташкент. 17 ноября 2010 г.

吉尔吉斯斯坦现有总人口510.8万，常住人口536.3万（2009年）。吉尔吉斯人384.5万人，占总人口的70.9%，乌兹别克人占14.3%，俄罗斯人占7.8%，东干人占1.1%，塔吉克人占0.9%，维吾尔人占0.8%，哈萨克人占0.6%，鞑靼人占0.4%。83%的居民信仰伊斯兰教。① 据国家宗教事务委员会统计，目前国内有30种宗教信仰（教派）的2100个宗教组织，伊斯兰教背景的组织有1800个，基督教背景组织300个，东正教基金会、协会和组织44个，天主教组织3个，犹太教组织2个，佛教团体1个和12个巴哈伊教派组织。吉尔吉斯斯坦宗教发展情势的分裂特征日益突出，北方地区欧化趋显，基督教盛行，南部地区伊斯兰化不断增强。

塔吉克斯坦居民总人数759.5万人（2010年）。其中塔吉克人占（79.9%），乌兹别克人占15.3%，俄罗斯人占1.1%，吉尔吉斯人占1.1%。其他民族成员占2.6%。90%为穆斯林（85%逊尼派，5%什叶派），非穆斯林主要信仰东正教和基督教。

土库曼斯坦总人口5008674人（2010年）。其中土库曼人占81%，乌兹别克人占9%，俄罗斯人占3.5%，哈萨克人占1.9%，卡拉卡尔帕克人、鞑靼人、亚美尼亚人占0.7%，其他民族占2%。穆斯林占全国居民总人数的89%，基督教徒占9%，其他宗教占2%。

研究中亚地区的宗教现实，宗教问题总是和民族问题交织在一起，宗教关系往往与民族关系密切相关，互动影响、彼此渗透、错综复杂。其中带有规律性的特点是宗教的民族性、群众性和复杂性。宗教情势的复杂性表现在，宗教作为一种意识形态，经过历史的积淀已化为不同民族传统文化的有机组成部分，对铸就民族的传统观念和文化心理具有决定性的作用。宗教信仰的不同往往影响到一个民族成员的文化认同和族籍认同。另外由于每个民族的历史发展轨迹、所处地域环境、生产生活方式、民族风俗习惯不同，信仰同一宗教的不同民族在信仰宗教的程度和进行宗教活动的方式等方面也存在差异。还有同一宗教又分成多种教派，每一教派内部的组织机构、教义、教规、制度、仪式又有千差万别。不同的民族在其历史发展进程中形成了独特的文化和宗教信仰，但因人口的迁移流动及

---

① Татьяна Чубарь. Страны СНГ за последние 20 лет: демография и религия. Мир в боге. 14.01.11.

中亚的宗教发展与问题

其与他民族之间的文化交流等诸多原因,即使在同一个民族中,也会产生不同的宗教信仰。因此,单凭民族属性来判断一个地区或国家的宗教格局已远远不够。

(二) 宗教发展的推动因素

中亚地区宗教发展的推动因素极其复杂。国际性与本土性因素彼此互动、历史性与现实性因素互为表里、传统性与非传统性因素紧密交织、国家转型与民生需求的不对称性等导致了各种宗教的渗入和广泛传播。

1. 全球化为宗教发展创造了条件

宗教信仰是一种国际现象。中亚地区流行的伊斯兰教、基督教、东正教、佛教和犹太教等都有其国际性。伴随着全球化的迅猛发展,不同国家、不同民族、不同文化之间的碰撞交融和互动影响与日俱增。全球化的这种开放性特征也促使各国宗教信徒和宗教组织往来十分频繁,关系愈加密切,为中亚宗教发展的国际化创造了条件。全球化在给人类带来福音的同时,也产生了一些不容忽视的弊端。以美国为首的西方国家往往将自己的利益视为全球性利益,将自己的理念视为一种普世价值。这种以"西方化"或"美国化"为标志的全球化特点,在一定程度上引发了西方基督教世界对东方伊斯兰教的严峻挑战,导致弱势文化群体对本民族文化继承性和完整性的日益焦虑,进而促使民族和宗教的"自我"和"他者"意识强化。对中亚而言,虽然经历了沙皇俄国的征服和苏联70年间不同民族文化的相互交融,俄罗斯文化在中亚各民族的发展中留下了深刻的烙印。但是伊斯兰教在世居民族传统文化中的深厚积淀和广远影响使广大的穆斯林群众仍然保持着本土伊斯兰文化传统的内核。伊斯兰教是联系当地穆斯林和整个伊斯兰世界的纽带和灵魂。为了加强伊斯兰世界的联系,国际伊斯兰组织纷纷在中亚地区设立分支机构和代表处,以应对伊斯兰传统文化面临的巨大挑战。大多数国际伊斯兰组织均以信仰为动力,采用文化交流和帮助发展教育以及提供人道主义救助等方式,致力于解决中亚穆斯林社会中的特定问题,并且向当地穆斯林及其社团提供资助,帮助其扩大规模和影响。

2. 构建中的公民社会为宗教社团的大量涌现提供了前提

中亚各国独立以后开始本土的经济和政治改革,致力于构建"国家在重视个人或社会团体的同时,尊重和保护人权"的公民社会;并定位"公民社会是随着国家经济、政治、文化、福利和人民自我意识发展到一定阶段的产物";在公民社会"自然人及其需求、利益和价值等各种体系是社会进程的主导者和客体。公民社会意味着社会已发展到保障公民自由和权利的水平。公民社会将为公民履行自己的权利——自愿结社、参政议政而创造条件"①。从这一理念出发，中亚各国均以立法形式确保公民的宗教信仰自由权和自愿结社权，促进了宗教社团的不断涌现，并以不同宗教信仰社会成员自由结社权的形式反映公民社会民主化程度。目前中亚国家的公民社会正处于构建之中，各种机制还不完善。如此条件之下，宗教社团在不同宗教信仰的公民中则更具吸引力，进而表现不同宗教信仰的各族人民的历史文化传统和民主权利水平。中亚各国建立成熟的公民社会还将经历一个较长时期，对形形色色宗教社团的监督管理体系也面临着不断健全、规范和严格的艰难过程。一些自律性差、更多随意性的宗教组织还会不断增加。

3. 社会经济状况恶化，助推"宗教复兴"

苏联解体，70多年形成的传统价值观念、政治信仰和精神寄托瞬息坍塌。一时间人们惶惑失望、思想混乱、不知所措。意识形态领域出现真空。最重要的是物质生活的艰难匮乏，未来趋势的难以预料，人们心灵深处自然产生了超越现实的冲动，充满了对无限的永恒世界的深切向往，希望借助超自然力量——宗教，重新定义一个新的价值体系，以支撑转型的社会政治经济秩序，于是寻求精神寄托和心理平衡的自然需求成为人们生存的方式和动力。普通民众对自身生存境况的自我意识以及在各种宗教信条、宗教理想和宗教社团中所得到的精神满足和物质关怀，构成其价值追求、情感取向、道德信念、行为方式和思想认同的主要来源。这一现实促进了各种宗教的快速发展。

4. 西方传教士扩大影响，挑战本土传统宗教

独立初期，中亚各民族国家大都通过了不同于苏联时期的宗教信仰自由法和宗教活动开禁政策。另外，中亚国家间边界的开放性和外国公民入住原则的自由化等因素，为境外宗教传教士的渗透创造了良好的条件。于是，许多西方宗教团体以赈济贫困和保护无社会保障公民利益为缘由，发展组织，扩大规模和影响。

---

① Совет при Президенте Российской Федерации по содействию развитию гражданского общества и правам человека. Концепция развития гражданского общества в Республике Казахстан (2006 - 2011 гг.)，09.07.05.

截至目前已有 400 多名西方传教士在哈萨克斯坦进行传教活动。吉尔吉斯斯坦有 21 个外国传教士团的分支机构。1995～1998 年 3 年中在其国内正式注册的外国传教士达 900 人①，此后十多年来有增无减。一些西方宗教组织和传教人士或打着文化交流，或以帮助发展教育和提供人道主义救助为名，鼓动中亚世居民族改信宗教，运作中显示出对当地传统宗教的挑战。

二 中亚国家宗教发展中存在的问题

自古以来，中亚地区就是世界几大文明的荟萃之地。随着全球化的发展，各种宗教和教派纷纷渗入中亚各国。在中亚地区形成了一个纷繁复杂的信仰网络。随之而出现的宗教问题往往成为影响地区安全和社会稳定的"导火索"。

（一）形形色色的宗教非政府组织形成一种力量

中亚五国独立 20 年来，以特定宗教信仰为基础，积极参与国内社会和国际政治活动的形形色色的宗教非政府组织蓬勃发展，其活动范围不断扩大，逐步形成一种力量，已成为国内社会和国际政治现实中的重要一环。其国内、地区和国际影响逐渐为世人关注。

在中亚地区宗旨不同、结构不一、人员组成各异、活动形式多样的宗教非政府组织中具有伊斯兰背景的居多数。哈萨克斯坦共和国现有 40 个教派的宗教非政府组织，其数量逐年激增。据官方统计，2004 年注册为 3174 个，2005 年 3259 个，2006 年 3420 个，2011 年达到 4500 个之多。乌兹别克斯坦有宗教非政府组织 2222 个。吉尔吉斯斯坦有 2183 个宗教非政府组织。许多国际宗教非政府组织都与中亚的相应组织建立了对应关系，或设立分支机构和代表处。他们通过与当地相应组织的密切联系，将追随者牢牢地吸附在自己的周围，进而扩大影响。中亚的宗教非政府组织的活动与发展主要依赖国际组织的舆论支持和经费物质支援扩大规模。这种交流的结果使中亚当地的宗教非政府组织在功能方面，既承担进行宗教传统教育和传播基本知识的责任，又附加了宣传社会和政治观点的使命。

---

① Молдахметов Барат. Религиозная ситуация в Кыргызстане: анализ и перспективы развития. Время Востока. 12.03.2007.

由于国际或境外相应的宗教非政府组织的经费资助和道义支持，中亚地区的宗教非政府组织逐步发展和壮大，并积极参与当地的社会生活，形成一种稳定牢固的社会力量。这些组织中大部分从事宣教和救助，其中大多在文化交流、培训教育、社会公益、地区发展等领域发挥独特的作用。

但是从另一方面讲，在全球性宗教政治化的影响下，具有政治背景的宗教非政府组织规模及其成员的数量得到更大的扩展。其中有些借以政治宗教化的主张，谋求与相关国家的政治反对派相勾连，介入本国事务和国际政治，挑战现政权。这或许就是为什么中亚国家有些部门将宗教非政府组织视为"反政府组织"的原因之一。还有少数具有"政治背景"、宗旨激进的宗教非政府组织，坚持偏执和狭隘的思想理念，极力反对异教文化等，成为影响国家政局稳定和社会和谐的因子之一。

（二）中亚宗教极端主义的类型与国际化

从本质上讲，宗教极端主义不具有宗教属性，却带有宗教色彩，与宗教有密切的联系，是宗教异化的产物。对宗教资源的政治利用是中亚地区宗教极端主义的基本特征。宗教极端主义主要可分为三种类型：布道宣教型、暴力恐怖型和民族分裂型。随着国际环境的变化，不同类型的宗教极端主义的活动规律、行为方式和采用手段处于变幻莫测的动态之中，三种类型互为转化呈现常态性。中亚宗教极端组织主要有两种表现形式。其一，不从事实质性暴力活动，但坚持自己对宗教经典教义的极端解释，通过意识形态的影响，以政治对抗的形式，蛊惑信徒推翻现行世俗政权。其二，把暴力恐怖手段置于一切行动之首位，进而达到政治目的。"9·11"以后中亚地区的宗教极端主义组织大都具有恐怖主义的色彩。上述类型特征兼而有之的宗教极端主义组织占绝大多数。由于宗教多半是一种被宗教极端主义利用的动力，进而加速了中亚宗教极端主义组织的国际化。目前在中亚各国有实质性活动，且被各国政府严厉打击和禁止的宗教极端主义组织有"伊斯兰解放党（伊扎布特）"（Хизб ут-Тахрир аль Ислами《Исламская партия освобождения》）、乌兹别克斯坦伊斯兰运动（Исламском движении Узбекистана，《ИДУ》）、"突厥斯坦伊斯兰运动"（Исламское движение Туркестана）、"伊斯兰胜利党"（Хизб ан-нусра，《Партия победы》）、"伊斯兰战争"（Воины ислама）、"至尊运动（阿克拉米亚运动）"（Акромия）、"法轮功"（Фалунгунь）、"白色兄弟会"（Белое братство）、"伊斯兰圣战联盟"（Союз исламского джихада 《СИД》）等。

（三）新兴宗教及其组织迅速发展

20世纪90年代初，在中亚鲜为人知，而在世界上已广泛流行的新兴宗教，诸如巴哈伊教派①、印度教黑间派、基督教派生的一些新教派开始纷纷渗透中亚。近年来新兴宗教及其组织在中亚地区不断涌现，并以青少年为基础建立了相应的宗教社团，亦称宗教运动。根据官方统计数据，2009年在哈萨克斯坦共和国仅已注册的基督教派生的一些新教组织就有1080个，2010年发展到1267个②。在吉尔吉斯斯坦新兴宗教组织达300多个。主要有印度教黑间组织、巴哈伊运动、门诺派③组织、摩门教徒组织、卫斯理派教徒组织、五旬节教派运动、耶和华见证人、基督复临安息日会④、浸礼会⑤等。由于上述宗教、教派及其相关组织的渗入，吉尔吉斯斯坦出现了南北地区宗教分化的趋势。在"欧化"的北方地区出现了基督教和新兴宗教强化趋势，与南方的"伊斯兰化"进一步复兴相抗衡。据统计，原本信仰伊斯兰教的吉尔吉斯人改信新教的人数已达到15000人。渗透力最强的是"福音浸礼宗"⑥和"耶和华见证人"等教派组织，其次是巴哈伊运动。其他传教组织也各显神通，积极活动。各种新兴宗教主要在青少年中广泛传播。与之相关的组织也更加积极地活跃在青少年中。在吉尔吉斯共和国吉尔吉斯人中出现了同一家庭成员父母信仰伊斯兰教，子女信仰新兴宗教，诸如巴哈伊教的情况。吉尔吉斯斯坦北部地区的吉尔吉斯族青少年改信基督教和新兴宗教的趋向尤其突出。

新兴宗教在中亚国家发展迅速的背后蕴涵着深刻和复杂的社会原因。新兴宗

---

① 巴哈伊教，旧称大同教，又译巴哈教、白哈教、比哈教。含义参见《宗教词典》，上海辞书出版社，1981，第239页。
② Доклад о свободе вероисповедания в странах мира за 2010 г. Казахстан. Дипломатическая Миссия соединеных штов Казахстан. 13.01.2011г.
③ 基督教新教门诺派教会，传布于美国、荷兰和德国。
④ 简称安息日会，基督教新教派之一，19世纪40年代产生于美国。
⑤ 基督教新教主要派别之一。
⑥ 1944年由浸礼宗和福音派基督教徒合并而成的教会，后有五旬节派部分教徒和"兄弟会"的门诺派加入该派，由"福音浸礼宗"联合会领导。

教及其组织对社会产生的作用有积极性、消极性和破坏性。诸如有些新兴宗教教义具有更为现代化的内容,宗教仪式更为简化,更为宽容、开放和世俗化,在社会生活中追求和谐而谴责暴力。类似的新兴宗教及其组织具有一定的社会调节作用,有助于社会矛盾的缓解。不容忽视的是具有极端主义倾向的新兴宗教组织,其教义、教规和活动方式的多变性、秘密性、暴力性和恐怖性,对社会的安定和国家乃至地区安全构成严重危害。例如,具有新兴宗教背景的"中亚自由交流组织"、"仁爱会"中亚分支、西方"国际友谊与希望"等在乌兹别克斯坦或被取缔,或被提出警告,或被驱除出境。

(四) 宗教对话的障碍

冷战结束以后,国际关系中涉及宗教因素的矛盾与冲突显著增加。与此同时,宗教领域要求和平与对话的呼声日益高涨,并逐渐形成一种新的国际潮流,折射出宗教对话和宗教宽容对当今时代世界和平具有的重大意义。中亚是一个民族多元、宗教多元和文化多元的国家。民族文化多以某种宗教为核心,因此宗教对话成为民族和谐的重要途径。独立20年来,中亚各国,特别是哈萨克斯坦,充分调动和发挥宗教所倡导的世界和平与民族间和睦相处的精神,通过展开各民族和不同宗教文明之间的积极对话,为新生的民族国家乃至当今世界"创造一片和谐、透明与友善的天空",成为这个年轻国家民族宗教事务领域的主导话语。由于政府大力倡导多民族背景下的宗教对话,国内宗教和谐,民族和睦,社会安宁,但是也存在着诸多阻碍宗教对话的因素。

1. 西方对伊斯兰教的误读,伊斯兰教自身面临的挑战

20世纪80年代后期,随着苏联宗教政策的开禁,国际伊斯兰复兴运动对历史上曾以伊斯兰文化传统为内核的中亚地区形成了强烈的冲击。伊斯兰教很快成为中亚广大穆斯林的精神灵魂和振兴民族文化不可分离的组成部分。伊斯兰教的复兴为当地穆斯林群众回归自己的历史、文化和宗教之本源提供了极为有利的条件。从这一角度讲,在中亚,真正意义上的"伊斯兰复兴"是"精神复兴和文化复兴",具有积极、温和而宽容的"自修和修他"[①]性。这一点与伊斯兰教从诞生之初就以经典条文形式正式承认多元宗教合法存在的思想相吻相合。自西方

---

① 马效佩:《纳斯尔教授的"圣道伊斯兰教"观初探》,《西北民族研究》2006年第1期,第170页。

"文明冲突论"诞生，即成为某些西方学派关于人类冲突和战争的理论依据。"9·11"事件后，美国总统布什提出了要发动一场现代"十字军东征"（Crusades）。西方主流舆论将伊斯兰同恐怖主义祸根相提并论，甚至有西方政要发出"西方文明优于伊斯兰文明"的沙文主义之声。诸如此类，破坏了伊斯兰教在人们心中的形象。在西方导引下的对伊斯兰教和伊斯兰世界的误解和偏见往往成为穆斯林和非穆斯林之间和睦相处的樊篱。当然我们也不否认伊斯兰教在现代社会变化过程中自身也面临着严峻的挑战。诸如在伊斯兰教内部各派之间的关系问题上，在构建伊斯兰教与其他宗教和文明的关系问题上，在伊斯兰教复兴的模式问题上出现了某些与伊斯兰教义相悖的思想理念。这些都是阻碍宗教对话的因素之一，也不同程度地影响到中亚国家多元宗教对话政策的实施。

2. 全球化背景下的宗教政治化趋向

冷战以后，由于世界政治格局的变化，宗教政治化作为一种全球化背景下的新现象在各大宗教中都有不同程度的发展，并对国际和国内的政治影响显著加强。所谓宗教政治化，即以政治手段去运作宗教团体，主张政教合一，反对国家政权的世俗化，强调国家政权的宗教特征，利用宗教信徒作为筹码，达到政治目的。在其影响下，导致了宗教意识形态与国家主流政治话语、宗教政党、组织与国家政权之间的紧张化。中亚地区的宗教政治化倾向主要表现为以宗教作为某种政治意识形态和政治斗争的工具，达到既定的政治目标，即宗教渗透于政治、经济、文化、伦理、生活等各个方面的社会功能以及它的外衣作用，为某些具有政治企图的人所利用，并演变为一种偏激的社会政治主张，进而促使在宗教名义下的极端主义得到发展。主要表现为某些激进或极端主义组织借宗教的神圣光环为其政治目的服务，利用某些宗教派别激进的信仰体系及其对宗教经典予以曲解和绝对化的诠释，为其政治斗争、政治理念和政治功能提供资源支持，进而煽动宗教狂热，欺骗和麻痹追随者，谋求政治意图。在当代宗教的发展中这种"宗教身份"的政治化已成为不和谐因素，对多元文化的世界和平将是一个存在性威胁。

三 结语

中亚国家独立以后，大都提出了国家统一、文化多元的民族宗教理念。20年来，随着国际大环境和地区安全情势的发展变化，各国政府始终致力于协调各

种宗教关系,并推行了一系列符合本国国情的针对性政策,且不断进行政策调整。然而由于国情不同,各国宗教政策的调整力度也有不同,但协调政教关系始终是各国政府的工作重心之一。2009年以来,中亚各国根据国内外形势的变化纷纷对本国的"宗教信仰自由和宗教组织法"等法律进行修订。其共同点在于:第一,进一步细化和明确了国家与宗教的关系,规定宗教组织不得追求政治目的,无权参与国家权力和管理机构的选举和政治党派的活动,不得给予政治党派提供经费支持。第二,禁止建立在民族属性和宗教属性基础上的政治党派和组织活动。第三,宗教组织的成员只能以国家公民的身份参加政治生活。第四,对于宗教极端主义组织予以查禁、取缔和坚决打击。这种做法无疑有利于维护国家政局稳定。

然而值得注意的是,长期以来,哈萨克斯坦共和国始终保持着经济的稳步上升和社会稳定,被誉为"中亚的安全岛";但是近两年与宗教极端主义相关的突发事件却呈上升趋势,引起了其他中亚国家和邻国的高度关注。随着中亚地区宗教领域极端化和激进化问题的日益尖锐,中亚各国坚持以立法形式对外国或受境外资助的具有"政治目的"的组织和打着宗教旗号的极端主义团伙,采取严格的监控措施,以维护国家稳定和地区安全。由于受到各国政府的政策制约和严密控制,宗教组织的发展空间明显缩小。从这个角度讲,除了适当的刚性治理是各国安全赖以维系的重要保障外,通过科学引导使宗教在社会安全化过程中发挥协调作用也是保证社会稳定的柔性治理策略之一。把正当的宗教信仰、人们善良的宗教愿望、合法的宗教活动与利用宗教从事破坏国家利益的违法活动严格区别开来;发挥合法宗教组织和神职人员的作用,在广大信教群众中正确地阐释宗教经典,揭露形形色色宗教极端主义派别、运动对宗教教义的曲解;倡导不同宗教信仰、不同宗教派别之间的对话与沟通是化解不同文化、不同民族和不同宗教信仰之间误解和矛盾的主要途径,也是谋求国家安全、社会安全、民生安全与和谐世界的施动方法与路径。

Religious Development and Problems in Central Asia

Li Qi

Abstract: During two decades of independence of the Central Asian countries, the revival of traditional religion and the infiltration of newly sprouted religions form a trend with rapid development and constantly reinforcing. With push of some factors, complex belief network produced various kinds of religious problems, and became an important factor affecting domestic reality and geo-political relations. With the changes of the international climate and regional security situation, governments of Central Asian countries made efforts to coordinate the relationship between church and state and relationship between all religions, implemented a series of targeted policies in line with the national conditions, and made some adjustments to ongoing policy. By doing so, laws are governing.

Key Words: Central Asia; Religion; Development; Issues

Y.8
影响中亚地区稳定的社会问题
——以贫困为视角

杨 进*

摘 要：中亚五国独立以来，贫困迅速增长，几乎所有国家贫困率都接近或超过本国人口的一半。2000年前后，随着各国政治、经济形势好转，贫困率显著下降，哈萨克斯坦的绝对贫困率已经下降到极低程度，但是在个别国家如塔吉克斯坦、吉尔吉斯斯坦，解决贫困问题不容乐观。当前各国的相对贫困均呈增长态势。贫困问题对各国政治力量重新分化组合、三股势力、毒品走私、跨国犯罪等现象的存在和发展提供了沃土，是影响中亚地区稳定的一大重要因素，也是各国政府正在努力解决的社会问题之一。

关键词：中亚 贫困 社会问题 稳定

中亚五国自独立以来，该地区有的国家陷入过内战，如塔吉克斯坦；有的国家出现过多次非正常政权更迭，如吉尔吉斯斯坦；有的国家出现过以宗教力量为核心的反对派政党，对现政权提出严峻挑战，如土库曼斯坦；有的国家恐怖组织不断制造事端，严重威胁国家安全，如乌兹别克斯坦；有的国家在经济高速发展的同时出现新的不稳定事态，如哈萨克斯坦。种种乱象的背后固然有该地区复杂的历史、地缘、民族、宗教、大国博弈等因素，但是不容忽视的一个事实是，中亚国家在短短20余年的转型过程中，一个凸显的社会现象——贫困问题也是隐藏在各种动荡不安背后的重要推动力量。

---

* 杨进，法学博士，中国社会科学院俄罗斯东欧中亚研究所中亚研究室助理研究员。

影响中亚地区稳定的社会问题

一 中亚五国贫困问题的历史与现状

社会学一般认为,贫困是一种动态的、历史的和地域的概念,不同时期、不同国家对于贫困的界定也不尽相同。如汤森的定义为:"所有居民中那些缺乏获得各种食物、参与社会活动最起码的生活和社交条件的资源的个人、家庭和群体就是所谓贫困的"①;世界银行的定义为:"贫困不仅仅指收入低微和人力发展不足,它还包括人对外部冲击的脆弱性,包括缺少发言权、权利和被社会排斥在外"②,等等。

本文对中亚国家"贫困"问题的研究数据来源有两个,一是联合国、世界银行等国际组织公布的数据,二是各国政府按照"贫困水平"、"最低生活需求"界定的贫困数据。根据对这些数据的分析和整理,可以较为清晰地梳理出各国独立后贫困问题的变化、特征和趋势。

第一,中亚五国独立前后,从贫困问题演化的过程看,其特征首先表现为贫困化速度快,比例高,呈先升后降态势。

哈萨克斯坦在独立前是中亚地区经济发展程度最高的加盟共和国之一,独立初期的哈萨克斯坦经济受到严重冲击,国民经济严重下滑,贫困化和贫困问题开始突出,这一趋势直到2001年之后才得到缓和与遏制(见图1)。

从图1看到,1989年,哈萨克斯坦有16%的人口生活在贫困线以下,到2001年,则有46.7%的人口生活在贫困线以下。这意味着从1989年到2001年,哈萨克斯坦的贫困人口增长了30.7%。此后随着国民经济恢复性增长,贫困问题迅速得到改善,到2011年第四季度,哈萨克斯坦贫困率仅为3.4%。

吉尔吉斯斯坦在苏联时期的经济发展水平较为落后,独立后经济又进一步下滑,贫困化速度极高,到2000年前后,超过六成民众生活在贫困线以下(见图2)。

图2显示,吉尔吉斯斯坦在独立前的1989年贫困率为33%,独立后的2000

---

① Townsend, *Povert in the Ringdom: A Survey of the Household Resouce and Living Standard*, Allen Lane and Penguin Books, 1979, p. 38.
② 世界银行:《2000/2001年世界发展报告》,中国财政经济出版社,2001,第15页。

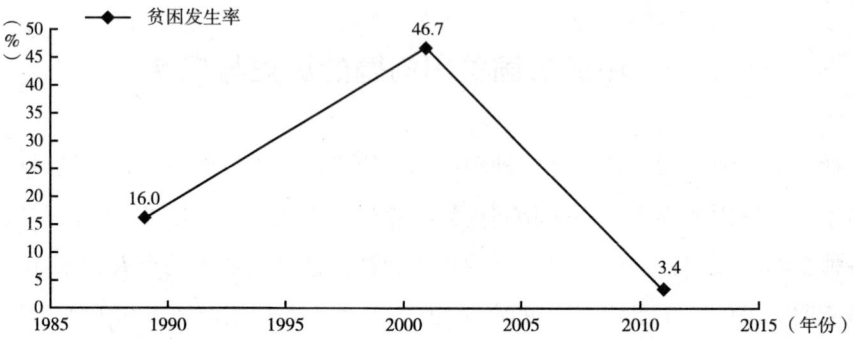

图1 哈萨克斯坦独立前后的贫困发生率变化趋势

资料来源：1) World Bank (2005a) Growth, Poverty and Inequality, Eastern and the Former Soviet Union, World Bank, Washington D. C, 2005。

2) Индикаторы уровня жизни населения. Агентство Республики Казахстан по статистике. http://www.stat.kz/digital/uzhn/Pages/default.aspx。

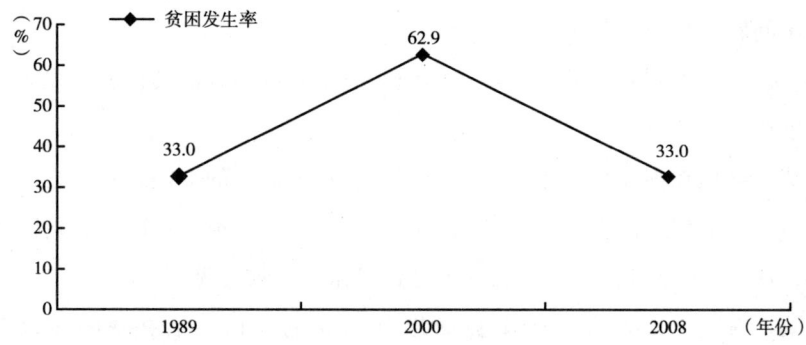

图2 吉尔吉斯斯坦独立前后贫困发生率变化趋势

资料来源：1) World Bank (2005a) Growth, Poverty and Inequality, Eastern and the Former Soviet Union, World Bank, Washington D. C, 2005。

2) Численность населения с потребительскими расходами ниже черты бедности. Национальный статистический комитет Кыргызской Республики. http://www.stat.kg/rus/part/urov.htm。

年贫困率最达62.9%。10年间该国贫困人口增加29.9%。2000年以后，该国贫困人口比例逐渐下降，到2008年时基本下降到苏联解体前水平。

塔吉克斯坦在苏联时期就是最贫困的加盟共和国之一，无论是人均国内生产总值，还是人均收入和消费在各加盟共和国中均处于落后位置。1989年，塔吉克斯坦的贫困率已经高达51%，是所有加盟共和国中贫困人口比例最高的。苏联解体后,该国很快陷入内战,生产力受到极大破坏,人民生活水平急剧下降,到1999年贫困率高达78.5%(见图3)。

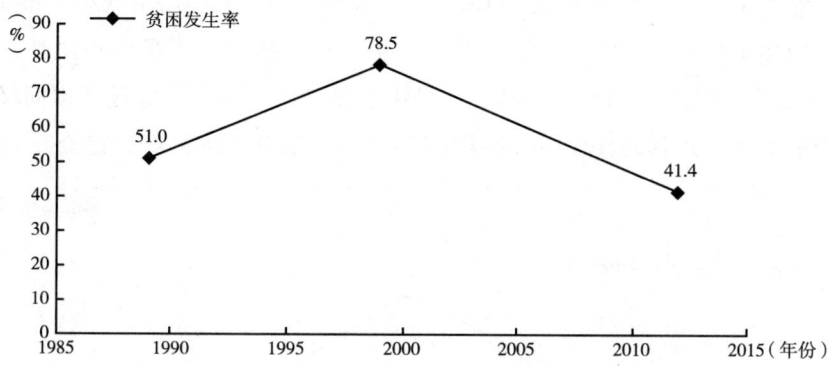

图3 塔吉克斯坦独立以来贫困发生率变化趋势

注：2012 年数据为塔吉克斯坦减贫目标。见 продовольственная безабасность и бедность№3 – 2011, c. 103。

资料来源：World Bank (2005a). Growth, Poverty and Inequality, Eastern and the Former Soviet Union, Washington D. C, 2005。

乌兹别克斯坦在苏联时期的贫困率就比较高,这与该国农村地区人口众多有关。按照世行标准,1989年该国贫困率达44%,2003年增长到76.7%,比1989年增长32.7%。随着经济恢复性增长,2003年以后乌兹别克斯坦贫困率迅速下降、降幅较大,有50.9%的贫困人口脱贫(见图4)。

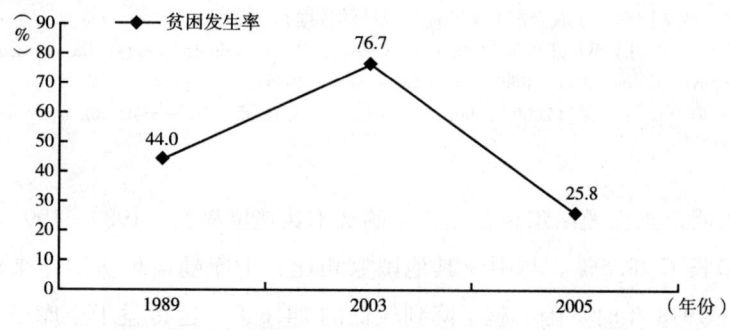

图4 乌兹别克斯坦独立前后贫困发生率变化趋势

注：数据由世界银行根据人均每天消费低于2美元的贫困线标准获得。

资料来源：1) World Bank (2005a). Growth, Poverty and Inequality, Eastern and the Former Soviet Union, World Bank, Washington D. C, 2005。

2) Republic of Uzbekistan: Poverty Reduction Strategy Paper, IMF Country Report No. 08/34。

独立前的土库曼斯坦在中亚地区经济并不发达,从经济发展水平上看要落后于哈萨克斯坦、乌兹别克斯坦、吉尔吉斯斯坦,甚至塔吉克斯坦。但是由于土油气工业较为发达,作为苏联重要的天然气资源供应国,其国内工资水平与其他加盟共和国相比并不低,仅略低于哈萨克斯坦。独立后的土库曼斯坦虽然没有用"休克疗法"匆忙地实行经济转轨,但是由于复杂的原因,土库曼斯坦同样面临严重经济下滑,尤其是1993~1994年极高的通货膨胀使大批的民众生活陷入困难。

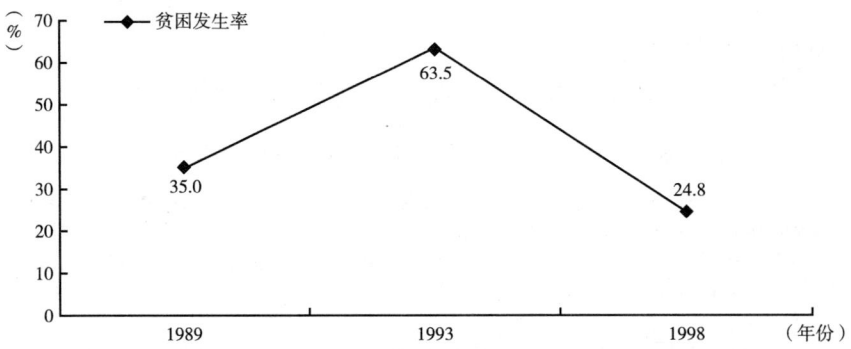

图5　土库曼斯坦独立前后贫困发生率变化趋势

注:1989年数据为世界银行按照家庭人均收入低于75卢布标准统计获得;1993年、1998年数据为联合国按照人均日消费低于1美元标准统计获得。由于土库曼斯坦官方公布数据少,国际组织也难以获得该国最新最权威数据,按照亚洲开发银行公布的数据,则1998年土库曼斯坦贫困率为49.7%(亚洲开发银行按照人均日消费2美元标准统计,所以得出的贫困率大于联合国1美元标准统计的数据)。

资料来源:1) World Bank (2005a). Growth, Poverty and Inequality, Eastern and the Former Soviet Union, World Bank, Washington D. C, 2005。

2) 联合国统计司 (2009), http://mdgs.un.org/unsd/mdg/SeriesDetail.aspx? srid = 580。

图5表明,土库曼斯坦在独立初期的贫困化速度极快,1989~1993年的4年间贫困率增长了28.5%。与中亚其他国家相比,土库曼斯坦贫困化来得快去得也较早,在1998年时贫困率就下降到较低的24.8%。这得益于土库曼斯坦执行了较为缓和的经济与社会改革政策。

第二,贫富差距不断扩大。

中亚各国在苏联解体前实行计划经济体制,在这种高度集中特征的体制下,社会各阶层之间大致以劳动原则进行收入与分配,加之计划经济体制下人们难以获得劳动以外的其他收入,因而不同社会阶层之间、地区之间的劳动收入差距并不显著。随着中亚各国独立并纷纷走向市场经济道路,收入与分配的原有体系被打破,在市场经济体制并未及时建立和完善的情形下,收入与分配机制出现严重失衡,随之而来的是社会阶层迅速分化。

社会学家通常用基尼系数来测定一个国家或地区收入和分配差异指标,其经济含义是全部居民收入中用于不平均分配的百分比。"基尼系数=0"表示收入分配绝对平均,"基尼系数=1"表示绝对不平均。国际上一般把"基尼系数=0.4"作为警戒线,认为高于这一系数的国家和地区居民收入和分配差距巨大,社会分层明显,社会关系紧张。

哈萨克斯坦在苏联解体前的1989年基尼系数为0.289,独立后该数值迅速上升,到1996年达到0.353,从收入分配"较为平等"发展到"较不平等"级别。①

吉尔吉斯斯坦1989年的基尼系数为0.287,是中亚各加盟共和国收入分配指标最好的国家,但是独立后的1993年该数值达到惊人的0.537,从收入分配"较为平等"发展到"差距巨大"程度,远远超过国际警戒线。②

塔吉克斯坦在苏联时期就是中亚地区收入分配差距最大的加盟共和国。1989年其基尼系数即为0.308,这表明该国收入分配刚过"较为平等"标准,2004年该值达到0.336,数值有所上升,但是幅度不大,这与该国整体较为贫困有关。③

乌兹别克斯坦在独立前的1989年基尼系数为0.304,收入分配差距与塔一样不算大,属于社会能够接受的程度,到独立后的1998年,该数值大幅上升达到0.454,这意味着该国收入分配进入"差别较大"级别,超过了国际警戒线。④

土库曼斯坦在苏联时期也属于收入分配差距较大的国家之一,1989年该国基尼系数为0.307,仅次于塔吉克斯坦,但是独立后的1998年,该数值达到0.408,进入收入分配"差距较大"国家行列,超过了国际警戒线⑤。

---

① Asian Development Bank (ADB), *Key Indicators for Asia and the Pacific 2009*.
② Asian Development Bank (ADB), *Key Indicators for Asia and the Pacific 2009*.
③ Asian Development Bank (ADB), *Key Indicators for Asia and the Pacific 2009*.
④ Asian Development Bank (ADB), *Key Indicators for Asia and the Pacific 2009*.
⑤ Asian Development Bank (ADB), *Key Indicators for Asia and the Pacific 2009*.

第三，贫困的空间分布十分不均衡。

中亚各国贫困化的另外一个普遍性问题是贫困在空间分布上存在巨大差异。主要体现在城市与乡村之间的贫富差距扩大，偏远地区发展程度日益落后于发达地区，落后地区的贫困问题更加突出。这从侧面反映出中亚各国贫困问题的复杂性。

首先，中亚各国贫富差距的空间分布差异表现在城市与农村贫困发生率不同，农村贫困发生率明显高于城市。这表明农村有更大比例的人群生活在贫困之中。

以哈萨克斯坦为例，哈萨克斯坦是中亚贫困率较低的国家，该国贫困率最高值出现于2001年，为46.7%，这是全国平均数，如果把城市与农村分别统计，则该年度城市贫困率为36%，农村为59.4%，即该年度农村贫困率高出城市贫困率23.4%。这意味着农村的贫困人口比例比城市多23.4%[1]。

图6直观显示出哈萨克斯坦在所有年份农村贫困率均高于城市，而且从趋势上看，虽然从2001年起两种贫困率达到最高值后均出现明显下降趋势，但是此后农村贫困率历年仍然高出城市贫困率接近一倍。这意味着哈萨克斯坦城乡差距巨大且有加剧趋势。

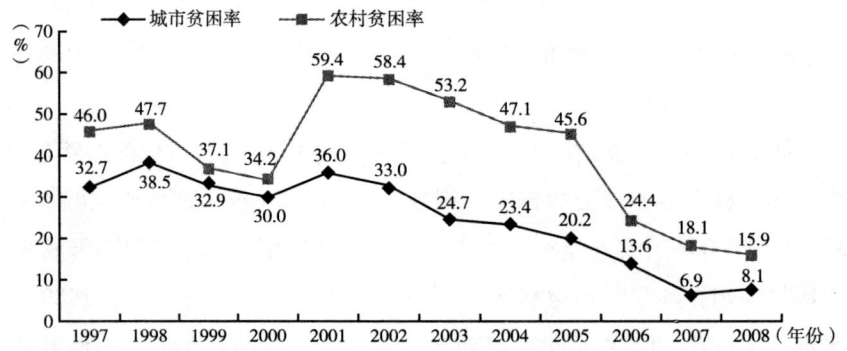

图6 哈萨克斯坦城市与农村贫困发生率比较

资料来源：Агентство Республики Казахстан по статистике, "Индикаторы уровня жизни населения" http://www.stat.kz/digital/uzhn/Pages/default.aspx.

---

[1] Агентство Республики Казахстан по статистике, "Индикаторы уровня жизни населения", http://www.stat.kz/digital/uzhn/Pages/default.aspx.

影响中亚地区稳定的社会问题

农村的贫困人口比例大于城市还不能量化人们之间的生活水平差距，如果用人均收入作对比，则容易获得直观的对比结果。1996年，哈萨克斯坦城市人均货币收入为3309坚戈，农村为1401坚戈，农村比城市人均货币收入少1908坚戈。2000年，城市人均货币收入为4941坚戈，农村为2698坚戈，农村比城市人均货币收入少2243坚戈。2004年，城市人均货币收入为9349坚戈，农村为5206坚戈，农村比城市人均货币收入少4143坚戈。2008年哈城市人均货币收入为22569坚戈，农村为13520坚戈，农村比城市少9049坚戈①。从速度上看，农村人均货币收入的增长速度并不慢，甚至高于城市，但是从实际值看，也就是从农村人口实际可支配的货币收入来看，农村人口与城市人口收入水平之间的差距正日益扩大。

其次，中亚各国贫富差距空间分布差异还表现为不同地区之间存在巨大差异，即在一国之内不同区域之间经济发展极不平衡，相比经济中心地区，边远的州、市贫困问题更加突出。

哈萨克斯坦统计局最新统计结果表明，即便在哈经济发展的最好阶段各地区之间的贫困率仍然有很大差别，各地居民平均收入差别极大。2008年，曼吉斯套州的贫困率为32.4%，而最低的地区——首都阿斯塔纳市仅为3.8%，两者相差28.6%。该年度贫困率超过20%的州还有阿拉木图州（20.1%）、克孜勒奥尔达州（24.3%）；低于10%的州有阿克莫林斯克州（8.7%）、阿克纠宾斯克州（7%）、东哈萨克斯坦州（9.9%）、卡拉干达州（4.9%）、库斯塔奈州（9.0%）、巴甫洛达尔州（8.8%）；其他州则为10%~20%。②"在哈萨克斯坦，居住地是决定一个人的贫困状况的重要因素，经济改革对不同地区的部门影响不同，因为不同专业生产的州例如农业生产为主的州则低收入阶层要多得多"，"南部的农业州历来有着更高的贫困率"③。

---

① Агентство Республики Казахстан по статистике, "Индикаторы уровня жизни населения". http://www.stat.kz/digital/uzhn/Pages/default.aspx.

② Агентство Республики Казахстан по статистике, "Доля населения, имеющего доходы, использованные на потребление, ниже величины прожиточного минимума", http://www.stat.kz/digital/uzhn/Pages/default.aspx.

③ UNPF, *Regions by Proportion of Poor People*, The United Nations Development Programme with Participation of the United Nations Population Fund Commissioned A Group of Authors to Prepare the *National Human Development Report for 2005*, p. 28.

吉尔吉斯斯坦近年来地区间贫富差距有逐渐扩大趋势,发达地区与落后地区民众收入水平差别明显。以2007年各州市之间人均工资水平为例。2007年人均工资最高的地区为比什凯克市,人均年工资收入为5173索姆;人均工资最低的地区为奥什州,为2170索姆。这意味着奥什州的人均工资仅为比什凯克市人均工资的41.9%,不足一半。其他几个州的人均工资情况分别是:巴特肯州2656索姆、贾拉拉巴德州3243索姆、伊塞克湖州5063索姆、纳伦州3009索姆、塔拉斯州2554索姆、楚河州3611索姆、奥什市3400索姆。①

塔吉克斯坦各州之间贫困率和贫困程度差距同样存在巨大差别。以世界银行公布的塔吉克斯坦各州贫困数据为例。2003年,塔贫困发生率最高的州为戈尔诺—巴达赫尚自治州,为84%,比全国平均水平的64%高出20个百分点,比贫困率最低的中央直属区(45%)高出39个百分点。其他各州的贫困率分别为索格德州64%、哈特隆州78%、苦盏市64%。② 由于各州人口差别很大,因而各州贫困人口占全部人口的比例也差别很大,戈尔诺—巴达赫尚自治州是塔人口最少的地区,即便其贫困率最高,贫困人口也仅占全国贫困人口的4%;人口最多的州——哈特隆州占全国贫困人口的比例最高,达到40%,这意味着全国40%的穷人都集中在该州。

乌兹别克斯坦近年来贫困率有所下降,但是地区间贫富差距同样巨大而且呈扩大趋势。2005年乌兹别克斯坦贫困率为25.8%,高于该数据的州或共和国、市有:卡拉卡尔帕克斯坦共和国(44%)、吉扎克州(29.6%)、卡什卡达里亚州(41%)、纳曼干州(33.4%)、苏尔汉河州(34.6%)、锡尔河州(32.4%)、花剌子模州(31%),贫困率较低的地区有:安集延州(23.1%)、布哈拉州(20.8%)、纳沃伊州(26.3%)、撒马尔罕州(23.9%)、塔什干州(20.4%)、费尔干纳州(15.8%)和塔什干市(6.7%)。③ 贫困率最高的卡拉卡尔帕克斯坦共和国比贫困率最低的塔什干市高出37.3个百分点。

---

① Национальный статистический комитет Кыргызской Республики,"Заработная плата по видам экономической деятельности по территории", http://www.stat.kg/rus/part/urov.htm.

② 该数据由世界银行发布,其采用贫困标准为人均日消费低于2.15美元。World Bank, *Human Development Sector Unit Central Asia Country Unit Europe and Central Asia Region*, Document of the World Bank, January 6, 2005.

③ IMF, *Republic of Uzbekistan: Poverty Reduction Strategy Paper*, January 2008, IMF Country Report No. 08/34, p. 41.

影响中亚地区稳定的社会问题

对中亚各国贫困问题的空间分布进行分析后，一个值得关注的现象是，各国无论是城市与农村的差距还是经济发达地区与落后地区之间的差距均呈现相同的趋势，即这种差距正在不断扩大，"穷者愈穷，富者愈富"的现象暗合了贫困理论中关于"贫困循环论"的阐述。它意味着在现行社会机制下农村和落后地区的贫困问题已经不同于转型初期的"爆发性"，无论是贫困地区还是贫困人群都变得相对稳定，贫困在这些地区已经具有一定的"稳定性"。

二 贫困成为各国政治力量重新分化组合的重要力量

贫困作为社会问题，它与政治有着密切联系，无论从苏联解体前夕还是从独立初期的历史看，中亚国家的贫困化趋势加快了各国不同政治力量之间的分化、对比并在变革的进程中促进它们不断重新组合，从而对各国政治进程产生了诸多影响。

第一，苏联解体前一些加盟共和国的政治精英们正是利用人们对经济停滞、生活日趋贫困化的不满情绪动员各种社会政治力量参与和联盟中央的政治斗争并以此为共同目标在共和国内部保持了一定的社会团结，这是各国政治家在主权独立后获得合法执政地位并推进政治转型的政治基础。

中亚各加盟共和国在苏联时期虽然获得了历史上少有的经济发展，人民生活水平有了很大提高，但是苏联时期也积攒了诸多矛盾，尤其是苏联解体的前几年，经济的停滞、下滑和混乱造成了人民生活水平严重下降并拉大了与其他加盟共和国的差距，陷入贫困的人们对现状的不满情绪日益增长，当不满情绪获得政治宣泄通道——政治体制多元化改革时，人们的政治参与热情便得以爆发。

第二，中亚各国独立后很快陷入政治动荡局面在很大程度上与国家贫困化以及居民生活水平严重下降有关。从独立初期的政治斗争特点来看，政治精英们推行的政治转型目标遭遇到极大的经济困境，社会各阶层的利益出现严重分化，这种利益分化诱使各种政治力量在社会基础上发生变化并形成新的政治利益分野。

如果说中亚各国在苏联解体前因为争取主权独立等共同利益诉求而动员了各种社会政治力量参与和联盟中央的政治斗争并在一定程度上保持了各种内部团结的话，那么在独立后的最初几年，尤其是当经济改革遇到极大困难，民众生活日趋贫困之时，各派政治力量的利益诉求便出现变化，随之而来的政治斗争便从内部滋生和蔓延,这是中亚各国形成政治动荡形势的重要因素之一。

首先是独立初期那些被社会变革"甩入"贫困阶层的民众数量激增,成为政治斗争可资利用的社会力量。随着这一群体的逐步扩大,他们所形成的政治力量为各种政治势力提供了政治参与的有效性,从而改变了各国政治生态。

20世纪90年代初,中亚各国无一幸免地陷入了严重经济危机,生产下降、商品短缺、通货膨胀、拖欠工资和补贴、失业人口剧增等现象与日俱增,大批民众迅即陷入贫困甚至是极度贫困状态。在受到贫困威胁的条件下,多数居民开始支持强调保护普通劳动者利益的政党和组织。一个显著的例子就是各国"左派"力量的上升。如1991年"8·19"事件后很快被停止活动的吉尔吉斯共产党在1992年刚获登记后,由于在新的党纲上主张保障劳动者的生存权利,在社会主义原则基础上建立民主法制国家,实现社会公正、人道主义、自由和平等,建立社会市场经济,强调国家、集体经济成分的主导地位,主张各民族一律平等并消除贫困等,很快获得社会认可,一年内便发展到近万名党员。在塔吉克斯坦,经过反复更名后的塔吉克斯坦共产党最终仍然保持了该名称,而且受到民众广泛支持,仅1995年一年就吸收了1500名新党员[①]。

其次是独立初期在中亚各国"民主体制"框架下,包括贫困问题在内的社会问题不仅是反对派攻击政府的最好"靶子",也是他们赖以生存的基础。中亚贫困问题的特性在于它产生的历史和现实因素十分复杂,贫困的类型也极其多样,各国政府解决贫困问题的难度极大,不是单靠某种经济手段或者收入分配手段能够很快解决的,这就为反对派势力营造了一个良好的生存空间。反对派力量不仅可以攻击现政权的经济与社会政策,而且可以乘机收买人心,扩大社会基础。

最后,近年来,中亚各国政治精英阶层在推进政治领域的改革时,已经自觉不自觉地考虑到把维护社会团结放在改革首要地位,弱势群体已经成为各国政治家高度关注的阶层,维护政治稳定、促进经济发展并减少贫困被政治家们视为政治改革的优先方向。

与独立初期不同,90年代末期尤其是进入新世纪以来,中亚各国政治形势发生了很大变化。政治斗争热潮得到有效遏制,政治稳定得到初步实现,各国均建立起总统制并树立了总统权威,基本克服了早期总统与议会、政府之间的矛

---

① 孙壮志:《中亚五国贫困化问题初探》,《东欧中亚研究》1995年第1期。

影响中亚地区稳定的社会问题

盾，独立初期成百上千的政党也在大浪淘沙中纷纷沉寂，政党斗争的烈度被有效控制在一定范围之内。中亚各国的政治家们已经从历史中吸取了教训，摒弃过去照搬西方民主模式造成经济和社会灾难的做法，把维护政治稳定作为政治转型的根本保障，并在此基础上实现经济发展和提高民众生活水平。

从政治经济学角度分析，中亚各国领导人之所以能够初步实现政治转型目标，与近年来各国在经济发展上所取得的成果密切相关。几乎中亚所有国家均在新千年前后彻底扭转了经济衰退的局面，经济恢复性增长迅速，到目前为止，所有中亚国家的经济水平均已超过独立前水平，有的国家如哈萨克斯坦人均GDP甚至日益接近发达国家，各国绝对贫困人口的比例和数量均呈逐年下降趋势。正是经济形势的好转和贫困程度的降低为各国政治家根据本国国情推进政治改革提供了政治空间和社会支持。

三　贫困在中亚已经成为"三股势力"坐大的土壤

第一，中亚地区的恐怖主义既是地缘环境的衍生物，也是各国内部存在的种种社会矛盾的产物，不管如何，贫困是恐怖主义在中亚地区滋生和赖以生存的土壤。

关于恐怖主义产生的根源历来存在种种理论，但是很多政治学理论家基本承认，贫困至少是恐怖主义产生的重要因素。"显然，在低贫困和剥夺的情况下，不会自动产生进攻和暴力。而第三世界最贫苦的大众还没有准备革命动员和参与政治，他们每日在为生活而劳作。他们既缺乏能力又缺乏资源去组织自己的政党或者自己的运动。但是另一方面，嫉妒是普遍存在的。即便是在所有人民都享有一定程度繁荣昌盛和富裕的社会中，也有一些人垂涎邻居的财产，或嫉妒他人的知识、技巧、地位或政治权力。挫折引起愤怒，愤怒成为一种动力"[①]。

中亚各国作为转型国家，必然面临政治、经济和其他一切社会资源的再分配，而且在某种程度上说他们都采取了激进转型的方式完成这一过程（都是在很短时期内完成制度性安排），社会资源的分配从制度—过程—结果难以保证公

---

① 〔英〕保罗·威尔金森：《社会科学理论与社会暴力》，王逸舟主编《恐怖主义溯源》，社会科学文献出版社，2002，第321页。

正。贫困在中亚国家独立早期不仅仅表现为地域性贫困（落后地区）、个体性贫困（贫困个体）、阶层性贫困（集体贫困）、绝对贫困（生存困难）、相对贫困（贫富差距），而且还表现为贫困与政治经济制度安排之间的密切联系。在这样的一个综合性贫困图景中，无论是贫困的集体还是贫困的个体，在社会心理上必然产生对社会的不满甚至愤怒，在民主表达渠道不太通畅的情况下，恐怖主义势力必然趁虚而入。

中亚在地缘上处于几大文明的结合处，苏联的解体造成中亚地区意识形态"真空"很容易被外来意识形态所填补，恐怖主义作为一种意识形态极易被那些生活陷入绝望的人接受。比利时首相费尔霍夫施塔特指出："我不是说贫困是恐怖主义的根源，但是这些国家的人们生活在贫困中，很快就进入了国际恐怖主义的网络"，"恐怖主义意识形态很容易在穷人和受歧视者中找到回应"，"因为生活对他们失去了吸引力，生命对他们不再值得珍惜，于是他们看到恐怖主义是唯一可以摆脱绝望的办法"①。事实也是如此，无论是国际恐怖组织还是中亚各国本土的恐怖组织，他们往往选择偏远落后地区为主要活动基地，发展成员、培训成员的恐怖活动技能。对于恐怖组织而言，贫困程度越高的地区，其活动空间就越大。据乌兹别克斯坦媒体报道，2005年5月间发生的安集延事件中就有包括"伊扎布特"（伊斯兰解放党）在内的恐怖组织参与策划。乌总统卡里莫夫在安集延事件发生后的新闻发布会上直接指出："今天我们已经知道策划这次事件之后在州政府大楼开会的所有头目的名字。他们一伙儿是属于'伊斯兰解放党'的一个在安集延被称作'阿克拉米亚'分支的成员"②。

第二，宗教极端主义在中亚各国表现极为突出，宗教极端主义在中亚的泛滥有着更加复杂的历史文化背景，如果分析其产生和发展的种种原因，那么贫困问题应该是其中因素之一。

中亚各国独立后，随着伊斯兰复兴运动兴起，宗教极端主义组织在各国迅速发展，原因之一是宗教极端主义组织往往打着宗教旗号，具有很大的欺骗性，容易吸收信教群众进入组织，为各国打击极端主义带来困难。

---

① Премьер-министр Бельгии отвечает на вопросы《Новой газеты》. http：//2002. novayagazeta. ru/nomer/2002/89n/n89n‐s18. shtml.
② 〔乌兹别克斯坦〕伊·卡里莫夫：《乌兹别克斯坦人民从来不依赖任何人》，时事出版社，2006，第52页。

宗教极端组织与恐怖主义组织的活动区域有着高度的一致性，有的干脆就是合而为一。如前文所述"乌兹别克斯坦伊斯兰运动"、"伊斯兰解放党"等，既是宗教极端组织也是恐怖组织，农村、山区等信息封闭、经济落后的地区是它们发展组织的最佳场所。从这个意义上说，贫困是宗教极端组织得以迅速扩张的原因之一。

第三，民族分离主义①在独立之初也是严重困扰中亚各国政治生活的一种现象。苏联解体前，民族分离主义在中亚就长期存在过，中亚各国的独立在很大程度上就是该地区民族分离主义运动的结果，这种趋势在独立后也从来没有停止过。从根源上看，民族主义情绪的主要来源是不同民族间的不平等感，既包括政治权力上的不平等感，又包括经济地位上的不平等感。那些处于非主体地位的民族，如果经济上落后于其他民族尤其是主体民族时往往容易萌生出民族分离主义情绪。

无论是恐怖主义、宗教极端主义还是民族分离主义，他们在中亚各国都有着肥沃的生存土壤，他们往往互相交织，界限难分。除了历史的、国际的、政治的等因素，各国地区间以及各民族间经济发展水平的巨大差距，贫困对人们生存的严重威胁等不能不说都是"三股势力"能够滋生和蔓延的重要内容。

四 贫困问题激化着其他社会矛盾

贫困具有社会排斥属性，反之也能影响人们的道德水平、法律意识甚至对家庭、婚姻等产生冲击。在中亚，可以明显观察到由贫困问题加剧所伴生的一系列社会问题。

第一，贫困是中亚各国腐败现象日益严重的重要因素。腐败作为一种社会历史现象，它存在于历史上各种阶级社会和各种不同社会制度的国家之中。在

---

① 政治学上的民族分离主义也称为民族分立主义或民族分裂主义。《列宁全集》（中文版）采用了民族分离主义的译法，故本文采用民族分离主义一词。民族分离主义的主要主张是每个民族均享有建立自己民族国家的权力，即每个民族有权通过自决方式与其他民族分离来实现建国目标。单一民族国家理论和民族自决理论是西欧资产阶级革命的产物，为资产阶级建立现代民族国家作出过贡献，从当时的历史看，具有一定的进步意义，同时也具有很大的局限性。当今世界有2000多个民族，而且多民族国家内一个民族往往分布在不同地区。按照该理论去实践，这个世界将分崩离析，陷入无尽的民族仇恨和冲突之中。

转型国家中,腐败表现在"具有经济人特征的代理人凭借委托人授予的权力,用非法的手段满足个人的私欲,即利用公权谋取私利。这既是一种政治行为和法律行为,也是一种经济行为"①。吉尔吉斯斯坦在其《打击腐败国家战略》中指出腐败滋生的因素为:"低水准的生活、公务员的工资低、薄弱的政府机构、失业、民间社会机构薄弱、执法机关权力过大,等等"②。由此可见,中亚国家腐败现象的根源不仅仅在于历史文化传统和现行政治体制,还在于经济,在于贫困。

从中亚各国腐败现象发生的领域来看,主要集中在下列方面:①属于政府管理的领域,腐败现象主要发生在立法、执法、登记、财政、金融、税收、外贸、交通、能源、资源等领域,从事这些领域管理活动的部门往往拥有政策制定权、法规调控权、审核批准权、调拨供给权、检查监管权等实际权力,一些公职人员利用这些权力非法获取个人好处;②属于国家垄断性企业管理的领域,中亚国家的私有化迄今为止并未完成,市场发育不成熟,一些重要生产部门仍然由国家掌握,近年来,有的国家还加强了对关键资源的控制,这为高层管理人员带来了权力寻租机会;③属于公共事业管理的领域,主要是指科学、教育、文化、卫生、艺术等各类公共事业管理部门。这些部门往往拥有较大经济活动空间,非法经济活动也时常发生。

中亚各国处于政治与经济转型时期,各项法律法规尚在探索、制定和完善之中,种种制度漏洞、对权力部门的监管不力等因素造成了公权力运行在制度性约束方面存在极大缺陷,在社会资源重新分配的格局下,社会阶层发生显著分化,贫富差距的扩大诱使部分国家公职人员利用手中公权力获取个人利益,以便得到比普通民众更加体面和优越的生活条件。

第二,贫困是中亚各国种种犯罪现象层出不穷的诱因。犯罪现象在苏联时期并不少见,但是中亚各国独立后种种犯罪现象明显增加,它既反映了中亚各国转型时期社会价值观多元化的趋势,也显示出各国转型时期社会道德水平的下降。关于犯罪行为的原动力,犯罪学学者们有十分复杂的解释,其中社会结构学派认

---

① 贺卫:《寻租经济学》,中国发展出版社,1999,第231页。
② 吉尔吉斯斯坦国家预防腐败局网站,http://www.stopcorruption.kg/index.php?option=com_content&task=view&id=92&lang=ru。

为，那些生活贫困的人群可能由于不断受到挫折和压力从而产生犯罪行为，"低阶层文化价值观观念也使其与权威当局相冲突"①。可见贫困和社会不公是导致犯罪行为的重要因素之一。

从犯罪数量看，独立初期的一段时期犯罪呈猛增态势。1991年中亚五国登记的犯罪案件总数由上年的30.12万起猛增至33.13万起，涨幅达11%。其中哈萨克斯坦由14.81万起增为17.39万起，增幅达20.8%，1996年哈萨克斯坦登记犯罪总件数达到高峰，为18.39万起②。从20世纪90年代中期起，各国的犯罪数量有所下降，新千年前后各国犯罪数量基本达到最低点，但是仍有起伏。

以哈萨克斯坦近年来犯罪总数的变化趋势为例（见图7），哈萨克斯坦2003年登记犯罪案件数量仅为11.84万起，此后连续两年大幅增长，分别于2004年达14.35万起，2005年达14.63万起，涨幅分别为21.2%和2%。此后犯罪案件数量逐年下降，2006年为14.13万起、2007年为12.8万起，2008年为12.75万起。从整体上看，哈萨克斯坦近年犯罪案件数量较独立初期已经大为降低，如果对比该国近年来贫困率逐年下降的趋势，应该说经济形势的好转有助于减少社会矛盾，降低犯罪发生率。

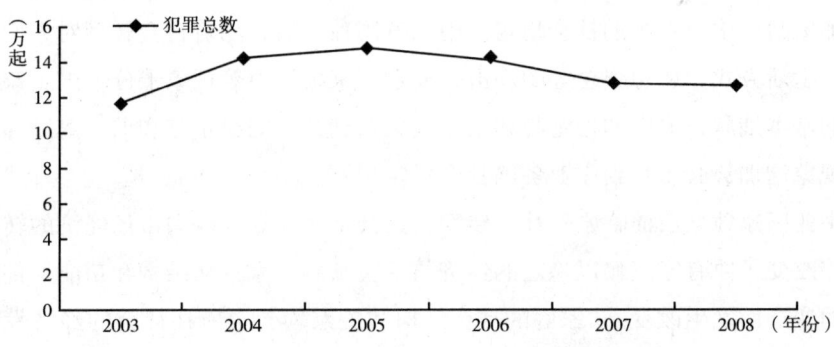

图7 哈萨克斯坦2003～2008年登记犯罪案件总数量变化趋势

资料来源：Число зарегистрированных преступлений, Агентство Республики Казахстан по статистике. http://www.stat.kz/digital/pravo/20032007/。

---

① 皮艺军主编《越轨社会学概论》，中国政法大学出版社，2004，第248页。
② Агентство Республики Казахстан по статистике: Краткий статистический ежегодник 1998, с.42.

从中亚各国犯罪结构来看,各国犯罪的主要领域是经济领域犯罪。以吉尔吉斯斯坦近年来的各种犯罪占全部登记犯罪比例看,2003年针对个人的犯罪占全部犯罪的9.1%,经济领域犯罪占全部犯罪的64.5%,针对社会安全和社会秩序的犯罪占全部犯罪的19.6%,针对国家权力机关的犯罪占全部犯罪的6.1%,军事犯罪占0.6%;到2007年这些比例分别为8.2%、62.9%、20.3%、8.2%、0.4%①。从数据看,经济领域犯罪的比例虽然略有下降,但是比例仍然很高。中亚其他国家从整体上看基本如此。这从一个侧面表明,为获取财产而引起的犯罪行为是各国犯罪的主要特点。

近年来,有组织犯罪已经成为普遍困扰中亚各国社会的严重问题。中亚独立后,一些具有黑社会性质的组织逐渐形成盘根错节的社会势力和地下关系网,这些组织还经常有跨国性质,其犯罪领域极广,主要从事走私、贩毒、贩运武器、敲诈勒索、凶杀、拐卖妇女、赌博等各种罪恶勾当,无恶不作。中亚地区日趋严重的毒品走私往往就是那些跨国性犯罪组织所为。从犯罪分子的成员结构看,大都是社会闲散人员、失业者,而且年轻人的比例逐年增加。从这些犯罪的目的来看,绝大多数为非法获利目的。

第三,贫困是离婚和家庭暴力等导致家庭破裂的重要原因,离婚和家庭暴力的增加威胁到中亚各国的社会稳定。中亚各国独立后,随着社会转型对人们经济地位、生活方式、思想观念等的冲击,离婚、家庭暴力等现象十分突出。家庭是社会的基本细胞,家庭的稳定与和谐直接关系到社会的稳定与和谐,离婚和家庭暴力现象增加势必影响到中亚各国社会稳定。

中亚国家独立后面临剧烈社会转型,尤其是从计划经济向市场经济的转型过程直接改变了原有家庭赖以稳定的经济与社会基础,家庭从结构和功能上都随着社会的变迁而发生改变。"家庭的社会结构和关系均受它所在社会的经济发展水平和它的阶级、阶层、社会氛围的从属性的规定。另外一方面,家庭也不断地通过日复一日的劳动力的恢复,通过新的劳动力和消费者的再生产,产生出社会的阶级和阶层特有的结构。"②中亚各国的婚姻与家庭现实表明,经济因素在婚姻

---

① Агентство Республики Казахстан по статистике: Структура зарегистрированных преступлений по основным группа, http://www.stat.kg/rus/part/prest.htm.
② 〔奥地利〕赖因哈德·西德尔:《家庭的社会演变》,王志乐等译,商务印书馆,1996,第253页。

家庭中的重要性凸显，婚姻与家庭的稳定性有所降低。

首先是离婚家庭增多。以塔吉克斯坦近年来登记离婚数量的变化为例（见图8），塔吉克斯坦的离婚人数从整体上看是呈上升趋势的，而且近几年来趋势更加明显，实际上在中亚其他国家也大致呈现这种状况。

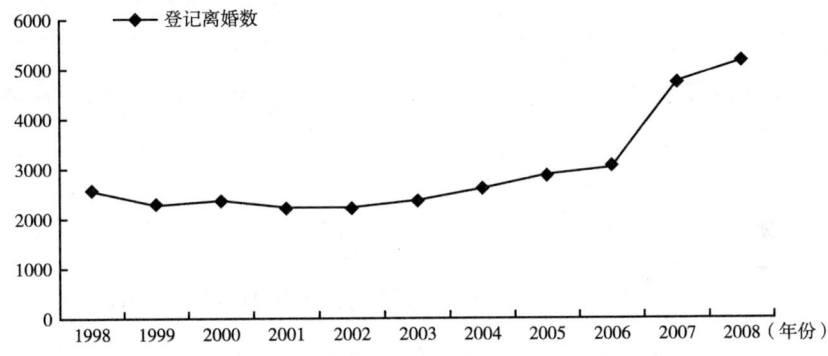

图8　塔吉克斯坦1998～2008年登记离婚数量变化趋势

数据来源：Число зарегистрированных разводов，1998－2008，Госкомстат РТ. http：//www.stat.tj/russian/database1.htm。

其次是家庭暴力增加。据吉尔吉斯斯坦妇女与家庭问题委员会以及国际组织的研究表明，在吉尔吉斯斯坦，有58%的妇女和18%的儿童经常性地遭到家庭暴力，"家庭暴力与物质状况之间有关系：穷人们的冲突要多得多，男人们是施暴者，尤其是当他们饮酒之后更是如此"。该研究认为，贫困是造成家庭暴力的主要原因[1]。

造成中亚国家婚姻破裂和家庭暴力现象增加的因素远远不只是贫困问题，但是贫困问题是一个不可忽视的因素。例如，由于地区间发展不平衡以及国家间发展不平衡，那些在贫困地区找不到工作机会的民众往往为了找工作而离开家乡，成为劳动移民，他们的婚姻关系相比而言比较脆弱。在塔吉克斯坦和吉尔吉斯斯坦，每年有大量的劳动力移民到国外从事或短期或长期的打工，各国内部也存在大量的劳动力流动，这是造成移民家庭婚姻解体较为普遍的主要原因之一。

---

[1] Бедность в Киргизстане порождает семейное насилие. http：//www.rol.ru/news/misc/newssng/04/12/01_064.htm.

中亚黄皮书

综上所述,贫困在中亚各国独立初期增长十分迅速,随着各国政治、经济转型初显成效以及社会政策落实,贫困问题在各国正得到较大缓解,尤其是对绝对贫困的减贫效果明显。个别国家如哈萨克斯坦的绝对贫困问题已经得到较好解决,有的国家如塔吉克斯坦,由于历史和现实的诸多因素,绝对贫困问题还较为严重。各国普遍存在的相对贫困(贫富差距)日益扩大的趋势不利于各阶层对改革达成社会共识,它们与绝对贫困交互作用,对各国政治、经济、社会转型以及国家稳定构成严重挑战,减少贫困(包括相对贫困)将是中亚国家各国政府的一项长期艰巨任务。

Social Problems Impacting upon Regional Stability in Central Asia
—A Perspective of Poverty Issue

Yang Jin

Abstract: From the early days of independence, poverty of the five Central Asian countries, deteriorated rapidly. Population who are living below the poverty line in every country of Central Asia was close to or more than half of the population. Before and after the new century, with the improvement of economic situation, poverty was decreased to a great degree. In some countries, such as Kazakhstan, the number of population in absolute poverty has reduced greatly. Meanwhile, Tajikstan and Kyrgystan are facing significant hurdles in poverty reduction. For the time being, the relative poverty is increase in trend. Poverty is becoming fertile soil not only for dividing and reconstructing of political forces in Central Asian countries, but also for Three forces, drug smuggling and cross-border crimes. Poverty is very important factor which affect the stability of Central Asia, and it is the problem should be solved by Central Asian countries as well.

Key Words: Central Asia; Social Issues; Poverty

Y.9
稳中求变的中亚国家政治改革

包 毅*

摘 要：进入21世纪的第二个十年，中亚各国进入独立的20年，也相继进入了新的政权更替期，各国开始重新审视民主政体对本国国情的适应性，并致力于对总统制的改革与微调。在北非革命和俄美竞争的背景下，中亚各国的政治改革表现出了一定的同步性。本文试图对现阶段中亚一些国家的政治改革进行评价，揭示其民主需求形于外而政权求稳寓于内的总体特征。

关键词：中亚 吉尔吉斯斯坦 政治 改革

2010~2012年度中亚各国政治图景发生了不少变化。吉尔吉斯斯坦将政体由总统制转变为议会制，希望通过政体改制使国家摆脱连年的动荡，由乱而治，步入有序轨道。其他中亚国家也普遍对国家权力的管理方式进行了制度性微调，不同程度地扩大了议会的权限，提高了政党在国家政治生活中的地位。哈萨克斯坦提前举行了总统选举和议会选举，议会实现了多党化。乌兹别克斯坦和土库曼斯坦的政党政策也出现了松动。中亚各国在这一时期相继进行政治改革，反映了执政者在新一轮政权更替期，规避政治风险，保持政权稳定的主观需要。

一 吉尔吉斯斯坦政体改制

自2005年阿卡耶夫政权更迭以来，吉尔吉斯斯坦经历了连年的政治动荡，围绕政体改制引发的政治骚乱和民族冲突一度令该国政局失控。政权危机背后深

---

* 包毅，法学博士，中国社会科学院俄罗斯东欧中亚研究所副研究员。

层的部族利益与矛盾促使其无奈地放弃了总统制，选择议会制为国家政权的管理方式。吉尔吉斯斯坦希望通过改制实现国家权力在部族和政治利益集团之间的分配，缓解南北部族政治对峙的局面，恢复国家的秩序与稳定。2010年吉尔吉斯斯坦通过议会制宪法后，分别于2010年10月和2011年10月举行了议会选举和总统选举，进而将多党议会制权力结构在政治实践中确立起来。

议会选举结束后，进入议会的五个政党中的三个政党组成了执政联盟，推举社会民主党党首阿坦巴耶夫为政府总理。新宪法虽然部分地削弱了总统在行政方面的实权，但依旧给总统保留了相当多的决策权，使其在国家的政治生活中发挥重要作用。因此，在2011年10月底举行的新一届总统选举吸引了大批吉尔吉斯斯坦政治领袖。时任总理阿坦巴耶夫也为此暂时辞去了总理职务参选，并以63.24%的得票率成功当选。①

吉尔吉斯斯坦通过议会选举和总统选举实现了国家权力机关由总统制向议会制的结构性调整，政治精英间的斗争因政治力量的"重新洗牌"而得到暂时平息。然而，以部族主义为特征的南北政治对立并未因此而消解。在权力分配上，各党派和利益集团之间龃龉不合，难以因制度变化而达成妥协。总理职位因阿坦巴耶夫当选总统而空缺。总统选举后，进入议会的各党派就议长的任命、重组执政联盟、政府等问题进行了一个多月的讨价还价，最终签署了由共和党巴巴诺夫为首的由四个议会党团参加的执政联盟协议，各党团按比例分配政府各部委的领导职位。②

吉尔吉斯斯坦的议会选举和总统选举将政权从临时政府转交到民选议会手中。它是吉尔吉斯斯坦乃至整个中亚地区首次以和平方式实现的政权交接，因而具有里程碑意义。巴基耶夫政权垮台之后，总统选举成为政权合法性重要的步骤。2011年12月，吉尔吉斯斯坦总统阿坦巴耶夫签署了对前总统奥通巴耶娃生活待遇的总统令，确立了过渡时期总统奥通巴耶娃前总统身份，以此肯定了她为保持国家稳定所作出的功绩。与此同时，因前任总统阿卡耶夫和巴基耶夫逃往国

---

① ЦИК Кыргызстана опубликовал предварительные итоги выборов президента, 02.11.2011, http：//www. centrasia. ru/newsA. php? st = 1320213900.
② СДПК + "Республика" + "Ар-Намыс" + "Ата Мекен" = … Четыре фракции КырПарламента подписали коалиционное соглашение, 16.12.2011, http：//www. centrasia. ru/newsA. php? st = 1324038480.

稳中求变的中亚国家政治改革

外，议会还通过了关于取消二人前总统资格及相关待遇的决议。① 该总统令的意义在于，它是对2010年"4月事件"合法性的确认，并以此为起点进一步巩固了过渡时期政府以及议会制体制下议会与总统选举的合法性。

政体改制是吉尔吉斯斯坦历经了两任总统的家族式统治后作出的既无奈又必然的选择，说明总统集权制在吉尔吉斯斯坦已走进了死胡同。② 一些议会制的支持者认为，议会制改革适合吉尔吉斯斯坦国情，有利于实现国家的和谐统一。但不少独联体国家的政治学者并不看好吉尔吉斯斯坦的议会制，俄罗斯战略研究所专家库尔托夫就认为，建立任何形式的联盟都不会在议会形成可以执行长期明确路线的稳定多数派，因为所有政党领导人都是以前历届政权的领导人，他们无数次的相互攻击，早就破坏了彼此的关系，这种情况无疑会对议会和政府的稳定造成障碍。③ 此外，吉尔吉斯斯坦国内要求加强总统权力的呼声也不绝于耳。有吉尔吉斯斯坦学者认为，阿坦巴耶夫本人未必是议会制忠实的拥护者，他放弃在握大权的总理职位，参加总统选举，很难想象他会甘于有限的总统权力④。同时，民选身份也使总统较少地受到来自党派和地方部族利益之争的负面影响，比较议会党团妥协产生的总理，总统拥有更多的合法性。因此，可以说，吉尔吉斯斯坦议会制的前途存在变数。在政权的合法性取决于人民的吉尔吉斯斯坦，总统依旧拥有较大的修宪空间。阿坦巴耶夫是否会进一步完善议会制还是重新解读总统权力，甚至恢复总统制都有待观察。当然，为防止国家在短时间内频繁修宪，吉尔吉斯斯坦已对修宪的周期设限，即2025年前不得修改宪法。⑤ 即便如此，对于缺乏议会民主传统与政治妥协经验的吉尔吉斯斯坦而言，适应议会制的游戏规则，形成一个有效率的议会和政府，还将是一个由各派政治力量长期博弈的过程。

---

① Оклад, охрану, машину, госрезиденцию. Розу Отунбаеву наделили пожизненными привилегиями, 02.12.2011, http：//www.centrasia.ru/newsA.php？st=1322834040.
② 邓浩：《从吉尔吉斯斯坦剧变看中亚地区形势走向》，《新疆师范大学学报（哲学社会科学版）》2011年第1期。
③ 《吉尔吉斯斯坦议会选举结果公布，其前途仍难预料》，2010年11月5日《青年参考》，http：//news.sohu.com/20101105/n277180162.shtml。
④ ИА REX：Новый президент Киргизии – перспективы и риски, 02.12.2011, http：//www.centrasia.ru/newsA.php？st=1322812980.
⑤ Ю. Мазыкина：Кыргызстан поствыборный – за что голосовали？, 01.11.2011, http：//www.centrasia.ru/newsA.php？st=1320156960.

二 中亚国家政治制度的微调

与吉尔吉斯斯坦不同，中亚其他国家总统的权力基础相对稳固，宪法赋予总统以广泛的执政空间。以总统为核心的垂直的执行权力的体系成为总统权力重要的政治资源。然而这些国家政权的稳定性一直依靠总统的个人魅力和政治威望来维持，具有一定的脆弱性，一旦体制中政治权威缺失或精英阶层出现断裂，则不可避免地导致国家的政权动荡。吉尔吉斯斯坦政局的连年动荡及其引发的地区冲突一直搅动着整个中亚地区的稳定。各国为防范吉式革命在本国蔓延，采取了一系列防御措施。中亚多数国家的领导人均已连任两届或两届以上，为巩固其执政的合法性，各国在宪政体制下对总统和议会的权限进行重新调整，部分地削弱总统在行政权力方面的实权，放宽政党参政的政策，提高政党和议会在国家政治生活中的地位，为总统权力平稳交接提供法律依据。

首先，一些中亚国家在国家权力结构中部分地削弱总统在执行权力机关的实权，如总统对政府组阁中的主导作用，而相应地扩大了议会的权限，以便让议会在社会、经济和政治变革过程中发挥更大作用，这已经成为近年来中亚国家政治微调的主要方向。哈萨克斯坦和乌兹别克斯坦分别在近年的修宪中赋予了议会中占多数席位的政党以政府组阁权。同时，哈萨克斯坦新宪法简化了议会对政府的监督程序，即议会可以以简单多数而非以前的2/3多数罢免内阁[1]。乌兹别克斯坦在2011年新修订的宪法中还加强了议会对执行权力机关的监督职能和制约机制。如宪法第78条规定，议会下院有权听取和讨论总理就现实的社会经济发展问题的政府工作报告，加强议会和政党在实现社会经济与社会政治改革中的作用与影响力。此外，在总理与议会下院出现激烈矛盾的情况下，分别有2/3议会上、下两院议员提出对总理的不信任案，该议案即获通过。[2] 乌兹别克斯坦学者指出，修宪旨在进一步深化民主改革和形成公民社会，

---

[1] Конституция Республики Казахстан（2007），21 мая 2007 года，http：//www.constcouncil.kz/rus/norpb/constrk/.

[2] http：//www.lex.uz/guest/irs_html.winLAV？pID=1773893.

推进国家权力与管理体制的民主化,保障三权分立中的国家权力机关的分权更平衡,促进国家的现代化。①

其次,哈萨克斯坦和乌兹别克斯坦还通过缩短总统任期,避免总统继任者因长期执政而给社会造成动荡的隐患。同时,对外将树立民主形象,促进政治的多元化与民主化。哈萨克斯坦在2007年修订的宪法中规定,自2012年起,总统任期由7年缩短为5年,总统连任不得超过两届②。哈萨克斯坦和乌兹别克斯坦的领导人年逾七旬,且执政时间都已超过20年。虽然首任总统纳扎尔巴耶夫并不受此规定的限制,但为了保证纳扎尔巴耶夫在新的政权更替期顺利当选,2011年1月还是有150名议员提出了就延长纳扎尔巴耶夫总统任期至2020年12月等问题的修宪动议。③ 总统纳扎尔巴耶夫否决了议会的修宪动议并决定提前举行总统选举。2011年4月纳扎尔巴耶夫再次以无可争议的高得票率当选,将其任期继续延至2016年。乌兹别克斯坦总统卡里莫夫于2011年12月也主动提出缩短总统任期的修宪动议,将总统任期由7年改为5年,并获得通过。独立以来,通过全民公决和修宪延长当权总统的任期,这已经成为中亚国家延续总统权力的普遍做法。哈萨克斯坦和乌兹别克斯坦等中亚国家的领导人都曾在此问题上经历了几度修宪。与以往不同的是,现阶段就总统任期问题所进行改革的主要目的为淡化总统制的威权主义色彩,缓和西方对政权的民主压力。

此外,多数中亚国家相继扩大议会中政党比例制席位,提高反对派政党参政的积极性。回顾中亚国家议会制度的发展历程,我们不难看到,中亚各国议会按照政党比例制分配的席位总体上呈现逐步扩大的趋势。哈萨克斯坦议会下院政党比例的议员从独立初期的10席增加到如今的98席。而乌兹别克斯坦和塔吉克斯坦等其他国家的议会下院议员几乎全部由政党比例制选举产生。但由于政党政治不成熟,反对派相对虚弱,多数国家的议会基本上由政权党或亲政权政党控制,

---

① Поправки в Конституцию вступили в силу, 19 апреля, 2011 Uzdaily. uz, http://news. olam. uz/politics/1915. html.

② Конституции мира,《Власть》. No 33(737)от 27.08.2007, http://www. kommersant. ru/doc. aspx? DocsID=798334.

③ Назарбаев отказался править Конституцию Казахстана, http://www. rosbalt. ru/exussr/2011/01/17/809033. html.

因而常被西方学者称为"总统口袋里的议会"。为发挥政党的作用,树立国家的民主形象,一些中亚国家的领导人开始考虑在国家政治生活中给予反对派以一定的政治空间,以便逐步将其纳入体制内的反对派。

哈萨克斯坦早在2009年就重新修订了选举法,降低了政党参政的门槛,规定在议会选举中只有一个政党过线的情况下,居于次位的政党可以参与议会席位的分配。① 这项改革旨在为构建两党制或多党制议会奠定法律基础,避免2007年一党议会的重演。为进一步实现多党议会的构想,2011年11月哈萨克斯坦下令解散议会下院,并将原定于2012年8月进行的议会下院选举提前至2012年1月举行。在新一届议会中,祖国党以得票率80.74%的绝对优势赢得选举,获得政府组阁权。与祖国党同时进入议会的还有反对派政党"光明之路"民主党和共产主义人民党。二者虽勉强过线,也没有使祖国党一党独大局面有所改观,但实现了议会的多党化。一些政治学者肯定了本届议会是向多党制议会民主迈进的一步,尤其是共产主义人民党的意外进入,被认为是议会多元化的表现。哈萨克斯坦学者塔·伊斯马卡别多夫认为,议会搭建了一个多党争鸣的平台,"光明之路"民主党和共产主义人民党虽然是少数派,但他们代表着不同地区和社会阶层的人群,可以通过提出各自的倡议施加影响。② 更有学者认为,本届议会已经形成了左、中、右派,其中祖国党是中间派,共产主义人民党和"光明之路"民主党分居左右。各党派代表着不同的利益,矛盾冲突的出现将有助于在议会中形成竞争性。但也有一些哈萨克斯坦学者认为,本届议会是形式上的多党制和现实中的一党制,祖国党在立法机构居于主导地位,反对派只能扮演旁听的角色,具有更多的民主象征意义。③

土库曼斯坦和乌兹别克斯坦也均在近年来提出了发展多党制的改革主张。乌兹别克斯坦总统在2011年修宪中强调,政党是表达各社会阶层的政治意愿或通过自己的民选代表表达政治意愿的政治组织,政党要参与国家政权的组成。为发

---

① Конституционный закон республики Казахстана о внесении изменений и дополнений в Конституционный закон Республики Казахстан 《О выборах в Республике Казахстан》, Астана, 9 февраля 2009 года, http://www.zakon.kz/our/news/news.asp?id=30381627.

② Новый Мажилис Казахстана – три в одном?(мнения экспертов), 22.01.2012, http://www.centrasia.ru/newsA.php?st=1327206540.

③ Новый Мажилис Казахстана – три в одном?(мнения экспертов), 22.01.2012, http://www.centrasia.ru/newsA.php?st=1327206540.

稳中求变的中亚国家政治改革

展多党制，放宽对于政党和社会团体的政策，行政机关不能干涉政党的活动；只有法院有权解散、禁止或限制社会团体。① 2012年1月土库曼斯坦通过了新的政党法，提出允许建立除执政党民主党外的其他政党。该政党法"定义了建立政党的法律基础，政党的权利义务以及政治活动的保证"，保障公民建立政党、组织其工作以及终止其活动的宪法权利。② 总统别尔德穆哈梅多夫强调，新的政党法意在鼓励多党竞争，鼓励其"团结人民并激励人民为祖国的繁荣进行富有成效地工作"，打破原先民主党的垄断地位。③ 2011年7月总统还首次邀请反对派参加2012年2月举行的总统选举，并保障各个政党有"平等机会参与选举"。但土库曼斯坦较有影响力的土库曼共和党和公民民主联盟的领导人均流亡国外，依据宪法规定，他们并不具备候选人资格。在多数中亚国家受制于政治发展水平的限制，特别是在政党政治相对薄弱的条件下，议会对执行权力机关的监督与制衡作用，以及多党竞争都难以实现。出于国家安全和政权稳定的需要，一些国家对政党活动还存在较多的限制性规定，这在一定意义上也限制了政党参政的程度。如乌兹别克斯坦宪法规定，禁止政党和社会团体从事改变宪法、反对国家主权、威胁国家安全与完整、鼓吹战争和民族及宗教仇视的活动；禁止军事化团体和民族宗教性质的政党存在。此外，乌兹别克斯坦的法律还规定，政党的公共财政收入要向议会或授权机关公开，其财政预算对政府保持透明度。应该指出，在乌兹别克斯坦和土库曼斯坦，政党政策的开放程度有限，要形成体制内的反对派政党尚需时日。

三 中亚政治改革的评价与前景

纵观独立以来中亚国家的政治发展历程，我们可以发现，中亚五国的政治发展进程以苏联解体为共同的起点，被动地走上了建国与建制的双重政治转型之

---

① http://www.lex.uz/guest/irs_html.winLAV?pID=1773893.
② Туркменистан：Парламент принял закон 《О политических партиях》，11.01.2012，Международное информационное агентство 《Фергана》http://www.ferganannews.com/news.php?id=17908.
③ 《土库曼斯坦修法准多党制　细节未公布待总统签署》，http://news.iyaxin.com/content/2012-01/13/content_3271603.htm。

103

路。各国积极地探索适合本国国情的政治发展模式。无论是吉尔吉斯斯坦的政体改制还是哈萨克斯坦、乌兹别克斯坦等其他中亚对政治制度的修改和完善，都是对政治发展模式的一个新探索过程。从传统文化的角度来看，中亚各民族政治文化中包含着很多崇尚权力与服从权威、信奉宗法观念与等级关系等非民主成分，这与强调人人平等、分权与制衡理念的西方民主政治思想，有着本质的区别。作为一种异质文化，当西方民主政治价值观与西方民主政治体制被强行植入中亚社会机体后，由于各种主客观因素的影响，中亚各国内部几乎都表现出了程度不一的"排异现象"。随着"颜色革命"在独联体地区的退潮，中亚各国领导人开始反思社会对西方宪政制度的接受度与适应性问题，并主动提出政治改革的倡议，促进西方的政治制度在当地的本土化。

（一）政治改革旨在保障政权的平稳过渡

除吉尔吉斯斯坦外，中亚多数国家现阶段的政治改革仅仅是对总统与议会权限与关系的调整，而未触及总统制的核心，其权力重心并没有发生位移，总统仍居于国家的权力核心，并在立法、行政、司法领域拥有较为广泛的权力。可以说，这些中亚国家的政治改革是对宪政体制局部的改进与完善。这一时期政治改革的基本特征是稳中有变，民主需求形于外，而政权求稳寓于内。政治改革意在纾解朝野政治势力之间的矛盾与对抗，扩大反对派力量的政治空间，避免总统制权力结构体制因过于倚重总统个人威望而可能出现的失衡状态。事实上，包括吉尔吉斯斯坦的议会制改革在内，中亚国家的政治改革的目的大多为保障政权的平稳过渡。同时，从政治改革的内容上看，可以说，有关总统任期和政府组阁权的改革在很大程度上着眼于未来，即对现任总统的继任者的行为的约束与制衡。如哈萨克斯坦和乌兹别克斯坦关于缩短总统任期的改革，其目标指向是后威权时代的执政精英的替换问题，将未来执政者可能出现的长期执政现象防患于未然。

中亚国家大多面临新的政权更替期，其中哈萨克斯坦和乌兹别克斯坦两国尤为迫切，因为两国的总统都年逾七旬，要想实现政权和平交接，需要为总统的接班人寻求合法途径。如前所述，中亚的总统制国家的政权基础大多是依靠总统个人执政能力维持着国家政权的稳定，因而存在较大的变数和风险。哈萨克斯坦和乌兹别克斯坦两国的总统都享有极高的政治声望，保持着国家长期的稳定，其权威性与执政能力无人能及。但二者年事已高,两国都面临政权交接问题。如何使国家政权和平交接是两国现阶段重点关注的问题。2010~2011年间中东、北非国家出现的政权更迭,使中亚国家领导人意识到,用以往那种以全民公决取代选举而延长总统任期的方法已经不合时宜。因此,2011年哈萨克斯坦总统纳扎尔巴耶夫否决了议会关于延长其任期的修宪动议。换言之,如果总统希望延续权力或为将权力交接给接班人需要寻求被西方认可的民主途径。在现行政体中提高议会和政党作用,引入多党议会分权制衡的机制,规避总统制下权力失衡时可能出现的危险,是两国现阶段政治改革主要探讨的问题。哈萨克斯坦风险分析研究中心主任萨特巴耶夫认为,哈萨克斯坦通过政治制度上的安排,试图重新调整权力结构,形成一个很强大的政治制度,未来很有可能将政体过渡到集体领导机制的方向①。

(二) 吉尔吉斯斯坦模式对其他中亚国家的示范作用

其他中亚国家几乎都未经历过真正意义上的政权交接,现任总统不是通过全民公决和修宪等方式不同程度地延长了首任总统的任期,就是在国家处于非常时期"临危授命"上台的。作为中亚地区的民主样板,阿卡耶夫时期,吉尔吉斯斯坦曾是中亚国家中唯一一个没有通过全民公决延续总统权力的国家。但正是这个一贯坚持正常选举的国家,最终是以街头政治和暴力夺权的方式实现了政权的轮换和精英的更替。因此,吉尔吉斯斯坦在中亚地区开了一个"逢选必乱"的危险的先例,这种以非和平的方式实现政权交接的"吉式革命"将很可能在其他中亚国家被复制。当然,吉尔吉斯斯坦的政治发展进程又是一本负面教材,其暴力性令其他国家的民众引以为戒。为避免"吉式革命"在本国的蔓延,各国政府采取了一系列防范措施,实施改革,也加强了对国内局势的控制。各国领导人在寻求连任时均获得的高支持率在一定层面上反映了各国民众求稳怕乱、对于激进的民主改革存在着抵触情绪和防范心态。

从吉尔吉斯斯坦艰难曲折的政治发展进程来看,其议会制改革是吉尔吉斯斯坦在政治权威缺失的情况下无奈而被迫的选择,是在特殊的历史时期和特殊国情

---

① Новый Мажилис Казахстана – три в одном? (мнения экспертов), 22.01.2012, http://www.centrasia.ru/newsA.php?st=1327206540.

下的产物。自议会制改革以来,吉尔吉斯斯坦实现了由过渡时期政府向议会制政府和平移交权力,具有里程碑意义。如果在议会制条件下,吉尔吉斯斯坦能够保持国家的长治久安,则议会制的执政方式和管理模式有可能被其他中亚国家所效法,成为执政精英更替的新型模式。

(三) 大国竞争与中亚国家的政治选择

美国总统奥巴马上台后,阿富汗和中亚在美国全球战略中的地位开始下降,美国对中亚的政策呈现出战略收缩的态势,避免同俄罗斯在其核心利益上交锋。如对于2011年吉尔吉斯斯坦亲俄派阿坦巴耶夫的当选,美国也采取了默许的态度。美军虽然宣布从阿富汗撤出,但并不会放弃中亚地区作为美国全球战略支点的地位,而是改变了在中亚的渗透策略,力图通过地区经济一体化机制来取代直接的军事投入。2011年7月美国政府正式推出了"新丝绸之路"计划,构建以阿富汗为核心,贯通南亚和中亚的铁路、公路、天然气和电力供应等交通运输、基础设施网路,促进南亚和中亚国家间的跨地区贸易及能源供应合作,为重建阿富汗创造良好的条件与环境,同时推动区域经济一体化,将中亚从俄罗斯势力范围中分离出去以便和南亚相连,实现南亚和中亚地区地缘政治板块重新整合。因此,在政治领域,美国也将利用南亚的民主模式来影响中亚国家,从而将中亚从俄势力范围中分割出去。[1]

独立以来,中亚各国未能建立独立的经济运行体系,无论是以发展资源外向型经济为主的哈萨克斯坦、乌兹别克斯坦和土库曼斯坦,还是资源和能源短缺的塔吉克斯坦和吉尔吉斯斯坦,对俄罗斯的依存程度都很高。长期的经济依附关系使中亚各国政权很难摆脱俄罗斯对其政治的影响。吉尔吉斯斯坦巴基耶夫政权一夜垮台的事实以及该国延续几年的政权动荡都使中亚各国领导人意识到,其政权的稳定离不开俄罗斯的支持。中亚各国大多把同俄罗斯的关系置于其对外政策的首要位置。吉尔吉斯斯坦领导人阿坦巴耶夫在其竞选纲领中多次强调要加强同俄罗斯的一体化关系,借此向俄罗斯示好。[2]

---

[1] 邓浩:《从吉尔吉斯斯坦剧变看中亚地区形势走向》,《新疆师范大学学报(哲学社会科学版)》2011年第1期。

[2] "РГ": Бишкек ищет доноров. Новый глава Киргизии обзаводится неожиданными друзьями, 02.12.2011, http://www.centrasia.ru/newsA.php?st=1322813400.

而在当选后,他还要求美国到 2014 年撤出马纳斯军事基地,或选择到期后同俄罗斯共用该基地。① 塔吉克斯坦也主动将俄罗斯在塔的驻军协议期限延长了49 年。②

俄罗斯也不失时机地扩大其在中亚地区的经济与政治影响力。2011 年,俄罗斯在中亚地区表现出强劲的回归态势。俄罗斯通过关税同盟加快了独联体地区一体化的步伐,推出了一揽子经贸优惠政策,有步骤地推进后苏联空间的重新一体化。2012 年哈萨克斯坦议会选举再次遭到欧美民主派的攻击指责,普京则站出来为哈萨克斯坦撑腰,认为哈萨克斯坦新一届议会由一党议会变为了三党议会是向前迈了一大步③。此外,俄罗斯主导的集体安全条约组织还在 2011 年峰会上提出,将把该组织变成一个抵御"颜色革命"在独联体国家蔓延的屏障,并进一步加强集安组织快速反应部队的建设,以便在一国发生类似阿拉伯国家的骚乱时,应其领导人的要求而及时介入。④

可以说,美军撤出阿富汗后,俄、美在中亚的争夺将有增无减。俄罗斯和美国都在试图通过区域一体化的方式吸纳中亚国家进入各自主导的地缘政治板块。中亚国家的政治选择将更加趋于多元化。因资源禀赋、地缘环境、国家发展战略规划以及领导人的执政能力的不同,中亚各国在国家发展模式选择和社会经济与政治发展进程上将出现差异。

(四)"北非革命"在中亚地区爆发的可能性

对于中亚国家是否会发生"北非革命",存在着两种不同的看法。从爆发"革命"的条件考量,中亚国家同北非国家在资源禀赋、社会经济条件、居民收入、政权体制以及领导人权威等方面存在着诸多相似之处。而考虑到社会贫富分化、失业率和贫困率以及宗教的影响力等因素,则塔吉克斯坦被认为是最有可能

---

① А. Шустов: Центральная Азия – 10 событий 2011 года,25.01.2012,http://www.centrasia.ru/newsA.php?st=1327470900.
② А. Шустов: Центральная Азия – 10 событий 2011 года,25.01.2012,http://www.centrasia.ru/newsA.php?st=1327470900.
③ Путин защищает Казахстан от США,26.01.2012,http://www.centrasia.ru/newsA.php?st=1327568160.
④ 《独联体集体"限网"防止"阿拉伯之春"在当地蔓延》,中国网,2011 – 08 – 15,http://discovery.china.com.cn/international/txt/2011 – 08/15/content_ 23213699.htm。

发生"北非革命"的国家①。同时,也有观点认为,人民的愤怒、低生活水平、缺乏民主,排除不同政见者以及领导人长期执政等发生"北非革命"的充要条件在土库曼斯坦同样存在,因而该国也具备爆发"北非革命"的土壤。② 而相反的观点认为,利用互联网发动的"北非革命"在中亚地区蔓延的可能性较小。首先,由于中亚地区与俄罗斯、中国、伊朗、巴基斯坦等世界大国和地区性大国为邻,是世界地缘政治中心,其影响力远远大于北非国家。同时,中亚地区被俄罗斯视为自己的后院,涉及俄罗斯的切身利益,俄罗斯绝不会允许这一地区发生动荡。美国南亚和中亚事务助理国务卿罗·布莱克指出,中亚国家的网络普及率较低,反对派通过互联网发动革命的可能性很小。同时,中亚国家的媒体管制也比较严格,阿拉伯世界发生革命后,这些国家都加强了戒备。③ 塔吉克斯坦总统拉赫蒙宣布国家是不可能出现"阿拉伯危机"的,因为塔吉克人民不想回到内战。④ 乌兹别克斯坦总统卡里莫夫也强烈谴责西方"资助"阿拉伯国家的动荡,目的是获取该地区的石油、天然气和矿产资源。卡里莫夫敦促民众"警惕当前的动乱,感谢来之不易的和平生活",警告反对派不要效仿在本国搞阿拉伯式革命。⑤

总体而言,中亚各国特殊的地缘政治环境和国内政治发展现状不同于北非国家,因而不能简单地判断中亚国家出现"北非革命"的可能性。同时,中亚各国发展速度与水平不同,因而发生危机的可能性也会出现差异。

---

① АРАБСКИЙ КРИЗИС20 апреля 2011, Глава Таджикистана исключает《арабский сценарий》в стране Таджикский народ не хочет возвращаться к гражданской войне, заявил Эмомали Рахмон, http://www.bfm.ru/news/2011/04/20/glava-tadzhikistana-iskljuchaet-arabskij-scenarij-v-strane.html。

② С. Жильцов: Туркменскую стабильность испытают демократией. Углеводородные ресурсы предопределяют повышенный интерес Запада к Ашхабаду, 7.02.2012, http://www.centrasia.ru/newsA.php?st=1328646540。

③《美议员称中亚极可能发生新一轮革命 遭俄专家坚决反驳》,2011-05-14,http://www.hhw1927.com/hqsy/junqing/2011/0514/23460_2.html。

④ АРАБСКИЙ КРИЗИС20 апреля 2011, Глава Таджикистана исключает《арабский сценарий》в стране, Таджикский народ не хочет возвращаться к гражданской войне, заявил Эмомали Рахмон, http://www.bfm.ru/news/2011/04/20/glava-tadzhikistana-iskljuchaet-arabskij-scenarij-v-strane.html。

⑤《美议员称中亚极可能发生新一轮革命 遭俄专家坚决反驳》,2011-05-14,http://www.hhw1927.com/hqsy/junqing/2011/0514/23460_2.html。

中亚各国的社会政治转型尚未结束,各国都在积极探索符合本国国情的政体发展道路。现阶段,中亚各国相继通过政治改革平衡国内政治力量,找寻适合本国国情的执政方式,并为未来政权的平稳过渡奠定法律基础与实践准备。与此同时,在新的政权更替期中亚国家将继续选择亲俄立场以保障政权的平稳过渡。在"北非革命"和"吉式革命"的负面影响下,多数中亚国家的政治改革将趋向于保守或渐进式改革。各国的政治历史传统和社会政治经济条件将成为政治转型的主要影响因素。随着苏联时期政治权威领导人逐渐退出历史舞台,新一代执政精英将使中亚国家的政治发展进程呈现多元化趋势。

Seeking a Stability-Preserved Change: Political Reform in Central Asian Countries

Bao Yi

Abstract: With entering the second decade of the twenty-first century, Central Asian countries have reached the 20 years history of independence, and also have entered a new period of political power changes. Five countries of Central Asia began to re-examine the adaptability of the democracy for their own national conditions, and are committed to president regime reform and fine-tuning. Under the background of revolutionary change in North Africa and the competition between Russia and the United States for supremacy in Central Asia, the political reforms in Central Asian countries showed a certain degree of synchronization. This article attempts to evaluate the political reform in Central Asian countries, and reveals the overall characteristics as following: the internal demand of stability within the apparent democratization process.

Key Words: Central Asia; Kyrgyzstan; Political Reform

国际形势变化与中亚

World Situation and Central Asia

Y.10
中亚国家外部形势变化与外交调整

赵会荣*

摘　要：本文通过回顾2011年中亚国家外部形势变化与外交调整，提出中亚国家外交具有多样性以及长期具有稳定性、短期具有不确定性的特点。主要原因是，中亚国家作为小国，在国际关系中处于弱势地位，外交受大国影响较多。中亚国家在作出外交选择时往往在兼顾长远目标的同时优先选择短期利益最大化。2012年受外部形势变化影响，中亚国家外交决策更加艰难，各有看点。

关键词：中亚　外交　2011　2012

一般来说，内部需求和外部环境是决定一个国家对外政策的两个主要因素。决策者根据自身对于这两个因素的理解和判断来制定或调整对外政策。本文通过

---

* 赵会荣，法学博士，中国社会科学院俄罗斯东欧中亚研究所副研究员。

中亚国家外部形势变化与外交调整

回顾2011年中亚国家外部环境变化与外交调整，探索两者之间的联系，找到中亚国家外交变化的一般规律，在此基础上尝试预测2012年中亚国家外交政策的走向。

一 中亚国家外部形势变化

由于地处欧亚大陆腹地所谓的地缘政治真空地带，独立时间短、行政管理体系效率不高、经济结构单一、安全体系较脆弱等原因，中亚国家的独立与发展受外部环境影响较大。与此同时，由于中亚国家的开放度不高，与国际经济体系的联系不够紧密，相对信息闭塞，因此受外部环境的影响往往有些滞后。2011年中亚国家的外部环境没有改善。大国（主要是俄罗斯、美国和欧盟等）的中亚政策发生变化，在中亚的竞争更加激烈。金融危机、"阿拉伯之春"、阿富汗问题和伊朗问题继续发酵，牵动着中亚国家的神经。

（一）俄罗斯强势整合独联体，提出建立欧亚联盟构想

2011年10月4日，俄罗斯总理普京在《消息报》撰文《欧亚地区新一体化计划——未来诞生于今日》，倡议原苏联地区国家组成"欧亚联盟"，西接欧盟，东连亚太，成为世界上一个独立的力量中心，与美国、欧盟和亚洲三大中心平起平坐。按照普京的设想，周边国家，首先是独联体国家，今后都可申请加入欧亚联盟。欧亚联盟首先从经济着手，未来将发展成类似欧盟的超国家实体。按照俄罗斯制定的路线图，2012年1月1日俄罗斯、白俄罗斯和哈萨克斯坦构建的统一经济空间开始运作。2015年三国将建成有着统一政治、经济、军事、海关和人文空间的欧亚经济联盟，实现劳动力、商品、服务以及资本的自由流动。

除了推动独联体地区经济一体化，俄罗斯在独联体集体安全条约框架下推动的地区军事一体化也取得重要进展。2011年12月20日，独联体集体安全条约组织最高机构——集体安全委员会会议决定，该组织以外国家在集体安全条约组织境内部署军事基地必须征得全体成员国的一致同意，该组织任一成员国领导人都可以向组织提出给予军事等方面帮助的请求，以保护本国合法政权的安全。

通过迎合中亚国家当权者的首要利益需求——维护政权安全以及为外国军事

基地入境设定集体许可制度，俄罗斯加强了对中亚地区的控制，在中亚地缘政治竞赛中赢得了先机。

（二）美国兜售"新丝绸之路战略"，为从阿富汗撤军和撤军后作出战略部署

2011年6月22日，美国宣布开始从阿富汗撤军。2014年撤军行动结束。中亚作为辐射周边地区关键国家（俄罗斯、中国、伊朗、阿富汗、巴基斯坦）的要点，将服从美国的全球战略调整。2011年10月21～24日，美国国务卿希拉里·克林顿对阿富汗、巴基斯坦、塔吉克斯坦和乌兹别克斯坦四国进行穿梭访问，提出美国促进南亚和中亚合作的"新丝绸之路战略"。该战略主要有三点内容：继续加强反恐安全合作，维护地区稳定；加强政治对话，增信释疑；加强区域一体化，侧重经济领域。该战略的合作方式包括：举行国际会议，协调各国立场；提供援助，加强边防设施，打击恐怖主义；推动具体经济项目的实施，特别是能源和交通基础设施项目，包括土库曼斯坦—阿富汗—巴基斯坦—印度天然气管道项目和CASA－1000（中亚电力出口到南亚的跨国电网）以及跨国铁路项目等；技术援助和教育交流。实际上，"新丝绸之路战略"是美国为了应对从阿富汗撤军期间和撤军后面临的新形势而作出的战略部署。短期目标是实现美国在阿富汗军事力量在中亚的重新部署。长期地缘政治目标仍然是继续通过促进中亚与南亚合作将中亚从与俄罗斯和中国的密切联系中剥离出来。

美国对中亚的策略主要是胡萝卜加大棒，手法更具灵活性。即在政治上用民主和人权问题进行施压，在经济上用投资和援助进行诱惑，在安全上通过经济投入和安全合作进行拉拢。北非和中东地区动荡后，美国大肆鼓噪"中亚革命论"，在民主和人权问题上向中亚国家施加更大的压力，迫使中亚国家接受美国的条件。美国大力扶持中亚国家的反对派，借助非政府组织和媒体影响中亚国家的社会思潮，令中亚国家政府感到紧张。美国还变换军事合作的形式，不再提建立军事基地，以免刺激各方的神经，而是致力于在中亚建立所谓的训练中心、加强军事交流、提供培训机会等多种形式的军事渗透。美国还提出要参与中亚资源开发、基础设施建设等经济领域的国际竞争，调足中亚国家的胃口。"新丝绸之路战略"受到中亚国家的普遍欢迎。

（三） 中国谋求与中亚国家关系实现跨越式发展

2011年中国面临的国际形势更加严峻。最大的变化是美国把外交重心放到亚太地区，加大力度遏制中国的发展。中国面临的内外压力加大，维护和平稳定的周边环境显得更加迫切和重要。在这种情况下，中亚在中国外交中的地位进一步提升。中国谋求全面巩固和发展与中亚国家之间的睦邻友好关系。

2011年6月12日，中国国家主席胡锦涛对哈萨克斯坦进行国事访问，并出席15日举行的上海合作组织成立10周年纪念峰会。在中方的建议下，峰会把2011年6月至2012年6月定为上海合作组织"睦邻友好年"。届时中方将担任轮值主席国，中方将与其他成员国一道共同致力于制定上海合作组织未来十年的发展规划。参加峰会期间，胡锦涛主席还与中亚其他四国的领导人举行了会谈。

中国与中亚国家商定：继续提升双边关系水平，提升双边会晤机制的规格，如把中哈关系提升至全面战略伙伴关系，尽快建立和启动中哈总理级会晤机制、中乌副总理级会晤机制和中土副总理级会晤机制；继续提升双边经贸关系的规模和水平，制定未来贸易量和贸易额的目标。①

中国的中亚政策与促进中国新疆维吾尔自治区以及西北地区的安定与发展有着密切的关系。随着中国对新疆和中亚投入的不断增加，② 中国与中亚国家之间的关系必将得到全面、立体和深入发展。

（四） 周边地区和国家形势变化

2011年金融危机继续发酵，欧债危机持续升级，世界经济形势下行的趋势明显。国际市场对于中亚国家出口商品的需求下降，外来投资和援助减少。这就要求中亚国家开展积极的外交工作，巩固并深化与传统伙伴的合作，同时寻找更多的合作伙伴，增加合作领域，拓展出口市场，拓宽外来投资渠道，加强对

---

① 如中哈两国约定2015年双边贸易额将达到400亿美元，中哈两国将共同努力确保全长3000多公里的中哈原油管道二期工程于2013年竣工运营。中乌两国约定2015年双边贸易额将达到50亿美元。中国与土库曼斯坦签署协议，土方将向中方每年提供650亿立方米天然气。

② 2010年中央新疆工作座谈会召开，对推进新疆跨越式发展和长治久安作出了战略部署。温家宝总理指出，要举全国之力建设好新疆这块宝地。随着援疆工作的逐步展开，2011年9月30日，中国国务院颁布《国务院关于支持喀什和霍尔果斯经济开发区建设的若干意见》，决定把喀什和霍尔果斯经济开发区建设成为中国向西开放的重要窗口。

"热钱"的监控,保持经济增长的势头。

"阿拉伯之春"对中亚国家的示范效应逐渐显现出来。西方向中亚国家施加压力,促其加快政治民主化步伐。反对派得到西方的资助,更加活跃,号召民众起来推翻政府。民众的情绪逐渐从对经济和社会问题的抱怨转向对政府的不满和反抗。哈萨克斯坦发生扎瑙津骚乱。吉尔吉斯斯坦民众的示威游行活动超过1000次。维护政权安全、防止输入型动乱成为中亚国家外交中的首要任务。

阿富汗局势不断恶化,令中亚国家忧心忡忡。原因是,阿富汗是对中亚地区安全影响最大的外部因素。塔吉克斯坦、乌兹别克斯坦和土库曼斯坦与阿富汗的边界线长度分别为1300公里、137公里和744公里。由于这些国家与阿富汗之间的边界防守处于相对脆弱的状态,来自阿富汗的恐怖组织、宗教极端势力和非法武装经常越过边界侵扰它们。而且,阿富汗境内生活着大量的塔吉克族和乌孜别克族居民。边境线两侧居民之间的联系非常紧密。因此,受阿富汗局势恶化影响,中亚国家面临的宗教极端主义、恐怖主义、毒品和武器走私等非传统安全威胁问题更加棘手,宗教与政权的关系趋于紧张。2011年一向较为平静的哈萨克斯坦发生11起恐怖暴力事件。中亚国家对于阿富汗问题有着不同的立场。中亚安全问题的复杂性和综合性以及阿富汗问题的国际化要求中亚国家必须寻求对外合作。

伊朗问题受到中亚国家关注的主要原因是,中亚国家与伊朗在地理上邻近,彼此在历史、民族、宗教、语言、文化等方面有很多相似性。伊朗的和平与稳定与中亚的和平与稳定息息相关。此外,塔吉克斯坦与伊朗在历史和文化上有很多共性,两国的穆斯林都属什叶派。哈萨克斯坦、土库曼斯坦与伊朗同属里海沿岸国家,共同面对里海的法律地位问题。伊朗与西方在核问题上的分歧导致彼此关系紧张。中亚国家,特别是拥有美国基地的吉尔吉斯斯坦和与伊朗关系密切的塔吉克斯坦和土库曼斯坦,担心伊朗与西方发生战争殃及自己。

二 中亚国家外交的调整

中亚国家独立后就确立了全方位的外交政策,希望与各方交好,满足自己在安全和发展等方面的需求。不过,由于中亚国家与大国之间的关系不对称,处于弱势,而大国在中亚的政策各有侧重,因此,中亚国家与大国的关系呈现出不同的形态。2011年中亚国家的大国平衡政策出现了微调。

中亚国家外部形势变化与外交调整

（一）哈萨克斯坦在坚持全方位外交的前提下与俄罗斯的关系进一步加强

哈萨克斯坦的全方位外交继续，表现在继2010年在独联体国家中首先担任欧安组织轮值主席国后，2011年哈萨克斯坦担任伊斯兰合作组织轮值主席国、上海合作组织轮值主席国和独联体集体安全条约组织轮值主席国。

哈萨克斯坦积极支持普京的欧亚联盟构想。2011年11月哈萨克斯坦与俄罗斯和白俄罗斯签署了有关一体化新阶段的系列文件，包括"欧亚经济一体化宣言"、"欧亚经济委员会条约"以及"欧亚经济委员会章程"。2012年初，哈萨克斯坦批准"统一经济空间内劳动力自由流动协定"。哈萨克斯坦经济一体化事务部部长艾特扎诺娃指出，2012年7月1日前俄罗斯、白俄罗斯、哈萨克斯坦三国将签订和批准由该部负责编撰的"统一经济空间"全部法律基础文件。① 哈方强调，纳扎尔巴耶夫是欧亚联盟倡议的首倡者。关税同盟运作一年多，成员国之间的外贸额增长40%，哈萨克斯坦与俄罗斯贸易额增长57%，哈萨克斯坦与白俄罗斯贸易额翻了一番。② 随着哈俄经济一体化的不断推进，两国关系将进一步加强。

（二）乌兹别克斯坦继续向美国靠拢，与俄罗斯保持一定距离

2011年希拉里·克林顿等美国官员频繁访问乌兹别克斯坦、美国国会参议员同意向乌兹别克斯坦提供军事援助等事件证明乌美双边关系继续升温。美国积极接触乌兹别克斯坦的原因是，乌兹别克斯坦被美国认为是服务于阿富汗战事、可替代巴基斯坦的中亚地区最理想国家。媒体有消息称，美国准备在乌境内建立训练中心。如果双方就此达成协议，乌兹别克斯坦有可能宣布退出独联体集体安全条约组织。

乌兹别克斯坦与俄罗斯的关系仍处于预热还冷的状态。乌兹别克斯坦反对俄罗斯搞欧亚联盟，反对俄罗斯加强在中亚地区的军事存在，尤其反对俄罗斯在邻

---

① 中国商务部驻哈萨克斯坦经商处网站：《哈萨克2011年经济一体化进程顺利》，http：//kz. mofcom. gov. cn/aarticle/jmxw/201201/20120107916763. html，2012年1月16日。
② 中国商务部驻哈萨克斯坦经商处网站：《纳扎尔巴耶夫总统称欧亚经济联盟不是苏联还魂》，http：//kz. mofcom. gov. cn/aarticle/jmxw/201111/20111107838237. html，2012年1月16日。

近本国边境的吉尔吉斯斯坦南部奥什市建立吉境内除坎特基地以外的第二个军事基地。

(三) 塔吉克斯坦在俄罗斯与美国之间周旋

塔吉克斯坦积极寻求美国的经济和军事援助。2011年美高官①相继访塔。美塔双方会谈的主要议题是加强两国在军事领域的合作，美国帮助塔吉克斯坦培训军事力量，维护塔边界安全，打击毒品走私和有组织犯罪，发展塔吉克斯坦与南亚国家的联系，参与塔国基础设施、能源和矿产开发，等等。塔吉克斯坦被美国看做是除乌兹别克斯坦以外的又一条服务于阿富汗撤军安排的北线运输通道。2011年7月美国投资1000万美元在塔吉克斯坦首都杜尚别以西约40公里的卡拉达克开始建设特种力量训练中心，预计2012年将建成包括医疗站、射击场、训练营等设施在内的综合训练中心。

塔吉克斯坦与俄罗斯的关系波折不断。2011年4月俄塔边境合作协议到期，上半年两国就俄罗斯边防军返塔和俄罗斯租用"埃尼"军用机场问题举行了三轮磋商。2011年6月29日，俄罗斯国防部长谢尔久科夫和总统办公厅主任纳雷什金访塔。7月13日，独联体集体安全条约组织秘书长博尔久扎访塔。这两次访问的主要议题都是俄罗斯在塔军事存在问题。2011年9月2日，俄罗斯总统梅德韦杰夫访问塔吉克斯坦，双方仅签署了关于加强在塔吉克斯坦与阿富汗边境地区防务合作的协议、联合声明以及政府间经济合作纲要。媒体有消息称，塔方用延长俄罗斯租用"埃尼"机场的期限换取俄罗斯帮助塔方培训军官和提高塔军用装备的性能。双方可能在2012年签署有关协议。塔官方表示恢复俄语作为通用语言的地位。2011年3月两名俄罗斯航空公司飞行员在塔吉克斯坦因被诉走私和非法越境获刑入狱，11月塔方迫于俄方压力释放了两名飞行员。作为对飞行员事件的回应，大批在俄罗斯务工的塔吉克斯坦公民因签证过期等各种原因被俄方驱逐出境，俄罗斯还表示可能禁止进口塔吉克斯坦的植物产品。

---

① 包括新上任的中央司令部司令马蒂斯、国务卿希拉里·克林顿、助理国务卿布莱克、新上任的负责阿富汗和巴基斯坦事务的特别代表格罗斯曼、北约秘书长中亚和高加索事务特别代表詹姆斯·阿帕苏莱伊、美国国务院负责毒品事务和法律实施的助理国务卿威廉·布朗菲尔德。

（四）吉尔吉斯斯坦与俄罗斯的关系全面加强，宣布 2014 年将收回马纳斯基地

2011 年 10 月 30 日，吉尔吉斯斯坦总理阿坦巴耶夫在总统选举中获胜。此前，2011 年 7 月 20 日，他曾访问俄罗斯，并与俄罗斯总理普京举行会谈。他感谢俄罗斯在 2011 年初取消了对吉尔吉斯斯坦的石油出境税，认为此举帮助吉尔吉斯斯坦 2011 年上半年国内生产总值增长 5.5%，并抑制了国内消费价格上涨。他强调，俄罗斯在吉尔吉斯斯坦的坎特基地将继续保留，不仅如此，俄罗斯还要整合在吉尔吉斯斯坦境内的军事力量建立统一的军事基地体系。他表示，俄语在吉尔吉斯斯坦国内作为通用语言的地位不会动摇。他承认，在选举中得到了俄罗斯的支持。① 2011 年 12 月 1 日，阿坦巴耶夫总统在就职演说中再次强调，俄罗斯是吉尔吉斯斯坦的战略伙伴。吉尔吉斯斯坦准备加入关税同盟。② 未来俄罗斯在吉尔吉斯斯坦的影响将继续增强。

阿坦巴耶夫在接受记者访谈以及当选总统后的首次新闻发布会上都表示，2014 年不再与美国续签租借马纳斯军事基地的合同。该基地将作为民用机场扩展与周边国家的航空联系。

（五）土库曼斯坦继续推行天然气外交

2011 年土库曼斯坦与俄罗斯就天然气价格和贸易量、双重国籍等问题继续交涉。土库曼斯坦把中国看做有潜力的天然气出口市场。2011 年 11 月 23 日土总统别尔德穆哈梅多夫对中国进行国事访问，中国国家主席胡锦涛为其举行隆重的欢迎仪式。双方签署《关于全面深化中土友好合作关系的联合声明》和《关于土库曼斯坦向中国增供天然气的协议》等十余份合作文件，未来土库曼斯坦每年出口中国天然气数量增加到 650 亿立方米。别尔德穆哈梅多夫还亲赴中国广东省出席土天然气抵达广东省通气点火仪式。土库曼斯坦看重伊朗市场和欧洲市场。别尔德穆哈梅多夫多次与欧洲外交官会晤，表示愿意加入纳布科管

---

① "У нас общее прошлое, и я вижу будущее Кыргызстана в Евразийском союзе"，http://www.izvestia.ru/news/506878，2012 年 1 月 16 日。
② Полный текст выступления Алмазбека Атамбаева 01 декабря 2011，http://www.vb.kg/?topic = 170994，2012 年 1 月 16 日。

道计划。此外，他还继续呼吁建设土库曼斯坦—阿富汗—巴基斯坦—印度天然气管道。

三 中亚国家外交政策变化的一般规律

（一）中亚国家与大国关系之中亚视角

在大国中，中亚国家与俄罗斯传统联系最为密切，沟通机制最多，对俄罗斯依赖最多，对俄政策也最为纠结。中亚国家与俄罗斯在选择政治道路方面有很多共同语言，在安全和经济方面不得不倚重俄罗斯，同时又不愿意被俄罗斯控制。除了哈萨克斯坦与俄罗斯保持了平稳而密切的关系外，其他中亚国家与俄罗斯关系中的问题都比较多。

中亚国家与美国的关系较多体现在安全领域，美国帮助中亚国家培训军官，为中亚国家提供军事装备，在吉尔吉斯斯坦设立军事基地。中亚国家独立伊始就确立了类似西方的三权分立的政治制度框架，但在实践中基本走的是威权政治道路。它们希望在发展中得到西方的支持，但也惧怕西方在本国扶持反对派和非政府组织以及搞颜色革命。长期以来，政治上的分歧是影响中亚国家与西方关系发展的最大障碍。

中亚国家尊重中华文明，也赞赏中国发展速度，但对于中国不是很了解。尽管中国重视与中亚国家发展安全合作，但双方在经济领域的合作表现最为突出。中亚国家欢迎中国的投资、援助和技术，但少数人担心成为中国的经济附庸和受到所谓的移民威胁。双方要全面提升关系，还需要夯实社会基础。

中亚国家在生存的问题上倚重俄罗斯，在大国关系中看重美国的全球地位，在发展的问题上借重中国。中亚国家希望大国在中亚地区能够合作，促进本国的稳定和发展，不希望大国干涉本国内政，害怕被大国当做交易的棋子。它们希望大国给它们尽可能大的选择空间，而不是逼迫它们与另一方为敌。这样，它们就能够从大国之间的竞争中渔利。对于中亚国家来说，没有任何一个保护伞是可靠而长久的，它们注定要靠搞多边平衡才能求得生存。

（二）当下中亚地区国际关系的特点

1. 俄、美、中在中亚维持动态平衡，俄美争斗仍是主流

当下，随着俄、美等外部力量对中亚的逐步渗透，不同力量在中亚的争斗越来越激烈。竞争与合作并行，大国之间的关系更加复杂。各方力量此消彼长，呈现动态的均势。俄进美变，目标都是控制中亚，两国在中亚的矛盾是结构性的，本质上不可调和，俄美之间的竞争仍是中亚地区国际关系的主流。

相比之下，中国在中亚的影响不大，但增长速度很快。随着中国对中亚投入的增加，中国在中亚地区的影响势必不断增长，可能与俄美在中亚的利益发生碰撞。如果说俄美在中亚的利益诉求是刚性和全面的，也是相互冲突的，那么中国在中亚的利益诉求则是弹性和局部的，对于俄美之间的冲突起到缓冲作用，这使中国在中亚外交上有很大的空间。中国看重与俄罗斯之间的战略协作伙伴关系，也看重与美国之间的合作伙伴关系。中国奉行不干涉别国内政的外交原则，在处理问题时必然充分尊重中亚国家的意愿，从维护地区稳定与发展的大局出发，维护与俄美关系的战略平衡。

中、俄、美在中亚的三角关系中，中俄之间的战略协作较多，中俄双边机制和上海合作组织多边机制在这方面发挥了重要作用。俄美在中亚一些问题上也有沟通和合作。2001年俄罗斯默许美军进入中亚。2010年美国默许俄罗斯影响吉尔吉斯斯坦局势。双方还在阿富汗问题、反毒等问题上开展合作。相比之下，中美在中亚地区的沟通与协作显得不足。

2. 中亚国家之间的矛盾不断升级，地区碎片化趋势明显

中亚跨境河流上游国家与下游国家在水资源分配问题上始终争执不下。其中，乌兹别克斯坦与塔吉克斯坦在修建罗贡水电站等问题上分歧明显，双边紧张关系从政府层面蔓延到底层民众，影响到民族关系。乌兹别克斯坦和塔吉克斯坦边境地区都发生过针对对方的小规模民众抗议活动。乌兹别克斯坦、吉尔吉斯斯坦、塔吉克斯坦之间在边界、飞地、跨境运输、矿产开发、能源、生态等问题上口角不断。中亚国家之间在重要的地区性问题和国际问题上协调有限，地区一体化进程没有实质性进展。各国都致力于与外部世界发展更紧密的关系，分化趋势明显。

（三）中亚国家外交政策变化的一般规律

长远来看，中亚国家的外交始终寻求多边平衡，但就某个时段看，中亚国家的外交经常根据优先利益的变化而呈现出一定程度的不稳定性或不确定性。因为中亚国家作出外交选择的原则是，兼顾长远目标的同时，优先选择短期利益最大化。此外，由于中亚国家并非铁板一块，各有特色，彼此关系复杂，因此中亚国家的外交具有多样性的特点。

对于中亚国家来说，大国因素是影响地区稳定的重要因素之一。在与大国关系中，中亚国家作为小国可选择的空间较小。在大国与小国不对等的关系中，小国始终处于弱势地位，小国与大国之间谈判的焦点往往是小国的事务或者小国所在地区的事务。小国既无法改变大国的外交政策，也无法主导地区国际关系的走势。小国的主动权在于，它可以在权衡大国外交对自身的影响后作出对自己有利的选择。正因为如此，小国在外交决策时往往更看重眼前利益，兼顾长远利益。

2011年在俄进美变的态势下，中亚国家作出了不同的反应。哈萨克斯坦、吉尔吉斯斯坦与俄罗斯的关系进一步加强。乌兹别克斯坦与美国的关系进一步拉近。塔吉克斯坦在与美国拉近关系的同时，不得不在一些问题上对俄罗斯作出妥协。土库曼斯坦力求突破俄罗斯的天然气运输垄断，与欧盟、中国、伊朗、印度等各方探讨出口或扩大出口天然气的可能。当前中亚国家所作出的外交选择并不代表其外交的长远走势。它们与某一方接近的同时并不放弃与其他方接近或者从其他方获得利益的努力。这就是中亚国家长期以来所坚持的全方位外交的注解。当大国在中亚的力量格局发生变化时，中亚国家的利益天平自然将发生移动，届时中亚国家的外交将作出新的调整。

四 2012年中亚国家外交政策走向

（一）外部形势变化的趋势

2012年中亚国家的外部环境延续了2011年的走势，影响外交的主要外部因素包括：大国中亚政策的调整、世界经济形势、"阿拉伯之春"的影响、阿富汗形势和伊朗问题。

2012年俄罗斯和美国将举行总统选举。从目前俄美两国国内的情况看，俄罗斯总理普京已经当选，美国总统奥巴马的胜算也较大。普京在外交上作风强硬，目标远大，但客观上俄罗斯控制中亚的能力不断弱化。奥巴马也需要在中亚外交中有所表现，赢得选民支持，但颜色革命让中亚国家不敢与之过分接近。2012年中国共产党将举行第十八次全国代表大会，产生新一届中央领导集体。

中国经济实力增长，在国际舞台上的一举一动都令人瞩目。三国的政策方向都是继续加强与中亚国家的合作，但在一些国际和地区热点问题上立场不同，这使中亚国家在外交上难以抉择。

2012年全球经济复苏趋缓，下行风险加大。对于中亚国家来说，外部环境不利可能引起国内经济和社会不稳，因此抵御经济危机的任务尚未结束。中亚国家需要继续盯住外部市场变化和内部经济表现，通过运用经济工具，保障国内经济的稳定增长。

2012年初叙利亚局势继续恶化，巴沙尔政权在西方的攻势下将难以为继。西方合力复制利比亚模式、扩散"阿拉伯之春"的意图遇到来自俄罗斯、中国等国的阻力。新一轮的地缘政治竞争已经开始。

美国与巴基斯坦关系恶化，巴基斯坦与阿富汗关系恶化，将使阿富汗混乱的形势雪上加霜。美国和北约继续从阿富汗撤军。塔利班在阿富汗的影响力上升，未来必然以某种方式参与到政权中。来自阿富汗的伊斯兰武装对中亚地区稳定构成最紧迫的威胁。

伊朗与西方的关系持续紧张，战争的可能性不断增长。在世界经济危机影响仍未散去的情况下，美国和以色列对伊朗发动战争的代价高昂，结果可能导致战争双方两败俱伤，美国甚至可能因此丢掉超级大国的地位。2012年的战争阴霾可能依旧不散，但爆发的可能性不大。西方致力于通过制裁和推倒叙利亚政权等措施削弱伊朗的能力，期待在最后一刻以最小成本给伊朗以致命一击。如果西方军事打击伊朗，伊朗很可能变成第二个伊拉克或者阿富汗，亲西方的伊朗政府上台，伊朗将陷入混乱状态。对于与伊朗邻近的中亚国家来说，这场战争弊大于利。弊主要体现在：源自伊朗的难民、武器、极端思想和极端势力可能扩散到中亚地区；里海和中亚地区既有的矛盾可能激化；与伊朗经济联系相对密切的塔吉克斯坦和土库曼斯坦的经济利益将遭受损失；中亚国家主体民族散落在伊朗的居民的安全将受到威胁；与西方站在一起、为西方战事提供服务的中亚国家可能遭受伊朗的打击和报复。目前来看，中亚国家对此还没有做好充分准备。

（二）中亚国家的外交政策走向

2012年中亚国家的外交政策总体上仍要尽可能维持多边平衡，但根据短期利益最大化的原则也可能有所变化，各有看点。

哈萨克斯坦将继续与俄罗斯搞一体化，同时彰显地区大国的影响。哈萨克斯坦总统纳扎尔巴耶夫在2012年国情咨文中指出，2012年哈萨克斯坦以深化欧亚一体化的方式来应对21世纪的全球挑战。哈外交将继续执行平衡外交政策，既与西方也与亚洲国家保持相互协作，主要关注：核安全问题全球峰会将通过哈方倡议的无核世界全体宣言，阿斯塔纳经济论坛通过纳扎尔巴耶夫总统倡议的摆脱世界危机的全球设想，举办第四届世界和传统宗教领袖大会，以及庆祝"亚洲相互协作与信任措施会议"倡议20周年。哈方将继续担任伊斯兰合作组织和独联体集体安全条约组织轮值主席国。①

乌兹别克斯坦继续与西方接近，双方能否在军事合作领域有大的动作值得关注。在中亚国家中，乌兹别克斯坦受俄罗斯因素影响相对较少，外交特立独行，根据利益变化在俄罗斯与西方之间摆动。在俄罗斯与哈萨克斯坦合力促进独联体经济一体化以及美国与巴基斯坦关系恶化的背景下，西方对乌兹别克斯坦寄予了更多的希望，取消了安集延事件后对卡里莫夫政权的制裁措施，也不计较乌方在被质疑人权状况时的强烈反应，相互走动频繁。2011年乌兹别克斯坦在关税同盟、军事基地等问题上有自己的看法，表现强硬。2012年乌兹别克斯坦经济将继续高速增长，外交更趋自信。

塔吉克斯坦是否加入关税同盟是2012年外交的一大看点。塔吉克斯坦国力较弱，与俄罗斯的联系较紧密，虽然在心理上不愿意受制于俄罗斯，但在安全、能源、投资、移民等很多方面不得不接受俄罗斯提出的一些条件。塔吉克斯坦被美国看做是可接收从阿富汗撤出军事力量的理想国家，但塔境内基础设施落后，投入成本较高，合作有一定困难。塔吉克斯坦最头疼的问题是罗贡水电站建设和来自阿富汗的伊斯兰武装，因此亟须外部支持。西方制裁伊朗使塔吉克斯坦对于伊朗投资的希望变得渺茫。

虽然吉尔吉斯斯坦总统阿坦巴耶夫强调与俄罗斯的战略伙伴关系，以及表示将收回马纳斯基地。不过，如果美国提出更具诱惑力的条件或者采取有效措施向吉方施加压力，阿坦巴耶夫有可能转变立场。前总统巴基耶夫的做法就是例证。

---

① 哈萨克斯坦驻华使馆网站：《哈萨克斯坦共和国－总统国家领袖努·纳扎尔巴耶夫致哈萨克斯坦人民国情咨文》（原文如此），http：//www.kazembchina.org/create/bike/home.jsp？languvage＝userconfigtable 2012－02－22。

中亚国家外部形势变化与外交调整

2012年土库曼斯坦是否与欧盟签署纳布科管道计划有关协议、建设跨里海天然气管道是土库曼斯坦外交的重要看点。目前，土库曼斯坦的多元天然气出口管道体系已经实现了北向走俄罗斯、东向走中国、南向走伊朗出口的计划，还剩下西向走欧盟以及南向走印度的出口计划没有实现。这是未来土库曼斯坦总统别尔德穆哈梅多夫天然气外交的主要努力方向。另外，考虑到伊朗危机的进展，土库曼斯坦与美国的军事合作进展值得关注。

Central Asian Countries: Changes in the External Situation and the Corresponding Adjustments to Their Diplomatic Policies

Zhao Huirong

Abstract: Through reviewing the change in external environment Central Asia is facing and adjustment of their foreign policies in 2011, this paper points out Central Asian countries' foreign policies are characteristics of diversity and stability in long-term and uncertain in short-term. The major reason is that as the small countries, Central Asian countries take the comparatively weak position in international relations and are more easily influenced by the great powers. When deciding foreign policies, Central Asian countries more prefer to pursue the short-term interests maximum rather than the long-term goals. In 2012, under influnce of external change, it will be more difficult for Central Asian countries to make foreign policies decision and each country will have its own features.

Key Words: Central Asia; Diplomacy; 2011; 2012

Y.11
中东北非动荡与中亚

王 聪[*]

摘 要：2010年，突尼斯一个普通小贩的自焚揭开了阿拉伯世界政治、社会大动荡的帷幕，时间之长、范围之广为冷战结束后所罕见。动荡之余，人们开始担忧中亚国家是否也会发生连锁反应。不过，2011年中亚政局较为稳定，经济发展良好，并未出现类似"阿拉伯之春"的"中亚之春"。究其原因，既是中亚与中东国家存在本质区别，也是由于中亚各国出现自上而下的民主改良，在一定程度上缓解了朝野对立的情绪。此外，各国政府也都努力发展经济，积极解决民生问题，加大宗教事务管理并对"三股势力"毫不手软。

关键词："阿拉伯之春" 中亚 稳定

一 中亚、中东一字之差却大不相同

2010年12月17日，突尼斯一个小贩的自焚引发了一场"蝴蝶效应"，不仅导致该国执政23年的本·阿里下台，还在整个西亚北非地区激发起一场前所未有的政治动荡。[①] 就在动荡仍在持续之时，人们又将目光转向了中亚。因为中亚与中东北非看上去比较相似。人们不禁担忧，中亚国家能否顺利渡过这场"劫难"。事实证明，2011年中亚国家没有被传染，即使是两次发生政变的吉尔吉斯斯坦也和平完成了总统权力交接。其实中亚国家与阿拉伯世界也仅仅是看上去

---

[*] 王聪，现代国际关系研究院俄罗斯研究所助理研究员。
[①] 田文林：《中东动荡一周年盘点》，http://www.cicir.ac.cn/chinese/newsView.aspx?nid=3490，上网时间：2012年2月1日。

中东北非动荡与中亚

"比较相似",本质区别还是存在的。

中亚与中东、北非国家类似的因素在于以下几点。首先,中亚各国穆斯林人口均占绝对多数。乌兹别克斯坦、吉尔吉斯斯坦、塔吉克斯坦的八成人口是穆斯林,土库曼斯坦有九成,即使最少的哈萨克斯坦也至少有六成民众信仰伊斯兰教。其次,这次发生动荡的阿拉伯国家几乎都是强人政治,长期掌权。这点与中亚国家比较相似。中亚各国领导人大多在位时间较长。哈萨克斯坦总统纳扎尔巴耶夫、乌兹别克斯坦总统卡里莫夫执政均超过20年,塔吉克斯坦总统拉赫蒙掌权逾10年,吉尔吉斯斯坦总统阿坦巴耶夫虽然是2011年底当选总统,但其在吉国政坛也算是老手了。只有刚连任的土库曼斯坦总统别尔德穆哈梅多夫相对于他们而言资历较浅,但他也是2001年起就担任土国副总理兼卫生和医疗工业部长,主管科教文卫及新闻工作。① 再次,此次大变局的部分国家是中、低收入国家,而中亚(除哈萨克斯坦外)在世界范围内也属于经济欠发达地区。哈萨克斯坦是中亚最富有的国家,2011年人均GDP超过1万美元。若以此而论,中亚其他四国则远远落后。乌兹别克斯坦和土库曼斯坦在经济领域是中亚第二梯队,两国人均GDP为1500~3500美元。吉尔吉斯斯坦和塔吉克斯坦是中亚经济最落后的国家,人均GDP在1000美元以下。有如此之多的相似点,也让人难免为中亚各国捏了一把汗。但是正如上文所言,这些因素其实仅仅是一方面。实质上中亚国家与中东等国有诸多不同。中东国家的政治统治结构实际有三种类型。第一种类型是少数精英统治多数民众的精英统治模式,如埃及和突尼斯。第二种类型是少数部族、教派掌握政权的异族精英统治模式。这类国家包括利比亚、叙利亚、也门等。第三种是传统精英统治模式,主要是世袭君主制国家。② 前两者在此次动荡中表现出较脆弱的生命力,第三种国家则抗压能力较强。观之中亚五国,不属于第二、第三种类型,既不是少数部族、教派掌权,更不是世袭制。即使类同于少数精英统治,也都是民选领袖,基本不存在"家族世袭"的可能。此外,还有重要一点就是中亚地区国际组织成熟,战略大环境稳定。中国和俄罗斯不仅是区域大国,也是世界大国,且两国都致力于通过各种机制维护地区内的稳定和繁荣。以上

---

① 《土库曼斯坦国家概况》,http://www.fmprc.gov.cn/chn/pds/gjhdq/gj/yz/1206_32/,上网时间:2012年1月10日。

② 田文林:《中东动荡一周年盘点》,http://www.cicir.ac.cn/chinese/newsView.aspx?nid=3490,上网时间:2012年2月1日。

125

海合作组织为例,中、俄是该组织的两个主要成员国。该组织遵循"互信、互利、平等、协商、尊重多样文明、谋求共同发展"的"上海精神"①,始终努力通过外交对话等政治手段解决地区危机,并为帮助成员国渡过金融危机作出了一定贡献。

二 中亚国家局势稳定 受"阿拉伯之春"冲击较小

2011年,中亚政治局势总体稳定,各国大选都平稳进行,虽然一些国家的政治反对派活动较往年有所上升,时而组织抗议示威活动,但并没能给政府带来更多的冲击。

过去的一年对于哈萨克斯坦而言是不平静的一年。哈萨克斯坦不仅发生多起恐怖袭击案件,还爆发了扎瑙津骚乱事件,素以稳定著称的哈萨克斯坦一时间俨然"危机四起"。但是尽管事件频发,2011年哈萨克斯坦仍然可以用"总体稳定"加以总结。即使是美国驻哈大使费尔法克斯也称,哈萨克斯坦不会出现"阿拉伯之春"。② 2011年4月和2012年1月,哈萨克斯坦先后举行了总统和议会下院大选。总统纳扎尔巴耶夫先以超过八成的得票率再次连任,后率领"祖国之光"党赢得下院绝对多数席位。虽然哈反对派宣称在两次选举中都出现了舞弊行为,但国际观察员大多数还是认为选举公正、公平。特别值得注意的是,石油城扎瑙津市在经历大规模骚乱后依然能够平静地进行议会投票,可见哈萨克斯坦政府的组织和控制局势能力之强。议会选举后,哈最大城市阿拉木图市出现了千人抗议活动,但由于组织者是大选败北的社会民主党,而且示威民众所提要求多与选举有关,所以抗议活动基本可被视为选后败者"表达意愿"的正常行为。此外,2011年哈萨克斯坦经济发展也取得不俗成绩。全年GDP增长7.5%,人均GDP高达11300美元,工业增长3.8%,农业增长27.3%。③ 可见,即使是最反常的哈萨克斯坦也没有受到中东、北非动荡更多的传染,中亚其他四国也如此。2011年,乌兹别克斯坦没有出现大规模抗议活动,政治反对势力基本都在

---

① 《上合组织为地区和平发展作出重要贡献》,http://news.xinhuanet.com/world/2011-11/05/c_111147633.htm,上网时间:2012年1月15日。
② Посол США: Арабской весны в Казахстане не будет, http://tengrinews.kz/kazakhstan_news/207612/,上网时间:2012年2月7日。
③ 《2011年哈萨克斯坦经济社会发展情况》,http://kz.mofcom.gov.cn/aarticle/jmxw/201201/20120107941169.html,上网时间:2012年2月6日。

中东北非动荡与中亚

境外活动,对国内局势影响有限。5月,流亡欧洲的政治反对派在德国成立了统一的"乌兹别克斯坦人民运动",其主要目标是通过非暴力手段颠覆乌兹别克斯坦政权。此外互联网上还出现了名为"耶塔尔"(乌语意为"受够了")的组织,号召民众于7月1日上午9时起在塔什干市中心的独立广场举行无期限和平示威。① 不过7月1日当天并没有民众响应。乌兹别克斯坦曾是中亚"三股势力"的重灾区,但2011年恶性恐怖事件呈下降趋势,安全形势较为乐观。吉尔吉斯斯坦被西方称为中亚"民主孤岛"。独立20年来先后发生两次领导人非正常更迭。2011年中东、北非动荡后,政党众多、部族势力强大的吉尔吉斯斯坦成为人们关注的焦点。不过吉国也安然无恙,并完成独立后的首次总统权力和平交接。2011年底,吉尔吉斯斯坦迎来总统大选,有意参选者甚至一度超过80位。但大选结果十分干脆,时任总理阿坦巴耶夫在首轮即以绝对多数选票获胜。随后,"故乡"党和"统一吉尔吉斯斯坦"党领袖在南部的奥什、贾拉拉巴德等地组织抗议活动,但并没有演变成流血冲突事件。12月,吉议会四党组成新执政联盟,内阁改组成功。虽然在这其中一波三折,各方博弈激烈,但终究未脱离议会框架,巴巴诺夫升任为总理,叶延别科夫当选议长。土库曼斯坦2011年依然延续稳定局面。这个"永世中立"国家的政权十分牢固。总统别尔德穆哈梅多夫在2012年2月的大选中获胜,得票率高达惊人的97%。塔吉克斯坦被视为中亚地区安全最脆弱的国家之一。毒品走私、反政府武装和宗教极端势力对该国负面影响较大。不过这些因素也并没有使塔吉克斯坦政局在2011年发生大变动,政府和议会运行顺畅,强力部门能较好地应对来自各方面的挑战。由此可见,虽然中东、北非的动荡在一定程度上鼓舞了中亚的反对派,特别是哈萨克斯坦和乌兹别克斯坦这两个中亚大国的反对派,但是由于各国应对及时,措施得当,并未出现连锁反应。

三 中亚各国应对"阿拉伯之春"的举措

独立20年来,中亚各国走到了历史的变革点,"变则通,通则久"。2011年阿拉伯世界的动荡让中亚五国隐约感觉到一丝执政危机。为此各国政府多管齐

---

① Исламу Каримову хотят сказать "Етар!" - "Хватит!", http://www.uznews.net/news_single.php?lng=ru&cid=30&sub=&nid=16892,上网时间:2011年5月25日。

127

下,防微杜渐,有效地抵抗了"阿拉伯之春"的倒春寒。

首先,各国政府顺应民意,推动民主化改革。

以哈萨克斯坦、乌兹别克斯坦和土库曼斯坦为例,其主要表现是处理好执政党与反对党的关系,扩大议会职权,构建法制社会。自2007年哈萨克斯坦政权党——"祖国之光"党组建一党制议会后,其下院合法性就频频遭到西方质疑。2009年1月哈萨克斯坦通过《选举法》、《政党法》修正案,规定今后下院选举中如果仅有一党超过7%的准入门槛,得票数第二的政党也可直接进入议会。2011年11月,总统纳扎尔巴耶夫在多数议员联名请求下解散下院。2012年1月,下院选举提前举行。"祖国之光"党依旧一马当先,以逾八成的高票率胜出,不过哈萨克斯坦共产主义人民党和"光明道路"民主党也以略高于7%的得票率顺利进入议会。席位分配如下:"祖国之光"党83席,"光明道路"民主党和共产主义人民党分别获得8个议席和7个议席,9人由哈萨克斯坦人民大会推选,共计107席。选后,纳扎尔巴耶夫总统发表声明称,"选举是空前民主、公正的,是哈迈向民主化的重要的一步。"2011年的乌兹别克斯坦虽然没有进行选举,但是议会多次修改宪法修正案,规定未来总理人选不再由总统推举,而由议会下院多数党推举产生。议会可对总理提不信任案,在议会两院分别有不少于1/3议席支持不信任案的情况下,总统应解除总理职位,并解散政府。此外,修正案还赋予议会要求总理就国家经济社会发展的重大问题出席议会听证的权力。12月,乌兹别克斯坦议会再次通过宪法修正案,将总统任期从7年缩短至5年。修改宪法,扩大议会权责,这不仅是应对国内外政治反对派挑战的现实需要,也是乌兹别克斯坦政坛未来将遵循的民主准则。土库曼斯坦是中亚唯一的一党制国家,土库曼斯坦民主党把握着国家前进的方向。2010年2月,土库曼斯坦总统别尔德穆哈梅多夫在政府会议上称,土库曼斯坦将一如既往地坚持民主,组建在野党将是国家政治生活中的一件大事。通过积极参与国家社会政治活动,在野党可以和执政的民主党形成竞争机制。① 2012年1月,土议会通过政党法法案。该法保障实现宪法赋予公民建立政党、组织其工作和终止其活动的权利。虽然土库曼斯坦在短时间内未必会形成真正的多党制,但政党法的通过表明了土民主化的

---

① 《土库曼斯坦总统赞成建立多党制》,http://news.xinhuanet.com/world/2010-02/19/content_13009757.htm,上网时间:2010年3月10日。

决心和方向。此外，别尔德穆哈梅多夫总统还曾承诺允许流亡海外的反对派回国参加2012年总统大选。①

其次，大力发展经济，努力解决民生问题。

独立以来，中亚五国始终将发展作为第一要务。2011年各国克服了世界金融危机所带来的负面影响，经济发展快速。哈萨克斯坦GDP同比增长7.5%，乌兹别克斯坦增长8.3%，塔吉克斯坦增长7.4%，吉尔吉斯斯坦增长5.7%。保增长的同时各国加大了社会保障体系建设。以哈萨克斯坦为例，哈2005~2010年失业率从8.1%减少到5.8%，15~24岁青年失业率从13.4%减少到5.2%。2011年末，哈就业人数为850万，比2010年末增加32.83万人，增加4%；失业率为5.4%；正式登记的失业人数占有劳动能力人口的0.4%，而2010年末为0.6%。② 就业岗位大幅增长，失业保险也在逐步完善。哈萨克斯坦为失业者发放失业保险的金额取决于参保年限和月参保额。例如，2010年65%的社会补助金领取人获得了6个月的相关补助。此外，2011年哈萨克斯坦还批准了"2011~2014住宅建设计划"，③ 积极实施"2011~2020年清洁水计划"。④ 发展经济，解决民生问题，让百姓切实感受到了经济发展所带来的红利。这些措施有效缓解了社会矛盾，一定程度上杜绝了动荡的发生。

再次，各国相关部门加大对宗教事务的管控力度。

哈萨克斯坦的宗教组织超过4500个，其中不少成立于哈独立之前。哈国家宗教事务署署长沙里夫称："哈萨克斯坦的宗教形势基本稳定，但个别组织企图将宗教政治化，这是国家决不允许的。"⑤ 因此加大对宗教事务的管理，确保宗教组织合法有序地开展活动就显得尤为重要。2011年9月，哈萨克斯坦议会下院通过《宗教活动和宗教组织法》草案。10月，该草案经总统纳扎尔巴耶夫签

---

① Глава Туркмении предложил оппозиции побороться за президентский пост，http://www.gundogar.org/？02250000000000000011062011070000，上网时间：2011年8月2日。
② 《哈萨克斯坦就业状况有所好转》，http://kz.mofcom.gov.cn/aarticle/jmxw/201201/20120107941163.html，上网时间：2012年2月1日。
③ ПРОГРАММА ЖИЛИЩНОГО СТРОИТЕЛЬСТВА НА 2011 – 2014 ГОДЫ，http://www.pm.kz/program/event/index/15？page=2，上网时间：2012年2月1日。
④ Состоялось селекторное заседание Правительства РК，http://ru.government.kz/site/news/main/2010/07/75，上网时间：2012年2月2日。
⑤ 《哈萨克斯坦将针对宗教活动加强立法》，http://news.xinhuanet.com/world/2011-09/02/c_121949478.htm，上网时间：2011年10月9日。

署后正式生效。根据该法律,哈地方级宗教团体注册必须拥有至少50名成年人信徒,地区级宗教团体至少需拥有500人,国家级宗教团体至少拥有5000人。此外,新法律还禁止在国家机关、军队、司法和执法安全部门、除宗教学校以外的教育机构举行宗教仪式、传教以及宗教会议等活动。① 此外,哈萨克斯坦国家宗教事务署还专门成立一个由宗教学家组成的科研中心,负责审查进口宗教书籍。吉尔吉斯斯坦和塔吉克斯坦宗教氛围较浓。2011年两国也加强了相关管理。吉尔吉斯斯坦国家宗教事务委员会委派南部代表制定切实可行的措施,在宗教领域内贯彻国家政策,包括对神职人员进行宗教法规知识考核等。② 塔吉克斯坦总统拉赫蒙则签署了一项"对子女教育的父母责任法令",禁止青少年参加清真寺聚礼,但参加给亡人站礼除外。不过随后总统府发言人称,此法律暂时搁置。③

最后,采取一切手段坚决打击"三股势力"。

中亚的"三股势力"虽不至于成为社会动荡的直接推手,但对地区安全构成较大威胁。中亚各国对此都高度重视并予以坚决打击。2011年中亚地区"三股势力"气焰依旧比较嚣张,主要体现在哈萨克斯坦前所未有地发生多次恐怖袭击事件。2011年5月,阿克纠宾斯克州国家安全局大楼附近发生自杀式袭击,造成包括一名安全局工作人员在内的数人受伤。同月,首都阿斯塔纳国家安全局总部大楼附近发生汽车爆炸,两人死亡。10月,阿特劳州发生两起爆炸,宗教极端组织"哈里发战士"宣布对此负责。"哈里发战士"组织是由哈籍公民建立,目的是在哈发动"圣战"。目前该组织主要成员藏匿于阿、巴地区。④ 11月,南部江布尔市发生枪击和爆炸事件,造成多人死亡。面对复杂局面,哈强力部门加大了武力清剿力度。9月,阿特劳州警方成功阻止一起恐怖袭击,扣押了18名嫌犯。12月,警方在阿拉木图州消灭一个从事恐怖活动的犯罪团体,击毙5人。在武力打击的同时,哈萨克斯坦警方也重视网络反恐,一次性就屏蔽了51

---

① 《哈萨克斯坦总统签署宗教管理相关法律》,http://world.people.com.cn/GB/15890246.html,上网时间:2011年12月1日。
② 《吉尔吉斯斯坦总统强调要特别关注宗教极端组织的活动》,http://www.xjkunlun.gov.cn/xinwen/szyw/guojiyw/2011/2071128.htm,上网时间:2011年2月5日。
③ 《塔吉克限制年轻人礼拜遭非议》,http://www.muslimwww.com/2011/0824/0MMDAw MDAwOTQ0MA.html,上网时间:2012年1月3日。
④ 《哈萨克斯坦西部爆炸事件确认为宗教极端组织所为》,http://www.bjfao.gov.cn/yhjw/city/asia/Astana/24752.htm,上网时间:2012年1月3日。

个传播宗教极端和恐怖主义思想的境外网站。① 2011年中亚其他四国安全形势没有突出变化。3月,塔吉克斯坦首都杜尚别发生爆炸,一人轻伤,爆炸被塔有关部门定案为恐怖袭击。10月,吉尔吉斯斯坦南部发生针对总统大选的袭击事件。应该说,吉、塔等国的安全形势略有好转与这些国家的反恐力度有关。4月,塔军击毙武装反对派头目拉希莫夫。9月,塔一次性审判53名恐怖分子,其中5人获无期徒刑。同月,吉强力部门称,2011年前三个季度共抓获50名恐怖极端组织成员,其中23人被判刑,另2人因拒捕被击毙。当然也需承认的是,尽管目前中亚的"三股势力"遭到强力打压,但地区反恐形势仍不容乐观,不过恐怖极端分子想在这里浑水摸鱼目前看是很难达到目的的。

Unrest in the Middle East and North Africa: Anything to do with Central Asia?

Wang Cong

Abstract: On December 2010, the first protests that occurred in Tunisia sparked the series of protests and demonstrations across the Middle East and North Africa has become known as "the Arab Spring". With the success of the protests in Tunisia, a wave of unrest sparked by the Tunisian "Burning Man" struck Algeria, Jordan, Egypt, and Yemen, then spread to other countries. Still in unrest, people began to discuss whether the Central Asia Spring will be. But there is relative stability in Central Asia in 2011. This paper hereby answers a question of why the upheavals just like "the Arab Spring" did not break out in Central Asia. This article asserts that there are essential differences between Arab World and Central Asian countries. In most counties of Central Asian, social contradictions are comparatively relieved by top-down democratic reform, economic development and well-being improvement. Meanwhile, to maintain a stable domestic political, all of Central Asian countries paid attention to strengthen administration for religious affairs, and to combat terrorism, separatism and extremism in all manifestations.

Key Words: the Arab Spring; Central Asia; Stability

---

① Более 50 иностранных экстремистских сайтов закрыты в Казахстане, http://www.zakon.kz/4447034 - bolee - 50 - inostrannykh - jekstremistskikh. html, 上网时间:2011年12月2日。

Ｙ.12
俄美博弈中亚的近期态势*

潘志平**

摘　要：因大国中亚的角逐而有了"大博弈"这一概念，当今中亚"大博弈"的主要玩家是俄、美两家。如果说，六七年前的"颜色革命"中，美国为首的西方扮演了挑战方或攻击方的角色，那么，尔后俄罗斯在中亚则表现为反攻方。中亚博弈新态势仍是俄罗斯占上风。俄罗斯的经济和军事两个"一体化"进程在乐观看好与悲观质疑之间。

关键词：俄罗斯　美国　中亚　博弈

一　俄美博弈：中亚地缘政治的主题之一

作为亚欧大陆腹地的中亚地区，历来为地缘政治学家所关注，如众所知的现代地缘政治学的鼻祖麦金德（Halford J. Mackinder）早在一百多年前就提出从东欧到中亚的"心脏地带"（Theory Heartland）、"世界岛"（World Island）之类的概念，认为谁统治了这一地带，谁就能主宰世界。麦氏此论有些夸张，如苏俄曾在长达近百年里，既控制东欧又统治中亚的大部分，却未能主宰世界。苏联的解体，直接导致这个"心脏地带"的裂变，出现了所谓的"权力真空"（power vacuum）地带，并出现了大国竞争，让人们回忆起一百多年前的"大博弈"。然而，今天的"大博弈"，与当年的"大博弈"不可同日而语。当年是殖民帝国在这里的竞争，本土上的一大堆汗国、土邦、部落是被宰割的对象，今天则是大小

---

* 本文系潘志平主持的 2010 年度教育部哲学社会科学研究重大攻关项目"中国与中亚地区国家关系研究"（10JZD0050）阶段成果。
** 潘志平，新疆大学西北少数民族研究中心教授、博士生导师。

不一的独立主权国家。中亚国家是在苏联解体后某种程度上被俄罗斯当做包袱抛弃的,虽然这些国家独立已20年,但俄罗斯仍下意识地将其视为自己的"后院"。俄罗斯本想向西方靠近融入欧洲,但不仅未能如愿,还在北约东扩、反导系统和"颜色革命"的多重压力之下,越来越意识到中亚这个"后院"的重要性。也就是说,如果俄罗斯真正失去中亚这道屏障,自己的软肋将暴露无遗。特别是2008年格俄冲突后,普梅高调宣称,包括中亚地区在内的独联体地区是俄罗斯的"特殊利益区"(сфера привилегированных интересов)。此概念的提出,表明俄罗斯已明确将中亚地区视为自己神圣不可侵犯的"势力范围"。因此俄、美在中亚博弈不可避免,它也就成为当代中亚地缘政治的主题之一。如果说,六年前的"颜色革命"中,美国为首的西方扮演了挑战方或攻击方的角色,那么,尔后俄罗斯在中亚则表现为反攻方。

"9·11"以来,美国关注亚洲腹地的重点在阿富汗战事,同时以反恐为借口,介入中亚并巩固其影响力。如俄罗斯学者指出的:"驻阿美军其实是打入所谓后苏联中亚大后方的一个楔子。华盛顿中亚战略的主要目的就是在该地区制造动荡,并为本国利益服务。挑起或是支持潜在的冲突,正是美国控制当地能源流向,防止它们落入竞争者手中的方式之一。"① 前些时候,美国官员和智库相继提出"大中东"倡议、"大中亚"计划、"大南亚"理念②,近年则唱起"新丝绸之路"计划。2011年西方重要官员出访中亚有二:一是6月北约秘书长驻南高加索和中亚特使出访塔吉克斯坦;二是10月美国国务卿希拉里出访塔吉克斯坦和乌兹别克斯坦。前者谈的主要是使用"艾尼"军用机场的可能性,作为回报,将转让北约军队在撤离阿富汗后可能多余的武器。后者表示,华盛顿正在推动旨在使地区国家实现自由贸易的"新丝绸之路"计划,有意邀请塔吉克斯坦和乌兹别克斯坦加盟该计划。美国副国务卿托马斯·奈德斯撰文说,美应支持阿富汗经济发展实现"新丝绸之路"构想。③ 俄罗斯专家认为:美国和北约实施的不是从阿富汗撤军的计划,而是把军队调往阿富汗北部甚至中亚国家的计划。美国打算强化在中亚的存在,设法在中亚地区建立新的军事设施,特

---

① 弗拉基米尔·普拉斯通:《无论是俄罗斯人还是阿富汗人,都对美国抛出的馅饼不感兴趣》,〔俄〕2011年10月14日《独立报》。
② 潘志平:《欧亚腹地的地缘政治》,《俄罗斯东欧中亚研究》2009年第1期。
③ 托马斯·奈德斯:《走出阿富汗的丝绸之路》,〔美〕《外交》双月刊网站,2011年12月5日。

别是与中国接壤的塔吉克斯坦穆尔加布地区是部署雷达站的最佳方位,可以覆盖大片地区。①

俄罗斯拥有对中亚施加影响的三个工具:独联体、独联体集体安全条约和欧亚经济共同体。独联体迄今已20年,期间,开了数不清的元首、首脑和部门会议,通过了上千份文件,但凝聚力越发小于离心力,"独联体化"某种程度上成了"无效率"、"空洞化"的代名词。俄罗斯媒体也承认,俄罗斯在独联体国家中威信下滑,"兄弟关系"已成回忆。② 杜尚别举行的独联体峰会(2011年9月)表明,对莫斯科来说这个组织已不再关键。现在俄罗斯已经把重点放在欧亚经济共同体和集体安全条约组织上。③ 近两年,俄罗斯着力于两个"一体化":通过操作欧亚联盟框架下的俄白哈关税同盟致力于政治经济一体化;认真经营集安条约,致力于独联体军事一体化。相比之下,美国在中亚缺少施力工具,与俄博弈明显处于下风地位。

二 俄白哈关税同盟和欧亚联盟:正稳步推进

2010年7月5日,俄、白、哈三国签署联合声明,关税同盟海关法在俄罗斯、白俄罗斯和哈萨克斯坦正式生效。2011年1月1日,俄白哈关税同盟条约正式生效,标志着海关同盟正式开张。这将是一个拥有1.7亿人口、石油储量900亿桶、国内生产总值2万亿美元、工业产值6000亿美元、农业产值1120亿美元、小麦产量占世界总产量的12%、零售商品额为9000亿美元的次区域经济组织。

关税同盟应为独联体一体化的一部分。在独联体空转无果的情况下,1995年关税同盟的构想缘起,但很长时间里它并不被看好。2007年10月7日独联体、独联体集体安全条约组织和欧亚经济共同体杜尚别三大峰会,确定2010年建立关税同盟,被认为"独联体地区经济一体化取得的重要突破"。然而,外界评论是:"如果抽离其宣传效果,我们会发现它实在是相当有限。先前签署的许多类似协议最终都沦为一纸空文。"④ 当初,连一些俄罗斯学者谈起来都信心不足。

---

① 维多利亚·潘菲洛娃:《北约准备插手中亚》,〔俄〕2011年6月22日《独立报》。
② 〔俄〕2011年7月21日《独立报》编辑部文章《独联体友谊长存的时代正在结束》。
③ 弗拉基米尔·索洛维约夫:《俄罗斯不再重视独联体》,〔俄〕2011年9月5日《生意人报》。
④ 阿列克谢·马拉申科:《中亚面临精英更替,恐难建成"普京斯坦"》,〔俄〕2007年10月8日《生意人报》。

有专家将之比作一堆"烂尾楼"①。直到2009年6月普京强力提出建立俄白哈三国海关同盟的倡议，2009年11月27日，俄罗斯、白俄罗斯和哈萨克斯坦三国元首共同签署了包括《关税同盟海关法典》在内的9个文件，俄白哈关税同盟方认真启动，并加速运行。俄、白、哈三国总统在2010年11月19日召开的独联体国家首脑阿拉木图非正式会议决定，在2012年1月1日之前正式建立统一经济空间。下一步，此关税同盟将效仿欧盟采用统一的共同体货币，制定统一的货币政策。届时卢布可能会退出世界货币的舞台，取而代之的是俄、白、哈共同货币，从而将有可能建立超国家机构。与此同时，普京宣布，俄罗斯、白俄罗斯和哈萨克斯坦三国将作为统一关税同盟开始加入世界贸易组织的谈判。

目前，这一同盟正稳步推进。关税同盟决定2013年1月1日起统一进出口及国内铁路的运价。2014年前完成"统一经济空间"框架内金融服务业国家法规的协调工作。关税同盟成员国工商会计划成立联合会、糖业联合会，建立统一的汽车市场、进口汽车基地；并商讨通关商品定价问题，诸如将二手轮胎进口关税提高2倍，就降低食品类商品进口关税问题进行协商，降低手表进口关税，就酒精类商品流通签署协议，对加密电子模块进口实施许可证管理，实行出口电子确认制度，拟对焦糖进口实行特别关税，或将提高皮鞋进口关税等。关税同盟甚至开始对中国无缝钢管发起反倾销调查。

2011年11月18日，俄、白、哈三国总统签署了欧亚经济区条约指明，一体化进程将从关税同盟步入下一阶段——统一经济区，成立超国家机构即欧亚经济委员会，其首任主席为俄罗斯工业和贸易部部长维克托·赫里斯坚科。梅德韦杰夫表示，"我们首次商定打造一个超国家的、对所有国家都不偏不倚的机构"，最终目标是成立欧亚经济联盟。

与此同时，俄罗斯、乌克兰、白俄罗斯、哈萨克斯坦、亚美尼亚、吉尔吉斯斯坦、摩尔多瓦和塔吉克斯坦总理签署了自由贸易区条约。另有几个伙伴——阿塞拜疆、乌兹别克斯坦和土库曼斯坦的代表团团长表示，将研究加入这一条约的可能性。建立自由贸易区意味着取消缔约国一系列商品的进出口关税。俄审计咨询公司评估和投资规划部负责人特罗菲莫夫认为："自由贸易区的基本思想在于让区内国家实现经济同步化。而关税同盟是旨在建立统一贸易政策的进程。实际

---

① 阿日达尔·库尔托夫：《一体化的烂尾工程》，〔俄〕2009年2月16日《独立报》。

上，俄罗斯、白俄罗斯和哈萨克斯坦是一体化进程的领导者，从2012年1月1日起就会迈入下一个一体化阶段——构建统一经济空间。其他新成员国加入得越晚，就越要遭受更多损失才能开始获得经济利益。"①

从关税同盟、独联体自由贸易区到正在打造的欧亚联盟，都是以俄罗斯为核心的，毫无疑问，它们将加大独联体凝聚力，俄罗斯也因此极大地提高了对中亚地区的影响力，在与美博弈中抢占先机。

三 对峙：集安条约与北约

同经济一体化一样，独联体的军事一体化也好事多磨，虽有独联体集安条约支撑，但始终有落不到实处的感觉。2010年12月3日，俄罗斯、白俄罗斯、乌克兰、阿塞拜疆、亚美尼亚和中亚的哈萨克斯坦、吉尔吉斯斯坦、塔吉克斯坦、土库曼斯坦九个独联体国家总参谋部代表，就建立联合通信和自动化系统、统一军用地图、统一新型武器装备达成协议。俄罗斯总参谋长尼古拉·马卡罗夫说："现在必须从空谈转向实干。"② 当然，这还只是在技术层面上的进展，合作的层次并不高。但无论是重归欧洲，还是制衡美国，稳定中亚，对峙北约，俄罗斯认为不能两手空空舞长袖，必须加强独联体军事一体化进程。

在中亚独立的前十年，北约将中亚国家纳入其对话伙伴国，还不时进行军演，但规模仅限于维和营，影响极小。"9·11"的发生，美国也有意想不到的收获，即美军和北约部队堂而皇之地进驻中亚，这是西方军事力量有史以来第一次在中亚落地，此举没有俄罗斯默许是不可能的。然而，俄罗斯很快就后悔不已，此后不断向吉尔吉斯斯坦施压，要求关闭美军在吉尔吉斯斯坦的马纳斯空军基地。吉尔吉斯斯坦的两任总统阿卡耶夫、巴基耶夫都表示过让美军走人，但当美国人出更高价码时又不了了之。这两任总统在国内动乱中下台，其背后或多或少与俄、美在马纳斯美军基地的争执有牵扯。2010年政变上台的新政府又一次面临这一问题。2011年11月，吉尔吉斯斯坦新当选总统阿坦巴耶夫正式宣布，

---

① 阿利·阿利耶夫：《战略性突破——自由贸易区条约是独联体又迈出的重要一步》，〔俄〕《专家》周刊网站，2011年10月20日。
② 雅罗斯拉夫·科祖林：《前苏联地区的军队开始迈向更大规模的一体化》，〔俄〕2010年12月3日《观点报》。

2014年后不再续约,美军在马纳斯的空军基地将关闭。①

乌兹别克斯坦也一度让美军在其国土上建军事基地。2005年"安集延事件"后,卡里莫夫总统因遭美国为首的西方不友好的批评,将美军驱走,后又允许北约为阿富汗战事补给通过其境。这也是俄罗斯十分烦恼之事。

2011年12月20日召开的独联体集体安全组织峰会,可能是近年比较重要的会议。此次会议背景之一是,五角大楼向塔吉克斯坦和乌兹别克斯坦表示,愿无偿赠予北约军队撤出阿富汗后留下的武器军备,并有意在两国境内打造培训中心,这样的培训中心完全可能逐步演变为军事基地。背景之二是会议前夕哈萨克斯坦西部石油重镇扎瑙津发生严重骚乱。

独联体集体安全组织峰会作出两项重要决定。一是唯有在获得其他伙伴许可的情况下,才能在本国设立第三国军事基地。这意味着俄罗斯将对集安组织成员国境内设立外国军事基地一事上拥有否决权。二是集安组织中亚地区集体快速反应部队可以用于应对该组织成员国内部的骚乱。此前,中亚地区集体快速反应部队原只承担抵御外来侵略的任务。可哈萨克斯坦扎瑙津发生大规模骚乱,令中亚地区集体快速反应部队履行平叛职能的现实性大增。②

塔吉克斯坦一直处于独联体面对南部威胁的前沿。2011年10月独联体集体安全条约秘书长尼古拉·博尔久扎重申:"阿富汗—塔吉克斯坦边界是集安组织共同的外部边界,集安组织会提供武器装备并帮助它们进行人员培训等。塔吉克斯坦承担着可靠地保卫共同边界的责任。"③ 梅德韦杰夫亲自出马说服拉赫蒙,将塔吉克斯坦俄军基地租期再延长49年。④

总之,独联体军事一体化有所进展,在与北约对抗中俄罗斯又占了上风。

一年前,笔者曾撰文认为,俄美中亚博弈中俄罗斯占强势。目前看来这种势

---

① 亚历山大·阿尔捷米耶夫:《马纳斯不再参战——吉新政权重申打算撤销美军基地》,俄罗斯报纸网,2011年11月2日。
② 亚历山大·加夫里柳克:《只能在一致同意的情况下行事——俄罗斯将在集安组织成员国境内设立外国军事基地一事上拥有否决权》,〔俄〕2011年12月21日《观点报》。
③ 记者亚历山大·格里申对集体安全条约组织秘书长尼古拉·博尔久扎访谈录,题为《今天中国、俄罗斯、哈萨克斯坦甚至美国都不能单独应对所有风险和威胁》,〔俄〕2011年10月17日《共青团真理报》。
④ 亚历山大·莫斯克维切夫:《巩固腹地——梅德韦杰夫成功让俄军在帕米尔山区再驻扎半个世纪》,〔俄〕2011年10月3日《观点报》。

头将继续下去。第一，由于阿富汗、伊拉克两场战争和金融危机的拖累，美国在全球影响力呈收缩态势，让它更烦恼的除了伊朗还有东北亚局势。至少在近期，美国即便想着力中亚，也力不从心。第二，强硬的普京将重返俄罗斯总统宝座，俄罗斯可能在巩固自己腹地持更强硬立场。第三，俄罗斯拥有欧亚联盟和集安条约两个得力工具，是实体；而美国西方能出手的就是"民主化"说教和"新丝绸之路"计划，形式上是虚体，内容上空洞，且不大切合中亚实际。第四，俄罗斯的经济和军事两个"一体化"确实在稳步推进，但还是好事多磨，其进程在乐观看好与悲观质疑之间。

Recent Trends of Russia-US Competition in Central Asia

Pan Zhiping

Abstract: The "Great Game" is a term for the strategic rivalry and conflict between the great powers for supremacy in Central Asia. Today, the mostly players are Russia and the U. S. in Central Asia. If the West led by countries was a schallenger six years ago when "Color Revolution" happened in Central Asia, then the Russia began to be a counteroffensive side. Although the current Russia possesses the dominant position in the new great game, the integration of Russia on economic and military still uncertain, the final winner in great game will be an unpredictable.

Key Words: Great Game; Russia; U. S; Central Asia

Ү.13
阿富汗局势变化对中亚安全的影响

苏晓宇*

摘　要：2011年，阿富汗局势总体可控，并呈现以下特点：一是阿富汗重建进程依旧困难；二是美国从阿富汗撤军面临挑战；三是塔利班在阿富汗的影响力继续上升；四是阿富汗毒品危害继续扩大。阿富汗局势对中亚安全也产生一定影响：一是阿富汗伊斯兰极端势力对中亚安全形成挑战；二是阿富汗毒品对中亚的危害逐步增大；三是美国从阿富汗撤军影响中亚的安全与稳定。

关键词：阿富汗局势　塔利班　美国　中亚安全

2001年10月，美国发动阿富汗战争，推翻了塔利班政权。10年来，阿富汗重建尽管取得一些进展，但要实现持久和平和持续发展，依然任重道远。当前阿富汗局势主要特点是塔利班在阿富汗北部扩大势力范围并有外溢之势，阿富汗政府、塔利班、美国在和谈问题上分歧较大，美国撤军对地区局势的影响将会很大，阿富汗的毒品问题十分严峻。阿富汗局势对中亚安全的影响越来越明显，其境内战乱衍生的种种问题正外溢到中亚，主要是地区内外恐怖主义合流及毒品泛滥等方面。但总体看，阿富汗局势对中亚安全的影响有限，中亚的安全威胁仍主要来自地区内部。

一　2011年阿富汗局势的主要特点

（一）重建进程依旧困难

一是和谈仍无进展。2011年，美国一直推动与阿富汗塔利班进行谈判。美

---

* 苏晓宇，陕西师范大学中亚研究所副研究员。

国已经在德国、卡塔尔与阿富汗塔利班进行了数轮秘密谈判,探讨是否能为结束长达10年的阿富汗战争打开突破口。阿富汗总统卡尔扎伊2012年2月15日也承认,阿富汗、美国与塔利班已经开始"三方密谈"。按美国官员的说法,"三方密谈"意在为今后展开更多接触做铺垫。美国暗中与塔利班多次接触谈判,频频向塔利班作出让步,急于推动和解进程以尽快从泥潭抽身。而塔利班则有足够的时间、耐心及实力增加在战场上的优势。目前,和谈仅处于起步阶段,和谈的最重要细节,即停战协定和组建政府等问题还远未涉及。

二是安全形势复杂。塔利班2011年继续发动袭击,与以往不同,其主要针对的是阿政府高级官员和政府重要机构。7月12日,阿富汗总统卡尔扎伊同父异母的弟弟阿哈姆德·瓦利·卡尔扎伊遇刺身亡。9月21日,阿富汗前总统、高级和平委员会主席拉巴尼遇刺身亡。7月27日,坎大哈市市政府办公楼遭袭,市长吴拉姆·海德尔·哈米迪在袭击中身亡。当前塔利班频繁袭击阿富汗政府机构和官员,意在令卡尔扎伊政府明白,在美军和北约部队已开始撤军的情况下,塔利班并不同意美国在阿富汗所作的政治安排。此外,阿富汗安全部队虽开始从北约驻阿部队手中接管安全防务,向安全防务"本土化"方向迈进了一步,但鉴于阿富汗局势,阿富汗实现防务"本土化"的道路将十分艰难,而且阿富汗安全部队战斗力不强、文盲率高、遭塔利班武装渗透、腐败等问题依然突出。

三是民众对国家重建信心不足。很多阿富汗人对阿富汗目前形势表示担忧。阿富汗现任议员阿卜杜勒·加尧姆·塞亚蒂称,美国和北约试图在阿富汗创建民主政权,加强法治、禁毒,实现经济重建,但他们并没有实现这些目标,10年来令阿富汗民众满意的成果寥寥无几,目前塔利班和其他武装组织在阿富汗的活动相当猖獗,安全形势不断恶化。阿富汗首都喀布尔2011年2月举行了一场特殊的辩论会,150多名阿富汗人首次就阿富汗未来安全过渡问题展开电视辩论,65%的人投票认为阿富汗政府并没有做好在2014年接管国家安全责任的准备。①

四是国际社会的重建努力效果有限。阿富汗问题国际会议于2011年11月和12月分别在土耳其的伊斯坦布尔和德国的波恩举行。除了政治承诺外,两次会议并未出台具体措施以扭转阿富汗当前局势。阿富汗的重要邻国巴基斯坦拒绝参

---

① 《六成阿富汗人对未来没信心》,http://news.xinhuanet.com/world/2011-02/22/c_121110274.htm。

加波恩会议，以抗议北约轰炸其边境检查站，造成24名巴士兵死亡。阿富汗重建的关键是恢复自身的造血功能，为此需要安全的国内环境、稳定的中央政权、和睦的民族关系和健康的经济肌体。任何外部资助和支持，如果脱离了尊重阿富汗主权、独立的前提，脱离了阿富汗自身的国情和社情，脱离了阿富汗人民的积极参与，将难以奏效。

（二）美国从阿富汗撤军面临挑战

美国总统奥巴马2011年6月宣布从阿富汗撤军的"三步走"计划：一是2011年底前，美国将撤回1万名士兵；二是2012年夏季结束前，3.3万名作战部队士兵撤离阿富汗，驻阿富汗美军的任务从作战转为提供支持；三是撤军行动将在2014年结束，完成向阿富汗方面的防务移交。如何撤军才能保证阿富汗局势不会恶化是美国的一大难题，撤军在短期内是不可能实现的。撤军只是美国的姿态，美国要等到卡尔扎伊政府真正具有国防能力才能撤军。撤军的过程会很长，美国不会轻易、真正撤出阿富汗。

（三）塔利班影响力继续上升

一是塔利班势力在阿富汗向东、向北扩大势力范围，并在很多地方建立了影子政府和训练营，甚至在首都喀布尔也有塔利班的"影子政府"。

二是塔利班改变袭击方式，恐怖袭击频繁。一方面，由常规进攻转向定点袭击。塔利班实施了一系列针对美军和阿富汗政府目标的"高调袭击"，塔利班这种战略的变化，意在打击美军和阿富汗政府的信心及拖延和谈进程。另一方面，"哈卡尼"网络走上与美军对抗的前台，成为在美军在阿富汗最大的威胁。"哈卡尼"网络自称隶属于塔利班，但实际上是一支独立、自成体系、拥有自身情报网络的武装力量。

（四）毒品危害继续扩大

阿富汗毒品在世界上占有巨大的份额，这不仅对阿富汗来说具有极坏的影响，也是世界的"毒瘤"。持续的战乱使鸦片成为阿富汗"战争经济"的基础，各种政治势力都参与到"鸦片经济"中，而贫困阿富汗农民则将罂粟种植作为维持生计的手段。阿富汗正在逐渐成为一个"毒品—恐怖"国家，铲除"鸦片

经济"已成为阿富汗国家重建成功的前提条件和沉重任务。① 阿富汗毒品带来的一系列问题如今成为影响阿富汗安全局势、阻碍其社会发展的重要根源之一。

阿公共卫生部发言人努鲁戈利2011年2月称,阿富汗现有大约100万吸毒者,其中13%为儿童,20%为妇女。目前,阿富汗全国大约50家戒毒中心只能为5%的吸毒者提供戒毒治疗,远不能满足需求。阿富汗官方提供的数据显示,全国34个省份中,有20个省份已不再种植罂粟,阿富汗政府消除罂粟种植,打击吸毒贩毒的努力仍在继续。②

联合国毒品和犯罪问题办事处与阿富汗禁毒部2011年10月11日在喀布尔发布的一份《2011年阿富汗鸦片调查》的报告显示,由于安全形势和价格等原因,2011年阿富汗罂粟种植面积预计高达13.1万公顷,比2010年增加7%,同时,2011年鸦片产量将高达5800吨,比2010年增加61%。该报告指出,2011年,阿富汗罂粟种植面积的78%集中在南部的赫尔曼德省、坎大哈省、乌鲁兹甘省、代昆迪省和查布尔省,还有17%集中在西部的法拉省、巴德吉斯省和尼姆鲁兹省。罂粟种植分布的这一特点表明,越是安全局势不稳定的地区,罂粟种植和毒品贩卖越猖獗。2010年受罂粟病害的影响,阿富汗的鸦片大幅减产,但产量下降推高了鸦片的价格。

价格和产量的上升使得鸦片继续成为有利可图的生意。2011年阿富汗全部鸦片产量的农场收购价就将达到14亿美元,占该国国内生产总值的9%。如果加上鸦片加工与走私海洛因产生的利润,鸦片在阿富汗经济中占据相当大的份额,不仅为反叛武装提供资金,而且助长腐败。毒品与犯罪问题办公室肯定了阿富汗禁毒部和阿富汗禁毒警察所做的大量工作。该国今年截获的毒品量增多,铲除的罂粟种植面积比去年增长了65%,但铲除面积仅相当于总体种植面积的3%。

联合国毒品和犯罪问题办事处驻阿富汗机构负责人让·吕克·勒马耶称,阿富汗鸦片产量激增趋势向人们敲响警钟。毒品给很多人带来痛苦和灾难,全球每年有数以万计的人死于毒品。阿富汗政府在打击罂粟种植方面作出了积极努力,

---

① 朱永彪:《"9·11"之后的阿富汗》,新华出版社,2009,第187页。
② 《综述:毒品问题困扰阿富汗》,http://news.xinhuanet.com/world/2011-02/08/c_121055387.htm。

但打击毒品不仅仅是阿富汗一个国家或一个地区的事情，需要国际社会开展更广泛的合作加以应对。① 俄罗斯联邦麻醉品监管总局局长伊万诺夫2011年4月称，从2011年初至4月，俄罗斯与美国联手组织了4次捣毁阿富汗毒品工厂的行动，俄美反毒工作组定期开展行动摧毁阿富汗向其他国家供应海洛因的通道。②

二 阿富汗局势对中亚安全的影响

（一）阿富汗伊斯兰极端势力对中亚安全形成挑战

中亚地区伊斯兰极端主义威胁长期存在的一个重要地区性因素是阿富汗的长期动荡。近年，塔利班、"乌伊运"、"伊斯兰圣战联盟"等组织仍然顽强存在，并以新的圣战理论培训和组织更多的极端分子，而且每年印制上百种分别译为乌兹别克语、俄语、普什图语、阿拉伯语、英语、德语的宣传品在阿富汗及巴基斯坦散布，其影响正不断渗透中亚地区。随着美军即将撤离阿富汗，藏匿在阿富汗南部部族控制区的中亚伊斯兰极端势力开始显露向北部邻近中亚地区转移的迹象，中亚各国对此无不忧心忡忡。③ 2011年以来，阿富汗伊斯兰极端势力继续活跃并对中亚的安全与稳定不断形成挑战。

一是塔利班北上，对中亚边境安全构成直接威胁。塔利班在阿富汗北部地区的训练营数量增加，尤其是在被称为"呼罗珊地区"的阿富汗北部同乌、塔、土相邻地带。同时，塔吉克族、乌孜别克族是跨界民族，在阿富汗北部分别有约400万和170万。哈萨克斯坦国防部长曾于2011年2月表示，鉴于中亚日益严重的恐怖主义活动和阿富汗局势恶化，该地区有受到恐怖袭击的可能。④ 如果塔利班在阿富汗北部地区势力得到巩固，将给中亚边境安全带来较为严重的直接威胁。

---

① 《阿富汗今年鸦片产量激增敲响警钟》，http://news.xinhuanet.com/world/2011-10/11/c_122144579.htm。
② 《俄美今年已在阿富汗四次反毒》，http://world.people.com.cn/GB/57507/14446762.html。
③ 许涛：《中亚地缘政治变化与地区安全趋势》，《现代国际关系》2012年第1期。
④ REGNUM，《Минобороны Казахстана: Весной и летом 2011 года в Срезней Азии наступит дестабилизация》，22.02.2011，http://www.regnum.ru/news/polit/1377219.html。

二是阿富汗北部发生塔利班袭击的次数日益增多，辐射影响塔吉克斯坦和乌兹别克斯坦的边境地区社会稳定。2011年塔利班在阿富汗北部地区发动多次恐怖袭击，目标主要为政府机构，阿富汗北部同塔吉克斯坦和乌兹别克斯坦南部接壤，对两国边境地区社会稳定和安全的影响不可小视。

三是"乌伊运"在阿富汗北部非常活跃，积极配合塔利班的军事行动。"乌伊运"在阿富汗北部积极活动有利于塔利班越境进入中亚，在中亚招募新成员，在中亚贩毒和走私武器，以及在阿富汗北部建立活动基地和训练营并与中亚极端组织衔接。①

四是阿富汗的一些来自中亚地区的恐怖分子正积极谋求重返该地区。2011年5月，有小股武装力量经塔吉克斯坦进入中亚的费尔干纳谷地，与当地极端势力勾结，试图破坏中亚国家的稳定。② 集安组织也称，塔利班武装分子正朝阿富汗邻国转移。③ 由此可见，"三股势力"在地区内外的勾结更加密切，出现合流趋势。

五是塔吉克斯坦边境面临的威胁趋向严重，以拉什特冲突为代表的安全危机始终没有彻底解决。④ 该地区现在形成了前反对派、恐怖组织和雇佣军等混杂藏匿的情况，与阿北部武装分子相互呼应，再加上塔中央政权对该地区的管控力度极弱，使得拉什特地区以及塔阿边境成为恐怖分子、毒品贩运和武器走私的主要通道。现在俄军重新驻防塔阿边境问题尚未达成一致，塔边防军对长达1344公里的边境管控能力不强，这使得塔阿边境难以阻遏阿富汗安全威胁向中亚地区蔓延。

六是恐怖组织将吉尔吉斯斯坦视为目的地。目前，吉安全防守力量不强，政治形势存在不稳定因素，经济落后，民生问题严重，社会矛盾未得到妥善解决，南部形势复杂、族际关系紧张，这为极端势力、恐怖势力在吉活动创造了条件。据吉国家安全委员会主席杜舍巴耶夫于2011年4月29日在议会会议上称，在阿富汗和巴基斯坦的训练营中有400余人来自吉尔吉斯斯坦，其目的在于建立新的

---

① 苏畅：《当前阿富汗形势对中亚安全的影响》，《俄罗斯东欧中亚研究》2012年第1期。
② 苏畅：《当前阿富汗形势对中亚安全的影响》，《俄罗斯东欧中亚研究》2012年第1期。
③ Fergananews，《На неформальном саммите ОДКБ в Астане обсудят ситуацию в Африке и Кыргызтане》，08.08.2011，http：//www.fergananews.com/news.php? id = 17117&mode = snews。
④ 苏畅：《当前阿富汗形势对中亚安全的影响》，《俄罗斯东欧中亚研究》2012年第1期。

武装组织"吉尔吉斯斯坦伊斯兰运动"。① 如果恐怖组织在吉南部地区扎根,将使该地区的恐怖组织相互对接,该国反恐形势趋于复杂和严峻。

七是随着中亚国家对阿富汗事务的参与度提高,塔利班对其敌意也在增加。中亚各国认为阿富汗局势的发展直接关系到地区的安全与稳定,对阿富汗事务,尤其是重建和经济发展参与积极度较高,比如乌和土都着手修建同阿富汗相连的铁路,土库曼斯坦对修建 TAPI(土库曼斯坦—阿富汗—巴基斯坦—印度)天然气管道兴趣浓厚。哈萨克斯坦也积极参与阿富汗事务,尽管强调只派遣 4 名军官参与北约在阿富汗的协调行动、信息分析等任务。② 塔利班组织对此都通过视频等方式发出了恐怖威胁。2011 年 5 月 17 日和 24 日,恐怖分子袭击哈萨克斯坦阿斯塔纳和阿克纠宾斯克州当地的安全部门,造成数人伤亡,据称袭击可能与阿富汗塔利班有关。

(二) 阿富汗毒品对中亚危害严重

中亚地区毒品犯罪同武装分子关系密切,"极端/恐怖—毒品联合体"特征明显,"地缘毒品政治"在该地区反应明显。武装组织通过毒品贩运来谋取利益,同时也通过打通毒品通道来扩大其势力范围和影响。毒品问题不仅直接影响中亚地区安全,也渗入中亚各国政治、经济、社会等方方面面,可能是中亚面临的非传统威胁中的首要因素。据联合国统计,通过塔吉克斯坦、乌兹别克斯坦、俄罗斯进而到达欧洲的北部运输通道所运出的阿富汗毒品占阿毒品总量的 20%。据当地媒体报道,塔吉克斯坦和阿富汗边防部门近 8 年来共举行了 178 次联合行动,摧毁了 40 多个毒品加工窝点,缴获鸦片及卡洛因 11 吨,抓捕了 234 名毒品犯罪分子。塔吉克斯坦官方统计,2011 年该国缴毒量为 4237.8 公斤,同 2010 年相比增长了 8.6%。③ 塔阿边界防守薄弱,成为贩毒"热线",官员参与毒品贩运

---

① Fergananews,《Глава киргизской спецслужбы рассказал о создании Исламского движения Кыргызстана》, 02.05.2011, http://www.fergananews.com/news.php?id=16680&mode=snews.

② Fergananews,《Сенат Казахстана отказался от ввода военных в Афганистан, чтобы сохранить имидж мирной державы》, 09.06.2011, http://www.fergananews.com/news.php?id=16838&mode=snews.

③ CA-News,《Student of Military institute of Tajikistan arrested on suspicion of drug trafficiking》, 27.02.2012, http://en.ca-news.org/news/450481.

时有发生，给禁毒造成了极大困难。同时，毒品对乌兹别克斯坦、哈萨克斯坦和吉尔吉斯斯坦也构成了严重威胁。从阿富汗经吉尔吉斯斯坦流出的毒品数量每年有20~25吨，对该国的安全与稳定造成破坏。① 哈萨克斯坦警方仅在2011年5~6月间就查获了数百公斤毒品。② 2011年6月，乌兹别克斯坦在塔什干销毁了675公斤毒品，其中包括166公斤海洛因。2011年上半年，塔吉克斯坦有关部门共缴获毒品2.75吨，同比增长34.4%。美国有学者称，如果阿富汗形势再恶化，毒品将更加难以遏制，中亚有可能"拉美化"，即变成全球产毒中心和运毒通道。③

为进一步打击阿富汗毒品在中亚的走私贩运，缓解阿富汗毒品对中亚的危害，俄罗斯总统2011年3月签署《批准关于阿塞拜疆、哈萨克斯坦、吉尔吉斯斯坦、俄罗斯、塔吉克斯坦、土库曼斯坦、乌兹别克斯坦建立中亚打击非法运输毒品、精神药物及其制品信息协调中心》的法案。2009年9月上述国家领导人在莫斯科签署了关于建立该中心的协议。该中心的主要任务是协调打击毒品的国际联合行动，负责搜集有关毒品贩运的犯罪信息。该中心建在阿斯塔纳，预算为1500万美元。2011年9月22日，俄罗斯和塔吉克斯坦内务部长签署了关于在铁路和航空运输领域打击毒品走私的合作协议。

（三）美国从阿富汗撤军影响中亚的安全与稳定

美国借阿富汗反恐战争及战后重建，在中亚地区有效地扩大着影响力。美国针对中亚地区的战略目标自苏联解体后至今没有改变，其中防止大规模杀伤性武器扩散的任务已基本完成，而防止伊斯兰极端主义势力取代世俗国家政权、削弱和阻隔俄罗斯对中亚地区的战略性影响、促进中亚国家政治民主化和经济市场化等战略仍在实施中。从伊拉克撤军后，美国将战略重心转向了阿富汗和伊朗，中亚的地缘作用和战略意义将得到提升。"改造后苏联空间"的挫折并不会使美国放弃价值观外交原则，策略上的调整使"大中亚计划"、"新丝绸之路计划"应运而生。但是，与美交往20年的经验并没

---

① EurasiaNet.org,《A look at Central Asia's drug war》, 29.02.2012, http://www.eurasianet.org/node/65066.
② 苏畅：《当前阿富汗形势对中亚安全的影响》，《俄罗斯东欧中亚研究》2012年第1期。
③ 苏畅：《当前阿富汗形势对中亚安全的影响》，《俄罗斯东欧中亚研究》2012年第1期。

阿富汗局势变化对中亚安全的影响

有使中亚国家减少对美国的不信任与戒备心理，这将给美国的地区影响增加阻力。①

美国一方面部署具体撤军时间表，于 2011 年 7 月开始正式从阿撤军；另一方面调整中亚政策思路，加大对该地区的渗透力度。美国提出"新丝路计划"，希望通过能源和交通体系的建设整合中南亚，提高经济影响力来培育"民主基础"，借以扩大影响力，掌握战略主动权。2011 年 10 月 22 日美国务卿希拉里访问乌兹别克斯坦期间，大力鼓励乌参与"新丝路计划"和阿富汗重建。② 另外，美国借"北方运输线"来保持同中亚国家的军事交往与合作，使该地区在成为阿富汗战争"战略链"重要环节的同时还成为支持阿富汗重建的稳定后方。并且，从阿富汗撤军之后美国并未降低对中亚地缘政治地位的重视，与中亚各国军事合作的力度也在加强，围绕军事基地的博弈从未间断，吉尔吉斯斯坦"马纳斯"国际转运中心被视为重要环节，2011 年 7 月美方投资了 3000 万美元对"马纳斯国际运输中心"进行现代化设备改造，改造后的中心将控制吉 100% 领空，且在 1～3 秒内以高清晰度画面同时为 400 架飞机定位，大大提供了中心的服务功能，同时美国还就在克孜勒—基耶或者巴特肯修建军事训练中心同吉方谈判。③ 美国 2011 年为塔边防设施现代化改造援助 160 万美元，并谋求租用艾尼军用机场，并要求延长法空军在杜尚别机场的驻扎期；美国在乌兹别克斯坦通过"国际军事教育"项目培训乌军军官，并试图说服乌方同意美军重返汉纳巴德基地；另外美国还增加了对中亚的军事援助。2012 财年，美计划对中亚国家军援拨款总额达 560 万美元（哈 200 万美元、吉 190 万美元、塔 80 万美元、土 80 万美元、乌 10 万美元），其中 300 多万美元用于"国际军事教育"培训项目（哈 78.5 万美元、吉 100 万美元、塔 60 万美元、土 35 万美元和乌 30 万美元）。④

俄罗斯对美国在阿富汗和中亚地区谋求长期军事存在的意图高度警惕。2011 年，俄罗斯多次要求美国未来撤出驻阿富汗和中亚地区所有军队。2 月，俄罗斯公开敦促美国不要在阿富汗建立长期军事基地，甚至暗示这一部署可能破坏俄美

---

① 许涛：《中亚地缘政治变化与地区安全趋势》，《现代国际关系》2012 年第 1 期。
② Uznews,《США выводят страны Центральной Азии на Новый шелковый путь》, 24.10.2011, http://www.uznews.net/news_single.php?lng=ru&sub=top&cid=30&nid=18207.
③ 胡梅兴：《美国加紧在中亚的战略布局》，《国际资料信息》2011 年第 10 期。
④ 胡梅兴：《美国加紧在中亚的战略布局》，《国际资料信息》2011 年第 10 期。

中亚黄皮书

间建立战略伙伴关系的努力。10月,俄罗斯副外长博罗达夫金和驻北约代表罗戈津表示,一旦阿富汗反恐行动结束,美国必须从阿富汗和中亚地区完全撤军。同时,为维护俄罗斯在中亚和阿富汗的地缘安全利益,俄在军事上对美国采取了针锋相对的反击措施:一是加强在吉尔吉斯斯坦和塔吉克斯坦的军事部署。俄罗斯已经在吉尔吉斯斯坦建立坎特空军基地,2011年积极谋求在吉南部奥什建立新的军事训练中心。俄罗斯在塔吉克斯坦建立了第201军事基地,2011年在该基地部署670航空兵群和第303独立直升机大队。二是向阿富汗提供武器装备。俄罗斯2011年向阿富汗提供27架米格-17直升机,其中3架赠送阿富汗。俄罗斯也向阿富汗提供免费弹药并加强人员培训。三是准备军事介入中亚地区安全威胁。俄罗斯国防部社会理事会成员伊戈尔·科罗琴科2011年曾指出,俄罗斯军队与集体安全条约组织盟友准备消除任何中亚地区在美国及其盟军撤出阿富汗之后面临的威胁。总体来看,美国借从阿富汗撤军,加强在中亚的军事布局,也使俄罗斯和美国在中亚地区的军事争夺激烈,从而影响中亚地区的安全与稳定。

The Impact of Afghan Situation upon Regional Security of Central Asia

Su Xiaoyu

Abstract: In 2011, the overall situation in Afghanistan was controllable, and showed the following characteristics: first, the reconstruction process in Afghanistan is still difficult; second, U. S. withdrawing its troops from Afghanistan faces challenge; third, the influence of the Taliban in Afghanistan continues to rise; fourth, the harm from Afghan drug continues to expand. The situation in Afghanistan has a certain impact on security in Central Asia: first, the Afghan Islamic extremist force is the challenge to security in Central Asia; second, the harm from Afghan drug to Central Asia is gradually increasing; third, U. S. withdrawing its troops from Afghanistan affects the security and stability in Central Asia.

Key Words: Situation in Afghanistan; Taliban; U. S. ; Security in Central Asia

Y.14
后国际金融危机时期中亚国家经济发展趋势解析

黄秋菊*

摘　要： 从近期中亚国家经济运行状况来看，中亚五国已经逐步走出国际金融危机冲击的阴霾，经济整体上保持恢复和持续增长态势，有的国家增长速度还十分强劲（如土库曼斯坦）。外贸出口的数量不断上升，伴随着国际大宗商品价格的上涨，来自能源和原材料出口的收入也不断增加；宏观经济环境虽然总体平稳，但也存在潜在风险，特别是一些国家的通货膨胀率仍然处于较高水平；同时，欧债危机对中亚国家的负面影响也逐渐显现。由于其内部特有的结构性因素和制度性因素制约，加之全球经济不稳定性的影响，这些国家未来的经济发展依然面临诸多挑战。应对这些挑战的关键举措在于：首先，从短期来看，中亚国家需要为经济持续增长营造一个稳定的宏观经济环境；其次，从中长期来看，中亚国家确保经济稳定发展的基础之一在于深入调整经济结构，提高国民经济的现代化水平；再次，进一步推进制度改革，完善市场经济运行环境；最后，中亚国家也需要为经济发展构筑稳定的政治和社会基础。

关键词： 后国际金融危机时期　中亚国家　经济结构　现代化

一　国际金融危机后的中亚经济运行状况

2008～2009年席卷世界的国际金融危机导致世界经济出现自二战以来的首

---

* 黄秋菊，南开大学经济学系2009级博士研究生，研究方向为转型经济。

度负增长，同时也给中亚国家的经济带来了不同程度的影响。首当其冲的是哈萨克斯坦，因哈萨克斯坦的经济对外开放程度比较高，因此受危机的影响比较大；而其他四国乌兹别克斯坦、吉尔吉斯斯坦、塔吉克斯坦、土库曼斯坦，所受影响相对较小。国际金融危机导致了国际能源市场需求量减少和价格大幅下降，使主要依靠能源出口增收的国家收入减少，也给中亚国家内部的宏观经济环境带来程度不一的冲击。2011年，受全球复苏大气候影响，加上能源价格上涨因素，中亚国家实现了不同程度的经济复苏。

（一）经济整体上保持恢复性增长态势

中亚国家的经济呈恢复性增长态势。其中，土库曼斯坦的经济增长趋势最好，乌兹别克斯坦经济增长波动比较平稳，而吉尔吉斯斯坦的经济增长波动最大（如图1所示）。从中亚国家2008~2011年GDP增长率图可以看出，哈萨克斯坦GDP增长率从2009年的1.2%上升到2010年的7.3%，并在2011年继续提高到7.5%。受石油价格上涨因素影响，哈萨克斯坦的经济从危机中恢复了发展活力，保持上涨态势。2008年乌兹别克斯坦实现了9%的高经济增长，但随着国际金融危机的影响从虚拟经济向实体经济蔓延，国际市场原材料价格下滑，乌兹别克斯坦出口受到影响，但2009年GDP增长率仍达到8.1%，2010年为8.5%，2011年为8.3%。危机后乌兹别克斯坦经济增长整体比较平稳，波动不大，但尚未恢复到危机以前的增长水平。塔吉克斯坦由于及时在农业部门及贸易和服务领域注入了资金流，因此其经济在危机后保持了持续增长，GDP增长率从2009年的

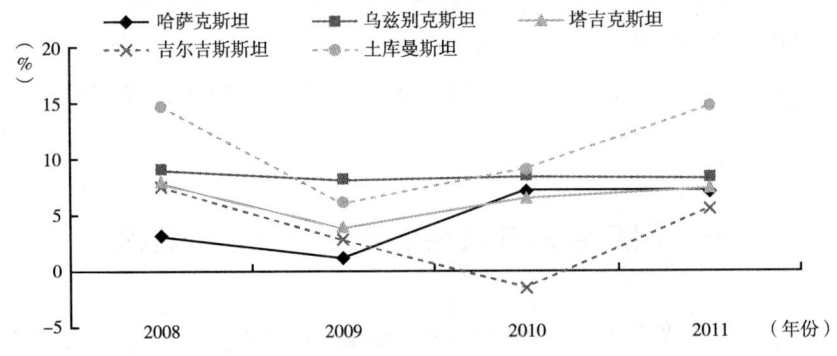

图1　2008~2011年中亚五国GDP增长率

资料来源：欧洲复兴与开发银行网站（www.ebrd.com）。

后国际金融危机时期中亚国家经济发展趋势解析

3.9%上升到2010年的6.5%，并在2011年进一步上升到7.4%。危机后经济增长形势最好的是土库曼斯坦，GDP增长率从2009年的6.1%上升到2010年的9.2%，并且到了2011年，土库曼斯坦GDP增长率在中亚国家中位居第一，达到14.7%。之所以有这样高的经济增长率，主要是由于基础设施的扩建以及铺设新管道向中国和伊朗出口天然气的缘故。吉尔吉斯斯坦应该是个例外，由于2010年4月的政治风暴和随后2010年6月的种族冲突导致吉尔吉斯斯坦政治、经济形势动荡，GDP增长率从2008年的7.6%一直下降到2010年的-1.4%。从2011年开始，随着国际国内经济环境和政治环境趋向平稳，吉尔吉斯斯坦的经济也开始复苏，2011年的GDP增长率恢复到5.7%。

（二）宏观经济环境总体平稳，但也存在潜在风险

随着世界经济状况的整体复苏，中亚国家的宏观经济环境总体平稳。但同时经济的稳定增长也使通货膨胀压力增大，存在潜在风险（如表1所示）。2011年上半年随着国际大宗商品价格上涨，通胀率上涨；2011年下半年随着国际大宗商品价格稳定，通胀又有所下降。根据国际货币基金组织提供的数据，2011年，在中亚五国中，乌兹别克斯坦、塔吉克斯坦和吉尔吉斯斯坦的通货膨胀率较高，均超过10%，吉尔吉斯斯坦甚至接近20%；哈萨克斯坦和土库曼斯坦的通货膨胀率相对较低，维持在10%以内。乌兹别克斯坦的通货膨胀率居高不下，主要是由于乌兹别克斯坦商业环境的恶化，特别是中小企业经营环境恶化导致商品和服务的成本涨高，无法从根本上遏制通胀上升的趋势。就吉尔吉斯斯坦和塔吉克斯坦而言，国际原材料、燃料和食品价格的剧增，是导致国内通货膨胀水平持续走高的主要原因。根据国际货币基金组织提供的数据，吉尔吉斯斯坦2011年前3季度，国内消费品市场销售总额为1628亿索姆，约合35.25亿美元，同比增长5.4%。9月物价环比下降1.1%，但较2010年底仍上涨4.4%，由此导致了2011年整体的通货膨胀率高达19.1%[①]。中亚五国中，土库曼斯坦的通货膨胀水平最低。2009年受国际金融危机的冲击，经济增长下降到最低谷并出现了通货紧缩。

---

① 独联体国家统计委员会《2011年独联体国家主要社会—经济指数报告》指出，通货膨胀水平没有超过预期值。除哈萨克斯坦和塔吉克斯坦外，其他中亚国家的通胀水平都保持在4.5%~5.7%。

但受全球经济复苏与国际原材料和食品价格上涨的影响,通货膨胀率也从2009年的-2.7%上升到2010年的4.4%,2011年进一步上升到6.1%。

表1 2008~2011年中亚国家的通货膨胀率

国家\年份	2008	2009	2010	2011(预测)
哈萨克斯坦	17.2	7.4	7.4	8.9
乌兹别克斯坦	12.7	14.1	9.4	13.1
塔吉克斯坦	20.4	6.5	6.5	13.6
土库曼斯坦	14.5	-2.7	4.4	6.1
吉尔吉斯斯坦	24.5	6.8	7.8	19.1

资料来源:由国际货币基金组织2011年9月发布的《世界经济展望》报告中的数据整理而成(www.imf.org)。

(三)对外贸易呈现恢复性增长趋势

2011年随着进出口商品价格及进出口商品总量的增加,中亚国家整体的贸易运行状况良好。哈萨克斯坦作为中亚地区的经济大国,对外贸易对其经济增长的贡献率十分突出,进出口总额占到GDP的80%。2009年,受国际金融危机的影响,哈萨克斯坦的对外贸易在连续6年保持高速增长之后出现大幅下降,随后从2010年开始呈现复苏和增长趋势。2011年全年哈萨克斯坦对外贸易额为1261.564亿美元,比2010年增长了40.2%,其中出口额为881.177亿美元,进口额为380.387亿美元,全年贸易顺差500.79亿美元。根据乌兹别克斯坦国家统计委员会提供的数据,2011年乌兹别克斯坦实现对外贸易额255.37亿美元,比2010年增长了15%,其中出口额为150.27亿美元,进口额为105.1亿美元,全年贸易顺差45.17亿美元。2011年,塔吉克斯坦贸易出口总额12.569亿美元,进口总额31.864亿美元,同比分别上涨5.2%和19.9%,全年贸易逆差19.295亿美元,相当于GDP的29.6%。土库曼斯坦危机后的贸易状况也趋于好转,2010年全年外贸额达到180亿美元,其中,进口80亿美元,出口100亿美元,2010年所有出口产品的价格均高于2009年,出口数量也有较大增长。

(四)欧债危机的负面影响逐步显现

迄今为止,尽管欧债危机尚未给中亚经济带来严重冲击,但其间接的负面影响也不可忽视。特别是许多中亚国家本身就存在着比较明显的债务问题，欧债危机对全球金融市场的冲击很有可能传导至这些国家，进一步影响这些国家的主权信用评级。例如，哈萨克斯坦目前的企业负债问题就对本国的金融资产质量带来不利影响，哈萨克斯坦银行的偿债能力也受到了普遍质疑。哈萨克斯坦的债务结构主要以长期债务为主（见表2，左侧为债务结构，右侧为债务使用结构），而且集中在能源领域、基础设施建设领域以及矿产加工领域。这些债务问题使其国家信用评级出现了下降的趋势。2010年10月份穆迪在发布的报告中降低了对哈萨克商业银行、哈萨克人民银行、中央贷款银行、联合银行等四家银行的长期债务评级。其中，中央贷款银行优先无抵押外币债务评级从Ba3降至B1，存款和债务评级展望为"负面"，金融稳定评级展望为"稳定"。

表2　2010年3月31日哈萨克斯坦外债与外债使用结构

单位：亿美元

外债结构		外债使用结构	
累计外债余额	1107.298	总　计	1107.298
短期外债	97.726	农　业	2.130
政府短期外债	0	采掘业	103.306
央行短期外债	8.322	煤炭	0.154
商业银行短期外债	34.88	油气	76.316
其他部门短期外债	54.52	铀	10.093
长期外债	1009.572	金属矿	15.510
政府长期外债	22.642	加工业	45.896
央行长期外债	5.236	农产品加工	7.901
商业银行长期外债	227.15	化工	2.565
其他部门长期外债	754.55	冶金和金属加工	27.969
其中无息贷款	895.002	建筑业	95.830
国债及国家担保的外债	41.116	交通通信业	32.498
占外债总额比重%	3.7	陆运	18.442
无国家担保的外债	1066.182	管道	10.832
占外债总额比重%	96.3	金融业	296.892
政府	22.64	货币中介	275.700
金融信贷调节机构	13.56	不动产交易和中介等	439.431
银行	262.03	地质勘察等	364.081
其他领域	809.06	国家管理	24.187
其中企业间债务	511.633		

资料来源：哈萨克斯坦央行网站（www.nationalbank.kz）。

此外,可以用外债占 GDP 的比重作进一步说明。外债占 GDP 的比重可以表明一国外债与该国经济实力的关系以及偿还外债的能力。由表3可知,2008～2010年,中亚国家外债占 GDP 的比重整体呈上升趋势,其中吉尔吉斯斯坦的涨幅最大,2010 年外债占 GDP 的比重达到了 84.8%;哈萨克斯坦的债务依存度更高,比重达到了 85.5%。除土库曼斯坦和乌兹别克斯坦外,中亚其他国家外债负担也依然沉重。

表3 2008～2010 年中亚国家外债占 GDP 比重

年份\国家	哈萨克斯坦	乌兹别克斯坦	塔吉克斯坦	土库曼斯坦	吉尔吉斯斯坦
2008	79.8	13.1	26.7	2.8	45.1
2009	98.2	15	34	2.6	58.2
2010	85.5	14.7	34.4	11.8	84.8

资料来源:Европейский Банк Реконструкции и Развития 2012。

二 中亚国家经济发展中的结构性特征

(一)经济结构存在严重扭曲和失衡

中亚国家经济结构极其不合理,具体表现为国内生产总值构成中三大产业比重不合理和对外来经济依赖性很强。首先,中亚国家长期以来形成的依赖原料出口和农业大国的局面并未改变,农业占比重较大,工业和服务业占比重较小。虽然中亚各国都相继制定出了未来工业化的重点及大力发展服务业的目标,但取得的成果并不显著。其次,中亚五国对外国的经济依赖性很强。例如,土库曼斯坦的自需商品绝大部分依靠进口,诸如粮食、服装、食品、药品和家用电器等生活必需品均需要通过进口才能满足国内需求,对外经济依赖性很强。另外,中亚国家出口商品结构比较单一,仍然以原材料出口为主。例如,在哈萨克斯坦出口结构中,矿产品和初级产品的出口占到了出口总额的 85.3%,石油的出口占到出口总额的 60.6%。如果加上天然气、煤和石油产品的出口,则能源产品的出口占比高达 69.2%。而土库曼斯坦的资源也主要是石油、天然气。石油和天然气部门的过度发展,不仅挤占了过多的经济资源,制约了其他经济部门的投资和结构升级，而且来自石油出口收入的流入也增加了宏观经济的波动性，增加了政府调控经济的难度。

(二) 经济发展面临外部风险的挑战

随着经济全球化的深入发展，中亚国家的经济发展与世界经济的联系已经密不可分。全球化虽然给中亚国家的经济发展提供了重要的外部动力和机遇，与此同时，也给中亚国家的经济带来严峻挑战。因国际石油价格与经济增长具有极大的正相关性，国际石油价格的波动会引发经济增长的波动，因此，经济增长过度依赖资源出口增大了中亚国家经济发展的脆弱性和不稳定性。2012年，中亚国家整体上经济发展势头良好，但外部经济风险将加大，主要是指欧元区内复杂的经济形势对中亚国家的不利影响。尽管目前欧盟成员国政府高度重视并制定了支持金融、解决个别国家财政预算赤字等问题的政策，但状况仍然不容乐观。如果欧债危机的持续恶化将全球经济再度拖入衰退，那么中亚国家的外贸出口也将遭到严重冲击。

(三) 市场经济运行的制度环境不完善

中亚五国均属于苏联解体后的转型国家，但是这些国家的市场化程度却存在很大差异。根据欧洲复兴与开发银行（EBRD）编制的市场化转型指数显示（如表4所示），在中亚五国中，哈萨克斯坦和吉尔吉斯斯坦整体的转型速度较快，在小规模私有化、价格自由化和外贸与外汇自由化领域，两国的市场化已经达到较高水平。塔吉克斯坦的市场化转型速度相对居中，而乌兹别克斯坦和土库曼斯坦的市场化转型速度最慢。特别是土库曼斯坦，其各个领域的市场化水平均很低，有些领域几乎没有实施市场化改革。整体而言，中亚五国尚处于市场经济发展的初级阶段，其市场化的水平和质量明显落后于中东欧转型国家和俄罗斯。尤其是中亚五国缺乏完善的制度环境，影响了其市场竞争和资源配置效率。从EBRD的转型指数来看，即便是中亚转型最快的哈萨克斯坦和吉尔吉斯斯坦，它们的公司治理与企业重组指数以及竞争政策指数均较低，而这两项指数最能反映市场竞争环境状况和微观经济主体的运行绩效。此外，中亚五国均存在着法治不健全和严重的腐败问题，这些都进一步恶化了商业投资环境。例如，塔吉克斯坦国家战略研究中心在2011年7月公布了本国腐败状况报告。报告称，塔吉克斯坦腐败活动已成为社会普遍现象，难以打击。近五年来，国家腐败规模增长了近2倍。如果2005年塔吉克斯坦平均受贿额为620索莫尼，那现在这一指标已达到1800索莫尼（约380美元）①。这意味着有数十亿索莫尼资金绕过国家预算，流入私人口袋，其规模已接近国家一年的预算。报告还指出，交警、医疗机构、大学、反腐败局和内务部这五部门是塔吉克斯坦最腐败的部门。而根据世界银行2011年的《经商》调查问卷，乌兹别克斯坦的商业环境也十分恶劣，在关于商业环境评估的183个国家中，乌兹别克斯坦排名为第150，成为世界上最不利于做生意的国家之一。

表4　欧洲复兴与开发银行的转型指数（2011年）

国家\指标	大规模私有化	小规模私有化	公司治理与企业重组	价格自由化	贸易和外汇体制	竞争政策
哈萨克斯坦	3	4	2	4－↓	4－	2
吉尔吉斯斯坦	4－	4	2	4＋	4＋	2
塔吉克斯塔	2＋	4	2	4	3＋	2－
土库曼斯坦	1	2＋	1	3－	2	1
乌兹别克斯坦	3－	3＋	2－	3－	2－↓	2－

注：取值范围是从1到4＋，其中4＋表示与发达市场经济的平均情况不相上下，1表示处于改革前计划经济体制下的水平。为了赋值方便，对"＋"赋值＋1/3，对"－"赋值－1/3。

资料来源：EBRD, Transition Report 2011, www.ebrd.com。

（四）政治和社会动荡给经济发展带来负面影响

苏联解体后，中亚少数地区变成了一个民族种族矛盾尖锐、宗教派别冲突不断的地区，加之美国等西方国家的插手干预，中亚地区也成为大国利益博弈的角力场。外部因素的介入与中亚国家内部蓄积已久的矛盾相互叠加，使这一地区少数国家的政治和社会环境处于不断动荡之中。政局不稳又进一步影响了投资环境，削弱了这些国家经济持续稳定发展的基础。近年来，在中亚五国中，尤以吉尔吉斯斯坦的政局动荡比较有代表性。自2005年阿卡耶夫下台以来，吉尔吉斯斯坦的政治冲突就持续不断，特别是2010年4月的骚乱和6月的种族冲突，给

---

① http://finance.sina.com.cn/roll/20110729/175410231757.shtml.

正在复苏的经济增添了更大的风险和不确定性因素。政局不稳和社会动荡不仅导致吉尔吉斯斯坦的实业界弥漫着恐慌心理，而且也使能力薄弱的政府难以控制日益严重的贪污腐败和寻租行为，从而使商业环境进一步恶化。

三 中亚国家经济发展的未来走向

从近期来看，中亚国家虽然在国际金融危机后保持了经济的持续复苏，但由于其内部特有的结构性因素和制度性因素制约，加之全球经济不稳定性的影响，这些国家未来的经济发展依然面临诸多挑战。

首先，从短期来看，中亚国家需要为经济持续增长营造一个稳定的宏观经济环境。一方面，由于通货膨胀压力日益显现，中亚各国的政府都需要采取更加稳健的财政和货币政策，减少财政赤字和调控货币供应量，确保宏观经济不发生大幅度的波动，巩固产出增长的内在动力，保持国内收入水平的持续上升。另一方面，国际经济环境潜在的风险可能进一步波及中亚国家，引发其宏观经济环境的波动。尽管当前世界经济继续保持温和复苏态势，但全球经济下行风险仍然较大。除了经济增长速度放缓、石油价格高位波动、许多国家失业率居高不下等不利因素外，最严重的问题就是欧元区的主权债务危机持续恶化带来的负面影响。这种影响可能通过三大渠道影响中亚国家的宏观经济稳定：一是欧债危机使刚刚得以恢复的国际金融市场再度出现动荡，沉重打击国际投资者的信心，从而减少流入中亚国家的直接投资，同时，国际金融市场的动荡也会对中亚国家原本就十分脆弱的国内金融体制造成冲击，导致其国内出现流动性危机和金融体制的系统性崩溃；二是欧债危机引发的国际金融动荡对全球实体经济发展带来负面影响，导致全球经济再度陷入严重衰退，从而使国际市场大幅削减对中亚国家的能源和原材料进口，直接危及中亚国家的外需和经济增长动力；三是主要发达经济体为了缓解自身的衰退，会采取持续量化宽松的货币政策，推高全球通货膨胀水平，进而使中亚国家通过贸易渠道（进口）承担巨大的输入性通货膨胀，最终使本国财富大幅缩水，民众实际生活水平出现下降。为了应对这些挑战，中亚国家需要加大力度削减本国的债务负担，调整外贸进出口结构，确保贸易平衡，并提高本国的金融资产质量，以抵御外部经济风险的冲击，提高本国经济发展的自主性和有效性。

其次，从中长期来看，中亚国家确保经济稳定发展的基础之一在于深入调整经济结构，提高国民经济的现代化水平。2011年1月28日，哈萨克斯坦总统纳扎尔巴耶夫发表了题为"我们共同建设未来"的年度国情咨文，针对哈萨克斯坦社会经济发展中存在的问题，提出了对社会经济实行全面现代化的战略主张。实际上，经济现代化是大多数中亚国家面临的重任。这主要包括：①深入调整经济结构，改变资源能源产业比重过高的问题，通过发展新兴产业使经济结构不断升级。②创新发展模式，通过发展高科技产业摆脱对资源生产和出口的过度依赖，增强国家的国际竞争力。③加大对农业的扶持力度，从而带动机器制造业、化学、食品工业、饲料生产和机械维修等相关部门的发展。哈萨克斯坦政府在2011年制定了《2010~2014年哈萨克农工综合体发展纲要》，计划从国家预算和其他渠道拨款882亿坚戈支持农工综合体发展。④拓宽贸易渠道，实施贸易多元化战略，构建有利于本国产业发展和结构调整的外部环境。例如，哈萨克斯坦不仅与俄罗斯和白俄罗斯建立了关税同盟，而且致力于同欧盟以及中国开展广泛的经贸合作，从而在经济领域推动"欧亚一体化理念"的落实；乌兹别克斯坦政府也建立了吸引外国投资的"纳沃伊自由工业经济区"，至今已有包括韩国、中国、俄罗斯、德国、日本等国的企业签订了40多个在纳沃伊经济区投资建厂的协议。

再次，进一步推进制度改革，完善市场经济运行环境。中亚国家的经济发展离不开良好的市场经济环境的支撑，但目前来看，大多数国家的市场竞争和商业投资环境仍有很大的改进空间。除了转型速度较慢的土库曼斯坦和乌兹别克斯坦需要大幅推进市场化改革进程外，即便是市场化转型速度较快的吉尔吉斯斯坦和哈萨克斯坦，在加大基础设施建设、改善市场竞争政策、加快企业重组速度、提高公司治理质量、完善金融体制等方面，仍面临着一系列重大的制度改革任务。对于传统制度结构相对僵化、利益关系错综复杂的中亚国家而言，这些改革的推进绝非"一日之工"，而是需要一个循序渐进的过程。为此，国家不仅需要达成推行改革的共识，形成实施改革的社会动力，还需要调整具体的改革策略。此外，中亚国家普遍面临着政府治理能力低下的问题，因此需要通过深入的政府改革来提高政府的治理质量，特别是要加强法制建设、打击腐败和降低"影子经济"比重，为国内外投资者提供一个健康稳定的投资环境，促进生产性资本的积累，提高资源配置效率。

最后，中亚国家也需要为经济发展构筑稳定的政治和社会基础。从目前的情况来看，中亚国家在政治和社会发展进程中均存在程度不同的不稳定因素。这种不稳定性成为未来经济发展的严重隐患。中亚国家的政治社会问题，除了历史、文化、民族和宗教因素外，主要是由于不同政治派别争斗以及经济发展不平衡引发的社会利益分化所致。因此，中亚国家需要在稳定政治环境的基础上，发挥政府强有力的整合功能，综合运用经济、政治和社会政策，消除不同政治力量和社会集团的分裂与对抗，构筑支持经济持续稳定发展的社会基础。

Economic Outlook of Central Asian Countries in the Post-Global Financial Crisis Era

Huang Qiuju

Abstract: Economic recovery and continual growth represents macroeconomic situation of the five Central Asian countries as they gradually walked out of the economic downturn under the impact of global financial crisis. This trend showed in several ways. Growth rate in some countries, e. g., Turkmenistan, was substantially high, and continual growth in export volume and in the revenue from the exportation of energy and raw materials along with the rise in the price of international commodities. Potential risks were represented by high rate of inflation and negative impact from Euro Zone sovereignty debt crisis in despite of macroeconomic stability in general. Central Asian countries are still faced with challenges as a result of intrinsic structural and institutional constraints in context of the instability in the prospect of the global economy. The countermeasures to challenges as following: first, develop a stable macroeconomic environment for continual economic growth in the short run; second, make in-depth adjustment in economic structure together with the enhancement of modernization in national economies in the medium and long run; third, carry out further institutional reform to perfect the environment for operation of market mechanism; last, create solid political and social foundation for economic development.

Key Words: Post-Global Financial Crisis Era; Central Asian Countries; Economic Structure; Modernization

中国与中亚国家关系

Sino-Central Asian Relations

Y.15
中国与中亚国家缘何友好合作20年

赵常庆*

> **摘　要**：2012年是中国与中亚国家建交20周年。20年间双方相向而行，建立了友好关系，成为好邻居、好朋友、好伙伴。本文从中国和中亚国家不同角度总结形成友好合作关系的若干经验，旨在推动彼此友好关系能进一步深化。
>
> **关键词**：中国　中亚国家　友好合作

2012年是中国与中亚国家建交20周年。此间，中国与中亚国家相向而行，形成了前所未有的友好关系，已经成为"好邻居、好朋友、好伙伴"，并誓言"世代友好，永不为敌"。在经济、安全、人文领域开展密切的合作以及在国际和地区事务方面形成广泛的共识和协作，堪称不同社会制度国家友好相处的典

---

* 赵常庆，国务院发展研究中心欧亚社会发展研究所副所长，中国社会科学院俄罗斯东欧中亚研究所研究员。

范。中国与中亚国家友好合作20年源于多种原因,是共同努力、携手同行的结果。在建交20年之际,对20年友好合作的成功经验加以总结,会对今后友好关系继续深化大有裨益。

(一)拥有主权是确立友好合作方针的前提条件,痛苦的历史记忆呼唤"以和为贵"的外交理念,改革开放为彼此友好合作打开了方便之门

1991年底中亚国家独立,从此使各国获得了外交自主权,可以独立地制定外交政策和发展对外关系。这是中亚国家与中国建立友好合作关系的最重要的前提条件。众所周知,此前中亚国家作为苏联的加盟共和国,并没有独立的外交,一切对外活动皆要听命于莫斯科。中苏友好,中亚国家便与中国友好;中苏交恶,中亚国家便与中国断绝往来。它们经历过中苏友好带来好处的时期,也经历过中苏交恶带来痛苦的时期。前事不忘,后事之师。独立后的中亚国家和执行改革开放政策的中国建交后,立即摒弃了相互敌视的政策,将"和为贵"确定为发展彼此关系的外交方针。理念的契合为发展友好关系奠定了坚实的基础。

中国与中亚国家建交20年,是与双方实行对外开放政策同步发展的20年。改革开放政策推动了彼此关系从接近到友好。中国向西对中亚国家开放。中亚国家努力发展与中国的关系。这为彼此发展友好关系打开了方便之门。

简言之,中亚国家独立成为建立友好关系的起点与基础,痛苦的历史记忆成为彼此接受"和为贵"理念的动因和要求,改革开放政策使友好合作愿望逐渐变成今日的现实。

(二)坚决执行"和平共处五项原则",尊重各国人民的自主选择,不干涉其内部事务

中亚国家独立后,政治经济体制发生了很大的变化,特别是政治制度与中国已经有很大的不同。彼此如何对待政治取向和价值观与己不同的国家,是各国尤其是作为它们的邻国——中国必须迅速作出抉择的问题。1991年底和1992年初,在中国国内议论纷纷、看法尚不一致的情况下,中国政府迅速作出了承认中亚国家独立并与它们建立外交关系的决定,受到中亚国家的欢迎。双方在建交公报中确认了以"和平共处五项原则"作为发展彼此关系的基础,中国特别强调

尊重中亚国家人民的选择。这种不以意识形态划线的做法，再次表明中国对外政策早已摆脱将国家关系与意识形态捆绑的束缚，在树立新型国家关系方面做了表率。

另外，中国在处理与中亚国家党际关系问题上也有创新。中国提出"党际关系四原则"，即"独立自主、完全平等、互相尊重、互不干涉内部事务"①，党际四原则肯定了发展国家关系是第一位的，发展党际关系是第二位的，后者要服从于前者。这为处理中国与中亚国家关系指明了方向，也受到中亚国家的欢迎。

在对待中亚国家的政治体制特别是政治取向上，中国与西方大国明显不同。西方大国不断干涉中亚国家的内政，甚至通过策动"颜色革命"制造亲西方政权。中国则真正践行了"不干涉内政"的基本原则，并在某些国家受到西方制裁处境艰难时，对它们采取的维护本国稳定的举措表示支持，使中亚国家认识到中国是真正的朋友。

中国对待中亚国家的外交方针是"以邻为善，与邻为伴"、"睦邻、安邻、富邻"。中国与中亚国家发展合作时突出"善"字，体现了中国外交的传统理念和追求世界和平的本质。

在经济合作方面，中国坚持"互利共赢"的方针。中国还对中亚国家提供力所能及的帮助，并且不附加任何政治条件。这也是中国与中亚国家能够做到关系和谐、合作顺利的重要原因之一。

中亚国家对于涉及中国核心利益的问题，例如，台湾、西藏、新疆等问题给予中国坚定的支持，使得在发展彼此关系时不存在这方面的障碍。

（三）平等协商、互谅互让，是解决争议问题、大小国相互信任特别是小国对大国信任的最佳方式

中亚国家是新独立国家，对中国而言又是小国，对国家主权较为敏感，很在乎别国尤其是大国如何对待它们。中国作为中亚国家的邻国，又是大国，在与中亚国家交往时，特别是在解决存在争议的问题时，持何种态度会直接影响彼此关系的走向。中国与中亚国家建交伊始就申明与中亚国家的关系是平等的关系，对存在争议的问题要通过平等协商、互谅互让加以解决，这首先涉及与哈、吉、塔

---

① 《中国共产党第十五次全国代表大会文件汇编》，人民出版社，1997，第45页。

三国间的边界划分问题。该问题是作为大国的中国与相对弱小的中亚国家之间存在的棘手问题,能否通过平等协商、互谅互让解决,是检验中国中亚外交实践的试金石。

对于这个历史遗留问题,即使在中国与苏联相当友好的20世纪50年代也没有解决。然而,中亚国家独立后不到10年就圆满解决了。这是有关国家本着睦邻友好精神,平等协商和互谅互让的结果。中国与中亚国家边界问题的成功解决,使中亚国家看到中国与大国主义划清了界限,也消除了影响彼此关系发展的隐患,赢得中亚国家对中国的信任。中亚国家也做到了"平等协商、互谅互让",坚定和顾全大局地解决了与中国的边界划分问题,从而为建立永久睦邻友好国家关系奠定了坚实的基础。

(四)关注国际形势和地区形势变化,趋利避害,化对合作的不利因素为有利结果

20年间,国际形势与中亚地区形势发生很大变化,对中国与中亚国家的合作产生较大的影响。这些变化可概括为以下几点。

第一,俄、美争夺中亚不止,攻防角色不断转换,对中亚国家的内政外交都有较大的影响。

第二,世界经济形势剧烈变化,严重冲击了中亚国家,迫使其不断调整国内政策和对外关系。

第三,区域内经济合作步履艰难,寻求区域外合作以摆脱困境。

第四,中亚地区安全形势险峻,始终是令合作方必须考虑的问题。

第五,对中亚地区关注的不仅是俄美两国,还有欧盟、日本、印度、土耳其等,多边竞争空前激烈。

中国与中亚国家的合作就是在上述复杂的国际和地区环境中进行的,因此,不能不受来自各方面的影响。这种影响有的是积极的,有的是消极的,如何趋利避害,化不利为有利,便成为中国与中亚国家在开展合作时必须考虑和妥善处理的课题。

首先,俄、美争夺中亚的攻防角色互换,对中国与中亚国家合作有利有弊,利多弊少。美国在中亚暂居守势有利于中亚地区的稳定和中国的西部安全。俄罗斯加强在中亚的军事存在有利于中亚地区的稳定和震慑"三股势力"。不过并非

所有中亚国家都一样看待俄美在中亚的作用。中国能够理解中亚国家的不同立场，这也受到中亚国家的欢迎。中国的基本立场是不担心西部安全会因俄军强势中亚而受到威胁。稳定的中亚无疑有助于彼此的合作。

俄罗斯扩大在中亚的影响力，通过建立统一经济空间整合本国与中亚国家的经济关系，对此中亚国家反应不一，客观上也增加了中国与中亚国家经济合作的难度。

世界经济形势变化，特别是几次对中亚国家影响很大的金融危机，使中亚国家对中国发展经济的经验深感兴趣，对中国能在它们身陷困境时伸出援手表示感谢，使它们增强与中国发展合作的信心和决心。"金砖国家"的崛起和在建立世界政治、经济新秩序方面发挥越来越大的作用，对它们也是一个鼓舞，这有利于它们加强与包括中国在内的"金砖国家"的合作。中国解决粮食问题的经验也为缺粮中亚国家所重视，加快了在农业领域合作的步伐。

中亚国家之间的不和对中国与中亚国家之间的合作也存在影响。乌塔两国在修建大型水电站问题上的严重对立，乌、吉两国在修建中吉乌铁路上的意见分歧都对合作不利。

除俄、美之外的其他国家进入中亚，对中国与中亚国家的合作是挑战，也是推动。中国与这些国家的关系既存在竞争，也存在合作的可能性。激烈的竞争有助于中国企业改进商品质量和加强管理，也为与他国企业和国际金融机构合作提供了机会。中国与亚洲开发银行在推动中亚国家基础设施建设和减贫方面的合作就是一例。

中国和中亚国家的外交充分注意到上述情况与变化，适时提出有利于各方的政策，做到化不利为有利，使友好合作得以顺利进行。

（五）深入研究对象国的国内外政策变化，做到知己知彼，使合作更有针对性和适应性

20年来，中国和中亚国家国内外政策变化都很大，这是为了推动国内发展和应对外部形势变化的需要。中亚国家的"政策多变"正是因此而来，当然也有经验不足产生的问题。这种情况要求各国有关部门为开展合作提供准确的信息，评估合作特别是经济合作的风险，使合作要适应对方的需要而不可自以为是，盲目进行。准确地了解和把握对方的政策，做到"知己知彼"，这是中国与

中亚国家间和企业间成功合作的经验。20年间中国企业进入中亚国家多于中亚国家进入中国,因此,中国企业更应该注意这一点。

(六)抓住合作的最主要方面,以此带动合作的全面发展

在中国与中亚国家20年的合作中,人们会提到多个合作领域,如政治、经济、安全、人文等。在这么多合作领域中,哪种合作是最重要的合作,或者说是牵一发能动全身的合作?回顾近几十年中国与中亚国家(包括苏联时期)的交往史不难发现,政治合作是最重要的合作。历史表明,中苏两国政治关系好时,其他关系都会很好;政治关系恶化时,就会波及经济领域和其他领域。中国与独立后的中亚国家对于后者体会不多,但对于前者体会很深。中国与中亚国家首先建立了良好的政治关系,为发展其他关系奠定了规范彼此关系的政策法律基础,经济合作与军事安全合作也随之展开,人文交流也被提到合作日程。因此我们说,政治领域的合作,提高政治互信水平,是中国与中亚国家合作的最重要方面。如果政治合作出了问题,就会直接影响其他领域的合作。尽管各种合作对发展国家关系都很重要,但政治关系是重中之重。因此,为保证中国与中亚国家全方位合作的顺利进行,首先各国都要做到像爱护自己眼睛一样爱护彼此友好的政治关系,其他方面的合作都要以不伤害彼此政治友好合作为前提。各国上下、政府和企事业单位、智库以及个人,都要认识到维护良好政治关系的重要性,且莫为谋求局部、小团体或个人的利益影响到国家关系的大局。

(七)中国和中亚国家皆注意到对方存在的差异问题,在制定政策和开展合作时区别对待

中国在谈到中亚主体时,通常都以中亚国家或中亚五国相称,有时更简便地用"中亚"代替。从中亚五个国家的历史、文化、宗教、语言和经济状况来看,它们的确存在共同点。不过,中国在与中亚国家开展合作时,要认真分析中亚国家的共同点和不同点,根据各国存在的共同性和差异性采取更加细致的政策,也就是说,需要制定共同的和带有区别性的政策。

关于共同方面人们会提到很多,但对不同方面却常常忽视。事实上,中亚国家在政治体制、治国方式、对外开放程度、自然禀赋、政局稳定性、外交风格和外交侧重点等方面都存在不同或细微的差别,中国在友好对待各国,执行"以

邻为善,与邻为伴"、"睦邻、安邻、富邻"、"优势互补,互利共赢"政策的同时,针对中亚国家不同的国情和遇到的不同问题,制定和实行不同的政策。例如,这些年中国在与哈萨克斯坦采油合作方面取得很大的成就,既解决了哈方资金不足和原油销路问题,也部分地解决了中国石油短缺问题,可以说是取得"互利双赢"的结果。近年来,哈方表示,中国在哈采油的份额已经不少,希望中国能对非资源领域投资。中国政府十分重视哈方的诉求,正引导中国企业更多考虑在非资源领域与哈方合作。而塔吉克斯坦等国并不反对中国投资资源开发领域,中国政府就鼓励本国企业参与该国资源的开发。这就是政策方面的区别。

中亚国家在与中国开展合作的过程中也逐渐了解到中国东西部经济发展的差异,根据本国或本企业的具体情况选择适宜的合作伙伴,合作效果也很好。

中国对待中亚国家的基本政策是刚性,但在具体问题上政策呈柔性,政策的柔性即灵活性是以保证彼此关系不受破坏,特别是有利于对方为前提。通常所说的"没有区别就没有政策",这一点在中国处理与中亚国家的具体问题上也完全适用。因此,避免教条主义和政策划一也是处理好与中亚国家关系的经验之一。

(八) 加强国内各方面力量的协调,集全国之力搞好与中亚国家的合作。这一点对各国都适用,但对地域广阔、行政和企事业单位众多的中国更为重要

20年来,中国与中亚国家关系发展很快。双方建交初期,除高层和外交、商务部门接触外,前往中亚的多为小企业和个体户,大企业很少,非经商人士来中亚的也寥若晨星。然而,随着友好关系的不断发展,自1997年中国石油天然气总公司进入哈萨克斯坦阿克纠宾斯克油田之后,中国大企业,无论是国企还是民企,都陆续走进中亚。除各类企业外,中国中央和地方行政和事业单位都陆续与中亚国家对口单位建立了交流关系,每年前往访问和公干的团组络绎不绝。中国在国内也接待了大批中亚来访者。各级交流频繁,往来人员如织,反映了双边关系的友好,也说明中国对与中亚国家发展合作的重视。特别是上海合作组织成立以后,随着各种部长级会议的机制化和相关专家工作组的成立,以及中央作出了"走出去"和"利用国内国外两个市场和两种资源"的战略决策后,中国走向中亚的单位和个人呈鱼贯之势。

访问中亚、走向中亚、了解中亚、亲近中亚,这是好事,值得欢迎和提倡。

因为每一次互访、每达成一项合作协议、每上一个项目,都是为构筑友好关系大厦添砖加瓦。

不过,随着访问、考察、签约、会议的增多,也出现了出访目的雷同、出访结果平平、赠款达不到预期目的的情况。特别是有些企业在情况不明的情况下盲目投资,对资源性项目大中小企业不顾自身条件和国际影响蜂拥而上,为谋求企业私利恶性竞争,凡此种种,都对中国国家形象和促进彼此关系深化产生不利的影响。因此,在发展与中亚国家的合作问题上,需要国家协调,统筹规划,有序进行。要做到活而不乱,统而不死。在出访国别上要照顾到所有中亚国家,不要过于集中某国,在经济合作方面要充分考虑对方的诉求,且莫自以为是,引起合作方的反感。国家在发展与中亚国家的关系时似应加强人文交流工作,这是较为薄弱的环节。与中国在中亚国家的政治、经济合作相比,软实力的合作应该进一步加强。这一点国家也要领导和管理,能将其置于与政治、经济合作同等重要的地位。

中国改革开放30多年,不断总结经验,调整政策,放权地方政府走出国门是其中之一。就与中亚国家关系而言,新疆维吾尔自治区、北京、广东等省区的企业,尤其是新疆企业走向中亚的很多。这就要求地方政府严格遵守中国对中亚国家的各项方针政策,在对外活动中树立良好的形象。须知,在国内有省、市、自治区之分,在国外都代表中国。出访团组的表现、进入中亚企业的活动,都会被所在国当局和民众看做是中国的形象。中国中央政府和地方政府应该协同努力维护国家的良好形象,要求从单位和个人做起,从具体合作项目做起。

(九) 上海合作组织是中国与中亚国家开展友好合作的重要平台,要使它健康发展,越办越好

上海合作组织成立已经10年。该组织是以维护中亚地区安全、发展经济合作为己任,以"互信、互利、平等、协商,尊重多样文明,谋求共同发展"的"上海精神"作为处理彼此关系的准则。10年来,中国与中亚国家关系基本按"上海精神"办事,建立了"永久睦邻友好关系",彼此携手同行十载,地区和平与稳定得到维护,政治互信不断加强,经济合作不断深入,人文交流广泛开展,在国际和地区重大问题上形成广泛的共识,这些都与上海合作组织的存在与工作分不开。

迄今，上海合作组织已经形成完整的组织架构和工作机制。这就为中国与中亚国家建立了除双边关系以外的又一个联系与交流平台，特别是有助于发展中国与中亚国家的各方面合作。

总之，上海合作组织的成立和正常运作对中国与中亚国家的关系，特别是安全与经济合作，以及增进交流与信任，发挥了其他机制无可替代的作用。因此，将上海合作组织办好，使其发挥预想的功能，也就等于为中国与中亚国家之间深化合作助力。

（十）发展为合作提供物质保证，稳定为合作提供安全保证，两者缺一不可

发展与稳定问题本属于国内治理问题，但与开展合作有重大的关系，因此有必要提及。

中共中央总书记、国家主席胡锦涛在庆祝中国共产党成立90周年大会的讲话中提到"两硬"，即"发展是硬道理"，"稳定是硬任务"。这是中国改革开放30多年总结出来的经验，言简意赅，道理深刻。发展与稳定一般是指国内政治、经济和社会形势，虽然这是国内问题，但与对外工作有密切的关系，不可忽视其重要性。中国与中亚国家20年友好合作能达到今日这样高的水平，与各国的发展与稳定分不开。

回顾中国与中亚国家建交初期，双方的贸易额仅为4.6亿美元，而2010年则达到300亿美元。这个成果的取得是政策正确、经济发展和形势稳定三种因素综合作用的结果。

人们通常将"发展是硬道理"理解为经济和社会发展，这样理解没有错误。但笔者认为，发展也应该包括政治发展，包括体制的发展、政策的发展，等等。这与我们常讲的政治进步是一个意思。国家发展无疑应该包括政治发展。例如，中国与中亚国家由长期的对外封闭转向对外开放，由政策的自成体系逐步转向许多政策与国际接轨，由过去的过分重物转到今日"以人为本"，这些都是政策进步，也可以说是国家政治的发展。中国经济和社会发展令国际社会瞩目。1980年中国的国内生产总值为0.303万亿美元，2010年达到6.4万亿美元，已经位居世界第二位。经济发展推动了对外经济合作的扩展，对外经济合作的扩展又加快了国内经济的发展。中国与中亚国家经济合作的成就是中国经济发展的产物，也是中国政策进步的产物，正是由于国家大力扶持企业走出国门，走向中亚，鼓励企业利用"国内外两种资源和两个市场"，才出现经济合作的火热场面。

中国与中亚国家经济合作的深化仅靠中国一家也是不行的。中亚国家独立20年经济也有较快的发展，特别是与中国经济关系最为密切的哈萨克斯坦，其经济发展速度也很快，该国与中国的经济合作也呈现出前所未有的喜人态势。哈萨克斯坦吸引的中国投资位居独联体国家第一位，中哈两国的贸易额由1992年的3.68亿美元增长到2010年的204亿美元。中哈两国贸易大体平衡。这就是说，中哈两国贸易额的增长是两国各自经济增长的结果。2011年6月中国与哈萨克斯坦商定，2015年将两国的贸易额提升到400亿美元①，这个数目比2010年中国与中亚五国的贸易额还要多出100亿美元。这反映了两国都对本国的经济发展充满信心。发展是国家实力增长的发动机，是拉动国家前进的火车头，也是对外经济合作的助推器。由于合作必定是两个以上主体之间发生的过程，因此，单靠一方的努力是不够的，只有协同努力、相向而行，才会取得预期效果，这就是为什么中国在与中亚国家发展合作时强调"共同发展"，而非单方面发展。中国政府提出的"富邻"政策，正是为了达到共同发展的目的。这表明，"发展是硬道理"不仅是对国内治理而言，而且具有国际意义。

"稳定是硬任务"同样发端于国内需要，但与国际合作也息息相关。稳定的地区环境有助于中国与中亚国家发展各方面的合作，相反，局势不稳定会阻碍各项合作的进行。塔吉克斯坦内战期间，中塔两国之间不仅贸易额很小，中国几乎无人前往投资。而2000年以后，稳定的塔吉克斯坦成为中国企业投资的热点。吉尔吉斯斯坦2005年和2010年国内动乱同样对中吉贸易关系产生极为不利的影响。2009年中国新疆"7·5事件"同样对中国新疆与中亚国家间的经贸活动产生了负面作用。一个国家没有稳定很难发展，一个地区没有稳定，其合作也很难进行。因此，"稳定是硬道理"具有普世性。当我们看到，因为战争，中国在利比亚3.5万名务工人员星夜撤回国内，在巴基斯坦、苏丹等国务工人员被绑架，就会进一步认识到这个表述的无比正确性。今天，中国在中亚国家投资超过百亿美元，有大型油田、输油输气管道以及若干大中型生产企业，有数以万计的各类人员在中亚从事生产、商务、学习和其他活动，中亚任何一个国家一旦出事，都

---

① 2011年6月15日《人民日报》。

会涉及中国人和中国企业的利益。因此，维护中亚地区的稳定不仅是中亚国家的事情，也是中国的事情。将"稳定是硬道理"这句警世之言用于中国与中亚国家的合作上，同样恰如其分。

"发展是硬道理"这句至理名言已经为国内各界所认同，但对国际合作而言，可否将"共同发展"也看做"硬道理"。2011年6月胡锦涛主席在哈萨克斯坦讲话中将"始终坚持互利双赢、共同发展"作为促进中哈友好合作的目标。由此可见"共同发展"的重要性。

"稳定是硬道理"同样是至理名言。维护中亚地区的安全与稳定是中国与中亚国家领导人会谈中必然涉及的话题，也是上海合作组织的职能之一，今日合作的成果是在稳定环境中取得的，未来合作的顺利进行也离不开稳定的环境。因此，维护地区稳定是目前和今后各国需要认真对待的"硬任务"。

Behind China's 20-Year Friendly Cooperation with Central Asian Countries

Zhao Changqing

Abstract: Year of 2012 is the 20th anniversary of diplomatic relations between China and Central Asian countries. Within the twenty years, China and Central Asian countries have established friendly relations and become good neighbors, good friends and good partners. This paper summarizes the experiences of establishment of friendly relationships from different angles of China and Central Asian countries in order to further promote and deepen bilateral friendly relations.

Key Words: China; Central Asian Countries; Friendly Cooperation

Y.16
中国新疆与中亚
——互动、依存、发展

石 岚*

> **摘　要**：中亚国家与中国新疆山水相连，有着密切的历史与现实联系。中亚国家的独立与中国新疆的改革开放战略实施，为双方关系发展提供了机遇，也提出诸多挑战。中国新疆作为中国向西开放的桥头堡和与中亚国家联系的纽带与通道，在过去20年中与中亚国家的关系取得了喜人成绩，双方在新型经贸关系、政治互信、能源与管道建设、展会经济与口岸、交通与基础设施、民间交往与科技合作等六大方面成绩斐然。但在当前地区内外环境下，中国新疆与中亚国家也面临一系列困难与问题。在新形势面前，中国新疆与中亚国家只有携手共进、相互依存，求同存异、优势互补，才能真正实现互利双赢，共同勾画出稳步发展和地区繁荣的美好蓝图。
>
> **关键词**：中国新疆　中亚　关系

2011年是中亚国家独立20周年，2012年是中国与中亚国家建交20周年。在过去的20年中，中国与中亚国家关系经历了初建、发展与日趋成熟的阶段，双边关系得到了长足发展。中亚国家是中国外交关系中的重要组成部分。中国新疆作为中国向西开放的桥头堡和与中亚国家联系的纽带与通道，在过去的20年中与中亚国家的关系取得了喜人成绩。

一　现实依存与互动

中亚国家的独立为新疆加快改革开放进程提供了机遇。新疆是中国向西开放

---

* 石岚，新疆社会科学院中亚研究所副所长、副研究员。

的桥头堡,也是亚欧大陆桥的核心地带。近年来,新疆作为中国连接西部邻国大通道的作用和地位在逐步强化。2010年新疆的喀什与霍尔果斯被批准建设为国家级特殊经济开发区,这对中国进一步深入发展与中亚国家关系,尤其是经贸领域合作,创造了新的窗口和条件。

(一)新型贸易关系的建立

经过20年的发展,中国新疆与中亚国家的贸易活动不断加强,双方贸易依存度与支持度都在不断提升,一种不同于历史以往的新型贸易关系逐渐建立。

表1 2011年中国新疆与中亚国家贸易额统计*

分类	国别	哈萨克斯坦	吉尔吉斯斯坦	塔吉克斯坦	土库曼斯坦	乌兹别克斯坦
进出口	总额(亿美元)	105.97	38.06	17.22	1.18	7.41
	同比增幅(%)	14.4	43.2	60.1	-8.4	19
	占新疆外贸额的比例(%)	46.4	—	—	—	—
其中进口	总额(亿美元)	39.32	0.85	0.38	0.12	4.24
	同比增幅(%)	61.5	22.8	152	-37.5	7.9
其中出口	总额(亿美元)	66.65	37.21	16.84	1.06	3.17
	同比增幅(%)	-2.4	43.7	58.8	-3.3	38

* 中国驻塔吉克斯坦大使馆经济商务参赞处,http://tj.mofcom.gov.cn/aarticle/jmxw/201202/20120207970362.html。

表1数据来自中国海关统计结果。表1数字合计得出,2011年新疆与中亚五国贸易额达169.84亿美元,创历史新高,其中新疆对中亚五国出口124.93亿美元,自中亚五国进口44.91亿美元。中亚五国已成为新疆最主要贸易伙伴区,2011年新疆与中亚的贸易额占新疆外贸总额的75%。

换一个角度,可以更清晰地看到中国新疆与中亚国家贸易对中国和中亚国家关系的重要意义。2011年塔吉克斯坦与新疆的贸易总额达到17.22亿美元,同比增长60.1%。同期,中国与塔吉克斯坦之间的双边贸易额为20.68亿美元。由此可见,新疆与塔吉克斯坦贸易额占中塔贸易的比重达到83%。新疆已经成为中塔贸易的重要力量,是塔吉克斯坦最重要的贸易伙伴之一。①

---

① 中华人民共和国驻塔吉克斯坦大使馆经济商务参赞处网站,http://tj.mofcom.gov.cn/aarticle/jmxw/201202/20120207968444.html。

中国新疆与中亚

在另一个中亚国家哈萨克斯坦，情况也非常相似。据中国海关统计，2011年新疆与哈萨克斯坦的进出口贸易总额约为106亿美元，同期新疆外贸进出口总额为228.2亿美元，哈萨克斯坦与中国新疆的贸易额占到新疆对外贸易总额的46%以上。哈萨克斯坦继续保持新疆第一大外贸伙伴地位。2011年，中国对哈贸易总额为249.5亿美元，新疆所占比重达42.5%，新疆仍是哈在中国境内各省区中的第一大贸易伙伴。①

新型经贸关系的建立为双方进一步加强联系与合作奠定良好基础。2011年9月30日，国务院办公厅下发了《国务院关于支持喀什霍尔果斯经济开发区建设的若干意见》（国发［2011］33号），对霍尔果斯和喀什两大经济开发区的建设作出明确部署。② 这些都为我国向西开放和新疆跨越式发展战略实施提供了新的机遇。

（二）政治互信加强

中国新疆曾经是"反修"、"防修"的重要基地，而中亚地区在原苏联时期也曾经作为反华的前沿，进行过各类不利双方关系发展的活动。随着中苏两国关系改善，尤其随着中国改革开放政策在新疆的全面贯彻落实和中亚国家的独立，中国新疆与中亚国家间的政治互信逐步得到恢复和加强。

1. 新疆成为中国与上海合作组织成员国合作的重要平台

上海合作组织成立后，中国新疆与中亚地区紧紧围绕经贸合作与联合反恐举行了广泛合作。2011年9月2日，由中国商务部、新疆维吾尔自治区人民政府、新疆生产建设兵团、上海合作组织秘书处主办的第二届上海合作组织商务日在首届中国—亚欧博览会期间隆重举行。类似的经贸合作及其相关活动近年来在中国新疆和中亚国家频繁展开，有些已经形成规模和规律，成为机制性的活动。

上海合作组织框架下的反恐联合演习也是吸引组织内外关注的重要方面。2002年10月，上海合作组织第一次联合军事演习——"演习-01"中吉联合反恐军事演习在中吉陆路口岸两侧边境的高山地区进行。2003年8月，代号"联

---

① 中华人民共和国驻哈萨克斯坦大使馆经济商务参赞处网站，http://kz.mofcom.gov.cn/aarticle/zxhz/hzjj/201202/20120207968453.html。
② 以下内容来自《国务院关于支持喀什霍尔果斯经济开发区建设的若干意见》。

合-2003"的上海合作组织联合反恐军事演习在新疆伊宁地区和哈萨克斯坦乌恰拉尔市展开。第四次联合军演"协作—2006"中塔联合反恐军演,于2006年9月在塔吉克斯坦哈特隆州举行。2007年8月在中国新疆乌鲁木齐和俄罗斯车里雅宾斯克合成训练场举行了"和平使命—2007"的上海合作组织武装力量联合反恐军事演习,参演人员包括中、哈、吉、俄、塔和乌六国武装力量。

在上述军事演习之外,上海合作组织还有针对性地结合本地区特殊情况,举办了成员国执法部门联合演习——"天山反恐演习"。2006年8月,"天山-1号(2006)"联合反恐演习在哈萨克斯坦拉开帷幕。此次演习是上海合作组织框架内中哈执法安全部门首次举行联合反恐演习。演习第二阶段在中国新疆伊宁市举行。2011年5月,"天山-2号"上海合作组织执法机关联合反恐演习在新疆喀什举行。中国派出雪豹突击队参加了此次演习。①

2. 与中亚邻国边界划分与勘界工作的顺利完成

中国新疆地区面积辽阔,是全国陆路疆界线最长、交界国家最多的省区。中亚国家独立后,中国新疆成为与这些国家接界的唯一中国省区。其中,哈萨克斯坦、吉尔吉斯斯坦和塔吉克斯坦与中国新疆有直接边界联系。由于历史遗留,这些国家与中国新疆之间的边界争端,成为双方政治互信关系发展的重要指标。

中国新疆与哈萨克斯坦之间的交界长达1700多公里。1994年双方签署《中华人民共和国和哈萨克斯坦共和国关于中哈国界协定》,随后又于1997年和1998年两度签署了《中华人民共和国和哈萨克斯坦共和国关于中哈国界补充协定》。2003年,双方按照条约规定,完成勘界工作,签署勘界议定书。

中国新疆与吉尔吉斯斯坦边界全长为1096公里。1996年双方签署《中华人民共和国和吉尔吉斯共和国关于中吉国界协定》,随后于1999年签订《中华人民共和国和吉尔吉斯共和国关于中吉国界补充协定》,2004年完成勘界,签署议定书。

中国新疆与塔吉克斯坦边界全长为497公里。1999年和2002年,两国先后签署《中华人民共和国和塔吉克斯坦共和国关于中塔国界协定》和《中华人民共和国和塔吉克斯坦共和国关于中塔国界的补充协定》。国界的勘界工作于2008年8月结束。2010年4月,双方签署勘界议定书。②

---

① http://baike.baidu.com/view/24316.htm.
② http://junshi.xilu.com/2010/0517/news_44_84979_7.html.

至此，中国新疆与中亚国家间的边界纠葛尘埃落定。边界的最终确定，为双方全面伙伴关系的展开提供了基础条件和政治保证，也意味着双方的政治互信可以从一个新的高度再上新台阶。

3. 两地领导人互访频繁

早在中亚国家独立前，中国新疆地区的地方领导人与中亚地区的主要地方领导人之间的相互沟通、访问，已经成为双方建立互信、拓展合作的重要途径。中亚国家独立后，新的国家领导人也非常重视与新疆地区的关系发展，多数中亚国家领导人先后访问过新疆，新疆维吾尔自治区也经常派遣不同级别、不同性质的代表团访问中亚各国。

（三）能源开发与管道建设取得突破性成绩

丰富的油气资源为中国与中亚国家的能源开发与管道建设奠定了坚实的物质基础。近年来，随着中国经济的快速发展，中亚国家与中国的油气开发与运输合作也成为双方合作的新亮点。

中哈石油管线是中国第一条跨国原油管道，西起哈西北部的阿塔苏，东至中国新疆的阿拉山口，总长约3000公里，设计输油能力2000万吨。该管线由中石油（CNPC）与哈萨克石油运输公司（KAZTRANSOIL）合资共同建设和经营。截至2011年11月24日，中哈原油管道已经累计输送原油4000万吨。[①] 按照目前的总体规划，中哈原油管道二期将在2012年底完成二期二阶段的全部建设工作量。到2013年，中哈管道输油量将达2000万吨/年。[②]

中国—中亚天然气管线建设是中国与中亚能源合作与管线建设的又一重大成就，是中国首条陆上引进境外天然气资源的战略管道。管道西起土库曼斯坦和乌兹别克斯坦交界处的格达伊姆，穿越乌兹别克斯坦中部和哈萨克斯坦南部地区，在新疆霍尔果斯入境，入境后与西气东输二线管道相连。2009年12月14日，中国—中亚天然气管道单线开通。胡锦涛主席及土库曼斯坦、乌兹别克斯坦、哈萨克斯坦三国总统出席了通气仪式，共同打开管道启动阀门。中国—中亚天然气管道分AB双线敷设，单线长1833公里，A线于2009年12月初试运投产。2009

---

① 《中哈原油管道5年输油4000万吨》，天山网，2011年11月25日。
② http：//www.99fund.com/main/a/20101218/10224329.shtml。

中亚黄皮书

年，土库曼斯坦向中国输送天然气 150 亿立方米，在以后的 30 年内逐年增加。

2010 年 10 月 26 日，中亚天然气管道 B 线全线投产完毕。目前，中亚天然气管道双线日输气能力为 2450 万立方米。截至 2011 年 9 月 1 日，天然气管道已完成 640 天安全稳定运行，输气量已达到 147 亿立方米。①

2011 年 12 月 15 日，中亚天然气管道 C 线乌兹别克斯坦国段开工典礼在加兹里隆重举行。该线路总长 1840 公里，其中乌国段 529 公里，年输气量为 250 亿立方米，全部工程将于 2014 年前竣工。截至目前，中国—中亚天然气管道输气量已占中国同期天然气进口总量的 50% 以上。②

中国在中亚地区取得的能源开发与管道建设成就，提升了中国新疆在国家能源战略中的地位和作用，也为新疆的居民生活和能源产业提供了便利和机遇。独山子石化工业建设、国有大型油气存储设施在新疆的投产、新疆居民使用天然气人数和范围的大幅度增长，这些都得益于中国与中亚国家能源领域的全面深入合作。显然，这种合作的深度和广度在扩大，其给新疆带来的政治、经济和社会等各方面影响也会进一步加强。

（四）展会经济与口岸建设蓬勃发展

展会经济是新疆与中亚国家互通有无、贸易洽谈的重要窗口、渠道。这其中，每年一届的乌鲁木齐经济贸易洽谈会（2011 年更名为"中国亚欧博览会"）是最引人瞩目、最具实力的盛会。1991 年 12 月 31 日，外经贸部下发《关于 1992 年在哈尔滨和乌鲁木齐分别举办边境、地方经济贸易洽谈会的通知》，正式批准举办乌洽会。1992 年 9 月 2～10 日，首届乌洽会在新疆乌鲁木齐成功举办。③

1993 年的乌洽会取得丰硕成果。8 月 30 日，乌洽会举办中国驻周边国家"商务参赞报告会"。9 月 1 日，乌洽会隆重开幕，乌洽会首次吸收国外企业参

---

① 中国驻乌兹别克斯坦大使馆商务参赞处，http://uz.mofcom.gov.cn/aarticle/zxhz/tzwl/200912/20091206674970.html。
② 中国驻乌兹别克斯坦大使馆商务参赞处，http://uz.mofcom.gov.cn/aarticle/zxhz/tzwl/200912/20091206674970.html。
③ 新疆维吾尔自治区对外经济贸易合作厅，http://kaifangzhan.mofcom.gov.cn/column/print.shtml?/g/h/200902/20090206024833。

展，有43个国家与地区的外商1861人参加了乌洽会，外经贸成交总额20.03亿美元。

自此，每年的乌洽会如约在金秋时节召开，从未间断。乌洽会作为新疆社会经济生活中的一个重要方面，已经成为新疆与周边国家合作的一个重要名片。每年的乌洽会期间，来自周边国家的政要、商贾与外交人员、媒体记者等，云集乌鲁木齐，共同感受这场地区贸易洽谈与商务合作的盛会。2011年9月1日，由乌洽会升格而来的第一届中国亚欧博览会在乌鲁木齐召开。此次会议是集高层论坛、商品贸易、投资洽谈、专题活动和人文交流于一体的国家级综合性展会，是中国与周边国家（地区）开展首脑外交的重要平台，也是推动新疆与周边国家合作的重要渠道和树立新疆良好形象的重要窗口。①

各种小型会展合作也为中国新疆与中亚国家加强了解、扩大认知、提升知名度提供了平台。以哈萨克斯坦为例，1994年6月，"新疆出口商品展览会"在哈萨克斯坦举办，展览会展示了三大类100多种的名优特商品，与哈萨克斯坦成交总额1500万美元，其中出口800万美元，进口700万美元。

1998年6月1～4日，在哈萨克斯坦阿克莫拉市举办的"中国新疆出口商品暨建材展览会"上，签订贸易合同240万美元，贸易协议10万美元。

2006年6～7月，"2006年哈萨克斯坦亚洲商品展览会"在哈萨克斯坦阿拉木图举行。新疆经贸委组织新疆经贸代表团参展，有机电、建材、轻工、纺织、化工、医药等行业40余家企业70余人。此次展会期间，新疆经贸代表团获组委会颁发的最佳组织奖。

口岸建设是中国新疆与中亚国家密切往来的又一见证。1983年，国家批准恢复开放了中苏霍尔果斯和吐尔尕特口岸。新疆向西之门重新打开。随着沿边开放战略的实施，新疆已成为中国西部对外开放的前沿，截至2007年底，经国务院和自治区政府批准对外开放的一类口岸17个，二类口岸12个。国家级口岸中，与中亚国家联系密切的口岸有：航空口岸乌鲁木齐航空口岸、喀什航空口岸；新疆与哈萨克斯坦的陆路边境口岸吉木乃口岸（阿勒泰地区）、巴克图口岸（塔城地区）、阿拉山口口岸（博尔塔拉蒙古自治州）、霍尔果斯口岸（伊犁哈萨克自治州）；新疆与吉尔吉斯斯坦的陆路边境口岸吐尔尕特口岸（克孜勒苏柯尔

---

① 中新网，http://www.chinanews.com/tp/hd2011/2011/09 - 01/63678.shtml。

克孜自治州)、伊尔克什坦口岸（克孜勒苏柯尔克孜自治州）；新疆与塔吉克斯坦的陆路边境口岸卡拉苏口岸（喀什地区）。上述口岸部分对第三国人员和物资开放。还有部分针对中亚地区的国家级口岸过往人员、物资数量较少，仅为边民互市。

经过过去20年的快速发展，新疆的口岸建设取得了辉煌成就。我们可以从新疆对哈口岸货物进出口情况汇总表（见表2），看出新疆口岸为中哈贸易作出的贡献。

表2　1993～2009年间新疆主要对哈口岸货物进出口情况*

单位：万吨

年份\口岸	阿拉山口 进口	阿拉山口 出口	霍尔果斯 进口	霍尔果斯 出口	巴克图 进口	巴克图 出口	吉木乃 进口	吉木乃 出口
1993	63.1	11.9	27.6	14.6	7.27	3.97	1.8	0.2
1994	45.8	5.2	33.9	8.04	7.25	3.16	1.02	1.09
1995	107.5	3.8	31.3	9.66	9.4	1.9	0.72	0.51
1996	198.23	13.83	4.78	3.59	5.97	3.81	0.35	0.08
1997	177.02	31.64	4.86	3.28	4.84	11.16	0.49	0.12
1998	213.72	30.17	3.71	32.35	4.32	7.61	0.39	0.1
1999	325.76	42.28	4.74	24.52	1.78	1.08	7.74	0.35
2000	377.89	59.43	3.93	15.39	4.27	2.73	10.17	0.37
2001	439.97	68.56	3.79	9.71	16.7	1.33	2.29	0.05
2002	515.55	69.19	2.18	13.79	1.83	2.39	0.7	0.35
2003	658.27	97.65	5.07	19.6	1.89	5.79	0.6	0.95
2004	792.87	147.86	6.2	21.55	2.05	3.92	6.74	2.83
2005	907.93	211.94	5.34	22.61	3.97	6.21	6.98	10.33
2006	1136.82	325.91	3.91	29.0	1.6	8.96	2.89	9.85
2007	1177.94	525.65	3.16	56.12	0.57	22.32	2.43	16.25
2008	1256.62	641.70	2.56	53.55	0.62	13.44	1.69	11.28
2009	1839.1	484.83	6.30	56.51	0.63	10.5	1.44	7.99

*本表数据主要根据当年《新疆年鉴》的记录情况而定，由于涉及新疆口岸开放、边民互市与旅游购物，在进行货物数量统计时，基本以一般性出口物资数据为主。

资料来源：《新疆年鉴》，1993～2010年口岸工作部分信息综合。

随着中国新疆与中亚地区交往的加深和经济贸易活动的拓展，新疆与中亚国家间口岸的功能也出现日新月异的变化。霍尔果斯口岸和阿拉山口口岸已经逐渐成为集公路、管道和铁路三位一体的综合性口岸，加上边民互市与中哈霍尔果斯国际边境合作中心,这里俨然成为中国对中亚、中东和欧洲地区贸易的重要"窗口"。

(五) 交通与基础设施建设步入快车道

早在1989年7月11日,为适应新疆改革开放的需要,中国新疆就开通了乌鲁木齐—阿拉木图的空中航线。航线全长980公里。这是新疆开通的首个国际航线,对加强双边政治、经济、文化交流,推动旅游事业发展有着非常重要的意义。

1990年6月27日,国务院批准开放阿拉山口口岸,同意在阿拉山口口岸设置边防检查、海关、商检、动植物检疫、卫生检疫及口岸管委会等口岸检查检验机构和管理机构。[①] 9月1日,兰新铁路乌鲁木齐—阿拉山口段通车。9月12日,中国兰新铁路乌鲁木齐—阿拉山口与苏联土西铁路阿克斗卡至德鲁日巴段通车接轨,举世瞩目的第二座亚欧大陆桥全线贯通。

交通是连接中国新疆与中亚国家的纽带。在过去的20年中,中国新疆与中亚国家在公路、铁路、航空和管道运输等各个运输领域,取得了令人赞美的成就。早在1993年4月25日,新疆交通运输代表团前往阿拉木图与哈萨克斯坦交通运输部康采恩签订了开通中哈直达国际汽车客货运输十条线路的协议。

1995年3月9日,中国、哈萨克斯坦、吉尔吉斯斯坦和巴基斯坦四国交通部长在巴基斯坦首都伊斯兰堡正式签署了四国《过境运输协定》,同意利用从哈萨克斯坦阿拉木图到巴基斯坦南部港口卡拉奇的公路,开展过境运输,路上线路全长3400公里。此协议的签订将推动四国间的物资、技术和人员交流,对新疆乃至西北五省区更好地利用巴基斯坦卡拉奇港,向中东、非洲、西欧进行进出口物资转运,提供了更为便捷的条件。该项目1996年1月开始实施。

从2000年4月23日起,中国—独联体铁路旅游购物、国际货物运输直通列车开行。同月,中哈两国铁路分局首次边境会晤在阿拉山口口岸站和德鲁日巴口岸站举行。该会晤机制的定期举行有助于解决双边铁路运输中存在的问题、应对面临的挑战、构想未来发展规划。

---

① 《新疆年鉴(1991年)》,外事部分。

2004年6月，连接中国与塔吉克斯坦的国际汽车运输线路正式开通。该线路连接中国新疆喀什和塔吉克斯坦的霍洛格州，行车路线为喀什—卡拉苏口岸（中国）—库里玛口岸（塔吉克斯坦）—穆尔加布—霍洛格，全长669公里。此条陆路的运行，结束了以往我国出入境人员只能通过乘旅游专机抵达塔吉克斯坦的历史。①

2008年5月，中哈第二趟国际旅客列车，即哈萨克斯坦首都阿斯塔纳至新疆乌鲁木齐的国际旅客列车正式开通运营。

2009年，新疆第一条电气化铁路——精（河）伊（宁）霍（尔果斯）铁路通车运营，为西出国门奠定基础。同年4月，兰新铁路乌鲁木齐至阿拉山口电气化铁路开工建设。2009年阿拉山口口岸完成进出口国际联运货物1551.4万吨，进口货物国际联运收入19.2亿元。

2009年12月9日，新疆乌鲁木齐—吉木乃—卡拉干达、乌鲁木齐—巴克图—卡拉干达两条国际客运线路开通。这两条线路是新疆开通的国际客运线路中最长的班线。

2012年2月，从中国财政部与亚洲开发银行联合举行的新闻发布会上获悉，连通中国、吉尔吉斯斯坦和乌兹别克斯坦三国的中亚交通走廊中—吉—乌公路有望在2012年底建成通车。② 中—吉—乌公路起点为中国新疆的喀什，终点为乌兹别克斯坦首都塔什干，总长937公里，途经吉尔吉斯斯坦南部奥什等地。作为区域经济合作的重要基础设施建设项目，中—吉—乌公路的建成将为沿线国家和地区提供广阔发展机遇。同时，中—吉—乌铁路项目也在积极拟议中。

目前，中国新疆与中亚国家间建立了多条直达的空中航线。在有些国家，如哈萨克斯坦和吉尔吉斯斯坦，还开通了除首都之外的第二条航线。空中运输的快捷方便，加速了双方密切关系的发展，也为未来合作展开了美好图卷。

（六）民间交往的日益深化和科技合作的全面展开

民间交往与科技合作也是中国新疆与中亚国家紧密联系的重要方面。1993

---

① http://news.sina.com.cn/c/2004-05-20/13373284061.shtml.
② http://www.keyunzhan.com/knews-161529.

年7月27日至8月4日,"哈萨克斯坦友好周"在新疆成功举办。来自哈萨克斯坦友协代表团和艺术团的一行47人,参加了此次友好周活动。①

1996年12月19～24日,伊犁哈萨克自治州歌舞团一行50人前往哈萨克斯坦阿拉木图市演出。1997年9月底,新疆友协、中国天然气总公司、新疆歌舞团共同组织石油友好艺术团赴阿拉木图市访问演出。

在自治区举办的历届在新疆工作的优秀外国专家年度"中国天山奖"评选中,来自中亚国家的优秀专家占据相当比例。多年来,自治区邀请来自不同国家和地区的友好人士来新疆从事经贸、旅游、设备安装、科技交流、项目合作等活动,还有部分来新疆留学或执教,其中来自中亚国家的数量在逐年增长。

2006年7月,应哈萨克斯坦维吾尔文化中心邀请,新疆木卡姆艺术团一行36人,前往哈萨克斯坦访问演出。

长期以来,以中亚国家为主的上海合作组织区域贸易研修班在新疆举行,来自哈萨克斯坦等周边国家的政府官员、专家参加了研修班②。同期,国家商务部"中亚区域经济合作成员国贸易便利化和经济合作"培训班也在乌鲁木齐举办,来自中国和新疆周边国家负责经济管理的官员参加培训。此外,中国新疆常年为中亚国家培训警务执法人员,加强反恐合作与交流。

旅游购物是新疆重要的经济活动形式之一。根据自治区有关方面统计,1996年全区共接待独联体各国的旅游购物客商64232人次,购买出境的各种商品货物有87000多吨,旅游购物包机340班次8000多吨。旅游购物签证团队占市场份额的60%,其中90%的客源来自哈萨克斯坦。③

科学技术合作是中国新疆与中亚国家取得突出成就的领域。早在1992年,区内一些研究所、科技实体开始走上国际化道路。新疆有色金属工业公司以有色金属研究所和有色金属研究院为主,同哈萨克斯坦有色金属选矿设计院合资建立了中哈天山科技公司。新疆科技情报所与哈萨克斯坦科技信息与行情研究所在阿拉木图市合资兴办了友谊办公自动化服务公司。经过20年的发展,中国新疆与中亚国家在科学技术领域的合作得到不断拓展。在种植

---

① 《新疆年鉴(1994年)》,第90页。
② 商务部网站,http://anhui.mofcom.gov.cn/aarticle/sjdixiansw/200707/20070704869239.html。
③ 《新疆年鉴(1997年)》。

业、养殖业、有色金属、地质勘探、地震等重要领域的科技合作继续深入，在水利、技术研发与咨询、工程建设与装修、外来务工人员培训等领域的合作也在逐步展开。2009年，新疆科技情报学会联办中国、俄罗斯、哈萨克斯坦、蒙古国四国"跨界的阿尔泰"国际区域性网站，累计发送信息8000多条。①

三 存在的问题与解决思路

中国新疆与中亚国家间合作虽然取得了丰硕成果，但依然有一些问题亟待解决。中国新疆与中亚国家未来发展中遇到的主要问题体现在以下方面。

（一）进一步巩固和加强双边政治互信

政治互信是中国新疆与中亚国家间充分合作的前提。尽管当前双方交往成绩喜人，但也应看到，由于历史与现实多重因素作用，中亚国家在如何发展与中国新疆的关系方面还是有一些疑虑的。当前，中国新疆与中亚国家已经很好地解决了领土问题，但水资源问题、外来劳动力与本国的就业问题、技术转让与投资问题等，依然困扰着新疆与中亚国家的领导人和普通民众。发展中出现的各种问题都非常有可能转化为双边关系交往中的障碍，进而引发相互之间的猜忌或不满。发展中出现的地区不平衡也制约着中国新疆与中亚国家深层次关系的挖掘潜力，进而对新疆自身发展提出更高的要求。

中亚国家是中国的友好、重要邻邦。中国政府近年来不断加大对中亚地区的关注度与支持度，对中国新疆与中亚国家关系的未来前景而言，是难得的好时机。中亚对于中国构建和谐周边环境的重要性不言而喻，对新疆跨越式发展建设，尤其是喀什与霍尔果斯两大特殊经济开发区的建设起到举足轻重的作用。新疆各级政府对中亚国家的重视度一直很高。除双方频繁开展的互访与不断推进的经贸合作外，新疆还不断通过招商引资、考察会议、民间交流等多层次多领域途径，借助地缘与文化优势，推动新疆与中亚国家的双边关系不断迈上新台阶。

---

① 《新疆年鉴（2010年）》，第106页。

在机遇与挑战面前，中国可以依托上海合作组织这样的国际性地区组织，发挥更为积极的作用。在这方面，中国新疆可以承担相应的培训、会议、演习等任务，也能进一步发展成为上海合作组织内部机制建设的重要组成部分，成为中国与中亚国家的连接中枢。

（二）经济领域双边互补双赢目标亟待深化

当前新疆与中亚国家贸易额占中国对中亚贸易额的主要部分，但在中国的全球贸易额中所占份额很少。同时，新疆对中亚地区的贸易额作为新疆对外贸易活动的主要部分，发挥着非常重要的经济支撑作用。从贸易结构上看，中亚国家出口新疆的主要产品包括棉及棉产品、各种矿产品或废旧金属材料、羊毛及皮张、化肥、原油及部分肉制品，进口产品主要为服装、建材、日用百货、大米蔬菜、各类机械、通信设备等。中亚国家作为原料出口国的角色非常突出。这种情况也会影响到新疆的经济发展模式。当前，中亚各国的经济力量发展非常不平衡，经济竞争力较低。中国同中亚国家的经济关系被贸易层面所支配，工业领域长期投资性合作能力低。而中亚国家同中国内地的主要市场运输、交通合作困难，往往只能依赖于新疆的间接贸易。这些都极大地影响到新疆与周边地区次区域合作的现状与发展前景。因此，如何在经济合作领域真正实现互补双赢，还有很多工作要做。

（三）非传统安全领域面临的共同压力需要携手应对

当前世界很多地区面临的诸如毒品种植与走私、恐怖主义组织及其活动、能源安全、水资源安全、金融与经济安全、民族或地区分离主义……这些非传统安全问题在新疆与中亚国家都存在，并成为该地区的重要政治与社会难题。在应对非传统安全领域出现问题方面，中国与中亚国家已经展开了多层次、多领域的良好合作，并取得了卓有成效的成绩。新疆在其中也受益匪浅，扮演着加强双边沟通、交流与合作的重要角色。

当前最大的难题依然是，新疆与中亚国家同处于当今世界非传统安全领域问题频发的重灾区，很多问题解决难度大，且中亚国家近年来也显示出内部群体性突发事件不断与政局波动增多的趋势，新疆也面临"三股势力"活动的冲击，

双方在应对与合作层面,很多时候表现出心有余而力不足的状况。2010年的吉尔吉斯斯坦国内动荡和2011年哈萨克斯坦连续发生的多起恐怖袭击事件与年底爆发的扎瑙津大规模群众骚乱,充分表明中亚的局势变化远比预料中的复杂。如果再考虑当前的国际大变革背景,对未来前景的判断可能将更为谨慎。近年来在中亚及其周边地区,包括新疆,出现的一系列突发性群体事件,表面看并无任何联系,但从其实质和影响看,已经显现出地区和平稳定的和谐局面逐渐恶化的趋势。

由于原苏联的原因,中亚国家内部存在着一系列一触即发的矛盾。吉尔吉斯斯坦南部地区的吉尔吉斯族与乌孜别克族冲突只是其中的一个缩影。地区分离主义倾向在中亚正逐渐显现。伴随水资源、矿产资源、土地资源争夺的日趋激烈,各种矛盾会进一步激化,从而威胁整个地区的和谐发展,新疆也会深受其害。

(四) 需要进一步加强民间合作,促进文化交流

新疆与中亚国家在人文领域具有许多相似性或共性,如果引导和运用得当,这可以成为双方关系发展中的优势与长项。当前在中亚国家设立的许多孔子学院就以新疆地区的院校为基础,同时,那里的学生也根据教学安排定期来中国新疆学习汉语,体会中国文化的精髓。与此同时,商贸往来、亲朋好友走动等,都推动着中国新疆与中亚国家间的民间交流。这为中国新疆与中亚国家文化领域的民间交流提供了契机。当前,大多数中国人对中亚的了解和中亚人对中国的了解依然十分肤浅,其间隔阂较深。这就造成民间互信薄弱,合作层次低,合作领域窄。在中国大力宣传、发展文化产业的今天,可以通过转变双边经贸合作模式、加强中国在中亚国家基础设施和产业项目上的投资、提振新疆经济与社会发展水平、积极加强与中亚国家文化交流与合作等方式,更好地服务于中国与中亚睦邻友好关系之长远战略,改变双方民间文化领域合作层次偏低的局面。

中国新疆与中亚山水相依。当前,中国新疆与中亚国家都面临新的发展机遇期,但同时,双方面临的挑战依然严峻。在新形势面前,中国新疆与中亚国家只有携手共进、求同存异、优势互补,才能真正实现互利双赢,共同勾画出稳步发展和地区繁荣的美好蓝图。

Xinjiang Autonomous Region and Central Asia

—Interaction, Interdependence and Common Development

Shi Lan

Abstract: China's Xinjiang borders some countries of Central Asia. Both of them have shared extensive ties. The independence of Central Asian countries and the development strategy of China's Xinjiang created opportunity and challenge one another. As bridgehead for China Opening-up Strategy to its west neighbors, Xinjiang and Central Asian countries have made a remarkable achievement in past twenty years. But there are still lots of problems which China, Xinjiang and Central Asian countries should be solved. As such, China's Xinjiang and Central Asian countries should persist in mutual benefit and common development, and seek common ground while reserving differences.

Key Words: China's Xinjiang; Central Asia; Relation

Y.17
中国与中亚国家能源合作新进展

许勤华*

摘　要：近年来，中国与中亚国家在能源领域的合作已经在更大程度和更大范围内展开，不断取得新的成就，主要表现为四点：在合作动力源上，中央与地方政府相互助力；在参与主体上，国有企业与民营企业共同参与；在合作领域上，以油气资源勘探开发和管网建设为重点，涵盖多种能源领域的合作局面已经形成；在合作方式上，"石油换贷款"的合作继续深化和拓展。此外，合作中频现股权收购、项目融资，金融因素日显其重要性。尽管如此，中国与中亚国家能源合作关系依然受到来自国际、地区和双方特别是中亚国家内部政治与经济因素的影响。

关键词：中国与中亚国家　能源合作　新进展

中国与中亚国家地缘相近，经济互补性强，文化交流源远流长。在社会经济生活上，双方都面临着发展经济，提高人民生活水平的重任；在安全上，双方都面临着打击国际恐怖主义、民族分裂主义和宗教极端主义三股势力，维护国家领土完整与社会稳定的挑战，因而，发展双边关系符合双方的共同利益。近年来，随着中国经济的迅速发展，对能源的需求增长迅速，实现能源进口多元化战略，降低对中东动荡地区的进口依赖成为中国的必然选择，从地缘邻近且资源丰富的中亚地区进口油气资源是现实可行的战略选择。而中亚国家基于其利用丰富的能源资源发展经济的发展思路，基于其引入外部力量制衡俄美保持各种外部力量平衡的战略考虑，也欢迎与中国开展能源合作。[①] 在这种背景下，中亚国家与中国

---

* 许勤华，中国人民大学俄罗斯东欧中亚研究所副所长，副教授。
① 陈岳、许勤华主编《中国能源国际合作报告2009》，时事出版社，2010，第164页。

中国与中亚国家能源合作新进展

在能源领域的合作在更大程度和更广范围内展开,已经取得了丰硕的成果和新进展。同时也应该看到,中国与中亚国家的能源合作也面临着一些现实和潜在的问题,妥善应对和处理这些问题对于促进双方合作关系健康稳定发展具有重要意义。

一 中国与中亚能源合作的新进展

中国与中亚国家之间的能源合作成果颇丰,但进展和分布均有差异性:从合作对象来看,主要集中在哈萨克斯坦、土库曼斯坦和乌兹别克斯坦三个富油气国,而与吉尔吉斯斯坦和塔吉克斯坦的合作较少;从合作领域来看,主要集中在传统能源领域,但新能源领域也在迅速展开合作;从合作主体来看,既有政府支持下的大型国企在中亚开展合作,也有中国的民营企业的合作项目;从合作模式来看,中国与中亚的合作采用了"石油换贷款"的合作模式。

(一)非国有企业加盟,合作主体日益增多

中国与中亚国家之间的能源合作新进展主要集中在能源的六个领域,即油气资源勘探开发、油气资源深加工设施建设、油气管线建设、电站和电网建设、铀矿资源勘探开发和可再生能源合作。

(二)金融元素介入,合作方式有所创新

"石油换贷款"是中国突破传统合作方式的一大创举,是中国企业实现"走出去"自身价值的新支点。2009年4月,哈萨克斯坦总统纳扎尔巴耶夫访问中国期间,中哈达成了关于中国向哈萨克斯坦提供100亿美元的贷款援助协议,其中包括中国进出口银行向哈萨克斯坦开发银行提供的50亿美元贷款以及中国石油天然气集团公司向哈萨克斯坦国家石油和天然气公司提供的50亿美元贷款。2009年6月,中国国务院副总理李克强访问土库曼斯坦期间,中土双方签署了中国向土库曼斯坦提供40亿美元贷款的协议。哈土两国运用这些贷款来开发本国的油气资源,为中国公司参与勘探开发提供了比较有利的条件。中国向中亚国家提供贷款,不仅有利于抓住国际油价低迷的时机发挥巨额外汇储备的作用,而且有助于中亚国家保持和加大油气资源开发的力度,摆脱国际金融危机的冲

击，同时，也为中亚对华油气长远稳定供应创造有利的条件，这符合双方的共同利益。

近几年，中国一些非国有公司在中亚资源国开展了一系列的合作工程，主要集中在油气资源深加工设施建设领域。经过十几年的发展，中国与中亚国家能源合作中的合作主体日益多元化，以资源国和投资国的国有公司为主，由资源国的非国有公司和投资国的非国有公司参与。如中国中信集团与哈萨克斯坦萨姆鲁克—卡泽纳国家基金签订了参与曼吉斯套沥青厂工程项目的原则协议，由中信集团与哈国家石油天然气公司共同实施完成。该工程造价1.45亿美元，年产42万吨沥青，年加工原油100万吨，原油全部来自哈卡拉赞巴斯油田，建成后将能部分满足哈修建道路交通设施对沥青的需求。又如，中国民营企业新疆三宝实业集团有限公司在哈萨克斯坦巴甫洛达尔市承建的MTBE（甲基叔丁基醚）建设项目竣工投产，哈总统纳扎尔巴耶夫出席了该项目的竣工投产仪式，对中方公司建设该项目予以高度评价。该项目的顺利建成，开辟了我国向中亚国家出口成套石油化工装置的先河，填补了哈萨克斯坦石油化工领域的一项空白等。

（三）多国合作，油气管线建设开启多元化阶段

2009年10月，中哈石油管线建设二期工程第一阶段——"肯基亚克—库姆科尔"石油管线投入运营。该管线全长793公里，管道直径813毫米，由中哈管道有限公司、哈萨克石油运输公司、中国石油天然气勘探开发总公司共同承建。一期年输送能力1000万吨，二期将提高到2000万吨，计划未来从哈西部和里海哈属区域运输石油。2009年12月份，中国—中亚天然气管道单线如期投入运营。中国—中亚天然气管道工程起于土库曼斯坦，由西向东跨越乌兹别克斯坦和哈萨克斯坦，到达中国境内霍尔果斯末站，并在此与国内西气东输二线相连。全线采用双线敷设，单线全长1800公里，计划年输气能力300亿立方米，未来可以提高到400亿立方米。中亚两条东向管线的修通，对于中国从中亚地区获得稳定的能源供给具有重要的意义，对于中亚国家打破俄罗斯对中亚油气管道外输的垄断同样具有重要意义。双方将围绕管线深化能源供给和能源需求关系，相互依赖关系进一步加深。同时，双方能源合作的效益逐渐外溢到了其他领域，因为无论是中哈油管还是中国—中亚天然气管道都提升了中亚国家在全球能源竞争格局中的位置，增强了其相对于俄罗斯和欧美的议价能力。

（四）非传统能源领域合作迎来春天

虽然中国与中亚国家能源合作依然存在差异性，合作主要集中在传统能源品种油气，合作对象国主要集中在哈萨克斯坦、土库曼斯坦和乌兹别克斯坦，合作领域主要集中在上游油气勘探开发。但是随着双方合作的进一步深入，随着全球能源形势的变化、气候变化问题的增压，中国与中亚国家的能源合作也呈现了一种"四面开发"的景象。

第一是在非油气领域，合作增速，电站和电网建设合作市场广阔。目前中亚国家的电力生产不能满足国内的消费需求，广泛存在着拉闸限电现象。由于电网和电站建设的年代较久，需要进行大规模的改造，这些都为中国与中亚国家在电力领域开展合作提供了有利的契机。如新疆特变电工集团与塔吉克斯坦能源工业部签署了一份能源合作备忘录。特变电工修建杜尚别热电站和努拉巴德1号水电站，并对库尔干秋别变压厂进行改造。作为交换，塔方向特变电工提供一处金属矿产进行开发。

第二是在可再生能源领域，合作欣欣向荣。中亚地区的可再生能源水能、风能、太阳能和生物能开发具有巨大潜力。贫油气国吉、塔一直将开发本国丰富的水能资源作为实现本国能源独立的重要战略目标，为建设大型水电站积极寻求外国合作；而富油气国哈、乌、土也日益重视开发可再生资源。哈萨克斯坦通过了《哈萨克斯坦可再生能源利用法》。该法律明确了国家支持可再生能源利用的准则，给予可再生能源利用以免交电力接入、储存费用，以及优先安排可再生能源设施建设用地等投资优惠的鼓励政策。乌兹别克斯坦启动了可再生能源和生态技术园区建设，旨在发展可再生能源开发和环保科技，吸引本国和外国投资，扩大高科技产品出口。塔吉克斯坦在国内大力开发水电资源，推广使用节能灯具，缓解电力供应紧张的压力。从总体来看，中国与中亚国家在可再生能源领域的合作目前主要集中在水能开发领域。例如，中国水利电力对外公司和中国地质工程公司的联营体总承包的马伊纳克水电站进展顺利，该电站位于阿拉木图以东150公里处，装机容量为30万千瓦，属于至2030年哈萨克斯坦电力发展规划。又如，由中国电工设备总公司承建的乌兹别克斯坦安集延-2号和阿航格朗水电站建成并已投入运营，该水电站的土建设计部分由乌方承担，机电部分设计和设备供应由中方承担等。

（五）铀矿资源勘探和核能合作成为新宠

中亚的哈萨克斯坦和乌兹别克斯坦铀矿储量丰富，哈近年来铀产量一直处于上升态势，2008 年的产量达到 8521 吨，2009 年将上升到 9700 吨上下。哈乌希望通过与外国合作开发铀矿，引进外国的先进技术和管理经验，并逐步建立起本国的核电站。2009 年 4 月，哈萨克斯坦国家原子能公司与中国广东核电集团签署了建立合资企业的备忘录，合资企业将在中国建设核电站，合资企业的股东为哈萨克斯坦国家原子能公司和中国原子能资源公司（广东核电集团子公司），公司有可能吸纳其他投资者加入。根据哈萨克斯坦国家原子能公司与中国广东核电集团签署的长期供货合同，哈国家原子能公司将在 2008～2020 年期间向中国提供 2.4 万吨天然铀。此外，中广核公司与哈原子能工业公司合资组建的铀矿开采合资企业——"谢米兹拜伊铀有限责任公司"也将向中国供应天然铀。中广核拥有谢米兹拜伊铀有限责任公司 49% 的股权。谢米兹拜伊铀有限责任公司将在克孜勒奥尔达州的"伊尔科利"铀矿区和阿克莫拉州的"谢米兹拜伊"铀矿区进行开采，预计年产量分别为 750 吨和 500 吨天然铀。① 广东核电集团铀资源公司还表示，公司还有意参与哈萨克斯坦另一铀矿的开采业务，该铀矿储量 4 万吨。

二 中国与中亚能源合作发展的动力因素

中国与中亚国家近几年的能源合作之所以发展如此得迅猛，主要因为存在以下三个推动合作的动能。

（一）国内政治、经济发展较为平稳，营造了良好的合作基础

中亚地区在渡过了 2010 年吉尔吉斯斯坦的国内局势动荡之后，总体上保持了平稳发展的态势，经济继续发展，各国普遍保持相对较高的 GDP 增长率，国内政治平稳过渡，顺利举行了议会或总统选举，久握权柄的领导人继续执

---

① 中国驻哈萨克斯坦大使馆经济商务参赞处：《哈萨克将向中国广东核电集团供应天然铀》，http://kz.mofcom.gov.cn/aarticle/jmxw/200905/20090506220730.html。

政，民生有所改善。本来占据欧亚地缘政治中枢神经位置的中亚地区在2011年的全球变局中保持了难得的平稳。在中亚地区，中、俄、美、欧等几大势力保持了相对平衡的博弈态势。中亚各国在能源领域的合作情况也可以在某种程度上折射出这一政治力量均势的特点，该特点营造了中国与中亚的合作基础。

（二）国际能源发展重视环境低碳，提供了新颖的合作空间

后危机时代中亚国家在国际能源市场中的位置嬗变，随着各主要能源产品在国际能源市场上的权重趋势的变化，一方面，中亚国家既抓住以中国为代表的新兴市场经济国家快速发展所提供的历史机遇，竭力传统能源的开发，又向传统能源的上游和下游进军，努力形成较为完整的能源产业链条，进而带动本国经济发展；在传统能源内部，中亚各国也普遍重视天然气这一能源品种的开发和利用。另一方面，中亚各国也注意大力开发水电、太阳能、风电等清洁能源，同时，受低碳经济和应对气候变化问题跃升为国际政治的顶级议程之一的影响，中亚国家也以前所未有的姿态增加了对节能环保领域合作的重视度。

（三）上海合作组织合作机制的逐步完善，推动了阶梯式合作渠道

由于双边合作有易操作、效率高的特点，是多边合作的初级阶段和出发点。到目前为止，上海合作组织框架内国家之间的能源合作主要特点表现为"双边合作"。双边合作既有政府之间签署合作协议，也有企业之间共同进行能源勘探、开发、生产、运输和贸易等，且已取得非常大的成绩，主要表现为：①石油提炼方面。限于自身原油加工能力，一些国家必须与俄罗斯进行双边能源加工合作。②天然气方面。限于自身天然气开采能力，一些国家必须依靠中亚其他国家的天然气进口补充。③油田开发及其他方面。限于自身勘探和开发能力，一些国家必须与俄罗斯等其他国家合作。④油气管道方面。中亚地区管线布控不合理，各国在油气管道建设方面加强合作。经过十几年的发展，中国与中亚国家之间的合作也呈现出该特点。

但是，"上海五国"元首会晤机制升级到上海合作组织后，除了保障地区安全，经贸领域的合作成为该组织的另外一个方向，上海合作组织框架内已启动了

贸易和投资便利化的谈判进程，制定了长期多边经贸合作纲要，并签署了相关文件，能源也成为经贸领域内合作的重中之重。上海合作组织框架内成员既有能源出口国，又有能源进口国，还有能源途经国，构成了完整的能源生产和消费的互动版图。迄今为止，上海合作组织框架内既有大量的双边能源合作，多边能源合作也有了一定的实践积累。虽然大量的双边能源合作是现实，但是机制完整的多边能源合作将是未来的趋势，必将使该区域整体能源合作更加成熟、更加便利、更有保障。

三　中国与中亚能源合作的前景展望

中国与中亚地区的能源合作取得很大进展，但同时也存在一些影响合作健康稳定发展的问题，可将这些影响分为两类：一类是基于区域格局和中亚国家的国情特点可能影响到合作的长期性因素；另一类是随着各国的政策调整而新出现的即时性因素，具有年度性特点。

（一）大国关系因素，影响合作的关键变量

在较长一段时间内，大国关系仍然是影响中国与中亚国家开展能源合作的关键变量，美、俄势力在中亚的消长是构成中亚区域格局的重要因素，也构成了中国与中亚国家开展能源合作的外部环境，美俄关系的好坏以及在中亚地区的攻守态势无疑影响着中国与该地区的合作。大国与中亚国家间的关系则是影响中国与它们开展合作的重要因素。[①] 例如，土库曼斯坦与俄罗斯的天然气纠纷使土向俄天然气供应被迫中断，在客观上促进了土建设中国—中亚天然气管线向华输气。

（二）国内政治因素，集权政治的负面效应

中亚国家建立的强"总统制"的国内政治治理模式使国家权力高度集中，从而增加了中亚国家的政治脆弱性，也为国际能源合作增加了变数。中亚一些国家的腐败问题也比较严重，据"透明国际"2009年11月发布的"2009年度清

---

① 许勤华：《新地缘政治：中亚能源与中国》，当代出版社，2007，第230页。

廉指数"显示，中亚国家普遍排名靠后。此外，中亚跨国河流上游国家和下游国家围绕水能资源开发和水资源利用问题的长期矛盾也使与它们开展合作面临敏感性因素。

（三）国内经济因素，能源政策的不确定性

随着国际油价的高启，中亚国家纷纷调整了本国的能源政策，以最大限度地控制并保护本国的能源资源，并获得对本国能源资源的最优化利用，完成其能源工业的产业增值目标。例如，2009年哈萨克斯坦实行了新税法，以矿产开采税代替矿产使用税，2009年哈矿产开采税规定在5%~18%区间（根据开采量），而原矿产使用税则为2%~8%，此外，哈以油气出口收益税代替了出口税，这使企业在高油价时不太有利，因为出口收益税实行没有边际税率的累进税率制（根据油价而定），而原来的出口税税率浮动则相对缓和。2009年3月，哈萨克斯坦政府总理马西莫夫要求政府在与外国石油公司签署的所有合同中增加一条新的条款，要求外国石油公司购买当地货物来帮助哈遭遇经济危机打击的经济。又如，2009年12月，哈通过了《对有"哈萨克斯坦含量"问题若干法律的修改和补充法》，以立法手段推进"哈萨克斯坦含量"的落实，与之相配套的《行政处罚法》和《地下资源与地下资源利用法》等也进行了修改。"哈萨克斯坦含量"的要求无疑给中国企业在哈开展合作提出新的约束性条件，而且也影响到中国对哈的出口。乌兹别克斯坦也修改了税法的相关条目，决定对根据《产品分成协议》在乌开采油气资源的外国投资企业提高"资源利用税"标准，从目前的4.1%提高到30%。乌从2010年1月1日起开始征收10%的铀矿开采税。2009年1月，塔吉克斯坦大幅度提高电价。各国财税政策的调整可能降低中国企业的赢利水平，从而影响到中国企业与中亚国家开展务实合作。综上所述，中亚国家对外能源合作政策具有较大的变动性。

（四）非传统安全因素，阿富汗问题影响深远

中亚地区深受国际恐怖主义、民族分裂主义和宗教极端主义三股势力的影响，这些势力威胁到中国与中亚国家开展合作。虽然近一两年中亚地区没有发生特别大的恐怖袭击事件，但中国新疆发生了"7·5"事件。中国新疆的恐怖势

力与中亚地区的恐怖势力有着密切联系,虽然2011年以来中国与中亚各国密切配合,保持了对恐怖主义势力的高压态势,并未在中亚地区发生针对中国的暴力事件,但不排除在未来不发生这类事件。"三股势力"构成了对中国与中亚合作项目安全的现实威胁。而阿富汗问题解决的"好"与"否"的前景,也给地区安全增加许多未知数,安全危机成为最大问题①。

四 结论

中国与中亚国家共同构建了能源合作的愿望,找到了合作的契机以及解决合作中遇到和可能遇到问题的办法,努力做到思想上的统一,并搭建了上海合作组织的框架平台。但是,该地区能源合作前景具有一定的不确定性:世界主要能源进口国对环里海地区能源资源的争夺激烈,各大国在该地区的地缘战略博弈日益加剧;美国等西方公司控制着该地区陆上和里海大陆架的大部分富油区块,俄罗斯垄断着该地区的油气外运管网,并越来越频繁地运用能源武器谋取能源以外的利益;该地区一些国家政局存在不稳隐患;一些国家国内体制中存在着不利于合作的问题,如法律环境的落后(主要指油气法规、对外合作和环保方面的法规不完善,法律稳定性、完备性、统一性的欠缺,以及法律执行的非公正性等)。②

尽管如此,随着全球国际政治经济和该地区区域经济一体化的发展,中国与中亚国家的能源合作会不断地被赋予新的内容以及新的内动力。如油气资源虽然是中亚国家赖以发展经济的重要基础,但中亚国家也不忽视发展新能源和可再生能源,给中国与中亚国家带来了能源合作的新机;又如2008年金融危机已让哈萨克斯坦等国重新思考经济增长的原动力问题,即对于油气价格的敏感度过高使得其经济甚为脆弱,故能倾向于与中国实现某种程度的能源、经济等一体化,以使这样脆弱的局面得到改观。因此,我们对中国与中亚国家能源合作的未来发展抱着较为乐观但谨慎的态度。

---

① 苏畅:《当前阿富汗形势对中亚安全的影响》,"国际恐怖主义问题研究"(课程课件),2010。
② 许勤华:《上海合作组织框架内能源合作的现状与前景》,2011年6月20日《能源报》,第1版。

中国与中亚国家能源合作新进展

Latest Progress in Sino-Central Asian Energy Cooperation

Xu Qinhua

Abstract: China and Central Asian countries have been gained new achievements in energy cooperation for past years. The achievements can be breakdown into four fields. First, cooperation between China and Central Asia is driven by central and local authorities of both sides; second, both the state-owned and private enterprises participate in cooperation; third, oil-gas exploration and pipeline construction are in priority, and the energy cooperation covers many fields; fourth, continuously deepen and expand the cooperation of "oil-for-loan". In addition, the finance is increasingly becoming an important tool in energy cooperation. However, the energy cooperation between China and Central Asian countries still felt marked political and economic impacts from international, regional and Central Asian countries.

Key Words: China and Central Asian Countries; Energy Cooperation; New Development

Y.18
中国与中亚国家经济合作中的安全问题

孙昌洪*

摘　要：经过20多年的共同努力，中国与中亚国家的经济合作成效显著，并成为双方关系的重要组成部分，但双方经济合作的进一步深入面临诸多因素的影响和制约，其中反映在政治、社会安全方面的安全因素较为突出，呈现因素众多，影响不一，且现实因素与潜在威胁并存的特点。由于这些安全因素带有强烈的转型期特点和阶段特性，其解决具有复杂性和长期性，所以，立足双边、依托多边、推动全面合作的深入来促进相关问题的解决，应成为根本上解决相关安全问题的政策选择。

关键词：中国　中亚　经济合作　安全因素

20多年来，中国与中亚国家的经济合作卓有成效，已成为双方关系的重要组成部分，但影响合作进一步深入发展的因素仍然存在，其中经济合作中的安全问题较为突出。在国际和地区形势发生剧烈变化的背景下，加强对经济合作中安全问题的研究，无论是对经济合作的发展，还是对整个地区合作的深入均具有较强的现实意义。

需要说明的是，本文希望从中亚国家政治社会安全和地区整体安全，尤其是涉及经济合作环境安全的各因素在经济合作中的具体反映和体现，分析中国与中亚国家间经济合作中的安全问题，并探寻通过经济合作和地区安全合作的互

---

* 孙昌洪，国务院发展研究中心欧亚社会发展研究所常务副所长，研究员。

动来解决经济合作中的安全问题,而不是纯粹意义上的经济合作过程的狭义经济安全。

(一)中国与中亚国家间的经济合作,为推动地区国家发展,深化地区国家间关系,促进地区稳定和繁荣作出了巨大贡献

20多年来,在双方的共同努力下,中国与中亚国家关系发展顺利并取得了全面丰硕的成果,中国与中亚国家关系当前正处于历史上的最好时期。政治上,双方互信不断加深,在涉及彼此核心利益的问题上给予坚定支持,在国际和地区事务中保持良好协调与配合。安全上,双方同心协力、密切配合,严厉打击恐怖主义、分裂主义和极端主义"三股势力",共同维护安全和发展利益。迄今为止,中国国家元首先后22次访问中亚国家,中亚国家元首先后47次访问中国,双方领导人在多边场合经常会晤,就双边关系和其他共同关心的重大问题深入交换意见、凝聚共识、规划未来,有力地推动了中国与中亚国家关系的发展。①

作为双方关系重要组成部分的经济合作同样取得了令人瞩目的成就,中国与中亚国家在经贸领域,能源、交通、通信等重点领域的合作均卓有成效。经贸合作成为中国与中亚国家关系的一大亮点,双方贸易额在短短20年内增长了65倍,中国已成为中亚国家最重要的进出口对象国。与此同时,一批开创性的大项目合作成功实施,双方关系的物质基础更加坚实。②

中国与中亚国家的经济合作呈现总体共进并各具重点的态势,即一方面保持与中亚国家外贸发展的共同增长态势,一方面突出与相关国家形成合作特色的特点,如中国与哈萨克斯坦、乌兹别克斯坦和土库曼斯坦的能源和交通合作,又如中国与塔吉克斯坦和吉尔吉斯斯坦的投资和金融合作。

中国与中亚国家的经济关系堪称睦邻友好、共同发展的典范。中国与中亚地区国家的经济合作不仅给地区国家人民带来了实实在在的利益,而且也为地区和平与繁荣作出积极贡献。

---

① 全国人大常委会委员长吴邦国2011年9月22日上午在乌兹别克斯坦最高会议立法院《弘扬睦邻友好 实现共同发展》的主旨演讲。
② 全国人大常委会委员长吴邦国2011年9月22日上午在乌兹别克斯坦最高会议立法院《弘扬睦邻友好 实现共同发展》的主旨演讲。

（二）中亚国家经济结构单一、对外依赖度高的发展现状，制约了中国与中亚国家经济合作实现从次经贸合作和资源合作阶段到全面经济合作和区域化合作的转变

经济层面上，随着地区经济发展和国家间合作进入新的阶段，受国际和地区形势变化影响，中国与中亚国家间的经济合作的深化仍面临挑战。其中，地区国家社会转型尚未完成，经济结构单一和经济发展水平差异大，对外依赖度高和自身内动力差，直接影响中国与地区国家间经济合作的深化，制约了中国与中亚国家经济合作从经贸合作和资源合作阶段到全面经济合作便利化和区域化的转变。

近10年来，中亚经济获得持续增长，但国家间发展水平差异呈现扩大趋势。中亚五国经历了从计划经济向市场经济转轨的历程，但各自选择了不同的经济改革模式。哈、乌、吉、塔、土五国都已经渡过独立初期的社会、经济危机，宏观经济普遍趋于稳定，自2000年起不同程度地实现了较快的经济增长。但由于采取的发展模式和实施的经济政策有所不同，现阶段中亚五国经济发展水平开始出现差异。哈、乌、土经济实力相对更强，发展速度更快。塔、吉两国资源禀赋较差，经济实力弱，发展严重依赖外援。

与此同时，中亚国家相对单一的经济结构没有改变。独立后，中亚五国经济发展的共同特点是结构较为单一，以能源、原材料出口为主，制造业和加工业相对落后，独立20多年来，这一经济结构至今没有发生根本变化。一些具有资源优势、在苏联时期未得到充分开发的产业（如哈的石油工业，吉的黄金产业和烟草加工业，土的天然气和棉纺行业等），由于外国资本的介入得到迅速成长，成为中亚国家新的财政来源和经济增长点，但这一状况未能帮助中亚国家解决经济发展的结构问题，造成地区国家经济发展内生动力不足，面临进行较为长期的结构调整的任务。①

上述现况制约了中国与中亚国家在经贸和能源合作取得长足进展的基础上，实现向全面经济合作、地区经济合作便利化和区域化的质的提升和转变。

---

① 商务部欧洲司凌激副司长2011年3月在上海外国语大学中亚研究中心成立大会上的发言《中国与中亚国家经贸合作现状、问题及建议》。

（三）对中国与中亚国家间经济合作中的安全问题的分析

在上述背景下，中国与中亚国家经济合作在取得较大成绩的同时，双方经济合作的发展和今后的深化仍面临政治、社会和经济方面存在的安全因素的影响，这些问题的存在直接影响了双方推动经济合作不断发展和深入的努力。需要强调的是，中国与中亚国家经济合作中面临的安全因素挑战的大背景是，中亚国家仍处于社会政治转型过程中，这些安全因素带有强烈的转型期特点和阶段特性。

1. 政治安全，主要包括主权安全、政策安全和外交安全因素

（1）主权安全因素。中亚国家不同程度地存在惧怕对外经济合作影响国家主权的过度担忧，这一心理既存在于国家的政策制定过程中，也存在于社会和民众对一些对外合作项目的担心，更经常反映为政治反对派攻击政府政策的"旗帜"。这一现象尤其是在涉及中亚与中国的合作项目时反应最为明显。

政府方面。中亚国家独立只有短短的20年，国家和社会发展仍处于转型期，处于这一时期的中亚各国在处理对外经济合作中，它们把维护本国独立和主权放在经济合作中的首位，不愿因经济合作而受制于其他国家，担心由于经济、军事实力上的差距和政府能力问题而在经济合作中出现主权旁落。因此，在担忧心理影响下，有时就会出现强烈的独立愿望影响了主权独立和对外经济合作关系的协调，程度不一地出现了各国在确立国家主权的同时，客观上存在一些程度不等妨碍于经济合作全面开展和深入的法律、法令和措施。

民众方面。地区国家的社会和民众对一些对外合作项目"过度敏感"，对涉及中国的对外经济合作项目尤其敏感，从而很大程度上影响了政府部门的决策和相关项目的落实，客观上造成加强双方经济合作的共同政治意识的临时缺失或行为被动，经常出现因国内政治反对派的反对而难以落实相关项目的情况。这反映出各国内部在切实推动对外经济合作发展的政治、社会和企业的凝聚力建设上还有待加强。中亚国家对外经济合作出现协议和意向签署多但切实执行的少这一现象是上述问题的突出反映。

政治反对派方面。中亚的哈、乌、吉等国实行总统共和制，政治体制仍处于不断完善和成熟过程中，几年来总统和议会间、政府和议会间的关系时有不畅，经常发生政治碰撞。地区国家政治权力格局出现的不协调，对制定涉外经济政策和开展对外经济活动均产生不利影响，因为这种碰撞不仅影响到国内事务的处

理，也影响到包括对外经济合作在内的国际事务的处理。如解决多年的中国与中亚国家边界谈判问题，仍不时成为政治反对派批评政府的"旗帜"。近年来，尽管中亚各国对与中国开展经济合作的共识在不断提高，但出于国内政治斗争需要而发生的政治碰撞，仍然影响政府提出的稳定社会经济政治、开展区域间经济合作的法案和项目的落实，总是有一些对外经济合作提案难以在议会中通过，致使双方政府间的一些协议难以顺利和尽快落实。

（2）政策安全因素。转轨过程中的中亚，其原有体制和现行体制并存，经济立法的公平、完善和执法的公正、规范均有待进一步提高。

作为国家社会制度一部分的法律制度的建设状况如何，直接影响到各项事业，包括对外经济合作的发展。转型时期的中亚各国多数仍处于立法和法律完善的过程中，尤其是经济立法方面存在相对不完善、不稳定和多变现象，客观上难以为地区经济合作和区域经济合作提供一个良好的法律环境保障，这在一定程度上制约了中亚地区的对外经济合作，表现在如下方面。

——法律不稳定、不连贯现象突出，经常进行修改和补充，这既挫伤了外国合作者的积极性，也滋生了外国合作者的投机性，十分不利于地区经济合作深化和区域经济合作发展；

——有些法律的制定脱离实际，考虑本国企业利益过多，"理想主义"色彩重，得不到投资者的认可，无法顺利贯彻执行；

——有些国家制定的资源法案中，名义上鼓励和吸引外国投资的进入，但在实际操作中客观存在一些限制甚至歧视外国投资者的内容；

——存在政出多门、法律互不一致，甚至互相抵触的现象，使外国投资者和合作方在具体执行中无从遵循；

——执法力度和统一度有待提高，存在因地方行政长官干涉或其他因素影响而使相关政策和项目落实难甚至不能落实的现象；

——缺乏权威的仲裁机构，处理对外经济合作纠纷机制有待进一步完善，导致经贸合作者缺乏安全感，因而不敢放开手脚进行贸易、投资等经济活动。

一些国家权力和办事机构中存在的官僚腐败、政经官商勾结、贫富悬殊等问题较为突出。尽管各国不同程度地采取了反腐败措施，但官员腐败问题这一世界通病在中亚仍未能得到根本好转，管理层和执行部门的个别人，在政策制定和执行过程中集团利益和私利至上，缺乏政治责任心，加上政策制定和执行缺乏较高透明度，从而影响政府对外经济活动的进行，尤其是影响了国家间中小投资者的积极性，"保护伞"现象普遍是这一问题的集中体现。

（3）外交安全因素。苏联解体后，为争取自身的外交地位和提高本国的安全系数，中亚有关国家有选择地加强了同国际组织之间的关系。其中，中亚的一些国家与北约建立了和平伙伴关系。由此，北约的政治辐射力开始渗透到中亚地区。通过伙伴关系与西方进行更多的经济技术合作，谋求经济援助成为中亚一些国家对外经济合作的主要努力方向之一。

"9·11"事件之后，美国出于自身利益的考虑驻军于中亚，他绝不会允许在这里形成把自己排除在外的地区经济集团。而中亚一些国家由于与美国之间难以分割的利益关系，并考虑到美国力量在中亚存在的重要性，因此也不愿轻易得罪美国去建立美国不愿看到的中亚区域经济合作组织。

此外，随着中亚对外能源、经济合作的深入，美、俄、欧等在中亚的竞争也日益激烈，为使本国利益最大化，各方都不愿意看到中亚出现一个对抗自己的经济集团。

在上述因素的综合作用下，中亚地区形成了多边合作机制多但效率低、不同机制间功能交叉且成员国重叠的现象，这一现象符合地区国家多边均衡外交的利益需要，但客观上影响了地区国家对外经济合作的区域化和一体化进程，影响了地区国家对外经济合作过程中多边项目的开展，影响了地区国家对外经济合作的整体设计和推动。

2. 社会安全，主要包括社会动荡、极端势力和阿富汗因素

（1）社会动荡因素。地区国家内部政治体制转型基本确立，但受民族、部族和利益集团间矛盾影响，各国政治局势在保持整体稳定的同时仍存在不安定因素，并因各种导火索的影响而不时爆发社会动荡事件，最具破坏力的是吉尔吉斯斯坦的两次非和平手段实现的政权更迭事件，以及其他国家不时发生的各类局部动荡事件等。

整个地区层面，中亚各国的利益冲突一定程度上呈不断加深的趋势。中亚各国资源占有极不平衡，这不仅体现在石油、天然气等关系国民经济发展的重要战略资源上，而且还体现在土地、水源、矿产等关系各国居民正常生活和社会稳定的基本生存资源上。地区国家相邻地区不时因上述原因而发生边境事件，跨界资源问题长期影响各国内部的资源开发和对外能源开发。

无论是单一国家的社会动荡和社会事件，还是地区国家间的分歧和矛盾，它们对中国与中亚国家的经济合作的影响是直接和巨大的。吉尔吉斯斯坦的两次政治动荡过程中，中国投资者的直接损失巨大，其对中方投资者的心理冲击及其影响也是深远的。另外，地区国家间在资源和边界问题上的分歧也直接影响了中国与地区国家间相关项目的合作。

上述问题和趋势，若不能从根本上加以解决或出台有效的协调手段而任其发展下去，不仅给投资者带来损失，损伤他们的信心，而且有碍地区国家对外合作形象和内部投资环境的建设，这对于中亚对外经济合作的进程来讲是一个巨大的阻碍。

(2) 极端恐怖势力因素。中亚地区的极端恐怖势力活动从未停止，并在个别地区呈回流上升趋势。"乌兹别克斯坦伊斯兰运动"仍在乌兹别克斯坦、吉尔吉斯斯坦和塔吉克斯坦三国交界处制造事端；乌兹别克斯坦和塔吉克斯坦不时发生的暴力恐怖和局部动荡事件；"伊扎布特"组织的活动近年继续蔓延，其存在几乎遍及中亚各成员国；车臣恐怖势力与地区相关组织的勾结。这些因素的存在严重影响了地区多边合作项目的落实和区域经济合作的开展。

(3) 阿富汗因素。阿富汗冲突地带与中亚近在咫尺，这一地理位置使阿富汗问题给中亚带来了巨大的安全威胁，其中两个最大的威胁是极端宗教组织和贩毒组织的活动。与阿富汗原教旨主义武装分子有密切联系的极端宗教组织在塔吉克斯坦的帕米尔高原、吉尔吉斯斯坦南部活动猖獗，地区国家的一些年轻人被这些团伙暴力反抗政权的宣传所蛊惑。此外，盘踞在阿富汗的制毒、贩毒集团不仅将中亚作为其毒品外运通道，而且参与了地区内发生的族群骚乱或持械枪杀活动，成为威胁地区稳定的心腹大患。①

3. 能源安全

中国是世界上最大自然资源进口国，较处于中国能源合作关键意义位置的中东国家而言，中亚地区是中国对外能源合作的重要平衡对象和西向的过境通道，具有相对稳定可靠的资源来源和能源输入的桥梁的双重作用。在中国相对脆弱的能源安全体系中，中国与中亚国家间的陆上能源运输路线的安全系数较高；除石油和天然气合作外，哈萨克斯坦和乌兹别克斯坦的高标准铀矿，对中国核能发展

---

① 新华社 2010 年 7 月 2 日援引俄罗斯信息分析中心网站。

计划具有突出的重要意义；从长远看，吉尔吉斯斯坦和塔吉克斯坦丰富的水力资源可能成为地区国家间能源合作新的增长点。①

以中国和哈萨克斯坦的石油合作项目和中国—中亚天然气管道项目为代表的中国中亚国家间的能源合作取得了长足发展和丰硕成果。随着双方能源合作的深入，在中亚地区面临内外因素影响与潜在威胁的背景下，如何保障管道安全，保障能源合作项目不受潜在社会政治动荡、偶发性武装冲突等影响，解决相关安全保障机制的缺失，现已成为必须考虑的能源合作中的重大问题，只有这样才能避免中国在其他地区，如非洲地区业已面临的安全问题在中亚地区发生。

（四）中国与中亚国家经济合作的安全因素的特点和解决前景

1. 上述问题的特点和阶段性特征

上述中国与中亚国家经济合作中的安全问题的突出特点是因素众多，影响不一，且现实因素与潜在威胁并存。这就要求各方及时应对随地区安全形势变化和经济合作深入而产生的双方经济合作过程中的安全问题，重点是处理好安全因素与经济合作间的关系，促成安全与经济合作的良性互动。

上述经济合作中的安全因素存在是事实，但上述安全因素对当前双方经济合作的开展和深入的影响程度各不相同。经过中国与中亚国家20多年来的合作和努力，双方经济合作的总体环境是稳定的，对经济合作中安全因素的处理和协调是有效的，而经济合作过程出现的安全问题的解决有其复杂性和长期性：国家和社会转型、政权建设、法制建设等，均是各国的内部事务，他国无权干涉，存在问题的解决需要时间，需要各国所有政治力量的共同努力；多机制问题需要在尊重地区国家主权和利益的基础上的共同协商、妥协和合作；仲裁机制、管道安全保障机制需要共同的探索和努力；等等。

2. 目前最为现实、迫切和较易着手的安全问题主要是民众的敏感情绪和政治反对派的挑战、法律环境与仲裁机制的建设和完善、多种机制的负面影响等，较为严峻的安全因素是阿富汗因素带来的安全威胁及其对地区多边合作和区域化建设的影响

当前，国际经济环境与国际安全环境呈现互动的关系。经济基础决定上层建

---

① 新华社2011年8月27日援引俄罗斯信息分析中心网站。

筑，妥善解决好国际经济合作中的安全问题，在国际经济联系与经济交往发展到一定阶段时，对外经济合作和在此过程中反映出的安全问题的关系只有实现良性互动，才有利于经济的深化。因此，统筹经济合作与安全问题是解决经济合作中安全问题的关键。①

3. 立足双边，依托多边，以全面合作推动经济合作中安全问题的解决

基于上述分析，解决中国与中亚国家经济合作过程中安全问题，应努力遵循立足双边，依托多边，推动全面合作与经济合作的良性互动的原则，这是解决双方经济合作中安全问题的根本出路，也只有遵循这一原则，中国与中亚国家经济合作中的安全问题才有望得到逐步和全面的解决。

首先，双边经济合作是中国与中亚国家开展经济合作的最重要形式，20多年来，中国与中亚国家签署了一系列的双边经济合作文件，这为双方的长远合作奠定了坚实的基础，充分运用双方高度紧密的政治关系，通过各个合作交流平台，梳理和落实好相关协议，努力避免政策性因素对双方经济合作的影响。立足双边合作，是舒缓民众的敏感情绪、建设和完善仲裁机制的首选。

其次，依托上海合作组织，共同解决涉及经济合作的地区性问题，在平等、互利、共赢的基础上，寻找解决制约双方和整个地区经济合作的方法。回顾中国与中亚国家的经济合作过程，目前中国对于中亚五国的安全战略与经济战略得到较好的协调，正是因为各国在制定和落实双方经济合作战略时统筹考虑了双方的全面合作和地区安全因素。中国与中亚国家签署的安全合作协议和共同参与的上海合作组织，经济和安全两个轮子成为上海合作组织重要支柱表明，成员国在此地区的国际安全战略与国际经济战略本身就是一体的，从安全关系中滋生出经济关系，从安全制度化产生出经济一体化，从而达到国际战略中的经济与安全相协调。依托多边合作，是协调多个合作机制、积极应对地区共同威胁的有力保障。

最后，推动全面合作的深入。中国与周边邻国的安全合作组织或安全机制处于发展和完善中，如中国同中亚国家的上海合作组织、中国同东南亚国家合作的澜沧江—湄公河合作机制等，其共性是反恐怖主义和反毒品走私的安全合作与经贸合作的扩展依存于一体，这种模式的优点是自然发生，水到渠成，战略协调的基础巩固，协调与动员成本较低。此外，加强中国与中亚国家的人文领域合作，

---

① 郭树勇：《论和平发展大战略下国际经济与国际安全协调》，《社会科学》2008年第12期。

促进双方民众间的相互尊重和相互理解,并借此推动双方全面合作的深化,从而为双方的经济合作创造良好的整体环境,这正是中国睦邻、友邻、富邻政策的内涵,也是此政策得到地区国家欢迎的最重要原因。

4. 兼顾发展、安全、主权因素,推动中国与中亚国家间经济合作的长远、持续发展

通过国际经济合作推动国家和地区经济的发展,这是地区国家的共同愿望,经济的不发展是经济发展和经济合作中最大的不安全因素。而发展的过程中常常伴生风险和安全问题,因此处理好发展和安全的关系尤显重要,既不能要发展而忽视安全,也不能因安全问题而放弃发展。对外合作和主权让度是矛盾统一体,只要地区国家按照相互尊重、相互协商、平等互利、遵守规则,就能够处理好这一问题,在环境允许和条件成熟时,将双方的经济合作推向一个新的阶段,共同实现融入世界经济、拓展国际市场、增强经济实力、地区共同繁荣的目标。

The Security Issue in Sino-Central Asian Economic Cooperation

Sun Changhong

Abstract:For more than 20 years, China and Central Asian countries have made efforts and achieved a remarkable success in economic cooperation. The economic cooperation has become an important part of the relations between China and Central Asian countries. But the further economic cooperation of two sides still face a number of limiting factor, especially in the political and social security. Because these factors were characteristics of transition and phase, the policy options should be based on bilateral relations and multilateral relations, and deepen the comprehensive cooperation.

Key Words:China;Central Asian Countries;Economic Cooperation;Security Issues

Y.19
上海合作组织：中国与中亚合作的重要平台

孙壮志*

摘　要： 上海合作组织成立后，中国和中亚国家的关系在多边框架内进一步发展。中国领导人提出的"睦邻、安邻、富邻"政策，以及"以合作促安全"的新安全观，在处理与中亚国家关系方面得到了最好的诠释。中国和中亚国家领导人高度重视在上海合作组织框架内的合作，强调这会使双方的战略关系提高到一个新的层次。在多边层次上，中国和中亚国家积极寻找新的合作方式，开辟新的合作领域。中国与中亚国家不断提升双边合作的水平，开展多边合作，推动上海合作组织的建设，是基于双方共同的安全合作发展利益，基于睦邻友好的良好愿望，基于在纷乱复杂的国际环境中维护地区稳定与繁荣的需要，基于经济区域化、全球化的潮流。上海合作组织的成立和发展，对增进中国同中亚国家的友好交往，克服双边关系中的障碍起到了积极作用。

关键词： 上海合作组织　中国　中亚　睦邻友好

2001年6月15日，上海合作组织宣告成立，这是新世纪中国周边外交的一件大事，对于在欧亚大陆建立新的区域合作与保障机制，维护上海合作组织所在地区，特别是中亚的安全，促进中亚国家的经济发展具有特别重要的意义。它使中国与中亚国家之间的双边合作提高到一个全新的水平，成为新世纪中国与中亚国家在多边基础上开展区域合作的重要平台。

---

* 孙壮志，法学博士，中国社会科学院上海合作组织研究中心秘书长、研究员。

上海合作组织：中国与中亚合作的重要平台

一 从双边到多边：21世纪中国与中亚国家的战略合作

中国与中亚国家的关系源远流长。古代的"丝绸之路"把中国同中亚地区紧紧联结在一起，共同为推动东西方文化的交流作出了贡献。1991年1月，中国与刚刚独立的中亚五国建交，此后双边关系在各个领域平稳发展。中国和中亚国家制定对外政策时，都不能忽视对方的存在，这是由一系列客观现实所决定的：一是地理上的联系，双方有漫长的陆地边界，山水相连，互为陆路交通的重要"走廊"；二是经济上的联系，双方进行经贸合作有地缘上的优势和较强的互补性；三是文化上的联系，双方有数千年友好交往的历史，中国西部地区和中亚有不少跨界而居的民族，血脉相通；四是政治上的联系，中国和中亚国家对国际问题有相同或相似的看法，都反对单极世界和强权政治，主张建立公正合理的国际秩序；五是安全上的联系，中国和中亚国家面临许多共同的安全威胁，在打击恐怖主义、分裂主义和极端主义"三股势力"、维护地区稳定方面利益一致。

经过20年的发展，中国与中亚国家的关系已经达到了较高的水平：双方领导人的互访很频繁，签署了一系列声明、协议及其他合作文件，为睦邻友好关系的发展奠定了法律基础；双方的经济合作规模不断扩大，贸易额迅速攀升，中国已经成为哈萨克斯坦、吉尔吉斯斯坦、塔吉克斯坦和乌兹别克斯坦的主要经贸合作伙伴；中国与中亚国家在军事安全领域相互信任，在打击非传统安全威胁方面的合作不断深化，中国向中亚国家提供了安全保障和物资援助；双方人文领域和民间的交流也有逐步扩大的趋势。

2001年6月15日，中国、俄罗斯、哈萨克斯坦、吉尔吉斯斯坦、塔吉克斯坦和乌兹别克斯坦六国元首相聚上海，共同签署了《上海合作组织成立宣言》，庄严宣告六国间地区合作组织正式成立。宣言强调，各成员国将严格遵循睦邻友好、平等互利、友好协作、共同发展的原则，坚持不结盟、不针对其他国家和地区以及对外开放，要同世界上其他地区和国际组织保持友好联系和合作。宣言还明确提出，"上海五国"进程中形成的以"互信、互利、平等、协商、尊重多样文明、谋求共同发展"为基本内容的"上海精神"，将成为成员国之间相互关系的准则。六国元首同时签署了《打击恐怖主义、分裂主义和极端主义上海公约》，为联合打击"三股势力"奠定了法律基础。2002年6月7日，上海合作组

织六国元首在圣彼得堡举行会晤,又签署了《上海合作组织宪章》等重要文件。

上海合作组织成立后,中国和中亚国家的关系在多边框架内进一步发展。早在其前身"上海五国"时期,双方就已经实现了边界地区的军事互信和相互裁军,扩大了在政治、安全领域合作的范围。2003年上海合作组织多边经贸合作纲要签署后,一些多边基础设施项目的提出和中国多次向中亚国家提供大额优惠贷款,帮助中亚国家走出经济困境,使中亚国家更加意识到中国的重要性。中国领导人提出的"睦邻、安邻、富邻"政策,以及"以合作促安全"的新安全观,在处理与中亚国家关系方面得到了最好的诠释。在中亚地区政治、安全局势风云变幻、起伏不定的时候,中国始终坚定地站在中亚国家一边,得到了中亚各国政府和人民的高度赞扬。中国和中亚国家领导人高度重视在多边框架内的合作,强调这会使双方的战略关系提高到一个新的层次。他们一致认为,进一步推动上海合作组织的发展,充分发挥其在维护地区安全与稳定、促进成员国经济领域合作等方面的作用,符合该组织所有成员国的根本利益。在上海合作组织框架内,中国和中亚国家积极寻找新的合作方式,开辟新的合作领域。

上海合作组织的成立和发展,对增进中国同中亚国家的友好交往,克服双边关系中的障碍起到了积极作用。

推动中国与中亚邻国在互谅、互让的原则基础上顺利解决边界问题。2002年5月,中哈两国签署勘界议定书,为中哈边界问题的解决画上了一个圆满的句号。在独联体国家中,哈萨克斯坦率先与中国彻底解决了历史遗留的边界问题。同月,中国与塔吉克斯坦签署《中塔国界补充协定》,两国在有争议的地段最终达成协议。2002年6月,吉尔吉斯斯坦总统正式签署命令批准中吉边界有关协定,标志着中吉边界问题得到全面解决。漫长的陆地边界线成为紧密联结六国人民友谊的纽带。这些都是历史性的成就,对中国与中亚国家睦邻友好合作关系的发展产生了深远影响。

推动中国与中亚国家面向未来开展战略合作,奠定长期睦邻友好关系的基础。在21世纪最初几年,中国与中亚国家的领导人在一系列双边会晤中,就双方友好关系的未来发展进行了充分的磋商和筹划,明确了长期友好、密切合作的基本原则,决定建立战略合作关系。中国和中亚国家的政治、经济、安全、文化合作全面发展,进入了一个睦邻合作的"黄金"时代。2002年6月,签署了中国和吉尔吉斯斯坦《睦邻友好合作条约》;12月,哈萨克斯坦总统纳扎尔巴耶夫

上海合作组织：中国与中亚合作的重要平台

访华时，两国签署《中哈睦邻友好合作条约》、《关于打击恐怖主义、分裂主义和极端主义的合作协定》等重要合作文件。哈萨克斯坦成为独联体国家中继俄罗斯之后中国的另一个"战略伙伴"。2003 年 4 月和 5 月，中国全国人大和哈萨克斯坦议会上院分别批准了两国《睦邻友好合作条约》。中国还于 2005 年 5 月与乌兹别克斯坦签署《友好合作伙伴条约》，2007 年 1 月与塔吉克斯坦签署《睦邻友好合作条约》。这四个重要条约将中国与中亚国家以及中亚国家人民世代友好的真诚愿望以法律的形式固定下来，成为新世纪中国与中亚国家友好关系发展的纲领性文件。条约的签署，标志着双边关系提升到一个更高、更有质量的水平。

推动中国与中亚国家在地区和全球事务中开展更加紧密的合作。双方不仅在各自的国内政策上相互理解，而且在国际问题上加强协调，表明相同的立场。比如在中亚无核区的问题上，在阿富汗的和平与重建问题上，在联合国改革和反导问题上，能够密切配合，发出强有力的声音。2006 年 6 月，胡锦涛主席参加了在哈萨克斯坦阿拉木图举行的"亚信会议"成员国领导人第二次会议，发表了题为《携手建设持久和平、共同繁荣的和谐亚洲》的重要讲话，特别强调要坚持多边主义，加强区域内外合作，应该加强上海合作组织等区域组织或机制内的合作，构筑密切的伙伴关系网络，加强优势互补，同时应该加强与区域外的合作和协调，扩大同相邻地区的对话和交流，为实现亚洲各国发展繁荣创造更好的条件。[1] 这也成为中国与中亚国家在地区范围内开展密切合作的重要目标。

二 上海合作组织为中国与中亚国家合作提供了新机遇

上海合作组织的基本宗旨和任务是加强成员国间的相互信任和睦邻友好；发展多领域合作，维护和加强地区和平、安全与稳定，推动建立民主、公正、合理的国际政治经济新秩序；共同打击一切形式的恐怖主义、分裂主义和极端主义，打击非法贩卖毒品、武器和其他跨国犯罪活动，以及非法移民；鼓励开展政治、经贸、国防、执法、环保、文化、科技、教育、能源、交通、金融信贷及其他共同感兴趣领域的有效区域合作。目前，除国家元首的定期会晤以外，在上海合作组织框架内已建立成员国总理和多个部门领导人定期会晤机制，还包括国家协调

---

[1] http：//www.dbk.cn/SuperLibtary/freearticle.asp? aid = 8958.

员理事会以及秘书处和地区反恐怖机构等常设机构。区域经济合作进程已经启动，吸纳了蒙古国、巴基斯坦、印度、伊朗四个观察员国和白俄罗斯、斯里兰卡两个对话伙伴国，成为联合国大会的观察员，与一系列国际组织达成合作的共识。2010年12月13日第65届联合国大会通过《关于联合国和上海合作组织合作的决议》。在各方共同努力下，该组织在地区和国际事务中发挥越来越积极的作用，成为推动世界和平与发展的重要因素。

上海合作组织对中亚地区的经济发展有着不可代替的作用，这是该组织对中亚国家的吸引力之所在。除了哈萨克斯坦以外，中亚四个国家的经济都比较困难，特别是吉尔吉斯斯坦和塔吉克斯坦，属于欧亚大陆上最为贫困的国家之列，资源相对缺乏，自然地理条件比较差。它们参与上海合作组织，主要希望该组织特别是中国能够帮助它们渡过经济上的难关。

——解决紧缺的资金问题。中亚国家投资不足，债台高筑。哈萨克斯坦、吉尔吉斯斯坦和塔吉克斯坦的外债占本国国内生产总值的比例都超过了警戒线，中亚国家希望上海合作组织能够给它们带来更多的直接投资和财政援助。

——解决紧迫的交通运输问题。中亚国家都是内陆国，乌兹别克斯坦甚至是向任何方向出海都要经过两个国家领土的"双内陆"国家，中亚国家希望中国能够提供便捷的出海口。上海合作组织框架内的合作对中亚国家扩大商品进出口、实现对外运输多元化具有头等重要的意义。

——解决紧俏的资源开发问题。哈萨克斯坦等中亚国家有比较丰富的战略资源。中亚国家希望把资源作为打入国际市场的拳头，但独立开发有困难，希望借助于上海合作组织加快资源开发，同时解决资源利用产生的矛盾。

——解决经济结构的调整问题，中亚国家的经济结构比较单一，至今仍然摆脱不掉苏联时期的影子。中亚国家希望能使本国的产业结构和资源、市场结构相适应，借助于上海合作组织内的合作发展本国的弱势产业，增强国际竞争力。

中国同中亚国家的贸易商品是互补的。中国需要资源并输出劳动力密集型消费品，中亚国家需要劳动力密集型消费品并输出资源，中国同时也具有向中亚国家大规模投资和提供先进技术的潜力。俄罗斯和中亚国家有传统的经济联系，但现实的互补性更差一些。因此，中国、俄罗斯同中亚国家的经贸关系中，仅发挥双边的优势是不够，因为大型项目往往涉及多个国家，需要开展更全面、更广泛的地区合作。在上海合作组织框架内，中国、中亚和俄罗斯将形成一种商品、资本、技术的良性合作关系。随着中国经济的发展和产业结构的提升,技术、资本向外输出的比重会越来越高,中亚国家对此非常欢迎。

上海合作组织的建立,为中国和中亚国家关系向更高层次的发展提供了新的机遇。

首先,在政治上进一步明确了互信和平等的原则,强调睦邻友好、相互尊重主权和领土完整,可以巩固双边合作关系,使双边合作的利益基础更加坚实。上海合作组织框架内签署的各项条约、协定对中国与中亚国家的双边政治合作是个补充和延伸。

其次,在经济上争取实现贸易和投资便利化,并开展更深层次的区域合作,对加深中国与中亚国家的双边经济合作关系能够起到推动作用,而且,多边层次上的合作更有利于启动一些投资额较大的经济合作项目。上海合作组织成员国政府首脑会议强调必须创造条件以利于六国经济合作,发展交通走廊和降低关税壁垒等。在这种情况下,加强中国与中亚国家的合作,以双边促多边,对巩固和发展上海合作组织同样非常重要。目前,中国与中亚国家在能源、交通运输等领域的合作已经有了相当好的基础,可以用多边合作的方式加以丰富。在能源合作领域,中国政府把同哈萨克斯坦、土库曼斯坦等国在石油天然气领域的合作看做是加强互利互惠关系的支柱之一;在交通运输领域,第二条欧亚大陆桥的建设,提高了中国和中亚国家在国际经济体系中的地位。

再次,在安全上的互信与协作,不仅可以使中国与中亚国家的边界成为和平友好的新边界,而且对维护整个地区的稳定,对欧亚大陆的和平有直接的贡献。中国与中亚国家在打击"三股势力"和跨国犯罪方面的合作,成为"上海合作组织"安全合作的重要内容。20世纪90年代末期,中亚的极端势力、"东突"恐怖势力在国际恐怖组织的支持下相互呼应,在中亚南部和中国新疆制造了一系列恐怖事件,造成了大量的人员伤亡。"9·11"事件后,形势有了新的变化,恐怖势力从阿富汗向中亚地区转移,打击"三股势力"的任务更加紧迫,需要开展跨国合作,需要地区各国的共同努力。上海合作组织的成立促使启动相关合作,联合打击破坏地区稳定的恐怖势力和有组织犯罪活动。在上海合作组织的框架之内,中国与中亚国家按照签订的各项协议,进行了实质性的安全合作。

最后,在国际事务中相互支持。中国和中亚国家都主张增进各国相互了解与信任，促进地区和平与稳定。上海合作组织为中国和中亚国家在国际舞台上的合作创造了更多的可能性。在维护中亚地区安全、促进中亚地区发展方面，在更加广泛的国际舞台上，中国与中亚国家立场相近，有诸多共同利益。中亚国家领导人强调，上海合作组织是捍卫本地区和平与安全的最有效的机制，中亚国家重视与中国加强在该组织框架内的合作，以维护本地区的长期稳定，使之成为区域合作的典范。

当前，中亚地区政治与安全形势中的不确定因素很多，上海合作组织可以发挥更加积极的作用。2010年吉尔吉斯斯坦发生政局动荡和民族冲突，再次发生政权更迭，2011年10月总统大选后局势有所好转，但各种政治矛盾依然非常尖锐；从2010年下半年开始，塔吉克斯坦的安全形势急剧恶化，武装反对派在东部山区频频制造事端，宗教极端势力的影响扩大；哈萨克斯坦在2011年下半年多次发生恐怖袭击，12月在西部的扎瑙津发生了独立后最大的一次骚乱，社会矛盾已经积聚到临界点；乌兹别克斯坦的极端势力和恐怖组织已经国际化，政治反对派在境外也比较活跃，国内安全形势一直比较紧张。在美国决定于2014年从阿富汗撤军以后，阿富汗的局势进一步复杂化，加之毒品问题长期得不到有效控制，对中亚是直接的威胁。

在这种情况下，巩固中亚地区的稳定，依然是上海合作组织各成员国在安全领域的首要任务，中亚国家也希望在安全领域继续得到中国的支持和帮助。为此，上海合作组织对中亚地区给予了更多的关注，建立了安全会议秘书、总检察长、最高法院院长、国防部长、紧急救灾部门领导人、公安内务部长、禁毒部门领导人会议等定期会晤机制，以便解决共同应对新威胁和新挑战的迫切问题。签署了《打击恐怖主义、分裂主义和极端主义2010~2012年合作纲要》。上海合作组织成员国在促进吉尔吉斯斯坦局势正常化方面发挥了积极作用，并向吉尔吉斯斯坦提供了大量人道主义和财政援助。2011年上海合作组织阿斯塔纳峰会强调，在预防和消除中亚地区紧急状态方面坚持合作具有重要意义。各成员国强调绝不允许用宗教、民族或政治借口为恐怖主义和分裂主义进行开脱。上海合作组织成员国共同关注阿富汗的和平发展，支持阿富汗政府稳定国内局势并进行经济重建。中亚国家建议，在阿富汗边界沿线建立上海合作组织的反毒品"安全带"，中国认为是有益的、可行的，反映出认识上的一致。

上海合作组织：中国与中亚合作的重要平台

三 中国与中亚国家开展多边合作的未来前景

2011年是上海合作组织各个层次会议非常密集、成果比较丰硕的一年，与中国和中亚国家关系的持续深化有直接关系。6月举行的元首会议通过了《上海合作组织十周年阿斯塔纳宣言》，批准了《2011~2016年上海合作组织成员国禁毒战略》及其《落实行动计划》，签署了《上海合作组织成员国政府间卫生合作协定》等文件。峰会首次把提高上海合作组织各国福祉和改善民生确定为本组织的重要任务之一，支持中方倡议，宣布中方担任主席国的2011~2012年为上海合作组织"睦邻友好年"①。

2011年11月举行的上海合作组织总理会议，通过了《关于世界和上海合作组织地区经济形势的联合声明》，签署了《上海合作组织银联体中期发展战略（2012~2016年）》等文件。此外，还举行了多次部长级会晤：包括国防部长会议（3月17日）、禁毒部门领导人会议（3月30日）、总参谋长会议（4月25~26日）、公安内务部长会议（4月28日）、安全会议秘书会议（4月29日）、文化部长会议（5月18~19日）、总检察长会议（6月8日）、紧急救灾部门领导人会议（9月27日）、卫生防疫部门领导人第二次会议（10月14日）、经贸部长会议（10月26日）、交通部长会议（10月28日），还举行了"天山2号（2011）"联合反恐演习（5月6日）。

上海合作组织六国中有四个是中亚国家，这决定了在中亚地区开展合作是该组织工作的主要方向之一。哈萨克斯坦、吉尔吉斯斯坦、塔吉克斯坦与中国接壤，是"上海五国"进程的参加者，与中国在进一步扩大安全与经济合作方面早有共识。乌兹别克斯坦2001年参加"上海五国"机制，并成为"上海合作组织"创始国，也同样抱有加强与中国的安全、经贸和政治合作的战略目的。

中国与中亚国家在上海合作组织框架内开展多边合作，主要受以下几种因素影响。第一是地缘因素。中国与中亚地理上唇齿相依，中亚是中国连接欧洲、西亚陆上走廊的门户和中转站，中国是中亚地区走向太平洋的依托和捷径。第二是

---

① 《上海合作组织十周年成员国元首理事会会议新闻公报》，http://news.xinhuanet.com/world/2011-06/15/c_121540675_2.htm。

双边因素。双边关系发展得如何直接会影响到多边合作的开展。第三是国际因素。国际形势的变化,特别是中亚地区国际力量的分化组合,对中国和中亚国家在多边基础上的合作会有直接的影响。第四是政策因素。上海合作组织的建立和发展是一项前无古人的开创性事业,中国和中亚国家的重视程度或者说把它放在什么样的位置上,对该组织的发展同样很重要。第五是大国因素。中国和中亚国家国力不同,与世界上各个大国在交往中所处的地位也有差异。各大国对上海合作组织有自己的看法,甚至为了自身的利益干扰该组织的合作。中亚国家非常重视与一些有经济实力的大国优先发展合作关系,一些认为本国在中亚有特殊利益的大国也试图排斥中国的影响。

中亚国家对外战略中对上海合作组织发展的不利方面主要体现在以下方面。

第一,中亚国家的对外战略首先要服从巩固独立的需要,对俄罗斯和中国的戒心妨碍了中亚国家参与广泛合作的热情。中亚国家认为,维持各种外部力量的平衡,保持本国外交的多元化,对维护主权和独立是有益的。

第二,中亚国家的对外交往要服从经济发展的需要,而上海合作组织在经济领域目前还难有大的进展,中国、俄罗斯同属发展中的大国,不可能给中亚国家很多的经济援助。

第三,中亚国家国际合作的最优先方面是独联体和西方,在参与国际合作时要以此为限,比如哈萨克斯坦、吉尔吉斯斯坦、塔吉克斯坦参加了俄罗斯主导的次区域组织,致力于独联体内部的一体化,中国目前在中亚还没有很强的影响力。

第四,中亚国家之间在外交政策上也有很大差异,哈萨克斯坦、乌兹别克斯坦追求的目标和吉尔吉斯斯坦、塔吉克斯坦是不同的。另外,中亚国家对参与多边合作缺乏经验,长期的封闭加上步入国际舞台的时间很短,外交上还不是很成熟,政策上不够稳定,使中亚国家容易患得患失,难以有长远的打算。过分看重本国利益和眼前利益,在合作中漫天要价,也导致一些多边项目难以落到实处。

同时应该看到,中亚国家的对外政策中,同样有对上海合作组织发展有利的方面:第一,广泛参与国际合作是中亚国家的对外战略的出发点之一;第二,中亚国家对外政策的制定受历史文化传统的影响较深,中国与中亚有2000多年友好交往的历史,中亚国家与俄罗斯的传统联系也很难切断;第三,中亚国家对外战略受地缘的制约明显,地处内陆使这些国家重视与邻近国家发展关系;第四,中亚国家对外战略中安全保障占显著位置,与中国、俄罗斯能否保持稳定的友好

| 上海合作组织：中国与中亚合作的重要平台

合作关系对地区的安全非常重要。

今后相当长一段时期，中亚国家都会继续重视"上海合作组织"在该地区内的各种合作，但更多的是从本国的"利益"和"需要"出发。中亚国家自身经济实力有限，国内政治矛盾有激化的危险，因此，中亚国家对该组织框架内的合作都比较热心，甚至想用在组织当中有条件的"从属"地位换取中、俄更多的投入和帮助。中亚国家对组织的未来发展及本国的参与程度都有自己的考虑：哈萨克斯坦和乌兹别克斯坦都有意在地区发挥重要的作用，希望借重上海合作组织的声望；吉尔吉斯斯坦和塔吉克斯坦则考虑参与该组织的合作有助于国内经济和安全问题的解决。

总之，中国与中亚国家不断提升战略合作的水平，开展多边合作，推动上海合作组织的建设，是基于双方共同的安全合作发展利益，基于睦邻友好的良好愿望，基于在纷乱复杂的国际环境中维护地区稳定与繁荣的需要，基于经济区域化、全球化的潮流。上海合作组织是在这样一个背景之下的实践活动，其影响是深远的。中亚地区安全格局的变化，对上海合作组织产生了直接的影响，使中国的西部安全增添了更多的不确定因素。上海合作组织的成员国互为邻近国家，近在咫尺，有开展区域合作的便利条件和客观要求。中亚国家要发展经济、维护国内稳定，离开其他成员国特别是中国的支持是不可想象的。尽管有一些来自内部和外部的干扰和障碍，中国与中亚国家在上海合作组织框架内的合作基础是坚实的，潜力巨大，前景广阔。

Shanghai Cooperation Organization: An Essential Platform for Sino-Central Asian Cooperation

Sun Zhuangzhi

Abstract: The relations between China and Central Asia has been further promoted under multilateral framework, based on the establishment of Shanghai Cooperation Organization (SCO). Chinese leaders carry out the policy: amicable, secure and prosperous neighborhood and new security concept that security is enhanced through

cooperation, best explained by dealing with the relationship with countries in Central Asia. Leaders of both China and countries in Central Asia attach great importance to cooperation within the framework of the Shanghai Cooperation Organization, and stress that this will lift strategic relations up to a new level. China and countries in Central Asia are actively pursuing new ways to expand fields of their cooperation at the multilateral level. China and countries in Central Asia kept promoting bilateral cooperation, push forward multilateral cooperation and giving a new impetus to the Shanghai Cooperation Organization, on a basis of the mutual security cooperation, shared development interest, good wish of friendly and harmonous neighborhood, the needs of maintaining regional stability and prosperity in chaotic and complex international environment, and the trend of economic regionalization and globalization. Establishment and development of the Shanghai Cooperation Organization have been played a positive role in enhance of friendly exchanges between China and countries of Central Asia and to have been overcome the obstacles in bilateral relations.

Key Words: Shanghai Cooperation Organization; China; Central Asia; Good-neighbourliness Friendship

中亚与世界

Central Asia and the World

中亚与俄罗斯关系：20年间的演变

柳丰华*

摘 要：本文将苏联解体20年来中亚五国与俄罗斯的关系划分为四个阶段，分析了每个阶段相互关系的基本内容和演变的内外动力，最后总结出五点规律性认识。

关键词：中亚国家 俄罗斯 与俄罗斯关系

对于中亚五国来说，俄罗斯无疑是最重要的外交方向，同时与其关系又是最复杂的双边关系。五国与俄罗斯之间历史上密切的关系、现实的种种联系以及其他国际力量在中亚地区的竞争，使得中亚国家与俄罗斯矛盾与合作并存，相互关系变动不定。苏联解体以来，中亚五国与俄罗斯根据各自国家利益和地区形势等因素，多次调整相互关系政策。由于双方相互依赖不对称，中亚五国对俄政策在

---

* 柳丰华，中国社会科学院俄罗斯东欧中亚研究所研究员。

很大程度上受到俄罗斯对中亚政策的影响。总体而言，20年间中亚五国与俄罗斯的关系可划分为四个阶段：建立双方关系新基础（1991～1995年）；优先发展与俄罗斯的关系（1995～2001年）；在俄美平衡基础上发展与俄罗斯的关系（2001～2005年）；再度亲近俄罗斯（2005年至今）。

一 建立双方关系新基础

中亚五国是因为苏联解体而意外地获得独立的，当时它们从政治、经济、外交到思想上都没有做好立国自主的准备。在异常艰难的条件下，新独立的中亚国家开始了对俄外交，其主要目标则是建立新的主权国家间关系，寻求俄罗斯的军事和经济援助，以维护本国的独立和安全。

中亚五国希望继续保留在卢布区，但是遭到俄罗斯的拒绝。当时，俄罗斯奉行向西方"一边倒"政策，以期获得西方大规模的经济援助，完成民主政治和市场经济改革，尽快融入西方"文明大家庭"。俄罗斯一些执政精英认为，包括中亚国家在内的原苏联其他加盟共和国是俄罗斯复兴的"包袱"，[①] 俄罗斯不应继续充当它们的"奶牛"角色。实际上，俄罗斯自身处于严重的政治和经济危机之中，自顾不暇，也没有能力向中亚国家提供经济援助。概括起来，俄罗斯对中亚国家经济上的"甩包袱"政策主要包括：①停止提供财政补贴，不再按照苏联解体前的标准供应原材料及工、农业产品，追讨欠债。②在中亚五国尚在卢布区的情况下，没有与它们协商就单方面实施称为"休克疗法"的激进经济改革，使这些国家已经摇摇欲坠的经济更加恶化。③迫使中亚五国"退出"卢布区。④将对外经济联系的重心转向西方，无意与中亚国家进行经济合作。"甩包袱"政策对中亚五国产生了以下影响：其一，迫使五国发行本国货币，组建独立的经济体系。其二，致使俄罗斯与中亚各国的双边经贸关系急剧弱化，[②] 加剧了中亚

[①] 按照俄罗斯学者的说法，苏联中央对中亚国家的财政补贴占这些国家预算收入的40%。参见 А. В. Торкунов（ред.），Современные международные отношения，Москва，1998г.，c. 438。

[②] 俄罗斯在中亚五国对外贸易总额中的比重由1990年的44.8%（从占吉尔吉斯斯坦的36%到占哈萨克斯坦的49%）下降到1997年的26%（从占土库曼斯坦的11%到占哈萨克斯坦的38%），中亚五国在俄罗斯对外贸易总额中的比重则由1990年的12.7%下降到1997年的5.8%。参见 Н. А. Ушакова，Россия—Центральная Азия：экономическое взаимодейсивие в новых геополитических условиях，Восток и Россия на рубеже XXI века，Москва，1998г.，c. 95。

国家的经济危机。其三，刺激了中亚国家对俄罗斯的离心倾向，特别是促使它们寻求对外经济联系多元化。

对中亚国家而言，与俄罗斯在经济上"离异"已经勉为其难，要想在安全上也自司其职，则实难胜任。中亚国家大多缺乏足够的武装力量和财力来保卫国土安全，只能希望"老大哥"俄罗斯继续提供安全庇护。1992年5月至1993年5月，哈萨克斯坦、乌兹别克斯坦、吉尔吉斯斯坦和塔吉克斯坦先后与俄罗斯签署友好合作互助条约，结成同盟关系；土库曼斯坦则与俄罗斯签署了友好合作条约。土库曼斯坦、塔吉克斯坦、吉尔吉斯斯坦分别与俄罗斯签署条约，与俄罗斯共同保卫本国的南部边界。1992年5月，因以伊斯兰复兴党、民主党为首的联合反对派与纳比耶夫政府争夺政权，塔吉克斯坦爆发内战，只是在俄罗斯驻塔吉克斯坦第201摩托化步兵师（以下简称"201摩步师"）的援助下，塔政府军才挡住了联合反对派武装力量的进攻。中亚其他四国和俄罗斯都担心伊斯兰极端主义在塔吉克斯坦获得胜利并向邻近地区扩张，因此谋求建立一个集体安全机制来维护中亚地区安全。当月，俄罗斯、哈萨克斯坦、乌兹别克斯坦、吉尔吉斯斯坦、塔吉克斯坦和亚美尼亚六国领导人在塔什干签署集体安全条约。条约规定，当任何成员国遭到其他国家或国家集团的侵略时，其余成员国都要向它提供包括军事在内的必要援助。[1] 土库曼斯坦由于奉行中立政策没有参加集体安全条约，它在1992年7月通过签署双边协议而获得了俄罗斯的军事支持。由于客观上缺乏共同的现实外部威胁和实施集体安全的必要性，因此集体安全条约没有发挥多大的作用。

除了发展密切的双边关系，中亚五国还积极参与俄罗斯主导的独联体一体化。与俄罗斯借助于独联体加强对原苏联伙伴国军事政治控制的目的不同，中亚国家热衷于发展独联体的经济功能，希望借此恢复与俄罗斯和其他成员国间中断的传统的经济联系。中亚国家与俄罗斯在独联体框架下签署了大量的合作文件，不过这些文件大多被束之高阁。独联体经济一体化止步不前的现实，加上对于自己可能再度沦为俄罗斯附庸并丧失主权的恐惧，促使哈萨克斯坦、乌兹别克斯坦和吉尔吉斯斯坦1994年着手建设三国统一经济空间，中亚五国转而实行面向土

---

[1] Договор о коллективной безопасности. См.: В. Д. Николаенко. Коллективная безопасность России и её союзников, Москва, 2003 г. с. 141 – 142.

耳其和西方国家的地缘经济多元化。中亚国家的离心动向又引起了俄罗斯的不快,俄罗斯警告它们要在经济合作组织和独联体之间进行选择,① 将三国统一经济空间斥为"反俄一体化"。②

中亚国家与俄罗斯之间有很多问题,其中俄罗斯最关切的是哈萨克斯坦核问题与中亚地区讲俄语居民地位问题。哈萨克斯坦因继承了苏联遗留在其境内的核武器而对俄罗斯在独联体内的唯一核大国地位构成了挑战,但哈萨克斯坦最终于1995年宣布放弃核武器,成为无核国家。俄罗斯与中亚各国就俄罗斯族人地位问题进行了积极的交涉,还声明将俄罗斯对中亚政策与这一问题挂钩,但是仅与土库曼斯坦在1993年签署了双重国籍协议。

在这一阶段,中亚国家在政治上和在安全上依赖俄罗斯的同时,由于对俄罗斯经济上"甩包袱"政策的不满和对俄利用独联体控制自己的警惕,开始推行地缘经济和政治多元化,从而开启了中亚的离心进程。俄罗斯的中亚政策因为缺乏保持传统影响的意愿和与之相称的财政支持能力而弱化了与中亚国家的关系,削弱了俄罗斯在中亚的传统影响。各种外部势力,尤其是美欧的涌入改写了此前俄罗斯一统中亚的历史,也加深了俄罗斯后来推行一体化的难度。尽管如此,中亚国家仍旧承认俄罗斯在该地区的主导地位。

二 优先发展与俄罗斯的关系

20世纪90年代中后期,随着中亚各国经济形势相继好转,各国形成总统集权制政体而政局稳定,美欧对中亚进行"渗透"而使这些国家对外经济政治联系多元化等,中亚国家在与俄罗斯交往中追求独立、平等和利益的呼声增多,它们与俄罗斯的关系因为各种内外因素的作用时有波动,但俄罗斯仍旧是中亚国家外交政策的优先方向。哈萨克斯坦、吉尔吉斯斯坦和塔吉克斯坦总体上继续奉行亲俄政策,土库曼斯坦因为中立国地位而开始疏远俄罗斯及其主导的独联体,乌兹别克斯坦则开始奉行亲西方与疏远俄罗斯的政策。

---

① 〔美〕胡曼·佩马尼:《虎视中亚》,王振西等译,新华出版社,2002,第178页。
② 〔俄〕安德兰尼克·米格拉尼扬:《俄罗斯现代化之路——为何如此曲折》,徐葵、张达楠等译,新华出版社,2002,第352页。

与此同时，俄罗斯在通过外交途径没能阻止西方实施北约东扩计划的背景下，开始组建独联体军事政治联盟以抗衡北约，维护自身地缘政治利益。1995年9月叶利钦总统批准《俄罗斯联邦对独联体国家的战略方针》，该文件明确规定：同独联体国家的关系在俄罗斯对外政策中占有优先地位，俄罗斯将致力于建立政治和经济一体化的独联体以及独联体集体安全体系。① 作为独联体的重要组成部分和俄罗斯地缘战略意义上传统的"软腹部"，中亚理所当然地重新受到俄罗斯的重视。同时，俄罗斯根据中亚各国对俄态度与需求的差别，采取了有所区别地强化双边和多边合作的中亚政策。

哈萨克斯坦进一步发展与俄罗斯的战略伙伴关系。哈俄两国共同解决了里海北部海的划分、陆上国界划定、债务、拜克努尔航天发射场租金等争议问题，为双边关系的发展扫除了障碍。两国不断发展政治关系，1998年哈俄签署"永久友好和面向21世纪的同盟关系"宣言，2000年普京总统访问哈萨克斯坦时确认了两国睦邻友好和战略伙伴关系路线的继承性。两国在经贸，特别是油气开采和运输、贸易、交通等领域的合作日益扩大，2000年俄罗斯和哈萨克斯坦的贸易额达到42亿美元，俄罗斯长期是哈萨克斯坦最大的贸易伙伴。

吉尔吉斯斯坦在经济上和安全上依赖俄罗斯，一直奉行亲俄政策。1996年两国签署《扩大和深化俄吉合作宣言》。吉俄两国恢复了苏联解体后中断的在铀制品、有色金属和稀有金属部门的合作，俄罗斯还通过债转股方式控制了吉尔吉斯斯坦一系列具有战略重要性的企业。1999年和2000年的巴特肯事件促使吉当局寻求扩大同俄罗斯的安全与军事技术合作，以消除宗教极端主义威胁。俄罗斯向吉尔吉斯斯坦提供了必要的军事技术援助，应吉方的要求促成集体安全条约成员国将快速反应部队部署在比什凯克。

塔吉克斯坦一直重视发展与俄罗斯的战略同盟关系，是俄罗斯在中亚的可靠盟友。在俄罗斯的强有力介入下，塔吉克斯坦政府与塔吉克联合反对派在1997年6月签署《关于在塔吉克斯坦实现和平与民族和解的总协议》，结束了长达五年的内战。俄罗斯驻塔吉克斯坦边防军为保护塔阿（富汗）边界免遭塔利班侵扰作出了重大的贡献。1999年两国签署《俄塔面向21世纪的同盟合作条约》、

---

① Стратегический курс России с государствами-участниками Содружества Независимых Государств, *Российкая газета*, 23 сентября 1995г.

中亚黄皮书

《俄罗斯在塔吉克斯坦军事基地的地位和驻扎条件条约》等重要文件，进一步巩固了同盟关系。战后百废待兴的塔吉克斯坦积极发展与俄罗斯的经贸合作，2001年两国贸易额为2.34亿美元，占塔吉克斯坦对外贸易总额的17.5%。①

1994年底，乌兹别克斯坦政治和经济形势趋于稳定，乌美关系逐渐升温，美国将其视作中亚地缘政治多元化的支轴国家而加以支持，从此乌俄关系开始经历疏远—接近—疏远的不稳定"循环"。因与中亚邻国诸多矛盾得到缓解、塔吉克斯坦局势好转、俄罗斯没有财力提供经济援助等原因，1995～1999年乌兹别克斯坦奉行亲美疏俄政策。虽然1998年俄罗斯总统叶利钦首次访问乌兹别克斯坦并与乌总统签署《俄乌永久友好条约》和《俄乌塔全面合作打击宗教极端主义宣言》，但是没能改变乌对俄疏远政策。1999年4月乌兹别克斯坦退出集体安全条约，进一步向美国靠拢。1999年8月的巴特肯事件促使乌兹别克斯坦实行联合俄罗斯共同打击伊斯兰极端主义的政策，因此乌俄关系再次接近。两国签订一系列军事和军事技术合作文件，但是俄罗斯的反恐援助多限于提供武器弹药，②乌兹别克斯坦对此并不满意。2001年5月乌兹别克斯坦重申俄罗斯是乌战略伙伴，③加强了同俄方的边防、安全与军事技术合作。由此可见，只有在宗教极端主义构成现实威胁的条件下，乌兹别克斯坦才在一定程度上加强与俄罗斯的军事政治关系。俄罗斯一直是乌兹别克斯坦的主要经贸伙伴，2001年双边贸易额为128.6亿美元，占乌兹别克斯坦对外贸易总额的19.9%。④

土库曼斯坦因推行中立外交政策和担心本国主权受损，对俄罗斯及其主导的独联体一体化采取疏远政策。土库曼斯坦油气资源丰富，坚持独立发展，只是在自己无能为力的边界安全和油气过境运输两个方面依赖俄罗斯。随着国防能力的增强，土库曼斯坦在1999年从俄罗斯边防军手中接管了本国边界防务。土库曼斯坦积极开辟其他过境输气管道，以降低对俄罗斯天然气管线的依赖度。1999年土库曼斯坦与土耳其、阿塞拜疆和格鲁吉亚共同签署《建设跨里海天然气管道框架协议》，但是该管道建设计划因俄罗斯铺设"蓝流"（经黑海海底至土耳

---

① 柳丰华：《俄罗斯与中亚——独联体次地区一体化研究》，经济管理出版社，2010，第132页。
② Алексей Малашенко, Исламский фактор в российской политике, *Международная политика*, No 3, 2002 г.
③ Г. Чародеев, Клятвы оставим пионерам, *Известия*, 5 мая 2001г.
④ 柳丰华：《俄罗斯与中亚——独联体次地区一体化研究》，经济管理出版社，2010，第135页。

其）天然气管道而被迫放弃。土俄经贸合作不断缩减，双方贸易额在土库曼斯坦对外贸易总额中所占比重由1990年的90%锐减至1995年的6%。①

中亚多数国家依旧是俄罗斯主导的独联体地区及次地区一体化进程的积极参与者。哈萨克斯坦、吉尔吉斯斯坦和塔吉克斯坦加入了关税同盟，2001年三国又与俄罗斯将关税同盟改组为欧亚经济共同体，以更有效地推进关税联盟和统一经济空间。哈、吉、塔三国不仅参与建立了集体安全条约的工作机制，而且加强了与俄罗斯在该条约框架下打击恐怖主义和宗教极端主义的合作，其中一个有力举措是共同组建了集体快速反应部队。中亚国家与俄罗斯在独联体框架下的安全合作也取得了一定的进展。

在这一阶段，尽管中亚国家实行或多或少地削减俄罗斯影响的外交政策——从哈萨克斯坦的"多维外交"到乌兹别克斯坦的大国平衡政策，但是由于在经济、安全上依赖俄罗斯，它们仍然同俄罗斯保持了密切的关系，从而仍旧处于俄罗斯的深刻影响之下。俄罗斯出于重新控制中亚并以此为依托复兴自己大国地位的战略考虑，强化了对中亚外交，因此保持了在该地区的主导地位。

三 在俄美平衡基础上发展与俄罗斯的关系

"9·11"事件后国际形势和中亚地区形势的发展给中亚国家与俄罗斯的关系注入了一些新的因素。从国际形势来看，美国及其盟国开展大规模的反恐，使地处反恐前沿的中亚地缘政治价值大增，这也加重了中亚国家在和俄罗斯交往中的分量；俄罗斯采取的支持美国反恐的政策，使中亚各国能够与美国等西方国家发展更密切的军事安全合作。从中亚地区形势来看，美军的进驻和阿富汗塔利班政权的崩溃，使中亚外部安全环境得到根本性的改善，因此中亚国家对俄罗斯的安全保护需求大大降低；美国对中亚事务的深度介入和俄美在这一地区"大博弈"的开启，则使中亚国家独立以来一直推行的多元化外交真正具备了实施的外力条件，各国纷纷实行实用主义的大国平衡外交政策，俄罗斯不再是中亚国家外交政策的唯一优先方向。从此，中亚国家与俄罗斯的关系随着俄美争夺及

---

① А. Джекшенулов, Новые независимые государства Центральной Азии в мировом сообществе, Москва, 2000г., с. 259.

其影响的此消彼长而起伏波动。

中亚国家在和美国进行反恐合作的同时,注意和俄罗斯协调在这个问题上的立场以及发展与俄罗斯的军事安全合作。美国及其盟国出兵围剿阿富汗塔利班,符合中亚各国的利益,中亚国家在获得俄罗斯的允许之后,纷纷同美国建立了直接或间接的军事联系。为了避免俄罗斯感到不快,哈萨克斯坦、吉尔吉斯斯坦和塔吉克斯坦在与美国及其盟国进行合作时,尽量兼顾俄罗斯的立场以及集体安全条约成员国的共同立场。应当承认,俄罗斯没能建立统一的独联体反恐联盟,设在莫斯科的独联体反恐中心没能发挥应有的效能,集体安全条约也没能对其中亚成员国面临的来自阿富汗的主要安全威胁采取现实的反击步骤,这些因素大大降低了俄罗斯对中亚伙伴国的影响力。为了遏制美国驻军中亚后军事政治影响的进一步扩大,俄罗斯着手发展集体安全条约机制,加强与中亚国家的双边军事合作。2002年5月,俄罗斯与哈萨克斯坦、吉尔吉斯斯坦、塔吉克斯坦等成员国将该条约升格为集体安全条约组织,加强了在其框架下的军事安全合作。2003年10月,俄罗斯在吉尔吉斯斯坦建立坎特空军基地。2004年10月,俄罗斯将其驻塔吉克斯坦201摩步师改组为俄军事基地。尽管如此,随着塔利班政权的崩溃,为消除阿富汗威胁而成立的集体安全条约成员国集体快速反应部队的作用下降,因此中亚国家与俄罗斯的安全合作退居次要位置,俄罗斯失去了同中亚地区国家在集体安全条约组织框架下更紧密地一体化的前景。

中亚国家与美国军事政治关系的快速发展引起了俄罗斯的深切忧虑,俄罗斯为了保持对这些国家的影响,开始迎合它们对于经济合作的需求,采取实际措施发展双边经贸关系,以增强俄对中亚国家的吸引力和影响力。这表现在如下方面。①扩大与中亚国家的贸易。2002年俄罗斯与中亚五国的贸易额为54.64亿美元,2003年增长到70.88亿美元,2004年为104.63亿美元,2005年为132.27亿美元。① 俄罗斯与五国双边贸易额均有所增长。②加强在能源领域的合作。2003年4月,俄罗斯与土库曼斯坦签署为期25年的天然气领域合作

---

① Владимир Парамонов, Алексей Строков, Россия и Центральная Азия: состояние и перспективы экономических отношений, http://www.defac.ac.uk/colleges/csrc/document-listings/caucasus-publications.

协议。同年5月,俄罗斯天然气工业股份公司与吉尔吉斯斯坦政府签署天然气领域合作协议。2004年6月,俄罗斯决定向乌兹别克斯坦投资25亿美元,支持"卢克石油公司"和天然气工业股份公司参与乌境内油气开发和管道建设,帮助乌发展能源产业。通过能源合作,俄罗斯控制了塔吉克斯坦、吉尔吉斯斯坦、乌兹别克斯坦的相当大部分能源的供应、开采及运输,确保了俄在中亚地区能源网络中的垄断地位。③解决经济关系中中亚国家关切的问题。2004年俄罗斯以塔吉克斯坦向俄转让努列克"窗口"光电子站为条件,彻底冲销了塔吉克斯坦最为关切的欠俄3亿美元债务。俄罗斯与中亚国家解决了赴俄打工的公民的权利保护问题。俄罗斯还允诺将加大对中亚国家的投资力度。④加入中亚合作组织。2004年10月,中亚合作组织成员国元首杜尚别会议通过决议,接纳俄罗斯为该组织正式成员国。俄罗斯的加入终止了此前中亚国家排除俄的经济一体化进程,并将中亚地区经济一体化纳入俄主导的一体化轨道。

在中亚五国中,乌兹别克斯坦在亲美的道路上走得最远,但是俄罗斯耐心等待时机,利用形势的发展来加强俄乌关系。乌兹别克斯坦不仅与美国建立了战略伙伴关系,而且成为美国的主要援助对象国之一。随着阿富汗大规模反恐行动的结束,美国对中亚政策中的"民主化"目标跃居首位,卡里莫夫政府与美国在乌兹别克斯坦民主改革问题上的矛盾日渐增多。俄罗斯积极拉拢乌兹别克斯坦,2004年6月两国签订《乌俄战略伙伴关系条约》。此举表明,乌兹别克斯坦已经将俄美平衡外交政策向俄罗斯倾斜。

这一阶段,由于美国强势介入中亚事务,俄罗斯单独主导中亚事务的局面不复存在,并且在中亚"大博弈"中呈现美攻俄守的态势;中亚各国得以真正奉行多元化的外交政策,并在俄、美两个大国之间推行平衡外交,中亚国家同俄罗斯的安全合作较之于同美国的安全合作大为逊色。同时,中亚国家与俄罗斯关系的重点已从传统的安全合作转向经济合作,并且在相互关系中中亚国家的主体性显著增强。

四 再度亲近俄罗斯

从2005开始,中亚国家相继进入新的选举周期。是年3月,吉尔吉斯斯坦爆发"郁金香革命",5月乌兹别克斯坦发生"安集延事件",大有燎原之势的"颜色革命"烈火让中亚各国执政当局心怀疑虑,纷纷结束亲美外交,改行亲俄政策,以求获得俄罗斯的支持,保持政权和国家稳定。

2005年3月吉尔吉斯斯坦爆发"郁金香革命",直接起因是受到西方支持的吉反对派拒绝承认2月国家议会选举结果,间接原因主要是长期以来政府腐败和社会贫困问题招致民众普遍怨愤,多年的"民主渗透"使西方能够把吉尔吉斯斯坦的社会矛盾炮制成"民主革命"。这场"革命"的结果是阿卡耶夫政府被推翻,巴基耶夫政权代之而起。与美国台前幕后地支持吉尔吉斯斯坦反对派不同,俄罗斯在这起事件中表现稳妥,左右逢源。令美国失望的是,巴基耶夫政权出于现实考虑,选择了亲俄的,而不是亲美的外交路线。

同年5月乌兹别克斯坦发生"安集延事件",卡里莫夫政府以武力平息了这场骚乱,美国和欧盟谴责卡里莫夫滥用武力,要求对此进行国际调查,因此塔什干与西方关系恶化。与美欧的谴责不同,俄罗斯迅速表明了支持卡里莫夫总统的立场,并附和乌兹别克斯坦当局关于伊斯兰解放党为此次暴乱肇事者的说法,也认为事件系"外部势力所为"和"国际恐怖主义的阴谋"。[①] 西方的孤立,特别是对于美国利用其军事基地在乌兹别克斯坦发动"颜色革命"的恐惧,促使卡里莫夫政府在外交上完全倒向俄罗斯,以获取后者的安全保护。继5月宣布退出"古阿姆"集团之后,乌兹别克斯坦又于7月正式要求美国撤除其驻乌军事基地。10月乌兹别克斯坦宣布加入俄罗斯主导的欧亚经济共同体,11月乌兹别克斯坦与俄罗斯签署联盟关系条约,将两国战略伙伴关系升格为军事政治同盟关系。2006年乌兹别克斯坦再次加入独联体集体安全条约组织。"颜色革命"因素把奉行俄美平衡外交的乌兹别克斯坦完全推到了俄罗斯的怀抱。

中亚其他国家也都向俄罗斯靠拢,和俄罗斯一起抵制美国输出"颜色革命"。在这些国家大选前后,俄罗斯通过进行高层访问、实施经济合作项目、提供经济援助、派出本国的和独联体的观察员团等多种途径给予这些国家执政当局政治和经济支持。俄罗斯帮助中亚国家执政当局经受住了大选考验,这些国家所

---

① Марат Мамадшоев, Ферганский излом, Азия-плюс, 19 мая 2005г.

推行的亲俄政策则扩大了俄罗斯在中亚地区的军事政治影响。

能源是中亚国家与俄罗斯关系最重要的方面之一。中亚能源出口国（哈萨克斯坦、土库曼斯坦、乌兹别克斯坦）在油气过境运输和开采领域既需要与俄罗斯开展合作，又不愿意被俄控制。中亚国家谋求能源输出管道多元化，欢迎西方国家投资兴建绕过俄罗斯领土的巴库—第比利斯—杰伊汉石油管道（BTC）和巴库—第比利斯—埃尔祖鲁姆天然气管道（BTE）。2007年哈萨克斯坦、土库曼斯坦、乌兹别克斯坦同俄罗斯就共同改造"中亚—中央"天然气管道和建设新的沿里海天然气管道问题达成协议。2008年俄罗斯同意按照"欧洲价格"购买中亚国家的天然气。中亚能源进口国（吉尔吉斯斯坦、塔吉克斯坦）在天然气供应和管道设施方面对俄罗斯存有较大的依赖，它们境内丰富的水力资源也主要依靠俄罗斯投资开发。

2008年以来，随着乌兹别克斯坦与美国和欧盟①关系的好转，乌再次向西方靠近，乌俄关系因此受到影响。2008年1月乌兹别克斯坦准许美国使用乌境内的铁尔梅兹空军基地向阿富汗转运美军人员。同年10月，乌兹别克斯坦正式提出暂停其在欧亚经济共同体的成员国地位。2009年乌兹别克斯坦拒绝签署集体安全条约组织《建立集体快速反应部队协议》，也没有参加该组织举行的联合军事演习。俄罗斯积极发展与乌兹别克斯坦的双边政治和经贸关系，努力使它保留在集体安全条约组织的成员国地位，并竭力防止美军重返乌兹别克斯坦。

2008年8月的俄罗斯与格鲁吉亚之间的武装冲突对中亚各国造成了或多或少的警示作用，使中亚国家看到了俄罗斯为保护在独联体地区的地缘政治利益不惜动武的意志，同时也促使它们积极发展对美欧关系，以平衡俄罗斯的影响。中亚国家没有追随俄罗斯，承认南奥塞梯和阿布哈兹的独立地位。

由美国次贷危机演变而成的国际金融—经济危机，对中亚国家与俄罗斯关系产生了重大的影响。中亚各国经济都遭受不同程度的冲击，因此急需国际援助来复苏经济。中亚国家积极发展与俄罗斯的反危机合作，参与欧亚经济共同体框架下的经济一体化。2009年2月，欧亚经济共同体批准《克服世界金融危机后果的共同措施计划》，决定建立100亿美元（俄罗斯出资75亿美元）的反

---

① 2008年10月13日欧盟宣布解除"安集延事件"后对乌兹别克斯坦实施的制裁。

危机基金和高技术中心，以帮助成员国应对国际金融危机。当然，俄罗斯没有忘记利用经济援助加强自己在中亚国家的军事、政治地位。2009年2月俄罗斯以许诺向吉尔吉斯斯坦提供20亿美元贷款、1.5亿美元无偿援助为条件，换得吉作出关闭马纳斯美军基地的决定。而在美国通过重金实际保留了该基地（改名为转运中心）之后，俄罗斯就在吉尔吉斯斯坦南部的奥什建立了第二个军事基地。

哈萨克斯坦在与俄罗斯经济一体化方面走在中亚国家的最前面。哈萨克斯坦与俄罗斯、白俄罗斯在欧亚经济共同体框架下的关税同盟建设取得突破性的进展。俄白哈三国关税同盟从2010年1月起开始运行，从2011年6月起全面启动。在三国关税同盟基础上建立的三国统一经济空间（商品、服务、资本和劳动力自由流动），从2012年1月起已经开始运行。俄罗斯还计划以欧亚经济共同体为基础，在2015年前建立欧亚经济联盟，[①] 这将为中亚国家与俄罗斯在欧亚经济共同体框架下的一体化进程注入新的动力。

中亚国家与俄罗斯在独联体集体安全条约组织框架下的军事政治一体化也有进展。2009年哈萨克斯坦、吉尔吉斯斯坦、塔吉克斯坦与集体安全条约组织其他成员国共同组建了一支1.5万人的集体快速反应部队，其任务是抵御军事侵略和非传统安全威胁。2010年4月吉尔吉斯斯坦骚乱事件发生后，集体安全条约组织暴露出对此类事件束手无策的弱点，因此该组织在同年12月通过《集体安全条约组织危机反应程序规章》，提高了该组织在危机形势下的效率和行动能力。哈、吉、塔三国积极参加集体安全条约组织框架下的联合军事演习，不断发展与俄罗斯等成员国间的军事技术合作。

这一阶段，中亚国家出于对"颜色革命"的担心，加强了与俄罗斯的军事政治关系；为了克服国际金融危机的消极影响，又深化了与俄罗斯的多边、双边经济合作。可以认为，俄罗斯恢复了在中亚地区的主导地位。虽然俄美在中亚地区的角逐呈现俄攻美守的战略态势，但是中亚国家与俄罗斯的关系仍然受到美国的制约。同时，中亚各国基于实用主义考虑，推行大国平衡外交和全方位外交的倾向有所发展，这对其与俄罗斯的关系并非没有影响。

---

① Послание Президента России Федеральному Собранию, 22 декабря 2011 года, http://www.kremlin.ru/news/14088.

五　结语

总结苏联解体20年来中亚国家与俄罗斯的关系，可以得出如下结论。

1. 相互关系的基本特点是俄罗斯主导，中亚五国从属

这是由俄罗斯实力相对于中亚单个国家甚至五国之和的巨大优势所决定的。诚然，中亚国家在对俄交往中的主体性不断增强，但这种主从关系在很长时间将难以改变。

2. 中亚国家对俄罗斯的利益需求主要在安全、能源、贸易投资方面，其中以安全利益为首

20年来，中亚国家对俄罗斯政策多次调整的主要原因是维护国家安全（防止外敌入侵）和政权安全（打击伊斯兰极端主义、防止"颜色革命"）以及独立地位。只有在安全方面不存在严重问题的情况下，中亚国家才会将其他利益需求作为本国对外政策，包括对俄政策的优先目标，但是这种情况并不常见。中亚各国既寻求俄罗斯的安全保护，又防范俄罗斯侵蚀自己的主权和独立。

3. 俄罗斯对中亚的利益需求主要在地缘战略和能源方面，也就是说，首先需要中亚作为自身大国地位的战略依托，其次需要控制这一地区的油气生产和运输设施

俄罗斯已经着手发展与中亚各国的多边、双边经济与人文合作，以期为双方战略关系奠定牢固的经济基础和社会基础。但是俄罗斯还有其他难以改进的不足，比如不能为包括中亚在内的独联体其他国家提供一种行之有效的政治和经济发展模式。

4. 中亚国家与俄罗斯的关系深受美国因素的影响

中亚国家普遍欢迎美国参与中亚事务，以平衡俄罗斯的影响。而美国已经成为中亚地缘政治的主要外来力量之一，美国与中亚国家关系的发展对俄罗斯与这些国家的关系构成了直接的竞争。美国因素将长期影响中亚国家与俄罗斯关系的发展进程。

5. 未来中亚与俄罗斯关系仍将呈现分化态势

哈、吉、塔三国将深化与俄罗斯在欧亚经济共同体和独联体集体安全条约组织框架下的经济和军事一体化；土库曼斯坦将在双边范围内发展与俄罗斯的友好合作关系；乌兹别克斯坦将推行俄美平衡外交，乌俄联盟关系尚存变数。

Central Asia-Russia Relations: 20-Year Evolution in Review

Liu Fenghua

Abstract: Four phases are defined by this paper regarding the 20-year development of Central Asia-Russia Relations since the disintegration of the Soviet Union. The principles, internal and external drives for evolution in question for each phase are included, and five understandings are provided.

Key Words: Central Asian Countries; Russian; Relations with Russia

Y.21 美国的中亚政策：利益目标与当务之急

吴大辉*

摘　要： 美国在中亚地区的外交政策始终围绕安全利益、政治利益和能源利益三个目标而展开，不同时期、不同的地区安全环境、不同的战略考量，使得这三个目标的排序不同。在2014年底前从阿富汗撤出美军战斗部队，是奥巴马上台后美国政府对10年反恐战争进行战略纠错，进而完成战略重心向亚太地区转移的关键环节。

关键词： 美国　中亚　外交政策

自苏联解体以来，美国在中亚地区的外交政策始终围绕安全利益、政治利益和能源利益三个目标而展开，不同时期，不同的地区安全环境，不同的战略考量，使得这三个目标的排序不同。在2014年底前从阿富汗撤出美军战斗部队，是奥巴马上台后美国政府对10年反恐战争进行战略纠错，进而完成战略重心向亚太地区转移的关键环节。美国当前中亚地区安全和外交政策的核心是阿富汗问题，即如何确保美军在2014年之前顺利撤出阿富汗，以及如何确保在美军撤出后维持阿富汗的相对稳定。确保中亚稳定是美国及其他参战国家从阿富汗撤军的关键。美军战斗部队的撤离不意味着美国影响力撤出阿富汗。美国依然要在阿富汗保留强大的军事和政治存在。

对于阿富汗战后安排而言，俄罗斯是美国解决阿富汗问题最重要的非盟友国家；乌兹别克斯坦和塔吉克斯坦是美国撤军和阿富汗重建的关键国家；美国期待上海合作组织发挥更大的作用。美国中亚政策的重大调整也为我国如何应对中亚地区的发展形势带来新的思考。

---

* 吴大辉，清华大学欧亚战略研究中心主任，教授。

一 美国在中亚的外交利益目标

美国的外交政策随着国家利益诉求的变化而变化。自苏联解体以来,纵观美国在中亚地区的外交实践,其利益诉求可以概括为安全、政治与能源三个方面。

(一) 安全利益目标

美国在中亚的安全利益诉求分为传统安全利益诉求和非传统安全利益诉求。美国在中亚的传统安全利益诉求旨在:①向北:遏制衰败的大国俄罗斯,防止这个具有外向性、扩张性传统的国家重新走向帝国之路;②向东:遏制新兴大国中国,尽量滞缓中国在21世纪的全面崛起;③向西:遏制海湾地区大国伊朗对美国的挑战,防止伊朗干扰美国中东—中亚政策的实施。美国在中亚非传统安全利益诉求旨在:①防止地区核扩散;②防止中亚成为恐怖主义的滥觞之地;③防止中亚成为阿富汗毒品外运的主要过境通道。

(二) 政治利益目标

美国在中亚的政治利益诉求就是所谓的"拓展民主",无论是民主党还是共和党当政,这一目标从未改变过。力促中亚国家发生有利于西方民主的政治改变,"这是比二战后对日本进行民主改造还要艰巨100倍的政治工程","这是防止俄罗斯帝国重新复活无论付出何种代价都必须要完成的工程"。

(三) 能源利益目标

美国在中亚的能源利益目标,就是确保以资源出口立国的中亚各国的能源不为某个国家所独占,尤其是不为俄罗斯所独占。美国知道,对于中亚国家而言,没有能源的独立,就没有国家经济的独立,就没有政治上的独立,也就没有完整的国家主权。美国国务院认为,中亚国家受制于俄罗斯的根本原因,是因为在"中国—哈萨克斯坦"石油管道和"中国—土库曼斯坦"天然气管道开通之前,作为内陆型国家的中亚各国的能源出口通道完全被俄罗斯控制着。美国一直支持外部资本进入中亚能源市场,包括支持中国进入中亚经济领域,尤其是能源领域。美国的逻辑非常简单:既然美国不能独自掌控,那么就让其他国家进来,挤占俄罗斯的市场份额。需要强调的是，不要夸大美国地缘战略的能源目标。以伊拉克战争为例，都认为美国发动战争是为了中东的石油，但是美国控制下的伊拉克的石油出口，只有5%输往美国，70%输往中国。如拜登所言："都说美国开战是为了石油，难道我们是为你们中国打的这场仗吗？"随着中国在中亚国家能源领域投资的增多，尤其在中国借助金融危机强力进入中亚原材料开发市场后，美国也开始警觉中国投资的进一步扩大，提出了中亚"中俄冲突"论和试图在中亚地区建立绕开中俄两大国的"第三能源通道"论。

苏联解体以来，美国在中亚地区的外交政策始终围绕这三个目标而展开，不同时期，不同的地区安全环境，不同的战略考量，这三个目标的排序不同。但是无论何种境遇，这三个目标从未放弃过。在苏联解体之初，美国在中亚地区的核心利益目标就是安全利益诉求，在俄美联手完成哈萨克斯坦境内的核武器向俄罗斯中央核武库转移后，美国在中亚的核心安全利益诉求迅速转向以遏制中俄为主，同时兼顾为中亚国家的能源出口另辟蹊径。2001年"9·11"事件爆发，中亚地区成为美国全球反恐的战略支撑地域，其在中亚的利益诉求迅速转向反恐领域，而遏制中俄两国、为中亚国家开辟能源通道的利益诉求退居其后。美国实现了在乌兹别克斯坦、塔吉克斯坦和吉尔吉斯斯坦开辟军事基地的夙愿。随着美国在阿富汗反恐战场逐步取得胜利，至2005年美国国务院在中亚政策制定方面的影响力超过了国防部，主张在中亚强力拓展民主的声音占了上风，于是助推了3月的吉尔吉斯斯坦"郁金香革命"和5月的"安集延事件"。2005年7月，上海合作组织阿斯塔纳峰会要求西方国家确定在中亚的驻军期限。美军不得不撤出在乌兹别克斯坦汗纳巴德的军事基地。这一事件使美国意识到，如果继续强力推进在中亚的拓展民主战略，很有可能失去在中亚的军事存在。

2006年3月16日发表的《美国国家安全战略报告》中指出："在整个地区，我们大战略的基本组成部分是相交的，我们必须同时在这些方面努力：促进有效的民主政治，扩大自由市场改革，使全球能源更加多样，加强安全和赢得反恐战争。"在2006年4月26日美国众议院国际关系委员会中东和中亚分委会举行的听证会上，美国务院负责南亚与中亚事务的助理国务卿鲍策的讲话反映出美国中亚政策思路的调整，他说："我们的战略建立在三个相互联系的基柱之上：安全合作、我们的商业和能源利益，以及政治和经济改革。我们认为这三者之间是相互补充促进的。在我们看来，真正的稳定要求民主变革的推进，而稳定反过来将

为经济的发展和繁荣提供条件。"2007年3月20日,鲍策的副手、助理国务卿帮办埃文·费根堡在对"美国—哈萨克斯坦商业联合会"和"美国—乌兹别克斯坦商会"发表谈话时,将美国的中亚政策概括为"寻求在诸多领域的同步发展:谋求加强安全、推动经济变革、促进区域一体化合作和民主改革"。不难发现,在鲍策和费根堡的上述讲话中,美国的中亚政策目标的重心在"9·11"事件之后再次出现了新的调整,不再简单地将拓展民主视为美国中亚政策的首要目标,美国中亚政策呈现出以安全利益为核心的复合化趋势,即美国更加重视安全利益、经济利益和政治利益目标三者的协调统一,而不是只抓一点不及其余。自此,一直到今天,美国不再公开地在中亚地区推进所谓的"颜色革命"。

二 确保美军2014年撤离阿富汗是美国中亚外交的当务之急

目前,美国府院上下已就从阿富汗撤军问题达成一致,即在2014年年底前从阿富汗撤出美国的战斗部队。这是奥巴马上台后美国政府对10年反恐战争进行战略纠错,进而完成战略重心向亚太地区转移的关键环节。2011年7月15日,650名美军士兵已离开阿富汗返回美国,这标志着驻阿美军撤军进程的开始。至2011年底,驻阿美军已经撤出1万人,2012年夏季结束前将总共撤离3.3万人。届时,美军在阿富汗的兵力将恢复至奥巴马2009年底宣布增兵之前的规模。截至目前,阿富汗安全部队已经全面接管阿境内核心区域三省四市的防务(即包括喀布尔在内的喀布尔省大部分地区、潘杰希尔省、巴米扬省,以及南部赫尔曼德省首府拉什卡尔加市、赫拉特市大部分地区、巴尔赫省首府马扎里沙里夫市和拉格曼省首府梅赫塔拉姆市)。在2014年底前,北约将撤出在阿富汗的全部战斗部队,并把整个阿富汗的安全防务移交给阿富汗政府。

美国的撤军安排与中亚地区的稳定和安全息息相关。美国当前中亚地区安全和外交政策的核心是阿富汗问题,即如何确保美军在2014年之前顺利撤出阿富汗,以及如何确保在美军撤出后维持阿富汗的相对稳定。有鉴于此,美国比以往任何时候都期望维持中亚地区的稳定,奥巴马政府暂时没有在中亚地区"拓展民主"的计划,也不希望该地区再现北非式的政治乱局。确保中亚稳定是美国及其他参战国家从阿富汗撤军的关键。简言之,美国的中亚政策的核心目标就是一切皆为反恐。用美国阿富汗问题特使戈罗曼的话说,"美国中亚外交的核心就是要保证吉尔吉斯斯坦马纳斯机场'物资中转站'那几英亩土地的存在和北方运输线的畅通。"因为2014年之前,阿富汗国际安全援助部队的军需保障主要依赖于这两条运输通道,而2014年前撤军行动,也要从这两条通道撤出部队和军事装备。

需要强调的是,2014年底美军战斗部队撤出阿富汗,并不意味着美国影响力撤出阿富汗。美国依然要在阿富汗保留强大的影响力。目前美国正在争取与阿富汗政府谈判签署战略合作伙伴条约,力图以法律形式保障美在阿驻军权利和既得利益。尽管已经启动撤军路线图,但是美国仍在加强在阿军事基地的建设投入,以巴格拉姆、坎大哈等基地为核心,编织地区军事基地网,部分工程项目的合同建设周期早已超出2014年底的移交日期。美国在巴格拉姆空军基地新建一条3000多米长的跑道,并新建医院以及可容纳1000名官兵的生活设施,朝着建立永久性军事基地的方向迈进。根据美阿签订的《巴格拉姆机场土地设施租赁协议》,美国可征用附近土地用于军事目的。显然,这与美国在日、韩等国建立的永久性军事基地性质相同。在美国完成了在阿富汗的军事使命后,这些基地恐将成为未来美国干预中亚事务的前哨。

美国在撤出战斗部队后,在阿富汗保留影响的主要措施包括:将在阿富汗的核心军事基地保留少量的精锐部队存在。这些基地分别位于阿富汗首都喀布尔、赫尔曼德省首府拉什卡尔加、巴尔赫省首府马扎里沙里夫市和拉格曼省首府梅赫塔拉姆;将劝说北约盟国在阿富汗保留少量的军事存在。驻留的美国和北约的精锐部队将为阿富汗政权提供足够的武力支持。在美军战斗部队撤出阿富汗后,美国国防部建议加大无人机的部署和使用力度,即可检验、锻炼美国年轻的无人机部队的战斗能力,又可对塔利班和恐怖分子进行清除式定点打击,同时将美军人员伤亡降到最低。

三 美国对阿富汗周边国家在阿战后安排中的定位

显而易见,对于阿富汗战后安排而言,中亚的稳定对美国具有双重含义:只有中亚稳定,才能确保途径中亚国家、进出阿富汗的"北方运输线"的通畅——该线路日益成为在阿美军和北约部队物资补给以及从阿富汗撤军的"生命通道";只有中亚稳定,才能确保未来阿富汗战后的重建——在美国关于阿富汗战后重建的蓝图中,中亚地区是阿富汗战后重建所倚仗的后院,国际社会的援助也要经由这一地区进入阿富汗境内。

(一) 俄罗斯是美国解决阿富汗问题最重要的非盟友国家

美国深知俄罗斯对中亚国家的掌控力。金融危机爆发后,俄罗斯利用中亚国家深陷危机之际,忍痛出血,对中亚国家进行了经济救助,并借此重掌了对独联体地区的主导权。俄罗斯还用出资建立用于救助中亚国家的"欧亚稳定基金"换得"集体安全条约组织快反部队"的创立以及随后"关税同盟"的出台。另外,旨在成为欧洲、美国和中国之间的世界第四政治经济板块的"欧亚经济联盟"也呼之欲出。这三个组织的出现,意味着俄罗斯彻底改变了以往在中亚地区"美攻俄守"的局面。自奥巴马入主白宫以来,美国已经暂时默认了俄罗斯在独联体地区,特别是中亚地区的主导地位。美国在中亚地区对俄政策容忍的底线:俄罗斯不能推翻刚刚建立的吉尔吉斯斯坦的议会制民主政体。

2009年俄罗斯开始允许北约国家通过俄罗斯的西部、中部和东部铁路线向阿富汗运送物资,每周约有280个标准集装箱的货物过境俄罗斯,运往阿富汗。俄罗斯还开通了空中走廊,为美国运输机向阿富汗运送物资提供方便。俄罗斯利用在阿富汗的情报网,将获得的反恐情报第一时间提供给北约驻阿富汗部队。俄美两国还就2010年4月、6月吉尔吉斯斯坦发生的政治骚乱进行了外交协调,没有让吉国的骚乱影响中亚的反恐大局。2012年3月,俄罗斯副总理罗戈津证实,俄罗斯正准备与北约签订关于在乌里扬诺夫斯克建立北约物资中转站的协定。依照协定,北约物资从阿富汗空运至伏尔加联邦区的乌里扬诺夫斯克,然后在此装上编组货运列车,运回北约各个成员国。

此外,美国深知,没有俄罗斯的默许,中亚国家不可能允许美军保有吉尔吉斯斯坦马纳斯军事基地和穿越乌兹别克斯坦等国的"北方运输线"的使用权。

对于奥巴马政府而言,在2014年之前,在中亚地区没有任何问题比阿富汗问题更为重要。美国并不希望中亚发生北非式的政治变局。在今后相当长的一段时期内,奥巴马政府的中亚政策恐将被阿富汗问题所主导。这是美国在中亚地区的核心利益——美国目前的全部中亚政策都围绕阿富汗反恐而展开,只要不危及此利益,美国不会挑战俄罗斯近两年来在中亚地区已经确立的绝对影响力。

美国的中亚政策：利益目标与当务之急

（二）乌兹别克斯坦和塔吉克斯坦是美国撤军和阿富汗重建的关键国家

乌兹别克斯坦与阿富汗接壤，是通往阿富汗的北方运输通道的最后一个过境国家。前驻阿美军司令彼得雷乌斯认为，"只要该国家对美国友好，就意味着在阿富汗的美军士兵有饭吃，有衣服穿。"另外，阿富汗境内有230多万乌孜别克族（阿第三大民族），乌族领袖杜斯塔姆将军拥有阿富汗北方地区最大的地方武装。马扎里沙里夫就是阿富汗乌孜别克族实际上的首都。阿富汗反恐战争开始后，是他带领北方联盟打下了喀布尔。2004年阿大选，他曾经获得10%的选票。后来在阿富汗政府中被任命为总参谋长。尽管杜斯塔姆2008年因武力威胁对手被解除总长职务，但他实际上已经成为阿富汗伊斯兰民族运动的领导人。阿富汗境内还拥有500多万塔吉克族（第二大民族）。苏联刚解体时，阿富汗境内的塔吉克族比塔吉克斯坦境内的塔吉克族还多。作为跨境民族，塔吉克斯坦对阿境内的塔吉克族拥有巨大的影响力。

美国前国防部长罗伯特·盖茨认为，"如果没有塔吉克斯坦和乌兹别克斯坦两国政府的扶助，喀布尔政权将受到来自阿富汗境内塔族和乌族的强力挑战"。另外，美国在阿富汗战后政治安排中的另一项重要内容，就是限制普什图族影响力的进一步扩大，平衡其他各民族的利益。在此背景下，阿富汗境内的乌兹别克族和塔吉克族无疑将从美国的安排中受益。作为对乌兹别克斯坦支持美国阿富汗反恐的回报，美国设计的阿富汗战后政治安排中，乌孜别克族在强力部门占有重要地位。这也意味着作为其母国的乌兹别克斯坦不得不卷入阿富汗的战后安排与重建。据悉，美国正在考虑，在确保乌兹别克斯坦对华盛顿保持友好关系的前提下，将把从阿富汗撤出的美军部分军事装备无偿或低价移交给乌兹别克斯坦政府。

（三）美国对待上海合作组织和集体安全条约组织的态度

美国及北约始终认为，俄罗斯推动集体安全条约组织的建立完全是为了对抗北约。因此在阿富汗问题上，始终不愿意与该组织进行合作。但是美国并不排斥与该组织成员国的合作，比如与塔吉克斯坦、吉尔吉斯斯坦、哈萨克斯坦和乌兹别克斯坦的双边合作。美国对待上海合作组织的态度则不同于集体安全条约组织。美国希望在阿富汗战后重建问题上与上海合作组织开展合作。美国前副国务卿塔尔伯特认为,如果阿富汗战后重建不能与中国挂起钩来是没有前途的。另外,奥巴马政府还希望上海合作组织在阿富汗毒品替代种植和阿富汗警力培训等方面发挥作用。

俄罗斯精英阶层最近出现一种新的论调。卡拉甘诺夫领导俄罗斯外交与国防政策委员会推出研究报告,建议俄罗斯政府接纳美国参与上海合作组织的活动,以换取美国接纳俄罗斯全面介入亚太事务。该委员会还列出具体路线图,即美国放弃没有中俄两国参与的中亚区域行动计划,上海合作组织接纳美国成为本组织的观察员,时机成熟时接纳美国为正式成员。这种想法应该警惕。如果此方案付诸实践,必将带来上海合作组织内部的混乱。在可以预见的将来,尚看不到上海合作组织接纳美国参与本组织框架内具体计划的可能性与必要性,更遑论接纳美国成为该组织的正式成员。这也从另一个侧面说明,在俄美关系全面重启的背景下,俄罗斯对上海合作组织的倚重程度呈现下降趋势。

四 我们的应对之策

中国是中亚的近邻,这一地区安全形势的变化同中国国家利益休戚相关。大国在中亚合作反恐符合中国的利益诉求,中国乐见美国在阿富汗的反恐取得成效。然而,中亚形势的快速变化,要求中国的中亚安全与外交政策要有更强的针对性和预见性。

(一)用发展的眼光看待中国面临的来自中亚的三类威胁

如果按照升幂排列,中国面临的来自中亚地区的威胁可以分为三类。第一类威胁:在可预见的将来,对中国在中亚投资的头号威胁是中亚局部地区形势恶化可能导致的混乱,进而引发对在中亚地区的中资机构、中国民营企业和中国侨民的冲击。此类事件在2010年吉尔吉斯斯坦骚乱中已经发生。第二类威胁:中亚局部地区的混乱将为"三股势力"直接渗透中国西部边陲提供可乘之机。第三类威胁:美国借助中亚国家建立起亲美的政权,并邀请美军开辟前沿基地,直接威胁中国西部地缘安全。

（二）用中南亚的眼光看待中亚地区地缘政治形势

一个大国应该站在世界的立场看地域，我们制定中亚外交政策必须要有区域外的眼光。中亚不再是简单的内陆亚洲的地理概念，中亚的发展与稳定和周边地区息息相关，尤其是和南亚地区越来越结成一个政治地缘板块。美国国务院将中亚局、南亚局和中亚办公室"三合一"建立了中南亚局。不解决阿富汗问题，中亚地区没有长期稳定可言；不解决巴基斯坦塔利班问题，阿富汗也没有长期稳定可言。未来的阿富汗战后重建，也将面临着中国、俄罗斯、中亚和南亚国家间的利益纠葛。

（三）用一盘棋的眼光看待中国及其他上海合作组织成员国对阿富汗战后安排的参与

迄今为止，上海合作组织成员国已经分别向阿富汗提供大批援助，但是影响力并不大。许多援助泥牛入海，悄无声息。上海合作组织的整体影响力更是没有发挥出来。中国给予阿富汗7000万元人民币赠款，帮助阿富汗开展警力培训，但是阿富汗多数人不知道这些事。当地人只记得中国买下了艾克娜铜矿，中国在"疯狂抢占"阿富汗的原材料。上海合作组织成员国个体的对阿富汗援助已经被稀释了。事实上，尽管西方指责上海合作组织在阿富汗问题上无所作为，但是美国一直欢迎上海合作组织集体参与阿富汗的战后安排与重建。如果各成员国能够推动上海合作组织以整体的形式参与阿富汗的战后安排与重建，不仅能够维护我国和本组织其他成员国在阿富汗的利益，也能抬升上海合作组织的整体形象和地缘影响力。

（四）用影响区域安全的眼光审视2014年后毒品从阿富汗向中亚地区的流出

根据联合国毒品和犯罪问题办公室（UNODC）的统计，2006～2009年间，阿富汗种植的罂粟数量已经占到全球的92%（98%的种植地区为塔利班所控制），年均鸦片生产超过7000吨，每年大约有900吨鸦片和375吨海洛因从阿富汗穿越欧亚大陆抵达欧洲，创造了价值650亿美元的毒品市场，为1500万成瘾者输送毒品，每年导致10万人死亡，并且为众多犯罪团体和恐怖组织提供了资金支持。塔利班以及其他极端组织每年通过毒品赚取的资金达到5亿美元之多。随着国际安全援助部队对阿富汗毒品经济打击力度的加强以及受到农作物病虫害的影响,2010年阿富汗全年鸦片产量减少至3800~4000吨。在阿富汗大约有500万人参与了毒品经济的各环节。如果美国像在南美地区那样——以飞机播撒脱叶剂的方式,迅速铲除罂粟的种植,那么大批种植罂粟的农民恐将难以维持生计,并可能在一夜之间转化为卡尔扎伊政府的对立面。美国在以渐进的方式逐步控制罂粟种植面积的同时,加大对毒品出境的监控,使得毒品越来越多地囤积在毒贩手里。鉴于鸦片膏的数量多,体积大,不好窝藏,阿富汗的毒贩们必须将其加工成海洛因。这使得毒品加工厂的数量激增:2010年北约部队在阿富汗铲除2000公顷的罂粟种植园,但毒品加工厂却从2008年的175个增加到2010年的425个。依照俄罗斯缉毒部门的分析,一旦美军从阿富汗撤离,国境线的守卫放松,大量囤积在毒贩手中的海洛因偷运出境的数量将迅速增加。这不仅将对中亚各国的社会秩序构成严重威胁,而且还可能为中亚地区的恐怖主义活动提供越来越充足的活动资金。中国及上海合作组织必须从地区安全的角度审视未来中亚地区毒品形势的严峻性。

US Policy towards Central Asia:
Fundamental Interests vs. Imperative Targets

Wu Dahui

Abstract: Three major objectives, i. e. , security, political interest and energy, have been serving the US policy towards Central Asia with the corresponding activities in this region. The order of priority of the three objectives is determined by different regional security environment and different strategic consideration in different time. The withdrawal of the US troops from Afghanistan by the end of 2014 serves a strategic correction of the 10-year anti-terrorist war since the inauguration of Obama administration. As prearrangement, the US withdrawal is the key step for US strategy focus to transfer to the Asia-Pacific region.

Key Words: the United States; Central Asia; Foreign Policy

西方视野中的中国与中亚[*]

肖 斌[**]

摘 要：虽然本文的主题是西方视野中的中国与中亚，在对西方文献归纳和总结的基础上，本文分析了西方是如何看待中国与中亚关系的，并以此来讨论这样一个问题，是什么因素导致了西方对中国与中亚关系的重视。为此，本研究以对西方影响较大的新现实主义理论为核心命题，从国际结构、地区和国家三个维度来解释我们讨论的问题，并认为西方视野中的中国与中亚关系的变化是长期、短期和偶然因素共同作用的结果，但国际结构是其中最关键的影响因素。

关键词：西方 视野 中国与中亚

尽管中国与中亚之间的交流由来已久，但直到近代西方人从其探险家的经历中，才对中国与中亚关系有了较为深入的了解。随后，在相当长的时期内，因国际政治和中国国内政治环境的变化，中国与中亚关系并不像今天这样被西方世界广为关注。然而，纵向来看，西方眼中的中国与中亚关系历史曲线是向上发展的，即中国在中亚地区的影响力逐渐增强，在处理地区事务上作用越来越重要。由此，我们需要回答这样一个问题，西方国家对中国与中亚关系的看法是如何变化的？为了解释这个问题，本文首先对西方视野中的中国与中亚关系进行分析，其次通过国际结构、地区和国家三个维度立体地解释西方对中国与中亚关系变化的内在逻辑，最后对本研究推理结果进行归纳和总结。

---

[*] 本文中的西方概念是指美国、英国、法国、德国等，其国家属性是经济上推行资本主义市场经济，政治上选择民主共和体制，文化上则属于基督教地区的欧美国家。

[**] 肖斌，政治学博士，中国社会科学院俄罗斯东欧中亚研究所助理研究员。

中亚黄皮书

一 变化中的中国与中亚关系

19世纪至20世纪上半叶,中国与中亚关系在西方的探险家所撰写的著作中就有记载,其中影响较大的有弗朗西斯·爱德华·荣赫鹏(英国)、马尔克·奥莱尔·斯坦因(英国)、克拉尔蒙·珀西瓦尔·斯克林(英国)、斯文·安德斯·赫定(瑞典)、尼科莱·米哈伊洛维奇·普尔热瓦尔斯基(俄国)和皮埃尔·G.E.邦瓦洛特(法国)等。① 虽然上述科学探险考察大都以文物考古为主,但是他们都不同程度地论述了中国与中亚之间的贸易和文化关系。② 其中有代表性的观点是:中国的古代王朝虽然曾直接统治过中亚地区,但大都选择了朝贡贸易制度作为与周边国家之间关系的纽带,因此,中国与古代中亚各国之间关系比较松散。③ 自1819年沙皇俄国进入中亚的希瓦,以及1820年英国来到中亚布哈拉后,中国的古代王朝实际上就被排挤出中亚。随后,当1884年沙皇俄国攻占土库曼人的梅尔夫城后,中亚基本上已被沙皇俄国所控制。经过多次较量,1907

---

① F. E. Younghusband, *The Heart of A Continent*, Printed in Hong Kong by Koo's Arts Printing Co., 1984, Published by Oxford Univeristy Press. Sir Aurel Stein, *Ancient Khotan*: *Detailed report of archaeological explorations in Chinese Turkestan*, 1907, 2 Vols. Clarendon Press, *Ruins of Desert Cathay*: *Personal Narrative of Explorations in Central Asia and Westernmost China*, 1912, 2 Vols. London, Macmillan & Co. Sir Aurel Stein, Reprint: Delhi. Low Price Publications. Sir Aurel Stein, *Serindia*: *Detailed Report of Explorations in Central Asia and Westernmost China*, 1921a, 5 Vols. London & Oxford, Clarendon Press; Sir Aurel Stein, *Innermost Asia*: *Detailed Report of Explorations in Central Asia, Kan-su and Eastern Iran*, 1928, 5 Vols. Oxford, Clarendon Press. Reprint: New Delhi. Cosmo Publications. 1981. Sven Hedin, *Die geographisch-wissenschaftlichen Ergebnisse meiner Reisen in Zentralasien 1894 – 1897*. Supplementary volume 28 to Petermanns Mitteilungen. Gotha 1900. Sven Hedin, *Scientific Results of a Journey in Central-Asia*. 10 text and 2 map volumes. Stockholm 1904 – 1907. Sven Hedin, *Southern Tibet*. 11 text and 3 map volumes. Stockholm 1917 – 1922. Sven Hedin, *Central Asia atlas*. Maps, Statens etnografiska museum. Stockholm 1966. Sven Anders Hedin, Folke Bergman (1944). *History of the expedition in Asia*, *1927 – 1935*, Part 3. Stockholm, Göteborg, Elanders boktryckeri aktiebolag. Donald Rayfield (1976). Donald Rayfield (1976). *The dream of Lhasa*: *the life of Nikolay Przhevalsky (1839 – 1888) explorer of Central Asia*, P. Elek. p. 42. Meyer & Blair Brysac, *Tournament of Shadows*: *The Great Game and the Race for Empire in Central Asia* (1999) at p. 229.
② 王茜、魏兆和:《中国与中亚关系史热点问题研究述录——记"中国与周边国家关系史学术研讨会"》,《俄罗斯中亚东欧研究》2004年第3期。
③ 〔美〕斯塔夫里阿诺斯著《全球通史——1500年以后的世界》,吴象婴、梁赤民译,上海:上海社会科学院出版社,1999,第75~76页。

| 西方视野中的中国与中亚

年8月沙皇俄国和英国达成协议，划分了势力范围，从而结束了在中亚的争斗。该协议还规定，位于中亚地区和印度交界处的阿富汗为两国势力范围的缓冲带。尽管当时的中国清政府的目的是维护自己在新疆的主权，但在英国和沙俄眼中清政府常常被看成是争霸中亚的一个潜在对手，① 为此，西方视野的中国与中亚，更多是以中国与沙俄关系为对象。②

沙皇俄国对中亚的控制随着自身的垮台而消失了，但中亚并没有因此而出现独立的主权国家。随着苏维埃社会主义联盟共和国的建立，中亚地区领土面积最大的哈萨克斯坦首先被划进了苏联的版图。而此时的中国与中亚地区的关系完全从属于中苏关系。冷战期间，中国与中亚虽然相邻而居，但是由于中国与苏联关系恶化，中国与中亚的关系中断了一个多世纪。在西方看来，中亚地区则因地缘政治和阿富汗问题成为中国、西方世界与苏联相互对峙的热点地区。不过，此时在西方看来，中国只是可以制衡苏联在中亚地区霸权的辅助力量，而美国和欧洲则是遏制苏联的中心。③

---

① H. Rawlinson, *England and Russia in the East*, London, 1875; Gerald Morgan, *Anglo-Russian Rivalry in the Central Asia: 1810 – 1895*, Britain, 1981; G. J. Alder, *British India's Northern Frontier 1865 – 1895*, Langmams, 1963; Jennefer Siegel, *Endgame: Britain, Russia and the Final Struggle for Central Asia*, London, 2002; Keith M. Wilson, *British Foreign Secretaries and Foreign Policy: From Crimean war to First World War*, London, 1987; A. W. Ward, G. P. Gooch, *The Cambirdge History of British Foreign Polciy, 1783 – 1919*, Cambridge, 1923.〔苏〕斯捷比利格著《英国侵略中东史》，林源译，北京：五十年代出版，1954。〔俄〕M. A. 捷联季耶夫著《征服中亚史》第1卷（武汉大学外文系译），北京：商务印书馆，1980，第2卷（新疆大学外语系译），北京：商务印书馆，1984，第3卷（西北师范大学外语系译），北京：商务印书馆，1986。Peter C. Perdue, *The Qing Conquest of Central Eurasia*, The Belknap Press of Harvard University Press, Cambridge, Massachusetts London, England, 2005.

② Millward, James A, *Beyond the Pass: Economy, Ethnicity, and Empire in Qing Central Asia, 1759 – 1864*, Stanford University Press, 1998. Yuri Bregel, *An Historical Atlas of Central Asia*, Brill Academic Publishers, 2003. Nicola Di Cosmoa, "Qing Colonial Administration in Inner Asia", *The International History Review*, Volume 20, Issue 2, 1998, pp. 287 – 309.

③ Glenn, John (1999), *The Soviet Legacy in Central Asia*, London, UK, Macmillan; Mohiaddin Mesbahi (1994), *Central Asia and the Caucasus after the Soviet Union: Domestic and International Relations*, Publisher: University Press of Florida; Rowland T. Maddock, "The Soviet Defence Burden and Arms Control", *Journal of Peace Research*, Vol. 24, No. 4 (Dec., 1987), pp. 381 -391; M. Holdsworth, "Soviet Central Asia, 1917 – 1940", *Soviet Studies*, Vol. 3, No. 3 (Jan., 1952), pp. 258 – 277; David J. M. Hooson, "A New Soviet Heartland?", *The Geographical Journal*, Vol. 128, No. 1 (Mar., 1962), pp. 19 – 29; Allen S. Whiting, "Sino-Soviet Relations: What Next?", *Annals of the American Academy of Political and Social Science*, Vol. 476, China in Transition (Nov., 1984), pp. 142 – 155.

苏联解体后，中亚地区出现了五个独立国家——哈萨克斯坦、塔吉克斯坦、吉尔吉斯斯坦、乌兹别克斯坦和土库曼斯坦，两极格局的变化导致了中亚地区政治格局的变化，中国、美国、伊朗、土耳其等国被看成是角逐中亚的外部力量。为了减轻西部安全的压力，中国把解决与中亚国家边境争议作为政策的优先方向，并成功地利用"上海五国机制"实现了该目标。此后，中国与俄罗斯、中亚国家一起通过"上海五国机制"，来遏制该地区日益严重的国际恐怖主义、宗教极端主义和毒品走私问题。与此同时，西方国家开始普遍关注中国与中亚国家的关系，并逐渐成为重点。其中有代表性的是西方学者以均势理论、一体化和合作理论、依附论、民主和平论、地缘政治学说和文明冲突论等为基础，① 分析了中国与中亚的关系。例如，布热津斯基在《大棋局》一书中认为，在2020年之前中国不太可能在全球性大国的主要方面真正具有竞争力。然而，中国正在成为在东亚占据优势的地区大国。在亚洲大陆，它已经在地缘政治方面占有主导地位。对能源的快速增长的需求，使中国越来越多地卷入中亚的地缘政治。② 塞缪尔·亨廷顿则认为，由于伊斯兰集团和西方社会之间将出现间歇性的低强度或高强度的暴力冲突，儒教—伊斯兰国家之间的联系将会继续，或许还会扩大和加深。虽然中国并不热衷于反西方的儒教—伊斯兰教国家联盟，但中国与西方国家的冲突和对能源的需求，可能会驱使中国加强与伊朗、伊拉克、沙特阿拉伯以及中亚国家之间的关系。③ 对于中国推动上海合作组织一体化进程的行为，西方有代表性的观点是，试图削弱美国在该地区的影响力；④ 加强与中国、俄罗斯制度

---

① 〔美〕肯尼思·沃尔兹著《国际政治理论》，信强译，苏长和校，上海：上海人民出版社，2003；〔美〕亚历山大·温特著《国际政治的社会理论》，秦亚青译，上海：上海人民出版社，2000；〔美〕詹姆斯·多尔蒂、小罗伯特·普法尔茨格拉夫著《争论中的国际关系理论》，阎学通、陈寒溪等译，北京：世界知识出版社，2003，第112页；〔美〕伊曼纽尔·沃勒斯坦著《现代世界体系》（第一、二卷），庞卓恒等译，北京：高等教育出版社，1998；〔美〕伊曼纽尔·沃勒斯坦著《现代世界体系》（第三卷），庞卓恒等译，北京：高等教育出版社，2000。
② 〔美〕兹比格纽·布热津斯基著《大棋局——美国的首要地位及其地缘战略》，中国国际问题研究所译，上海：上海人民出版社，1998，第216~218页。
③ 〔美〕塞缪尔·亨廷顿著《文明的冲突与世界秩序的重建》，周琪、刘绯、张立平、王圆译，北京：新华出版社，2002，第266~268页。
④ Chin-Hao Huang, "China and the Shanghai Cooperation Organization: Post-Summit Analysis and Implications for the United States", *China and Eurasia Forum Quarterly*, Volume 4, No. 3 (2006) pp. 15–21.

化对话，支持中亚的地区主义，通过上海合作组织消除中亚地区的安全隐患。①

很显然，西方国家对中国与中亚关系的看法在不同的历史时期有不同的变化，但总体上表现出由弱渐强的趋势，即中国在中亚的作用越来越大。那么，西方国家对中国与中亚关系认识发生变化的动因究竟是什么？解释这个问题我们必须要依靠理论，因为只有依靠理论的指引，我们才可能从无尽的材料或数据中可靠地开辟蹊径，并总结出相对符合客观事实的结论。

二 国际结构、地区和国家层次中的中国与中亚关系

在西方世界中，分析中国与中亚关系的理论比比皆是，很多理论在概念、假定和主张上都各不相同。为了能够比较准确地解释本文的主题，即西方国家对中国与中亚关系的看法是如何变化的，我们选择了在西方世界影响较广且说服力较强的新现实主义理论②，从国际结构、地区和国家三个维度来解释我们讨论的问题。因为，中国与中亚关系的变化是长期、短期和偶然因素共同作用的结果。偶然因素较多地体现在国家层面上，如中国、美国、俄罗斯对中亚局势的误判，或者中国、美国、俄罗斯在其他地区的冲突牵连到中亚地区。短期因素可以从地区层次上反映出来，与体系层次相比，在影响的程度上，体系层次与地区层次并不完全一致，这是因为国际政治行为体的实力增长或衰退需要一个过程，而在其实力变化过程中，国际政治行为体对全球层次和地区层次的影响力不同，在一定条件作用下，地区层次更多地表现为短期因素，体系层次则更多地表现为长期因素。长期因素由于比较稳定，可以比较客观地反映西方眼中的中国与中亚关系。

---

① Willem van der Geest, *European Union Policy Responses to the Shanghai Cooperation Organization*, http：//www. eias. org/publications/briefing/2002/sco. pdf； *European Union and Central Asia： Strategy for a New Partnership* (2007), http：//www. consilium. europa. eu/； *The European Union and Central Asia： the New Partnership in Action* (2009), http：//www. eeas. europa. eu/； Jos Boonstra (2011), *The EU's Interests in Central Asia： Integrating Energy, Security and Values into Coherent Policy*, http：//www. edc2020. eu/.
② 新现实主义是以国际体系的无政府状态为立论基础，由此寻找国家行为的根源。新现实主义认为，国际体系是随着国际政治行为体之间实力分配关系的变化而改变，并影响着行为体的互动模式，产生着不同的互动结果。——笔者注

（一）国际结构中的中国与中亚

西方眼中的中国与中亚关系是与国际结构的变化直接相关的，即变化的根本原因是西方国家及中国所处的外部环境变化。当1991年12月25日苏联国旗最后一次降下时，国际关系结构就发生了质的变化，西方眼中的中国与中亚关系从联合遏制苏联，转为了竞争对手。为此，冷战结束初期，西方国家认为中国与美国、土耳其、伊朗等国一样，填补了苏联留下的权力真空。① 中国也感受到了这种结构性变化带来的压力，中国把解决俄罗斯及部分中亚国家的边界问题作为突破口，通过22轮会谈和两个重要协议的签署，中国最终在1996年基本解决了与哈萨克斯坦、吉尔吉斯斯坦、塔吉克斯坦三个中亚国家之间的边界争议。在解决边界问题的同时，中国还意识到与俄罗斯"分享"在中亚的影响力更符合中国的利益，于是在中国和俄罗斯的积极倡导下，2001年"上海五国机制"升级为制度化水平更高的"上海合作组织"，并利用上海合作组织来抵制西方国家、伊斯兰宗教极端势力对中亚地区的渗透。②

随着中国经济的不断增长，主要西方国家经济增长的持续低迷，西方国家对国际结构从单极向弱单极发展的预期增高。由此，西方对中国的认识主要分化为两种：一是中国崛起后会挑战现有的国际秩序，二是由于中国比较复杂的国内问题，中国的崛起只是量的变化而缺乏质的提高，因此不会从根本上改变国际体系。③ 但是，在中国与中亚关系上，西方人认为中国在经济上

---

① Ramakant Dwivedi, "China's Central Asia Policy in Recent Times", *China and Eurasia Forum Quarterly*, Volume 4, No. 4 (2006), pp. 139 – 159.

② Vladimir Paramonov, Oleg Stolpovski, *Chinese Security Interests in Central Asia*, Advanced Research and Assessment Group, Central Asian Series Defence Academy of the United Kingdom, 08/20, 2008. Marlène Laruelle, Sébastien Peyrouse, Asie centrale, la dérive autoritaire. Cinq républiques entre héritage soviétique, dictature et islam, Paris: Autrement/CERI, 2006. Frederick Starr (ed.), *The New Silk Roads. Transport and Trade in Greater Central Asia*, Washington DC: The Central Asia and Caucasus Institute, 2007.

③ G. John Ikenberry, "The Rise of China and the Future of the West: Can the Liberal System Survive?", *Foreign Affairs*, New York: Jan/Feb 2008, Vol. 87, Iss. 1, p. 23; "Why a Rising China is Not Destabilizing World Order", http://capiconf.uvic.ca/viewpaper.php?id=61&cf=5; Rosita Dellios, "The Rise of China as a Global Power", *The Culture Mandala*, Volume 6, No. 2, Rosita Dellios 2004 – 2005; Fei-Ling Wang, "To Assess the Rise of China", *Asia Policy*, Number 8 (July 2009), pp. 151 – 159.

的快速发展和对周边国家的辐射作用，以及在国际体系中日益增大的影响力，已经对中亚地区产生了重要影响，但因中国奉行互不干涉内政的原则，因此在对待中亚国家威权政治的态度上可能更加趋于保守，这也是中亚国家政府所乐于接受的。① 这在一定程度上或许能解释，虽然中东、北非世界动荡不安，但中亚国家依然保持了一定程度的稳定。为此，一些西方国家的学者认为，从推动国家民主化的角度而言，中国对落后国家的援助可能是弊大于利。② 美国著名的地缘政治学者布热津斯基近日也撰文认为，随着美国等西方国家的衰退，弱国将更多地受主要地区性大国的影响。中国、印度、俄罗斯的帝国思维正在增加。由于缺少美国，地区冲突的可能性在增加。③

可见，国际结构的变化，改变了西方对中国与中亚关系的看法，即中国对中亚地区的影响和作用越来越大。由于国际结构变化相对缓慢，因此，大多数直观性的结果更多地表现在地区层面上。

（二）地区层次中的中国与中亚

冷战结束后，国际体系在很大程度上体现为单极结构，即美国是国际体系内唯一的超级大国。④ 但与世界其他地区相比，单极结构对中亚地区的影响不同，这是因为中俄战略协作伙伴关系（1996 年 4 月《中俄联合声明》）和"上海五国机制"的建立，⑤ 使单极结构不能直接对中亚地区发生作用。这也验证了这样一种观点，虽然国际体系具有很强的一致性（在总体特征上表现出多极、两极或单极），不过在地区层次上还存在着非连续性，即在国际体系的总体特征下还存在有

---

① Park Sang Nam, "China's Emergence as a Key Player in the Global Order and its Impacts on Geopolitics in Central Asia", *International Area Studies Review*, 2010 (13), p. 158.

② Chris McGreal, "Chinese aid to Africa may do more harm than good, warns Benn", Special Report on China, *The Guardian*, 8 February, 2007.

③ Zbigniew Brezinski, "Geopolitically Endangered Speciec-Meet the Weaker Countries that will Suffer from American Decline", http://www.foreignpolicy.com/, Jan, 2010. Zbigniew Brezinski, *Strategic Vision*: *America and the Crisis of Global Power*, Basic Books, Jan. 24, 2012.

④ William C. Wohlforth, "The Stability in a Unipolar World", *International Security*, Vol. 24, No. 1, 1999, pp. 5–41; John Ikenberry, ed., *America Unrivaled*: *The Future of the Balance of Power*, Cornell University Press, 2002; G. John Ikenberry, Micheal Mastanduno and William C. Wohlforth, "Unipolarity, State Behavior, and Systemic Consequences", *World Politics*, Vol. 61, No. 1, 2009, pp. 1–27.

⑤ 中华人民共和国外交部网站，http://www.mfa.gov.cn/chn/gxh/xsb/wjzs/t8985.htm。

着巨大差异的地区系统或子系统。也就是说，全球性和地区性权力在变化过程中，"一致性"和"非连续性"会同时产生影响。① 从这个意义上讲，尽管存在结构性压力，大国关系常常是通过特定的地区环境、结构体系和秩序的过滤发挥出来，而且其变化的可能性与未来的前景也会在很大程度上被地区的变化与发展所影响、所塑造。② 可见，中国与其他大国在中亚地区的互动，尤其是上海合作组织的建立，使单极结构较少地对中亚国家直接发生作用，并搭建了国际社会与中亚国家对话的平台。

作为区域间的地区性国际组织③，上海合作组织（前身为"上海五国机制"）是中国与中亚国家互动的重要平台，中国在该组织创建过程中发挥了"主导性"作用。尽管上海合作组织依然是一个以维护地区安全为主的组织，但它在中国与俄罗斯的推动下，上海合作组织的功能和伙伴国、观察国都不断地增加。④ 从战略的角度来看，上海合作组织框架下最重要的合作是能源领域的合作。在上海合作组织2007年年会上，俄罗斯时任总统普京与哈萨克斯坦总统纳扎尔巴耶夫号召成立中亚"能源俱乐部"，⑤ 该倡议引起了西方的重视，他们认为对于世界上石油与天然气生产国而言，中国将成为最便捷的目的地。对于其他国家尤其是伊朗而言，卖给中国石油将有效地缓解来自西方市场与政治的不确定性所带来的不良影响。⑥ 如果普京再次当选俄罗斯总统，且认为来自西方的结构性压力过大，那么也许西方的担心会成为现实——中亚能源成为制衡西方霸权的"武器"。

除西方国家外，中国在中亚还将面对来自印度的竞争，印度对中亚地区能源的渴望不亚于中国，例如，从2000年开始到2007年，印度石油和天然气公司已向海外投资50亿美元。而在中亚，印度已与俄罗斯、哈萨克斯坦联合开采里海石油。⑦

---

① Oran R. Young, "Political Discontinuities in the International System", *World Politics*, XX (April 1968), p. 370.
② 王学玉:《地区政治与国际关系研究》,《世界经济与政治》2010年第4期，第36~53页。
③ 肖斌、张晓慧:《东亚区域间主义：理论与现实》,《当代亚太》2010年第6期，第33~48页。
④ Brantly Womack, "China between Region and World", *The China Journal*, No. 61 (Jan., 2009), pp. 1-20；张晓慧、肖斌:《地区安全主义视野中的上海合作组织》,《俄罗斯中亚东欧研究》2010年第4期。
⑤ Peter Fedynski, "Shanghai Cooperation Organization Seeks to Expand Energy and Security Influence", *Voice of America News*, 16 August, 2007.
⑥ Brantly Womack, "China between Region and World", *The China Journal*, No. 61 (Jan., 2009), p. 14.
⑦ Sergey Luzyanin, "Central Asia in Trilateral Cooperation: Regional Potential and Resources of SCO", *China Report*, 2007, p. 238.

当然，在俄罗斯的协调下，中国与印度也可能在能源问题上合作，如果中国与印度能够提高相互之间的政治互信水平，那么在中亚也许会出现中国—俄罗斯—印度三边关系。不过，也有一些西方学者认为上海合作组织也可能会解体，荷兰历史学家尼克·欧特森认为，由于中国与俄罗斯在中亚地区不同利益的分歧，以及和印度之间的不对称关系，上海合作组织可能会因中俄两国成为竞争对手而崩溃。①

综上所述，尽管西方对中国与中亚关系有不同声音，但大部分西方现实主义学者认为中国通过上海合作组织与俄罗斯一道来制衡西方，从而稳定其西部边境地区的稳定；西方学者同时认为，中国在中亚地区的影响力越来越大，然而由于俄罗斯的因素，中国试图努力控制在中亚影响力的增加。值得一提的是，中国与中亚国家的能源关系可能会对中俄关系产生负面影响，当然中俄两国也可能把能源问题纳入上海合作组织框架下，从而减少两国之间在能源问题上的分歧。中亚国家与中国、俄罗斯在上海合作组织框架下的互动，也是希望以此改变它们和大国之间的实力差距，这也是它们在国际舞台上施加影响力的、为数不多的途径之一，进而减少国际无政府状态的负面影响。②

（三）国家层次中的中国与中亚

在国家层次中，西方主要是从体系与单元之间的互动来解释中国与中亚关系。在理论上，主要来源于新古典现实主义。该理论结合了新现实主义和古典现实主义中的理论内核，试图在体系与单元两个层次之间建立起联系，强调国内因素在体系诱因与国家行为之间的媒介作用，从而分析国家的对外政策和行为。目前，西方现实主义学者关于中国与中亚的讨论很多都是围绕中国的崛起展开的，主要观点有：一是在单极体系下，中国发展与中亚的关系是为了赢得更大范围的支持者，从而为能制衡美国并与美国展开全球竞争铺平道路。③二

---

① Nick Ottens, "China-Russia Rivalry Will Destroy SCO", Nov. 16, 2011, http://atlanticsentinel.com/2011/11/china-russia-rivalry-will-destroy-sco/.

② Joseph M. Grieco, "State Interests and Institutional Rule Trajectories: Neorealist Interpretation of the Masstricht Treaty and European Economic and Monetary Union", in Benjamin Frankel (ed.), *Realism: Restatements and Renewal* (London: Frank Cass, 1996), p. 304.

③ Randall L. Schweller, Xiaoyu Pu, "After Unipolarity: China's Visions of International Order in an Era of U. S. Decline", *International Security*, Summer 2011, Vol. 36, No. 1, pp. 41-72.

是国家实力的增加使中国有能力与俄罗斯、美国在中亚地区竞争。与美国、俄罗斯在经济上的表现相比，经济的快速发展使中国有能力通过经济手段扩大在中亚的影响力。例如，自2009年中国与中亚的贸易额已经超越俄罗斯，并向中亚国家能源、交通等基础设施建设等方面提供数十亿美元贷款。①三是中国的中亚政策必须引起重视，中国日益增强的经济与政治实力，为了保持新疆的稳定、获取能源以及削弱西方对中亚国家政局的影响，中国将继续提高在中亚的影响力。②

究其原因，西方国家认为中国国家实力增加而改变了中国的对外行为。但是在衡量中国国家实力中，不少西方国家把中国的经济、军事和政治能力分割开来加以分析。这种分析方法可能会产生这样的问题，即经济巨人在军事上也可能十分弱小，而军事力量也无法掩盖经济上的脆弱。而有些国家甚至在既不具备军事实力也缺乏经济实力的情况下，也能在政治上发挥影响。③事实上，就目前中国的国家实力而言，中国虽然是一个大国，但不是一个强国。俄罗斯仍然是中亚地区最有影响力的国家，这种状态会保持相当长的时间。为此，西方国家把中国和俄罗斯作为中亚地区的长期竞争对手。不过，由于近年西方国家经济增长缓慢，西方国家与中国和俄罗斯展开在中亚地区竞争有点力不从心。④为此，在保持适当军事威慑外，西方国家还选择"软实力"竞争，即通过向中亚国家推行人权、民主化和市场经济改革，以及限制大规模杀伤性武器等政策来保持在中亚的影响力，其目的是遏制中国与俄罗斯。⑤在2010～2011年中东动荡尚未平息之时，西方学者开始把目光投到中亚国家，开始分析中亚国家发生变化的可能性，对中亚

---

① Matt Siegel, "China rising in battle for Central Asia influence", Agence France-Presse, First Posted 03/21/2010. Adrian Michaels, *China Ruling: Review*, Telegraph (UK), (2009 - 07 - 11), http://www.telegraph.co.uk/culture/books/bookreviews/5788080/When - China - Rules - the - World - by - Martin - Jacques - review.html; Dani Rodrik, "Will China Rule the World?", Project-Syndicate, http://www.project - syndicate.org/commentary/rodrik39/English.
② Stephen J. Blank, "Dragon Rising: Chinese Policy in Central Asia", *American Foreign Policy Interests*, Volume 33, Number 6, 1 November, 2011, pp. 261 -272 (12).
③ Kissinger, Henry A., "At Pacem in Terris Conference", New Release, Brueau of Public Affairs: Department of State, Oct. 10, 1973, p. 7.
④ M. K. Bhadrakumar, "India plays catch-up in the great game", http://www.atimes.com/atimes/South_Asia/KG18Df04.html.
⑤ Park Sang Nam, "China's Emergence as a Key Player in the Global Order and its Impacts on Geopolitics in Central Asia", *International Area Studies Review*, 2010 (13), pp. 160 - 161.

国家存在的一些政治社会问题大加抨击,探讨"中亚之春"出现的可能性。① 此外,中亚国家之间的问题,例如水资源、部族、跨界民族等问题,也成为西方国家关注的内容,因此这些问题可能会引起中亚国家之间的冲突,并破坏中亚国家之间的团结,并有可能被西方国家作为削弱中国、俄罗斯两国在这个地区的影响的工具。

可见,随着中国国家实力的增加和处理对外事务能力的提高,中国与俄罗斯、美国、中亚国家之间的互动便成为西方关注的内容。不过,西方也认识到,尽管中国的国家实力增长很快,但是还不能从根本上改变现有的国际结构,只是在中亚这一特定地区,中国的影响力不断在扩大。对西方国家而言,中国既是竞争对手,也是稳定中亚地区局势的协作伙伴。

三 结论:中国与中亚关系变化的逻辑

尽管西方视野中的中国与中亚可以有不同解释,但是这不妨碍本研究中的观点,即如果把西方视野中的中国与中亚作为一个因变量,那么可以把国际结构、地区和国家三个层次作为自变量来解释为什么西方国家会对中国与中亚关系态度发生变化。如图 1 表示:

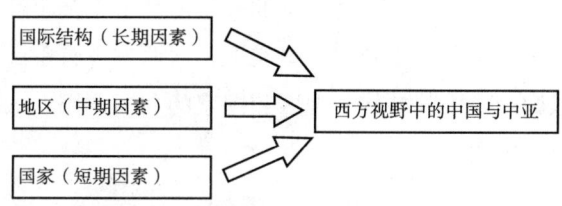

图 1 中国与中亚关系变化的逻辑

根据本文所讨论的内容,在西方视野中的中国与中亚关系中,国际结构是影响西方视野的长期因素,也是关键变量,在不同类型的国际结构下(多极、两极、单极),西方对中国与中亚关系的看法各不相同。在多极和两极结构下,如

---

① Joanna Lillis, "Will There be a Central Asian Spring?", http://www.foreignpolicy.com/, Jan. 26, 2012.

中亚黄皮书

果中国是一个弱国,那么西方国家并不看重中国与中亚关系;如果中国是大国且不是强国,那么在西方眼中,中国可以成为一个可以联合起来制衡他国在中亚存在的工具;如果中国是超级大国,那么在西方眼中,中国与中亚关系可能会成为西方国家的竞争对手。在单极体系下,如果中国是一个弱国,那么依然不会引起西方国家对中国与中亚关系的强烈关注;如果中国是大国且不是强国,那么西方国家可能会对中国与中亚关系保持一定的关注;如果中国是大国且有可能崛起为一个强国,那么西方国家可能开始重视中国与中亚的关系,这是因为中国有可能改变国际结构。

地区层次是一个中介变量。国家在崛起过程中能产出一种变量关系,即当国家在崛起的过程中,有一定的能力改变地区秩序,但尚不能改变国际结构时,国家对地区层次可以产生直接影响而间接影响到国际层次。也就是说,崛起中的中国与中亚国家之间的关系首先反映在地区秩序层面上,并间接地影响到国际结构。为此,上海合作组织、中国与中亚国家密切的能源与经济关系被西方国家视为中国影响力在中亚地区提高的重要标志。

作为自变量,国家实力的变化是西方国家对中国与中亚关系看法变化的基础。不过,国家实力是影响西方视野变化的短期因素,这是因为国家实力的增强不一定会改变国际结构。同时,西方国家也认识到尽管中国是一个大国,但距离一个强国依然还有差距。所以,中国与中亚关系依然缺乏稳定性。当然,在这里我们并不是强调国家层次分析不重要。事实上,对西方视野中的中国与中亚这一命题,我们更多强调的是国际结构、地区和国家的共同作用,只不过国际结构更为稳定,而地区层次次之。

China and Central Asia in Western Eyes

Xiao Bin

Abstract: This paper debate the relations of China and Central Asian countries in western eye. By analysis of western literature, this paper found that the relations between China and Central Asian countries have been increasingly concerned by the West. Thereby, this paper digs out the reason why the West concern about the estern. Analysis based on new realism, develops around related questions in three dimentions of international structures, region and state. The author found that the change in relatons between China and Central Asia is the end product of all these factors, including long-term, short-term and casual ones.

Key Words: China; Central Asia; Western Eye; the Relations of China and Central Asian Countries

国别形势

Country Review

Y.23

哈萨克斯坦

赵会荣*

摘　要：2011年哈萨克斯坦政局仍维持稳定，但也遇到了前所未有的挑战。纳扎尔巴耶夫通过提前举行总统选举，将政权安全延续到2016年。经济继续高速增长。社会问题日益突出，扎瑙津的持续罢工最终演变成骚乱。安全形势开始恶化，发生多起暴力事件。政权交接问题仍扑朔迷离，后纳扎尔巴耶夫时代哈萨克斯坦政治前景存在多种可能。

关键词：2011年　哈萨克斯坦　政治未来

对于哈萨克斯坦来说，2011年是非常关键的一年。这么说既不是因为该国时值独立20周年，需要总结和反思所走过的道路，也不是因为这一年发生了诸如总统选举、议会选举、自杀性爆炸、扎瑙津骚乱等重要事件，而是因为到了需

---

* 赵会荣，博士，中国社会科学院俄罗斯东欧中亚研究所中亚研究室副研究员。

要回答"哈萨克斯坦向何处去"的时候。该问题与各方热议的政权交接问题密切相关，同时，其重要性又远超过后者。鉴于此种考虑，本文通过分析2011年哈萨克斯坦的政治、经济、安全和外交，希望发现昭示哈萨克斯坦未来政治走向的某些端倪。

一 为政权平稳交接作准备

近几年，中亚一些国家政权交接问题一直备受外界关注，哈萨克斯坦也不例外。在信息来源有限的情况下，难免引起外界的种种揣测。

政权交接问题是一个非常复杂的问题，这涉及利益的重新分配，参与其中的是势力日益壮大的各利益集团，而非少数几个政治精英。考虑到当前国际政治、经济形势发展态势，中亚国家要为政权平稳交接作好充足准备。

（一）隆重庆祝独立20周年，为纳扎尔巴耶夫总统的成就作出定论

在2010年哈萨克斯坦议会通过法律赋予纳扎尔巴耶夫"民族领袖"地位后，2011年哈萨克斯坦举国上下通过总结独立20年取得的成就，继续歌颂总统的功绩，对于总统在治国方面取得的成就作出定论。①

纳扎尔巴耶夫在2011年国情咨文中将2011年的主题确定为"纪念独立20周年"。开篇即指出，"1994年，我国人均国民生产总值略高于700美元，而至2011年1月1日为止，这一指标增长了约12倍，达到9000多美元。之前，我们预计到2015年才能达到这个水平。世界发展经验表明，在独立的前二十年，没有一个国家能够达到如此成就"。②哈萨克斯坦议会上院宣布12月1日——首任总统日为全国性节日。12月10日，哈萨克斯坦议会上院通过了国家独立20周年宣言，对国家独立以来的发展成就进行了总结。12月15日，庆祝哈萨克斯坦独立20周年大会在哈首都阿斯塔纳的独立宫隆重举行。来自哈萨克斯坦各大国

---

① 例如，2011年9月，哈萨克斯坦的科斯塔奈州、克孜洛尔达州和南哈州等地举办了20年发展成就展。12月1日，哈萨克斯坦首条地铁在哈第一大城市阿拉木图正式开通，以示庆祝独立20周年。

② "Послание президента республики Казахстан – 2011", http://www.altyn - orda.kz/multimedia 2012 – 01 – 30.

家机关的领导,包括政府、议会、宪法委员会和最高法院、哈萨克斯坦人民大会的代表,以及驻哈外交机构和各国际组织的代表等3000多人共同出席了此次庆典。① 这些庆祝活动进一步彰显了纳扎尔巴耶夫为国家和人民所作出的卓越贡献,提升了总统本人在民众中的威望。

(二)提前举行总统选举,将政权安全延续到2016年

1. 全民公决倡议

2010年底,哈萨克斯坦某议员②倡议"就支持纳扎尔巴耶夫执政到2020年举行全民公决,修改宪法",并在全国各地搜集签名。截至2011年1月中旬,中央选举委员会已收到超过500万份签名,占注册选民的一半以上。在活动过程中,执政党——"祖国之光"党组建了"哈萨克斯坦——2020"民主力量社会联盟。2011年1月14日,哈萨克斯坦议会通过《关于对宪法进行修改的法律》,支持纳扎尔巴耶夫总统执政到2020年。纳扎尔巴耶夫将该法律转交哈萨克斯坦宪法委员会。随后,哈萨克斯坦宪法委员会表示,该倡议所表述内容存在不明之处,认定该倡议提出的修改宪法举动不合乎宪法。纳扎尔巴耶夫随即签署命令,驳回了议会关于举行全民公决的建议,原因是他"决定参加2012年举行的总统选举"。③

2. 提前举行总统选举

2011年2月2日,议会通过关于提前举行总统选举的法案。次日,议会通过关于总统选举的宪法修正案。这两项法案规定,总统可以签署决议举行非例行总统选举,并在确定后的两个月内完成总统选举。两项法案都在当日被纳扎尔巴耶夫签署。2月4日,纳扎尔巴耶夫宣布2011年4月3日提前举行总统选举。同日,哈萨克斯坦中央选举委员会宣布,推举总统候选人的期限是2月5日至20日。2月11日,"祖国之光"党第十三次代表大会推选纳扎尔巴耶夫为总统候选

---

① "哈萨克斯坦隆重庆祝独立20周年",http://gb.cri.cn/27824/2011/12/16/2625s3480226.htm 2012-01-30。
② 据媒体资料,该议员是哈萨克斯坦塞米巴拉金斯克国立大学校长埃尔兰·赛德科夫。http://journal-neo.com/? q=ru/node/12376&subscribe=1 2012-2-13。
③ 哈萨克斯坦驻华使馆:《哈萨克斯坦共和国总统努·纳扎尔巴耶夫国情咨文:"让我们共创未来!"》,2012年1月28日。

人。哈萨克斯坦反对派表示，提前举行总统选举缺乏依据，在如此短时间内他们来不及组织参加选举，因此决定不参加选举。

2011年4月2日，哈萨克斯坦举行总统选举。共有827.9万选民参加投票，约占选民总数的89.99%。共有22人申请参加此次总统选举，但其中11人未能通过国语——哈萨克语的考试，另有7人没有获得足够的支持签名或者自行决定退出选举注册。结果不出意料，4名候选人中，纳扎尔巴耶夫获得95.55%的选票，赢得连任。其余3名总统候选人，即爱国者党领导人卡西莫夫、共产主义人民党中央委员会书记艾哈迈德别科夫以及自然生态联盟领导人叶列乌西佐夫分别获得1.94%、1.36%和1.15%的选票。叶列乌西佐夫承认他本人投票支持纳扎尔巴耶夫。

上述事实说明：①无论是全民公决，还是提前举行总统选举，都是维护纳扎尔巴耶夫总统的政权安全和提高继续执政的合法性。②很多细节都说明，哈萨克斯坦国内已经形成对于总统权威的绝对膜拜。例如，宪法委员会宣布，全民公决倡议在短短一个半月内就获得半数以上选民签名。尽管修改宪法的做法最终被宪法委员会裁定违宪，但此前该法案却获得议会全体议员通过。总统候选人叶列乌西佐夫不投票支持自己，反而支持竞争对手，等等。③全民公决和提前举行总统选举应该不是同一政治势力提出的建议，说明在纳扎尔巴耶夫的周围应该至少有两种势力在影响总统的决策。④所谓纳扎尔巴耶夫被周围势力操纵的猜测不攻自破。

（三）举行议会上下院选举，向多党制议会迈进

1. 扫清障碍

2006年纳扎尔巴耶夫曾表示，两党制是比较理想的政党制度。同时，他看到"祖国之光"党独占议会可能导致政治僵化的风险，希望在执政党之外另建一个"建设性"的反对派。为此，首先需要在法律上扫清障碍。2009年2月通过的选举法允许在议会选举中获得票数居次位的政党即使没能获得议会代表必需的7%选票也可以在议会中获得席位。2011年6月，哈萨克斯坦共产党与未获登记的政党人民党组建人民阵线。2011年7月纳扎尔巴耶夫更换了建设性反对党——"光明之路"民主党的领导人，表明他有意支持该党作为第二大政党进入议会。2011年10月5日，哈萨克斯坦法院宣布暂停哈萨克斯坦共产党的活动，期

限是半年。2011年12月,哈萨克斯坦法院取消了对精神复兴党的登记。这样,哈萨克斯坦共产党和精神复兴党都无缘参加2012年1月15日举行的议会下院选举。

2. 三党进入议会下院

2011年8月19日,哈萨克斯坦顺利提前举行议会上院选举。按照宪法规定,47名议员中半数议员实现更换。2011年11月16日,纳扎尔巴耶夫下令解散议会下院。2012年1月15日,哈萨克斯坦举行第五届议会下院选举。"祖国之光"人民民主党获得了80.74%的选票,"光明之路"民主党和共产主义人民党的得票率分别是7.46%和7.2%,三党顺利进入议会,改变了2007年以来"祖国之光"党包揽议会下院所有席位的局面,扩大了议会的代表性。反对派无缘议会。此前,纳扎尔巴耶夫指出,议会下院选举应该成为哈萨克斯坦社会和政治体系民主化的新阶段。① 哈总统政治顾问叶尔腾斯巴耶夫在议会选举前接受俄新社采访时表示,哈萨克斯坦的政体正在由总统制向总统议会制过渡,未来议会将发挥更大的作用。② 哈萨克斯坦著名政治学家多塞姆指出,政党进入议会的门槛和数量都不重要,重要的是议会在政治体系中发挥多大作用以及议员是否能实现直选。③

(四)继续行政体制改革,打击腐败

1. 继续政府部门和干部调整

纳扎尔巴耶夫蝉联总统后,未更换政府总理和三位副总理,更换了5位部长。最引人关注的任命是,4月11日时任"萨姆鲁克"国家福利基金副董事长的库利巴耶夫④升任董事长。另外,任命时任外交部副部长的卡兹汉诺夫为新外长,时任"萨姆鲁克"国家福利基金主席的克里姆别托夫转任经济发展与贸易部部长,原部长艾特扎诺娃担任经济一体化部部长,时任"哈萨克斯坦农业集团"董事长的马梅特别克夫为农业部长,时任东哈州内务总局局长的卡西莫夫升任部长,时任旅游和体育部副部长的叶尔梅吉亚耶夫升任部长。继2010年3

---

① "Парламентские выборы изменили политическую карту Казахстана", http://www.newskaz.ru/comment/20120117/2526582 – print. html 2012 – 02 – 08.
② "哈萨克斯坦议会进入多党制时代", http://news.eastday.com/w/20120116/u1a6315161.html 2012 – 01 – 30。
③ Досым Сатпаев: "Зачем Назарбаеву нужны досрочные выборы", http://lenta.ru/conf/satpaev/ 2012 – 02 – 13.
④ 库利巴耶夫是纳扎尔巴耶夫总统的二女婿,被认为是最热门的总统接班人选。

258

月改组能源和矿产资源部、经济和预算部、财政部、工业和贸易部、文化和信息部以及国家通讯局等6个部门之后,2011年5月哈萨克斯坦又新增"经济一体化部",负责区域一体化合作事务,包括欧亚经济共同体框架内的关税同盟和加入世界贸易组织事务。

2012年1月纳扎尔巴耶夫再次颁布总统令,调整政府部门和人事安排。任命原副总理舒克耶夫为"萨姆鲁克"国家福利基金董事长,库利巴耶夫因扎瑙津事件被免职。撤销通讯和信息部,将其职能转交给文化部和交通通讯部;改组文化部,成立文化和信息部;改组旅游和体育部,成立体育署,同时将管理旅游事务的职能转交给工业和新技术部;任命苏尔丹诺夫为总统办公厅主任,免去其总统助理职务;任命阿赫梅托夫为第一副总理,免去其卡拉干达州州长职务;任命克里姆别托夫为副总理,免去其经济发展与贸易部部长职务;任命萨金塔耶夫为经济发展和贸易部部长,免去其巴甫拉达尔州州长职务;任命卡帕拉夫为环境保护部部长;任命伊马舍夫为司法部部长;任命库姆哈默德为国务秘书,免去其文化部部长职务;任命朱马卡里耶夫为交通通讯部部长,免去其通讯和信息部部长职务;任命伊谢克舍夫为工业和新技术部部长,免去其副总理兼工业和新技术部部长职务;任命门巴伊为文化和信息部部长。①

2. 妥善安置被裁人员,提高政府机关工作效率,积极推进司法体系改革,打击腐败

2011年政府的工作重点之一是稳妥安置根据2010年《关于精简国家财政拨款单位和中央银行人员》总统令裁撤的占15%的国家公务员。2011年7月21日,哈总统纳扎尔巴耶夫签署了"哈萨克斯坦文件审批制度完善法"修正案,将现行的1015个审批文件减少331个,并在国家机关普及"一窗式"服务工作原则,旨在简化和优化许可审批制度,缩短办理时间,减轻企业负担。

2010年8月颁布《关于提高执法部门和法院系统工作效率的措施》的总统令,决定2012年1月1日前完成执法和司法体系改革,以期明确各执法和司法部门职责,减少编制和机构重叠,减少对经济的干预,将物资和人员向基层倾斜,加强社会监督。2011年的改革重点是减少和预防职能部门干扰企业正常经

---

① 中华人民共和国商务部驻哈萨克斯坦经商处网站:《哈萨克斯坦政府进行调整》,http://kz.mofcom.gov.cn/aarticle/jmxw/201201/20120107941165.html 2012-1-30。

营，包括对企业吃、拿、卡、要，无限制地查税、检查卫生和安全等。

2011年，哈农业部副部长、卫生部副部长、海关监管委员会主席等一些高级官员因涉腐先后离职或被法办。2011年5月"海关走私案"涉案成员超过100人，包括霍尔果斯海关边检站站长艾达罗夫、阿克莫拉州国家安全局副局长库尔马纳利耶夫、阿拉木图州海关关长阿尔特克巴耶夫等。

二 经济保持高速增长

（一）继续落实《工业创新发展国家纲要》

2010年制定的《哈萨克斯坦——2020发展战略规划》确定了十年发展总目标和两个五年计划。第一个五年计划是2010年3月19日颁布的《2010~2014年加速工业创新发展国家纲要》。在此框架下，政府制定并积极落实发展工业的《工业路线图计划》、改善营商环境和发展中小企业的《至2020年商业路线图计划》、提高就业的《就业规划》和对现有企业进行大规模现代化改造提高生产率的《2020年前提高生产率规划》。

2011年《工业路线图计划》和《至2020年商业路线图计划》对GDP的贡献率为2%。2011年《工业路线图计划》共有超过9700亿坚戈的288个项目投入使用，创造了3万多个固定优质工作岗位。共6万人参与了《就业规划》的试点工作。2012年哈政府将全面落实该规划。① 2010年以来，在《至2020年商业路线图计划》框架内，对拥有9.5万员工的1000家企业的820个项目进行了补贴，总额达2514亿坚戈。②

（二）宏观经济指标表现良好

2011年哈萨克斯坦经济继续保持高速增长。国内生产总值同比增长7.5%，

---

① 哈萨克斯坦驻华使馆网站：《哈萨克斯坦共和国-总统国家领袖努·纳扎尔巴耶夫致哈萨克斯坦人民国情咨文》，http：//www. kazembchina. org/create/bike/home. jsp？ languvage = userconfigtable 2012 – 02 – 22。

② 中华人民共和国商务部：《2011年哈萨克斯坦经济社会发展情况》，http：//www. mofcom. gov. cn/aarticle/i/jyjl/m/201201/20120107941169. html 2012 – 02 – 06。

人均GDP达到11300美元。工业生产同比增长3.8%，其中，加工业同比增长6.7%，矿产开采业同比增长1.6%，化学工业同比增长22.5%，机械制造业同比增长19.6%，冶金工业同比增长6.7%。农业同比增长27.3%；货物运输同比增长16.6%；零售贸易同比增长12.5%。固定资产投资增长2.4%。通货膨胀率为7.4%。吸引外资131亿美元。外国直接投资净增22%。外贸额为1262亿美元，同比增长40.2%，顺差达500亿美元，同比增长70%。2011年末，哈就业人数为850万人（其中临时雇用工人570万人，占就业人数的67.3%），比2010年末增加32.83万人，增加4%；失业人数为47.92万人，失业率为5.4%；正式登记的失业人数占有劳动能力人口的0.4%，而2010年末为0.6%。截至2011年12月底，哈萨克斯坦月均工资增长22.5%。[1]

（三）粮食大丰收，矿产开采量和汽车产量继续增长

2011年哈农作物播种面积为2120万公顷，其中粮食作物1620万公顷，包括小麦1380万公顷。因气候良好，全年粮食产量创下55年来的历史最高纪录，共收获2970万吨，人均1.77吨，平均单产18.5公担/公顷，比上年的1380万吨（平均单产9公担/公顷）增加1倍多。按照10%的加工损耗率计算，净产量预计超过2600万吨，其中1500万吨可供出口。

2011年，哈萨克斯坦机器制造类产品产量增长30%。钢材同比增产12%，煤开采量为1.16亿吨，同比增长4.9%；原油开采量为6774.54万吨，同比下降0.5%；凝析气开采量为1230.37万吨，同比增长6.1%；天然气开采量为395亿立方米，同比增长6%；出口石油和凝析气近7000万吨；铀开采量增长9%，开采量占世界总量的35%；轿车同比增产1.6倍。[2]

（四）未来经济形势看好，但增长速度可能略有下降

哈央行副行长经济学家阿吉舍夫认为，2012年哈宏观经济仍将保持积极的发展势头，但面临的外部经济风险将大大增加。哈央行的货币信贷政策不会发生

---

[1] 中华人民共和国商务部驻哈萨克斯坦经商处网站：《哈萨克斯坦就业状况有所好转》，http://kz.mofcom.gov.cn/aarticle/jmxw/201201/20120107941163.html 2012-01-30。

[2] 中华人民共和国商务部驻哈萨克斯坦经商处网站：《哈萨克斯坦主要能源开采情况》，http://kz.mofcom.gov.cn/aarticle/jmxw/201201/20120107929831.html 2012-01-30。

根本性变化，主要目标仍然是保持价格稳定，将中期通货膨胀率控制在6%～8%的范围内。一些国际组织的预测降低了2012年哈萨克斯坦经济增长速度，估计全年GDP将增长6%。

三 安全形势恶化

（一）宗教极端主义和恐怖主义犯罪活动升级

近年来，哈萨克斯坦的宗教极端活动和恐怖活动出现日趋频繁的趋势。[①]2011年哈萨克斯坦共发生11起极端暴力事件，是哈独立以来暴力活动最频繁、后果最严重的年度。5月17日，位于阿克托别市的阿克纠宾斯克州国家安全局大楼内发生自杀性爆炸事件。嫌疑人当场死亡，2人受伤。5月24日，在首都阿斯塔纳市国家安全委员会办公楼前发生汽车爆炸事件。7月12日，卡拉干达州巴尔喀什市一所监狱发生囚犯集体持枪越狱未遂事件，16名囚犯被炸死。11月中旬，哈南部城市塔拉兹一条街上发生爆炸，8人遇难，其中5人是警察。哈萨克斯坦政府首次承认此次事件的性质是恐怖主义。鉴于反恐形势日趋严峻，美国于7月21日将哈萨克斯坦列入"遭受恐怖威胁国家"名单，哈国公民以后进出美国时将遭受更严格的审查。

上述事件值得关注的有以下几点：一是出现自杀性爆炸行为；二是暴力活动针对强力部门，以前多是宣传鼓动、走私贩毒、伪造印章护照、劫财害命等；三是出现武装劫狱或监狱暴动事件；四是有自称为"哈里发战士"的极端组织宣称对一些恐怖袭击活动负责；五是犯罪活动多发生在大城市和西部、南部产油区，社会影响恶劣。这表明哈萨克斯坦恐怖和极端组织活动呈逐渐高发趋势，恐怖活动升级，恐怖组织的力量、规模和手段获得新的发展，哈境内恐怖和宗教极端势力与境外势力有密切联系，恐怖活动国际化和年轻化，也说明长期以来政府对恐怖主义和宗教极端主义麻痹大意，管理机构松懈腐败，存在重大漏洞。此外，

[①] 据哈检察机关数据，近年来因从事恐怖活动而被移送司法机关的恐怖分子数量：2003年16人，2004年20人，2005年16人，2006年33人，2007年14人，2008年22人，2009年24人，2010年31人，2011年第一季度7人。

政府官员的反应说明很多官员头脑中仍延续苏联时期的思维习惯,报喜不报忧,大事化小,小事化了,不愿意承认安全、宗教、社会等领域和管理上存在的问题。

外界猜测这些事件均与塔利班或其他极端组织有关,也可能与哈萨克斯坦下院决定派军事力量赴阿富汗参与北约军事行动一事有关。2011年5月18日,哈萨克斯坦议会下院通过法案"关于批准哈萨克斯坦与北约以互换照会形式签署的哈萨克斯坦军事力量参与北约在阿富汗国际安全援助部队的军事行动的协议"。随后,哈萨克斯坦外交部宣布,4名哈萨克斯坦军官将赴阿富汗参与北约军事行动。6月初,哈萨克斯坦议会上院否决了该决议。

(二)严厉打击宗教极端势力,加强信息安全

为规范宗教组织和宗教活动,打击激进的宗教势力,2011年5月哈萨克斯坦建立宗教事务管理局,该机构制定了"发展温和伊斯兰教"的工作构想。9月8日哈萨克斯坦议会下院审议通过宗教事务管理局负责起草的《宗教活动和宗教组织法》草案,随后该草案获得上院通过,并于2011年10月14日被哈萨克斯坦总统纳扎尔巴耶夫签署。该法律对于宗教组织登记的条件、祷告地点等内容作出较为严格的规定,如规定在国家机关、教育、卫生、军队等部门不得设置祈祷室等,在社会上引起广泛争议。此举遭到欧安组织和诸如自由之家等国外宗教组织的批评,认为新法中的一些条款严重阻碍了哈萨克斯坦公民信教和表达信仰自由。哈萨克斯坦境内的一些非政府组织、宗教组织和信教人士中也有声音质疑政府的做法。一些非政府组织还要求哈萨克斯坦宗教事务管理局负责人辞职。政府与宗教团体之间的关系趋于紧张。

2011年哈萨克斯坦加强对互联网的管控。6月哈总检察长宣布关闭15家宣传或袒护宗教极端主义的外国网站。纳扎尔巴耶夫提出"电子边界"和"电子主权"的概念,希望与其他国家合作共同维护信息安全。扎瑙津事件发生后,哈萨克斯坦政府在维护信息安全方面表现出更高的智慧,不再局限于第一时间全面封锁消息,而是通过主动抢先发布官方信息取得信息战的优势。2012年1月6日,纳扎尔巴耶夫签发《哈萨克斯坦共和国国家安全法》,不准外国人超持49%的通信业份额。①

---

① 中华人民共和国商务部:《哈〈国家安全法〉不准外国人超持49%的通信业份额》,http://kz.mofcom.gov.cn/aarticle/jmxw/201201/20120107933187.html 2012 – 02 – 06。

（三）扎瑙津事件警示哈萨克斯坦安全问题的综合性与复杂性

2011年12月16日，哈萨克斯坦西南部石油重镇扎瑙津发生骚乱。16日正值哈萨克斯坦独立纪念日，一些人闯入扎瑙津市中心广场，焚毁为庆祝独立日而搭建的舞台，点着了装饰用的圣诞树和一辆公共汽车。警方随后介入，试图控制纵火者，其间双方发生肢体冲突。哈官方称，事件导致14人死亡，近百人受伤。扎瑙津市政府大楼、宾馆、石油天然气公司的办公楼被烧毁，商店和自动取款机被洗劫。警方已经抓获了大约70人。

16~17日，曼吉斯套州首府阿克套有集会支持扎瑙津，但未与警察发生冲突。12月17日一伙人在曼吉斯套州内的一个火车站劫持了一辆客运列车，表示支持扎瑙津的行动。警察与暴徒发生冲突，1人死亡，12人受伤。

17日纳扎尔巴耶夫宣布在扎瑙津实行紧急状态。事件得到平息。总理马西莫夫签署决议《成立政府委员会解决曼吉斯套州扎瑙津大规模骚乱后出现的社会、经济、人文等问题》，副总理舒克耶夫负责该委员会的工作。政府还通过专门计划、划拨30亿坚戈消除扎瑙津骚乱的后果。阿拉木图建立了扎瑙津事件社会调查委员会。

事件发生后，哈萨克斯坦官方表示，事件与金融危机有关，很可能是一些政治势力（包括西方势力）在幕后操纵的结果。哈萨克斯坦社会主要有两种反应：一是对石油工人表示同情，对政府的做法提出批评。其中，有的认为哈萨克斯坦独立后官民之间的距离越来越大。官员利用权力积聚财富，视底层民众的疾苦于不顾。有的认为政府不作为，警察滥用暴力，导致发生流血事件。哈宗教界人士批评纳扎尔巴耶夫在事件发生后没有在第一时间亲赴第一线指挥平息事件，也没有立即严惩当地官员。二是与政府声音保持一致，支持政府，认为西方势力所为，呼吁严惩暴徒。

扎瑙津事件反映出哈萨克斯坦安全问题的综合性和复杂性。哈萨克斯坦的安全问题绝不仅仅限于恐怖和极端势力制造一些暴力事件，更发人深省的是，收入分配不公平、移民、腐败、拜金主义、民族关系等社会问题不断积聚，导致社会情绪的极端化。扎瑙津事件中值得关注的有以下几点：

（1）扎瑙津事件并非偶发事件，但不会引起全国性的动荡。2007年以来，该市不断有集会、示威、绝食和罢工事件发生。2011年罢工持续了数月，最终酿成了骚乱。早在2010年哈萨克斯坦政治决策研究所的调研报告就指出，扎瑙津的社会反抗情绪在全国是最高的，提醒政府注意。然而，从很多细节看，无论是中央政府，还是地方政府都没有重视解决工人与企业主及地方政府之间的纠纷，甚至在最后一刻也没有做好准备应对此次事件，最终导致罢工工人的要求从经济目的转变为针对政府的政治目的。

扎瑙津并非哈萨克斯坦境内唯一的"燃点"。类似扎瑙津的罢工、示威事件在哈萨克斯坦其他地区也发生过。扎瑙津骚乱发生后，很多哈萨克斯坦公民表示，不能排除其他地区发生类似小规模骚乱的可能性，但不会引发全国性的动荡。

（2）从哈萨克斯坦社会对事件的反应看，社会的多元化趋势越来越明显：第一种群体受苏联时期"事不关己，高高挂起"的思维习惯影响，认为反正自己不知情，跟自己无关，自己也不能决定什么，因此采取漠视的态度。他们以年长者居多，不愿意改变现状，主要是害怕环境变得更加糟糕。第二种群体把工作和生活中遇到的很多问题都归咎于政府和体制，对政府和社会不满，愤世嫉俗，期待通过行动改变现状，以年轻人居多。第三种群体对现状比较满意，害怕失去积累起来的财富或者机会。从媒体和社会组织所作的民意调查来看，不满政府的声音在增长，但支持政府的声音仍占多数。

（3）从哈萨克斯坦政府的反应看，决策层已经认识到目前国内存在的经济社会问题是导致骚乱发生的根源，希望通过政策微调来预防动乱发生，不打算对"先经济后政治，政权安全和国家稳定优先"的治国方略作出大幅度调整。一方面，哈政府采取措施缓和社会矛盾。2011年12月22日纳扎尔巴耶夫赴扎瑙津接见了工人代表，表示工人提出的要求合理，采取了很多安抚罢工工人的措施，包括安置罢工工人就业，允许国际组织代表和媒体记者实地调查，惩处开枪警察等。纳扎尔巴耶夫还免去其二女婿库利巴耶夫的"萨姆鲁克"国家福利基金董事长等有关官员职务。他在2012年1月27日发表的国情咨文中指出，寻求经济成就与公共利益之间的最佳平衡点是哈萨克斯坦的当务之急。扎瑙津这样的单一型城市（依靠某企业或者某经济领域）最容易遭受社会风险，今后国家要发展小城镇。此外，他还强调提高国家为居民提供服务的质量，打击腐败，保障就业，发展教育，注重培训过程中的精神教育内涵等。哈萨克斯坦总统政治顾问叶尔腾斯巴耶夫指出，政府将从国家基金中拿出更多的钱用于社会领域，建立"社会国家"。① 另一方面，哈政府加强了对信息领域、反对派和外国组织的监管。

（4）扎瑙津事件说明，在经济发展较快的国家，如果不能很好地解决社会问题，同样存在社会动荡的风险。而解决社会问题的机制就是哈萨克斯坦人常说的"蒸锅原理"中的"减压阀"。民众最重要的诉求是建立国家财富公平分配的机制。哈萨克斯坦独立以来，总统通过立法、发布国情咨文等方式向民众许了很多愿，有经济和社会方面的，也有政治方面的。这些高远和美好的目标，有些实现了，有些还没有实现，但却让民众有了很高的期待，逐渐形成了一个相对自信的社会。高期待与个人生活的现实形成强烈反差容易导致民众产生失望和不满情绪，也会在蒸锅内产生很强的压力。事件也暴露出哈萨克斯坦两极分化、移民问题、民族关系和潜在的分离主义威胁都有可能导致社会不稳定。

四 继续扩大国际影响

哈萨克斯坦继续寻求与各方的合作，不断扩大在地区和国际事务中的影响。

（一）彰显地区大国外交

继2010年在独联体国家中首先担任欧安组织轮值主席国后，2011年哈萨克斯坦担任伊斯兰合作组织轮值主席国。哈萨克斯坦认为自身的发展经验可供其他伊斯兰国家参考，该国是推动伊斯兰世界与西方对话的桥梁。哈萨克斯坦还自荐担任2017~2018年联合国安理会非常任理事国候选国。2011年2月哈萨克斯坦成功举办冬奥会。2011年6月哈萨克斯坦作为上海合作组织轮值主席国成功举办了阿斯塔纳元首峰会。2011年哈萨克斯坦还担任了独联体集体安全条约组织轮值主席国，并推动该组织在军事一体化方面取得进展。2011年哈萨克斯坦还倡议召开了"援助吉尔吉斯斯坦国际会议"和"阿富汗重建捐助国会议"。

---

① BBC, Русская Служба, Советник Назарбаева: "что изменится после Жаңаозена", http://www.bbc.co.uk/russian/mobile/international/2012/01/120112_kazakh_president_advisor_zhanaozen.shtml.

(二) 积极开展对外经济一体化，与俄罗斯关系进一步密切

哈萨克斯坦经济一体化事务部部长艾特扎诺娃指出，2011年哈萨克斯坦在经济一体化进程中取得了具有里程碑意义的成就。最重要的是，2012年7月1日前俄罗斯、白俄罗斯、哈萨克斯坦三国将签订和批准由该部负责编撰的"统一经济空间"全部法律基础文件；二是2011年哈萨克斯坦与美国完成了"入世"双边谈判，与欧盟和其他主要国家签订了"入世"双边协定；三是参加了世贸组织部长级会议，这是哈萨克斯坦"入世"进程的延续，尤其在"入世"农业部分获得了有益的建议。[①] 哈萨克斯坦准备2012年结束"入世"进程。哈方强调，纳扎尔巴耶夫是欧亚联盟倡议的首倡者。关税同盟运作一年多，成员国之间的外贸额增长了40%，哈萨克斯坦与俄罗斯贸易额增长57%，哈萨克斯坦与白俄罗斯贸易额翻了一番。[②] 2011年11月哈萨克斯坦与俄罗斯和白俄罗斯签署了有关一体化新阶段的系列文件，包括"欧亚经济一体化宣言"、"欧亚经济委员会条约"以及"欧亚经济委员会章程"。2012年初，哈萨克斯坦批准"统一经济空间内劳动力自由流动协定"。未来，哈萨克斯坦与俄罗斯的关系将进一步密切。2011年11月，哈萨克斯坦还正式递交了加入经济合作与发展组织的申请。

(三) 重视与中国的战略伙伴关系，谋求密切与西方之间的关系

2011年2月，哈萨克斯坦总统纳扎尔巴耶夫访华。同年6月，中国国家主席胡锦涛对哈萨克斯坦进行国事访问。哈萨克斯坦认为两国在水资源问题上的合作有重要意义，认为2011年6月13日中哈关系提升至全面战略伙伴关系是历史性成就，两国领导人提出的2015年贸易额达到400亿美元的目标可提前一年完成。2011年中哈双边贸易额近250亿美元。

2011年10月纳扎尔巴耶夫邀请英国前首相布莱尔担任其经济顾问。2011年哈萨克斯坦与欧盟贸易额增长32%，其中与德国贸易额增长22%。扎瑙津事件

---

① 中国商务部驻哈萨克斯坦经商处网站：《哈萨克2011年经济一体化进程顺利》，http://kz.mofcom.gov.cn/aarticle/jmxw/201201/20120107916763.html，2012年1月16日。
② 中国商务部驻哈萨克斯坦经商处网站：《纳扎尔巴耶夫总统称欧亚经济联盟不是苏联还魂》，http://kz.mofcom.gov.cn/aarticle/jmxw/201111/20111107838237.html，2012年1月16日。

后，纳扎尔巴耶夫总统政治顾问叶尔腾斯巴耶夫立即赴欧洲开展公共外交。随后，纳扎尔巴耶夫宣布 2012 年度首访将放在欧洲。

Kazakhstan

Zhao Huirong

Abstract: The Kazakhstan political situation was essentially stable in 2011, but the authorities also encountered unprecedented challenge. Through holding the presidential election earlier, the president, Nursultan Nazarbayev, successfully maintained the regime security until 2016. Economy kept its rapid growth. However, the social problems have become increasingly prominent. The long-running strike in Zhanaozen had disintegrated into rampant disorder. The security situation had been worse and many violence cases had happened. The leadership transition is still far from clear. The political prospects in the post-Nazarbayev time have many possibilities.

Key Words: 2011; Kazakhstan; Political Prospects

Y.24 乌兹别克斯坦

李昕韡*

摘　要：2011 年乌兹别克斯坦继续保持稳定。在政治领域，乌兹别克斯坦继续推进稳步改革，社会状况总体保持稳定及良好发展。国家对内政策的重点依然是改善民生、建设公民社会等方面，对宗教极端势力和恐怖主义保持高度警惕和打击态势。经济状况继续向好，提出大力发展中小型和私营企业，在能源、制造业等方面取得了较大成绩。在对外关系方面，同美国和俄罗斯都保持了较为稳定平衡的关系，特别是乌美关系日渐密切。同欧盟关系稳定发展。但同邻国塔吉克斯坦关系继续处于低谷，争端不断。中乌关系发展顺遂，两国在各领域合作进展顺利。

关键词：乌兹别克斯坦　总体形势　2011

一　政治形势

2010 年顺利举行议会选举及组阁之后，乌兹别克斯坦政局在 2011 年继续保持稳定，有限度的政治改革持续推进。

2011 年乌兹别克斯坦政局中值得关注的有以下几个方面：

（一）继续稳步推进政治改革

首先是 12 月 5 日乌兹别克斯坦参议院（议会上院）通过宪法修改案，将总统任期从 7 年缩短到 5 年。参议院立法、司法和法律事务委员会主席称，该项法律草案是卡里莫夫总统为加强开展政治改革，启动发挥议会民主和民主性原则的

---

* 李昕韡，中国社会科学院边疆史地研究中心博士生。

重要进程而提出来的①。

其次是进一步开放大众传媒的自由度，支持其发展。2011年乌兹别克斯坦在卡里莫夫总统于2010年11月签署的《进一步在国内深化民主改革及构建公民社会构想》的基础之上在传媒领域实施改革②。12月30日卡里莫夫总统签署《关于提供媒体进一步发展所需的更多税收优惠与福利的法令》，通过创造利于大众传媒进一步发展的前提来确保其独立性③。

最后是加大对贪污腐败的查处力度。2月16、17日时任塔什干市市长的图赫塔耶夫④和负责教育、科学和文化的总统顾问沃利索夫分别被解职和查处，据称原因都是贪污受贿⑤。

卡里莫夫总统在2012年1月1日的新年讲话中总结道，在2011年，国家继续进行革新和现代化改革，加强民主改革，推动生活自由化，发展民间组织和团体。虽然遇到了许多困难和挑战，全面来看还是取得了很大成就，证明乌兹别克斯坦式的发展模式是正确的⑥。总体而言，2011年乌兹别克斯坦政治改革步伐稳健，既维护了国内政治稳定，也为下一步的民主政治和公民社会建设奠定了基础。

（二）社会民生状况得到一定改善

乌当局致力于改善民生状况，缓和社会矛盾和提高人民生活水平。2011年1月3日卡里莫夫总统在新年电视讲话中承诺将工资和养老金提高25%，预算的近60%将会被用于社会发展方面⑦。7月10日卡里莫夫总统签署命令，宣布从8

---

① Uzbek Parliament reduces presidential term from 7 to 5 years, 05.12.2011, http://en.ca-news.org/news/421601.

② ОБСЕ приветствует реформы в сфере СМИ, 10.11.2011, http://www.gazeta.uz/2011/11/10/osce/.

③ Islam Karimov provides tax preferences to mass media, 03.01.2012, http://en.ca-news.org/news/430301.

④ Арестованы бывший хоким Ташкента и 16 его сотрудников, 21.02.2011, http://www.uznews.net/news_single.php?lng=ru&sub=top&cid=30&nid=16398.

⑤ Uzbekistan president advisor dismissed from his position, 17.02.2011, http://en.ca-news.org/news/303321.

⑥ Uzbekistan's GDP increases by 8.3% in 2011, 01.01.2011, http://www.uzdaily.com/articles-id-16955.htm.

⑦ Uzbekistan President promises to raise salaries and pensions up to 25%, 03.01.2011, http://en.ca-news.org/news/282981.

月 1 日起工资、退休金、补助和奖学金提高 15%，这是 2010 年 12 月以来的第二次涨工资①。2012 年 1 月 1 日卡里莫夫总统新年讲话中总结 2011 年社会民生方面成就时说，2011 年工资、薪金和津贴增长了 20.2%，养老金增长了 26.2%，人口总收入增长了 23.1%，创造了 100 万个就业机会，在解决社会问题和就业问题方面取得重要进展②。

不过乌兹别克斯坦社会民生领域面临的问题仍然较大。首先是人口压力。2011 年上半年乌兹别克斯坦人口达到 2863.9 万人，其中城市人口 51.3%③，1~9 月出生率为 20.8‰④。乌人口结构仍处于增长型阶段，给就业等各方面都带来了较大压力。

其次是物价上涨因素。2011 年 1 月起乌兹别克斯坦的汽油价格开始上涨，90 号汽油从 1555 苏姆/公升上涨到 1585 苏姆/公升，95 号汽油从 1725 苏姆/公升上涨到 1755 苏姆/公升⑤。而从 10 月 1 日起乌兹别克斯坦面包、天然气、热水、电等生活必需品价格全面上涨，面包涨价 25%，天然气涨价 18%，电价则上调 20%⑥。尽管 2011 年工资收入有所上涨，但是民众仍然感到无法同物价上涨的幅度相提并论。

（三）宗教极端主义和恐怖主义受到打击和严密监控，但仍在活动

乌兹别克斯坦当局清楚地认识到宗教极端主义的影响，并采取各种措施对其进行打击。卡里莫夫总统于 1 月 14 日发表的纪念国家保卫者日讲话中称国际恐怖主义和极端主义是国家面临的主要威胁之一⑦。据称 9 月在塔什干州有

---

① Указ президента Узбекистана: Зарплаты и пенсии повышаются на пятнадцать процентов, 10.07.2011, http://www.fergananews.com/news.php?id=16982&mode=snews.
② Uzbekistan's GDP increases by 8.3% in 2011, 01.02.2011, http://www.uzdaily.com/articles-id-16955.htm.
③ Население Узбекистана превысило 28,6 миллиона, 11.08.2011, http://www.gazeta.uz/2011/08/11/population/.
④ Birth rate in Uzbekistan decreases by 1.1 ppm, 24.11.2011, http://en.ca-news.org/news/418761.
⑤ Gasoline prices increase in Uzbekistan, 03.01.2011, http://en.ca-news.org/news/282961.
⑥ В Узбекистане подорожали хлеб, газ, электроэнергия и отопление, 03.10.2011, http://www.fergananews.com/news.php?id=17382&mode=snews.
⑦ Президент Узбекистана наметил приоритетные задачи Вооруженных сил, 14.01.2011, http://www.uzdaily.uz/articles-id-5326.htm.

20人因被怀疑与宗教极端主义组织有关而被逮捕①。另外，乌兹别克斯坦当局还加强了安保措施。2月10日起塔什干加强了地铁、铁路和机场的安保措施，禁止无证件和无票者通行②。8月的独立日庆祝活动期间乌当局更是加大了安保力度③。

乌兹别克斯坦当局2011年对宗教极端主义和恐怖主义组织的打击和管控可以说收效良好，基本保持了社会稳定，没有发生大规模的恐怖袭击事件。但是需要看到的是不利因素仍然存在，2012年仍需要继续注意。首先是国际和地区宗教极端主义、恐怖主义活动日趋活跃。8月12日在阿斯塔纳举行的集安组织领导人峰会上，集安组织秘书长认为极端主义组织在地区活动日益积极，存在恐怖组织进攻中亚国家的可能性④。另外2011年发生于哈萨克斯坦的一系列恐怖袭击事件也证明极端主义和恐怖主义在中亚地区的蔓延。

其次是乌兹别克斯坦当局对宗教极端组织的高压政策所引发的反弹因素。《亚洲时报》12月2日的一篇分析文章称，乌兹别克斯坦伊斯兰极端主义势力上升的一部分原因是政府对于任何形式的宗教极端主义活动严厉打击的反弹⑤。加之乌国内社会经济仍有大量问题存在，滋生极端和恐怖主义的土壤并未消除。

最后是西方对于乌兹别克斯坦打击宗教极端主义颇有微词，且在一些问题上存在分歧，影响了乌在此问题上有效开展国际合作。比如1月24日卡里莫夫访问布鲁塞尔期间，伊斯兰解放党便在乌兹别克斯坦驻比利时使馆前举行示威，这是伊斯兰解放党第一次公开在比利时活动，除德国外的欧洲国家都承认该组织合法，而乌兹别克斯坦将该组织列入极端宗教组织范畴加以

---

① В Ташкенте и Ташкентской области-новая волна аресто по подозрениям в религиозом экстремизм, 21.09.2011, http: //www.fergananews.com/news.php? id = 17321&mode = snews.
② В Ташкенте усилены меры безопасности на железнодорожном возале и в метро, 16.02.2011, http: //www.fergananews.com/news.php? id = 16380&mode = snews.
③ В Узбекистане введены беспрецедентные меры безопасности, 19.08.2011, http: //www.uznews.net/news_ single.php? lng = ru&sub = top&cid = 30&nid = 17730.
④ На неформальном саммите ОДКБ в Астане обсудят ситуацию в Африке и Кыргызстане, 08.08.2011, http: //www.fergananews.com/news.php? id = 17117&mode = snews.
⑤ Doubts over real target of Uzbek "terror" blast, 02.12.2011, http: //www.atimes.com/atimes/Central_ Asia/ML02Ag03.html.

打击①。而西方国家的人权组织则一直在指责乌兹别克斯坦当局以打击宗教极端组织为名镇压宗教人士和民众②。

二 经济形势

2011年乌兹别克斯坦经济形势总体稳定，发展趋势向好。

（一）宏观经济形势良好

乌兹别克斯坦2011年GDP增长率为8.3%，工业产值占国民经济的比重提高到24.1%。工业产值增长6.3%，农业产值增长6.6%，服务业产值增长16.1%③。宏观经济各项指数都保持了稳定上升。

（二）深化经济改革，对中小企业进行扶持

卡里莫夫总统宣布2011年为"小企业与私营企业年"④。2月7日卡里莫夫总统批准《小企业与私营企业年计划》，旨在为企业进一步发展创造有利环境。内容主要是减少管理机构对企业经营的干扰，简化审批程序，增加为生产现代化和技术设备更新等投资的信贷量，并计划广泛吸引外资及国际金融机构向小企业和私营企业提供投资⑤。1月4日乌兹别克斯坦政府还调整了除贸易及餐饮业外小微企业的基本税率，将其降低为6%，使这些小微企业每年节省税负约500亿苏姆（折合3050万美元）⑥。这些为小企业及私营企业提供的优惠政策起到了很好效果，为解决就业问题提供了良好条件。

---

① В день визита И. Каримова в Бельгию активисты Хизб ут-Тахрир провели в Брюссел акцию протеста, 28.01.2011, http：//www.fergananews.com/news.php? id =16294&mode =snews.
② Uzbekistan weekly roundup, 15.02.2011, http：//www.eurasianet.org/node/63450.
③ 《乌兹别克斯坦力争经济增长8.2%》，2012年2月23日，http：//finance.china.com.cn/roll/20120223/551001.shtml.
④ Uzbek government orders closure of driving schools, 09.01.2011, http：//www.eurasianet.org/node/62678.
⑤ Karimov approves "Year of small business and private entrepreneurship" program, 10.02.2011, http：//en.ca-news.org/news/300071.
⑥ Uzbekistan decreases tax burden for small businesses, 04.02.2011, http：//uzdaily.com/articles-id-12722.htm.

(三) 对外贸易额增长，鼓励外国投资

据乌兹别克斯坦国家统计委员会公布的数据，2011年乌对外贸易总额为255.37亿美元，比上年增加15%。出口150.27亿美元，同比增长15.4%，进口105.1亿美元，增长14.5%，外贸顺差45.17亿美元，比上年增加2.73亿美元①。

2011年乌兹别克斯坦当局大力吸引外国投资。2011年乌拟吸引外资29亿美元，在乌的合资和外资企业超过了4200家。中国已成为乌兹别克斯坦第一大投资伙伴，其次是俄罗斯，主要的引资领域包括油气、汽车制造、纺织、电信业②。乌兹别克斯坦政府出台了一系列政策以吸引投资，如2月乌兹别克斯坦出台法令规定，外国民营企业在乌直接投资可享受"无限期免税"待遇③。另外还于2011年第二季度出台总统令以进一步优化投资环境。

三 对外关系

乌兹别克斯坦2011年继续保持平衡外交政策，同俄罗斯、美国、欧盟等各方的关系发展都比较稳定。

(一) 乌俄关系继续保持稳定

乌兹别克斯坦认识到俄罗斯在中亚地区的影响力以及在维护地区稳定方面发挥不可或缺的作用，两国在政治、经济、安全等各个层面都保持了接触与合作。在政治层面上，两国总统进行了两次电话交谈，对共同关心的地区及国际事务交换了意见。值得注意的是，俄罗斯总统梅德韦杰夫于6月14日访问了乌兹别克斯坦。在会谈中梅德韦杰夫将乌兹别克斯坦称为"俄罗斯在中亚地区的重要和

---

① 《2011年乌兹别克斯坦对外贸易增长15%》，2012年2月7日，http://www.mofcom.gov.cn/aarticle/i/jyjl/m/201202/20120207956167.html。
② 《乌吸引外资》，2011年12月18日，http://uz.mofcom.gov.cn/aarticle/ddfg/tzzhch/200612/20061204155135.html。
③ 《民营企业在乌兹别克斯坦投资可享受"无限期免税"待遇》，2011年3月11日，http://www.acfic.org.cn/publicfiles/business/htmlfiles/qggsl/xj_qydt/201103/24923.html。

可靠的伙伴,也是俄在上海合作组织中的重要伙伴",两国在独联体和集安组织框架内都保持着良好的合作关系,将致力于继续巩固经贸关系①。

在经济层面上,俄罗斯是乌兹别克斯坦最大的贸易伙伴,2011年乌俄贸易总额为45.91亿美元,同2010年相比增长5.64%。俄罗斯商品占乌兹别克斯坦商品份额的24.3%②。俄罗斯驻乌兹别克斯坦大使于乌兹别克斯坦独立20周年之际接受采访时说,两国之间有《2008~2012年经济合作计划》,乐意见到经贸合作快速发展,俄罗斯继续将乌兹别克斯坦放在主要经济合作伙伴的位置上③。但是有评论认为乌俄经贸合作除了在能源领域之外,正在迅速减少④。

乌兹别克斯坦同俄罗斯在安全问题上也开展了合作。俄罗斯联邦军事技术服务公司总裁在访问乌兹别克斯坦时表示,俄方一贯保持其与乌方在军事技术领域进行的互利合作,并为乌建立综合防卫能力提供综合性支持⑤。

乌兹别克斯坦同俄罗斯关系发展顺利,一方面是出于乌自身发展的需要。俄罗斯对乌兹别克斯坦经济发展具有重要意义,俄罗斯不仅是乌兹别克斯坦最大的贸易伙伴,同时在能源等各个领域两国都有广泛的合作。同俄罗斯维持稳定关系有利于乌保持经济的持续增长。另一方面也是2011年地区形势的需要。地区局势受到西亚北非动荡、阿富汗问题等的影响而日趋复杂化,同俄罗斯的合作将有助于乌兹别克斯坦应对"三股势力"、毒品走私等影响国家稳定与安全的挑战。

(二)乌美关系发展顺利

2011年的乌美关系在2010年的基础之上继续升温。在政治层面上,两国高级官员实现了多次互访,并于2月17日举行了乌美第二轮政治磋商。美国对乌兹别克斯坦经济的高速增长和结构改革的进展表示赞赏,同时对乌兹别克斯坦进

---

① 《俄罗斯总统梅德韦杰夫访问乌兹别克斯坦》,2011年6月14日,http://news.xinhuanet.com/world/2011-06/14/c_121535593.htm。
② Товарооборот Узбекистана и России составил MYM4591 млрд,23.11.2011,http://www.uzdaily.uz/articles-id-9015.htm.
③ Узбекистан и Россия наращивают сотрудничество,07.09.2011,http://www.gazeta.uz/2011/09/07/ru/.
④ США укрепляются в Узбекистане,20.07.2011,http://www.fondsk.ru/news/2011/07/20/usa-ukrepljajutsja-v-uzbekistane.html.
⑤ President Karimov met with President of Company military technology services Russian Federation,28.06.2011,http://news.uzreport.com/.

一步深化民主改革表示支持①。美、乌两国围绕阿富汗问题继续合作，美国对乌兹别克斯坦在阿富汗问题上给予的支持表示感谢。美国国务卿希拉里·克林顿在访问乌兹别克斯坦时，对乌在维护地区安全与稳定方面的重要作用与地位表示肯定，尤其对乌向驻阿富汗的国际安全部队开放运输线表示感谢，并且还鼓励乌兹别克斯坦参与阿富汗战后重建以及"新丝绸之路"计划②。美国还宣布将于2012年使用外国军事援助基金为乌兹别克斯坦提供防御性武器装备③。乌兹别克斯坦在阿富汗问题上发挥重要作用，美官方称98%的"北方运输线"物资通过乌兹别克斯坦境内运入阿富汗。另外，7月连接乌阿边境的"海拉顿—马扎里沙里夫"铁路正式运营④，乌兹别克斯坦是唯一同阿富汗直接有铁路相连的国家。

除了在政治层面之外，乌兹别克斯坦还积极同美国开展经济领域的合作，尤其是能源与贸易合作。2月18日美国负责中南亚事务的助理国务卿罗伯特·布莱克率团访问乌兹别克斯坦，并举行了乌美经贸论坛。在经贸论坛上乌方同包括波音公司在内的多家企业在油气、化工等领域达成了多个合作协议。同时，布莱克还强调在传统能源有效使用以及发展再生能源上同乌方开展合作的兴趣⑤。国务卿希拉里在访问乌兹别克斯坦时表示，美国乐于增加在乌兹别克斯坦经济领域的投资数量⑥。

可以预见的是，2012年美乌关系将以阿富汗问题为重点继续展开合作，同时美国在乌的经济领域将起到日益重要的影响作用。但是影响美乌关系的一些因素仍然存在。首先就是人权问题。人权、使用童工等问题一直都是美国等国家诟

---

① Узбекистан и США провели второй раунд политических консультаций, 18.02.2011, http://www.uzdaily.uz/articles - id - 5732.htm.
② Islam Karimov meets US Secretary of State, 24.10.2011, http://passport.uzreport.com/vhod.cgi?lan = e&refd = news.uzreport.com&reff = uzb.cgi&refi = 93053.
③ Military aid to Tashkent would help protect NDN - State Department, 28.09.2011, http://www.eurasianet.org/node/64237.
④ Афганистан - Железная дорога, построенная Узбекистаном, заработает в ближайшее время, 01.07.2011, http://www.fergananews.com/news.php?id = 16960&mode = snews.
⑤ Глава Узбекистана принял делегацию Американско-Убзекской торговой палаты, 18.02.2011, http://www.uzdaily.uz/articles - id - 5731.htm.
⑥ США выводят страны Центральной Азии на Новый Шелковый путь, http://www.uznews.net/news_single.php?lng = ru&sub = top&cid = 30&nid = 18207.

病乌兹别克斯坦的主要方面。5月18日新任的美国驻乌大使乔治·克罗尔在国会听证会上表示，将更为关注乌兹别克斯坦人权问题①。而由于人权组织对童工问题的抗议，纽约时装周主办方则于9月15日取消了卡里莫娃的时装秀②。人权问题一方面影响乌兹别克斯坦同美国在经济、社会领域合作的积极性，另一方面，美国在制定政策时也要经常面对人权组织的舆论压力。另外，美国舆论也经常对乌兹别克斯坦的社会、经济管理模式发出指责之声。如5月3日美国的国际言论监督机构"自由之家"就将乌兹别克斯坦列为世界十大言论自由度最差的国家之一③。另外，1月13日美国The Heritage Foundation和The Wall Street Journal基金会将乌兹别克斯坦列为经济极度不自由国家之一④。这些言论虽然无法从根本上动摇乌美关系发展的基础，但是不利于两国关系的发展，同时也体现出美对乌发展模式的不认同。

其次，俄罗斯的影响力也是必须考虑的因素。正如上文所述，乌俄关系稳定对于乌兹别克斯坦而言具有重要意义。同时乌兹别克斯坦希望能够在俄、美之间保持平衡。对俄罗斯而言，中亚地区的战略意义重大，并不希望美国在该地区的影响力增长。乌兹别克斯坦并不能挑战俄罗斯的存在，而俄罗斯则可以通过在其周边的军事存在以及经济和能源手段来保持对乌的影响力⑤。乌美关系的走向肯定会受到乌俄关系、美俄关系的影响。

（三）同欧盟的关系解冻

2011年1月卡里莫夫总统访问比利时欧盟总部，同欧盟委员会主席巴罗佐会谈。巴罗佐称欧盟各国准备积极参与到乌兹别克斯坦政治经济改革进程中去，向乌方提供高新技术并扩大经济技术交流，并对乌兹别克斯坦在欧盟中亚战略上

---

① Новый посол США в Узбекистане намерен уделять больше внимания ситуации с правами человека, 19. 05. 2011, http：//www.fergananews.com/news.php? id = 16753&mode = snews.

② 《乌总统女儿被纽约时装周拒绝》，2011年9月15日，http：//www.universalnewswires.com/15/9/2011。

③ 《乌兹别克斯坦与土库曼斯坦被列入言论自由度最差的国家》，2011年5月3日，http：//www.centralasianewswire.com/3/5/2011。

④ Узбекистан и Туркменистан признаны экономически абсолютно несвободными странами, 13. 01. 2011, http：//www.fergananews.com/news.php? id = 16199&mode = snews.

⑤ The nest stage of Russia's resurgence：Central Asia, 15. 02. 2012, http：//www.eurasianet.org/node/65007.

提供的协助表示感谢①。在此次访问期间，乌欧双方签署了包括《在乌兹别克斯坦设立欧盟代表处协议》、《欧盟和乌兹别克斯坦在能源领域合作备忘录》和《欧盟 2011～2013 年对乌兹别克斯坦实施技术援助的指示性计划备忘录》在内的一系列文件②。另外，欧洲议会于 1 月 31 日批准了《欧盟与乌兹别克斯坦纺织品贸易条约及合作伙伴关系协议》③。4 月 7 日在塔什干举行的欧盟—中亚部长会议上，欧盟表示将在经贸、能源、环保、水资源利用、边防和打击毒品走私等问题上加强合作与沟通④。

乌欧关系的解冻说明欧盟已走出"安集延事件"所带来的负面影响，开始用更加务实的态度对待乌兹别克斯坦，也认识到乌兹别克斯坦在其中亚战略中所处的重要地位。另外，欧盟也希望能够在同乌方保持接触的基础之上，推动乌兹别克斯坦经济社会改革向更加符合欧盟标准的方向发展。总体而言，虽然仍然存在对乌人权等问题的批评之声，乌欧关系保持稳步发展的态势应该不会改变。

（四）同地区各国的关系

1. 乌塔关系难以改善

乌兹别克斯坦同塔吉克斯坦之间围绕罗贡水电站等问题争端不断，2011 年两国关系并未出现好转趋势。10 月 26 日塔吉克斯坦宣布将坚持修建罗贡水电站，乌兹别克斯坦则对此表示坚决反对⑤，并称塔吉克斯坦政府在此问题上对国际社会有所欺瞒⑥。另外，乌兹别克斯坦几度提高天然气出口价格和货物过境费率都引起塔吉克斯坦方面的不满，甚至出现认为乌兹别克斯坦正在全力封锁塔吉

---

① Глава Узбекистана провел переговоры в Брюссуле，25.01.2011，http：//www.uzdaily.uz/articles - id - 5454.htm.

② Когда откроется представительство ЕС в Узбекистане?，06.12.2011，http：//www.uznews.net/news_ single.php? lng = ru&cid = 30&nid = 18556.

③ Узбекистан и Евросоюз：мир，дружба，бизнес，15.02.2011，http：//www.fergananews.com/article.php? id = 6901.

④ В Ташкенте прошла встреча ЕС-Центральная Азия，08.04.2011，http：//www.fergananews.com/news.php? id = 16592&mode = snews.

⑤ Tajikistan considers building entire complex of Rogun hydropower station，26.20.2011，http：//en.ca - news.org/news/410111.

⑥ Uzbekistan accuses Tajikistan of attempt to hide true state of affair，02.11.2011，http：//en.ca - news.org/news/412591.

克斯坦的说法①。2012年乌塔矛盾仍存在，得到根本性改变的可能性不大。

2. 乌吉关系矛盾频发，但总体尚保持稳定

乌兹别克斯坦同吉尔吉斯斯坦之间同样存在水资源、边界争议等问题。乌兹别克斯坦一直反对吉尔吉斯斯坦在纳伦河上游修建水电站。但是在问题出现之后乌吉两国政府能保持沟通，防止问题扩大。

（五）同其他国家的关系

1. 乌日关系有所加强

2月9日，卡里莫夫总统访问日本，同日本天皇、首相、外相等政要举行了会晤，并发布了共同声明和经济合作备忘录②。日本将向乌兹别克斯坦提供180.7亿日元援助用于铁路建设③。两国还将在包括矿产资源开发等方面进行合作。2月7日乌兹别克斯坦同日本达成了铀供应协议，在未来10年中乌方向日方每年供应500~1000吨铀④。日本是乌兹别克斯坦最大的投资国之一，在各领域的投资达到了23亿美元⑤。

2. 乌兹别克斯坦同巴基斯坦关系发展顺利

3月25日，巴基斯坦总理吉拉尼访问乌兹别克斯坦，双方讨论了经贸、能源、安全等问题的合作，并签署了一系列备忘录。值得一提的是此次访问期间巴方还向乌方移交了被抓获的基地组织乌兹别克裔武装分子⑥。8月10日卡里莫夫总统向扎尔达里总统祝贺独立日，对两国关系发展表示满意⑦。

---

① Узбекистан пытается накалить антирахмоновские настроения, 05.01.2012, http://www.centrasia.ru/newsA.php？st=1325748000.

② Президент Узбекистан провел встречу с Императором Акихито, 09.02.2011, http://uzdaily.uz/articles-id-5621.htm.

③ Japan and Uzbekistan agree to cooperate in mineral resources development, 10.02.2011, http://en.ca-news.org/news/300061.

④ Узбекистан и Япония договорились о поставках урана в ближайшие десять лет, 09.02.2011, http://www.fergananews.com/news.php？id=16351&mode=snews.

⑤ К итогам официального визита Президента Республики Узбекистана Ислама Каримова в Японию, 11.02.2011, http://uza.uz/ru/politics/13587/.

⑥ Премьер Пакистана обсудил с узбекским коллегой двустороннее сотрудничество в различных сферах и побывал на приеме президента И. Каримова, 25.03.2011, http://www.fergananews.com/news.php？id=16529&mode=snews.

⑦ Uzbek President congratulates Pakistan with Independece day, 10.08.2011, http://uzdaily.com/articles-id-15308.htm.

（六）乌中关系在各领域得到顺利发展

在政治层面上，4月19~20日卡里莫夫总统访问中国，双方表示将本着相互尊重、真诚合作、互利共赢、共同发展的原则来努力推动两国关系进一步向前发展。在会谈中，温家宝总理表示中方愿意同乌方加强在资源和高科技领域的合作，探讨共建科技合作园区和农业示范园区，加强共同研发和产业化合作①。卡里莫夫访华成果得到乌媒体的高度评价，双方签署了25个国家、政府和部门间协议，涉及金额超过50亿美元，内容包括基础设施建设、金融等②。值得一提的是中国人民银行与乌中央银行签订了总额为7亿元人民币的本币互换协议③。卡里莫夫总统于2月1日批准修建中亚—中国天然气管道三期工程，该项目将于2011~2013年修建，预计成本22亿美元，管道将通过布哈拉—卡什卡达里亚—纳沃伊同哈萨克斯坦天然气管道相连④。2010年乌中双边贸易额达到20.85亿美元，中国为乌兹别克斯坦第二大贸易伙伴，在进口来源国中位列第三。2011年上半年双边贸易额为9.37亿美元，同比增长6.5%。

（七）同地区主要国际组织的关系

1. 同独联体的关系没有发生明显改变

乌兹别克斯坦方面对于独联体特别是集安组织热情一直都不高，卡里莫夫总统没有出席8月14日在阿斯塔纳举行的集安组织非正式峰会⑤。但是乌兹别克斯坦也并不是全面缺席。9月2~3日在杜尚别举行了独联体峰会，总

---

① Президент Узбекистана провел переговоры с Премьером Госсовета КНР, 21.04.2011, http://www.uzdaily.uz/articles-id-6396.htm.
② Узбекистан и Китай договорились о реализации целого ряда инвестиционных проектов, 21.04.2011, http://www.12.uz/#ru/news/show/official/6076.
③ Китайские банки предоставили Узбекистану предитные линии на сумму; 1.5 млрд, 21.04.2011, http://www.uzdaily.uz/articles-id-6394.htm.
④ Uzbekistan works on third line of Central Asia-China gas pipeline, 01.02.2011, http://en.ca-news.org/news/295561.
⑤ Почему Каримов не приехал в Астану, а Лукашенко быстро уехал, 08.14.2011, http://www.izvestia.ru/news/497300.

理米尔季约夫代表卡里莫夫总统出席①。卡里莫夫总统还出席了 12 月 20 日在莫斯科举行的集安组织及独联体国家首脑非正式会晤②。乌兹别克斯坦对于独联体及集安组织的最大兴趣是在阿富汗问题上的合作,但是并不希望被该组织破坏其外交的独立性。近期内,乌在独联体中"有限参与"的现状应不会改变。

2. 积极参与上海合作组织各项事务

继 2009~2010 年担任上海合作组织轮值主席国之后,乌兹别克斯坦 2011 年继续积极参与上海合作组织各项事务。6 月 15 日卡里莫夫总统参加了在阿斯塔纳召开的上海合作组织峰会③。11 月 7 日乌兹别克斯坦第一副总理阿齐莫夫参加了在圣彼得堡举行的上海合作组织总理级会议,并同各方签署了进一步扩大上海合作组织经贸合作的文件④。乌兹别克斯坦认为上海合作组织在维护地区稳定和发展方面起到很大作用,并希望该组织在安全、经贸等领域发挥更大影响力。

Uzbekistan

Li Xinwei

Abstract:Uzbekistan saw continuous stability in 2011. In terms of politics, it continued to steadily push forward reform so that keep overall the social condition stable and good. The country took the improvement of people's livelihood and building of civil society as domestic policies' priority. Meanwhile, it kept alert of religious extremism and terrorism. Economic performance continued to improve. Uzbekistan made great efforts to develop small-sized and medium-sized private sectors with great achievements in the aspects of energy, manufacturing and others. As for foreign

---

① Юбилейный саммит СНГ пройдет без Каримова и Алиева, 23.08.2011, http://www.vedomosti.ru/politics/news/2011/08/23/1346859.

② На саммите СНГ в Москве Ислам Каримов похвалил попытки евразийской интеграции, 21.12.2011, http://www.fergananews.com/news.php?id=17832&mode=snews.

③ В Казахстане начал свою работу саммит ШОС, 15.06.2011, http://www.uznews.net/news_single.php?lng=ru&cid=31&nid=17369.

④ Heads of governments of Shanghai Cooperation Organization member states to meet in St. Petersburg, 07.11.2011, http://en.ca-news.org/news/413561.

relations, it maintained stable and balanced policy between America and Russia, while keeping closer tie with USA and smooth relations with the EU. However, its relations with Tajikistan still are at a low ebb and squabbling continues. Bilateral relations between China and Uzbekistan have developed well, and cooperation of both side in all fields is good.

Key Words: Uzbekistan; Overall Situation; 2011

Y.25
吉尔吉斯斯坦

史谢虹*

摘　要：经历了2010年的动荡，萝扎·奥通巴耶娃领导下的吉尔吉斯斯坦过渡政府经受住了巨大的考验。2011年10月30日总统选举的顺利举行实现了吉尔吉斯斯坦独立以来国家政权的首次和平交接，为新总统的执政奠定了良好的基础，新总统上任之后反腐败成为国内政治生活的一大重点。社会经济在较为平稳的局势下有所发展，但是前景仍不乐观：未完全巩固的政权面临诸如恐怖主义和极端主义势力的潜在威胁；国民经济运行不畅，人民生活水平亟待提高；对外关系也在各种强势争夺中寻求发展。再加上俄美军事基地之争、关税同盟的讨论，使得其继续备受国际社会的瞩目。

关键词：吉尔吉斯斯坦　总统形势　2011

一　政治局势

较之2010年的动荡局势，2011年吉尔吉斯斯坦整体政治局势有所好转，渐渐步入正轨。过渡政府在举行总统选举前的首要任务就是稳定国内局势，争取创造有利环境发展社会经济。

（一）吉尔吉斯斯坦独立以来首次实现政权和平交接

2011年对吉尔吉斯斯坦具有历史性的意义，在这一年实现了独立20年来国家政权的首次和平交接。吉尔吉斯斯坦第一任总统阿斯卡尔·阿卡耶夫在2005年3月24日事变后逃离国家，被当时的总理库尔曼别克·巴基耶夫所替代。而

---

* 史谢虹，中国社会科学院边疆史地研究中心博士生。

五年之后，巴基耶夫总统由于2010年4月7日的一场骚乱也被迫离开国内。从2010年6月到2011年12月总统选举过渡期内是萝扎·奥通巴耶娃担任临时总统。

2011年吉尔吉斯斯坦总统选举，有80多人递交申请，包括16位政党推举的候选人和67位独立候选人。其中包括吉尔吉斯斯坦"社民党"主席、时任政府总理阿坦巴耶夫和民族主义政党"故乡党"主席塔西耶夫和前总统阿卡耶夫、巴基耶夫的自我提名。根据选举委员会的规定，每位竞选人必须征集到至少3万人的支持签名、支付约值1565欧元的保证金并通过由国家电视台实时转播的一次语言测试，这些条件使竞选人数量大幅减少。

这次选举产生了吉尔吉斯斯坦民选的第三任总统，社会民主党领袖、原总理阿坦巴耶夫在第一轮即以巨大优势胜出，也直接决定了吉尔吉斯斯坦政治形势的未来道路将迈向总统议会制。10月28日临时总统奥通巴耶娃发表的电视讲话指出，新总统选出后吉尔吉斯斯坦将进入稳定发展的历史时期，因此这次选举有其特殊的历史使命。从选出新任总统开始，吉尔吉斯斯坦现政权的过渡性质将结束。

当地时间2011年11月1日11点（北京时间13点），吉尔吉斯斯坦新总统就职仪式在首都比什凯克的国家音乐厅举行。阿坦巴耶夫接过由吉中央选举委员会主席阿布德拉伊莫夫授予的总统证书以及象征总统权力的胸章和旗帜，正式宣誓就任吉总统。现年55岁的阿坦巴耶夫是吉社会民主党领导人之一。在2005年3月及2010年4月的政治斗争中，社会民主党都曾积极参与，而这两次政治动荡导致了时任总统阿卡耶夫和巴基耶夫的下台。

由于吉尔吉斯斯坦近些年来的政局动荡，因此阿坦巴耶夫上台后仍面临稳定国家、发展经济、打击腐败、逐步消除骚乱诱因等重任，被有些评论称为"后革命时代"。这次政权的顺利交接也从某种程度上反映了吉尔吉斯斯坦人民对和平稳定的向往，也是一定程度上的理性回归。阿坦巴耶夫作为北方部落的代表在南方地区所获选票竟然高于另外两位出身于南方的总统候选人，从一定程度上说明选民开始有了超越部落出身等非理性因素的评判标准。而且这次选举足够透明公正，一直对吉尔吉斯斯坦有所非议的欧安组织都承认了这一点，足以说明阿坦巴耶夫作为新任总统的合法性，也不能给再一轮的"革命"以充足理由。

2011年12月23日吉尔吉斯斯坦"共和国"党领袖奥穆尔别克·巴巴诺夫

当选为新总理。在当天召开的议会特别会议上，巴巴诺夫获得了议会全体120名议员中的113票，以绝对多数的优势当选为总理。吉尔吉斯斯坦社会民主党、"共和国"党、祖国党和尊严党于2011年12月16日签署了合作协议，宣布成立执政联盟。联盟随后推举巴巴诺夫为总理候选人。执政联盟在议会中拥有91个议席。此外，议会特别会议还通过了政府施政纲领和政府成员组成。巴巴诺夫领导下的新政府将由15个部级单位和一个委员会组成。前过渡时期政府共有20个部和一个委员会。现年41岁的巴巴诺夫是"共和国"党的创始人，曾在过渡时期政府担任第一副总理职务。

（二）反腐败成为国家政治工作重点

总统阿坦巴耶夫在2012年1月30日召开的吉国防委员会会议上要求吉政府采取措施加强反腐败工作。他表示，吉尔吉斯斯坦应在三个月内取得反腐成效，否则可能面临新一场革命。他还强调指出，吉尔吉斯斯坦腐败水平在180个国家中排名第166位，"腐败已成为吉尔吉斯斯坦国家管理方式"表明腐败问题非常严重。他要求吉总检察院和法院将已发现的腐败案件审理到底，追究腐败者的司法责任，并且要对法院和执法部门进行"清理"。当天的国防委员会会议还对吉国家反腐败战略进行了审议。据国防委员会秘书塔巴尔基耶夫披露，近两年来吉尔吉斯斯坦的腐败活动已给经济带来307亿索姆的损失（1美元折合46.7索姆），影子经济规模已达1300亿索姆。2011年共对2000多起腐败活动提起刑事诉讼，其中1350起案件被移交到法院，但法院仅对其中1/4的案件作出了宣判，其余均悬而未决。

二 经济形势

2011年吉尔吉斯斯坦经济形势总体趋好，各方面都有所发展，但是还面临困难局面，未来任务艰巨。

（一）宏观经济形势

根据吉尔吉斯斯坦国家统计委员会公布的数据，2011年吉国内生产总值为2731.08亿索姆（约合59.19亿美元），较2010年增长5.7%。在吉尔吉斯斯坦正式登记注册的各类经济实体（包括法人和自然人）总计50.51万家，其中具有法人资格的2.59万家，占5.1%，其中12.5%为国有企业，15.6%为集体企业，71.8%为私营企业，私有化程度进一步提高。

工业总产值为1618.09亿索姆（约合35.07亿美元），同比增长11.9%。矿山开采业占2.3%，加工业占82.3%，水、电、气生产占15.3%。工业同比实现增长主要受益于冶金业、非金属矿物生产、纺织缝纫和电力生产发展较快。

农业产值为1473.48亿索姆（约合31.93亿美元），同比增长2.3%，其中畜牧业占46.2%，种植业占52.1%，农业服务占1.7%。在农业产值中，国家和集体企业创造产值占比仅2.2%，农场主占比58.6%。全年谷物产量因旱灾减产3100吨，总量约158.07万吨，同比下降0.2%。

建筑业产值为417.62亿索姆（约合9.05亿美元），同比下降3.9%。同期基本建设投资总额为474亿索姆（约合10.27亿美元），同比下降6.6%。与2010年相比，国家预算和外国贷款投资增长较快，资金主要投向矿山开采业和交通通信业。在各项资金来源中，国内资本投入337.96亿索姆（约合7.32亿美元），占总投资的71.3%，其中中央和地方财政预算投入51.21亿索姆（约合1.11亿美元），企业和单位资金165.4亿索姆（约合3.58亿美元），居民投资118.44亿索姆（约合2.57亿美元），银行贷款2.9亿索姆（约合0.06亿美元）；外资136.04亿索姆（约合2.95亿美元），占28.7%，其中外国贷款87.61亿索姆（约合1.9亿美元），外国直接投资32.19亿索姆（约合0.7亿美元），外国援款和人道主义援助16.24亿索姆（约合0.35亿美元）。外部贷款和援助依然是吉尔吉斯斯坦经济的重要方面，建筑业将是未来的重点发展方向。

交通方面，货运总量3768.09万吨，较上年同期增加77.39万吨，增长2.1%，其中公路货运总量为3636.39万吨，增长2.1%；管道运输27.02万吨，增长5.8%；铁路103.47万吨，增长0.3%；水运1.08万吨，下降32.5%；空运1300吨，增长30%。客运总量56577.82万人，同比增长6.2%，其中公路运送56446.23万人，增长6.2%；铁路运送减少60.8万人，下降14.5%；航空运送增加70.75万人，增长50%。

通信业实现收入191.42亿索姆，约合4.15亿美元，同比增长11.4%。

国内消费品市场销售总额为2452亿索姆，约合53.14亿美元，同比增长6.7%。

吉尔吉斯斯坦2011年前11个月实现财政收入688.77亿索姆（约合14.93亿美元），同比增长31.9%，其中税收收入474.67亿索姆（约合10.29亿美元），同比增长33.2%；支出769.6亿索姆（约合16.68亿美元），增长30.2%，预算赤字80.83亿索姆（约合1.75亿美元），占GDP的3.4%。2011年前11个月进出口总额为55.76亿美元，同比增长35.6%，其中出口17.95亿美元，增长43.6%，进口37.82亿美元，增长32.2%，贸易逆差19.87亿美元。前五大贸易伙伴国分别为俄罗斯（贸易额为15.13亿美元）、中国（8.68亿美元）、瑞士（8.06亿美元）、哈萨克斯坦（6.33亿美元）、美国（1.98亿美元）。

（二）经济发展动向

吉尔吉斯斯坦旅游资源丰富，年吸引外国游客约200万人，旅游收入约3亿美元。但2010年发生"4·7"骚乱和"6·10"暴乱后，旅游业受到重创，当年外国游客骤减近七成，财政收入减少近1.5亿美元。为重振旅游业，吉过渡时期总统奥通巴耶娃在著名旅游胜地伊塞克湖新旅游季启动仪式上，要求旅游业者不断提高服务质量，注意开发新的旅游项目，以吸引游客，还特别要求强力部门加强对旅游景点的保护，切实保证游客安全。

吉尔吉斯斯坦总理任命重要经济部门负责人。2012年1月17日，总理巴巴诺夫任命原经济调节部部长塔什巴耶夫为地质和矿产资源署署长，库尔马托夫为国家海关总署署长，杰恩别科夫为奥什和贾拉拉巴德市重建和发展局局长。

为拓宽融资渠道，加快本国建设，吉尔吉斯斯坦经济调节部宣布2012年1月1日前该国将成立开发银行，所需资金将来源于吉政府在Centerra黄金公司的股息收入。Centerra黄金公司是加拿大卡梅柯公司与吉政府在吉合资注册，并在加拿大上市的企业，目前总市值为45亿美元左右，加方持有67%的股份，吉政府持有33%的股份。该公司主要开发吉库姆托尔金矿（年产金近20吨），还在蒙古国等地拥有金银矿开采权。Centerra黄金公司业绩较好，每年可为国家带来数千万美元的股息收入。

据吉尔吉斯斯坦政府消息，目前其国内有20万人急需住房，3000个家庭迫切需要改善住房条件，为此政府已决定采取多种措施发展住宅建设，并拟于2012年3月开始相关建设工作，拟采取的措施主要包括划拨所需建设用地，投资20亿索姆（合4400万美元）配套资金，向购房者提供期限20年（年利不超过9%）的住房抵押贷款等。按照政府要求，经济发展部和各级地方政府正对上述措施进行细化和落实。这与2011年建筑业下滑有一定关系。

（三）国际经济联系

2011年联合国开发计划署将向吉尔吉斯斯坦提供1.06亿美元援款来帮助其完成2012～2016年发展目标。奥通巴耶娃总统表示，这笔援款将通过联合国驻吉尔吉斯斯坦办事处下拨到吉尔吉斯斯坦各相关部门。为保证援款下拨过程的民主化和透明化，吉尔吉斯斯坦将成立专门部门对此进行监督，严防腐败。

据统计，国际金融机构已累计对吉尔吉斯斯坦贷款15.4亿美元，占吉尔吉斯斯坦外债总额的60%。上述贷款对于该国发展经济、改善基础设施状况等发挥了重要作用。其中，世界银行和亚洲开发银行为吉最重要的合作伙伴，对吉尔吉斯斯坦贷款总额分别为6.6亿美元和6.3亿美元，国际货币基金组织对吉尔吉斯斯坦贷款总额为1.74亿美元，占第三位。

三 外交动向

吉尔吉斯斯坦重视发展与各国的友好关系，俄罗斯始终是其外交的优先方面，吉高度重视与俄罗斯的战略伙伴关系。发展与周边国家的关系也是其外交的主要方面，同时平衡与美、俄之间的关系也是对其外交工作的重大考验。吉对中国也保持一贯的友好关系，不断升华双边合作。但是由于美军驻吉尔吉斯斯坦军事基地和吉尔吉斯斯坦意欲加入俄白哈关税同盟问题令诸多边关系交织，使问题更加复杂化，变得棘手。

（一）与俄罗斯的关系

吉尔吉斯斯坦总统阿尔马兹别克·阿坦巴耶夫宣誓就职当日就表示，俄罗斯仍是吉尔吉斯斯坦的重要合作伙伴。据阿坦巴耶夫介绍，吉尔吉斯斯坦希望在国际社会中获得应有的地位。在该问题上，吉尔吉斯斯坦期望与俄罗斯及其他合作伙伴特别是哈萨克斯坦的合作。他表示，加入关税同盟将极大促进国家经济的发展，同时，将继续发展睦邻友好，加强同合作国的相互协作。

俄罗斯对吉尔吉斯斯坦最具影响力，吉总统战略所前所长波加特列夫曾表示俄罗斯是唯一能影响吉政局的外部力量，关系到能否尽快帮助国家渡过当前危机、有效发展国民经济，关系到政府的命运。但同时随着吉尔吉斯斯坦独立之后的发展渐趋成熟，自主自立意识明显在增长，2011年2月10日，吉尔吉斯斯坦国语发展委员会透露了一项"去俄罗斯化"提案，要用3年时间将带有俄罗斯特点的地名全部更换为吉语地名。紧接着13日，俄罗斯"战略文化基金"网站就声称，俄罗斯在吉尔吉斯斯坦的利益正受到威胁。

在经济领域，吉尔吉斯斯坦更加依赖俄罗斯。吉尔吉斯斯坦国内所有燃油全部从俄罗斯进口，阿坦巴耶夫上任后第十天就出访俄罗斯，得到了俄罗斯向吉尔吉斯斯坦燃油出口的免税承诺。另外，吉尔吉斯斯坦正谋求尽快加入俄、白、哈三国组建的关税同盟，还希望俄罗斯支持其在欧亚经济共同体反危机基金框架下获得2亿美元的援助。这些对吉尔吉斯斯坦来说都十分重要。然而还有敏感关键的美俄军事基地问题，迫使吉尔吉斯斯坦在大国夹缝中举步维艰，既要力求稳定又要竭力谋求利益最大化。

根据俄罗斯国防部新闻局消息[①]，俄罗斯、哈萨克斯坦、塔吉克斯坦和吉尔吉斯斯坦2011年9月19~26日举行2011年最大规模的"中央—2011"演习，在参演国家境内7个靶场举行。由俄联邦武装部队总参谋长尼古拉·马卡罗夫大将指挥，而俄罗斯总统梅德韦杰夫是此次军事演习的总指挥。公告中说："'中央—2011'演习各个阶段在俄罗斯、塔吉克斯坦、哈萨克斯坦和吉尔吉斯斯坦境内的靶场以及里海水域举行，联合部队将演练战斗中的战术。同时，他们的主要行动将包括，在发生紧急情况的地区采取特别行动控制武装冲突，还将演练陆军和海军的联合行动。"

（二）与其他中亚国家的关系

吉尔吉斯斯坦一向重视与周边中亚各国的关系，尤其强调与哈萨克斯坦的合作。吉尔吉斯斯坦与哈萨克斯坦2011年9月16日在吉首都比什凯克举行了第二次双方政府间委员会会议，时任吉总理的阿坦巴耶夫和哈总理马西莫夫参加了会议。此次会议没有对媒体开放。据哈总理新闻局发布的新闻公告称，两国总理主要讨论了扩大经贸和人文领域合作的问题。据吉国家通讯社报道，双方总

---

① http://www.rusnews.cn/guojiyaowen/guoji_cis/20110919/43150696.html.

理可能就建立数额为1亿美元的哈吉投资基金以及哈向吉出口天然气等事宜进行商讨。

(三) 吉美关系

阿坦巴耶夫在2011年11月1日为即将过去的一年作总结而召开的记者招待会上称，不容许在吉尔吉斯斯坦领土上有威胁它的安全的设施，"马纳斯"首都机场应该变成纯民用机场。这个问题涉及吉、俄，还关系到与伊朗的关系。

至今这仍是美国在阿富汗进行"不容摧毁的自由"军事行动的主要航空机运中心，驻有美国军人和文职人员共1500人，但在2014年当美国人想要从阿富汗撤军时，同吉尔吉斯斯坦政府签订的这个协定将期满失效。就一切迹象而论，吉尔吉斯斯坦新政府不准备延长这个协定的期限。

总统解释说，这个基地成为恐怖分子和其他外力攻击的目标。他还不排除当该地区局势变得紧张时，会发生来自伊朗的威胁；伊朗的导弹可以不受干扰地射到吉尔吉斯斯坦。到那时，不只是美国军人，连和平居民都会成为这种攻击的牺牲者。他不能允许出现这种情形，因此提出了另一种选择——使这个基地变成一定有俄罗斯参加的民用转运中心，他坦言，他的这一声明根本不是在俄罗斯影响下玩弄的政治把戏，而是出于对本国居民的关怀。

阿坦巴耶夫并非无缘无故地提及俄罗斯，用他的话来说，俄罗斯是吉尔吉斯斯坦的主要战略伙伴，此外，吉尔吉斯斯坦想要加入由俄罗斯、哈萨克斯坦和白俄罗斯三国建立的关税联盟，也就是要参加在独联体范围内发生的一体化过程。但吉尔吉斯斯坦在集体安全条约组织面前也承担义务，作为这个组织的成员，意味着在该组织的某个成员国领土上存在外国军事基地，应得到该组织的其余成员的同意。他发表这一声明时注意到了俄罗斯的立场、中国的立场、哈萨克斯坦的立场，以及集体安全条约组织的其他成员国的立场。但不仅仅是这样，这个转运中心不只是向阿富汗往返运送人员，也提供实现各种所谓专门行动的可能性。

可是，显而易见的是，美国将利用政治的和经济的各种理由努力留下来。然而，吉尔吉斯斯坦政府如果得不到集体安全条约组织的伙伴们的同意，并不会在吉尔吉斯斯坦境内存在任何外国军事设施，只是其对外政治方面的新的优先方向。美国在吉的驻军引起当地居民的愤怒的同时，也令俄罗斯相当不满。俄罗斯传统上仍将吉尔吉斯斯坦视作俄的影响力范围。俄罗斯在吉北部、靠近中国边界地带也设有一处军事基地，不过阿坦巴耶夫在记者会上没有提及这处基地。

（四）吉中关系

2012年1月5日是中国和吉尔吉斯共和国建交20周年和《中吉睦邻友好合作条约》签署10周年。回顾中吉关系的20年历程，双方在相互尊重、平等互利基础上取得了长足发展，双方在政治、经济、安全、人文等各领域合作广泛展开并不断深化。中吉关系处于稳定发展的良好时期。

20年来，双方在多领域展开了务实合作，经贸、交通、能源、采矿、铁路、基础设施建设等领域合作项目不断增多。交通领域的合作尤为成功，中吉乌公路吉境内段修复项目进展顺利。两国还积极推动在吉尔吉斯斯坦境内开展电力设施合作，以提升吉南部的供电能力。边境贸易是吉中经贸合作的一个重要方面。吉尔吉斯斯坦与中国新疆毗邻，吉尔吉斯斯坦企业家每年都去新疆参加乌鲁木齐对外经济贸易洽谈会，2011年还升级为首届"中国—亚欧博览会"。据吉方统计，2011年1~11月中吉贸易额为8.68亿美元，比上年增长44.4%。其中，中方出口8.3亿美元，增长43.6%，中方进口3860万美元，增长70%。中国为吉尔吉斯斯坦第二大贸易伙伴国、第二大进口来源国和第七大出口目的国。

2011年中吉两国高层领导保持了密切交往。6月，胡锦涛主席和吉尔吉斯斯坦过渡时期总统奥通巴耶娃在出席上海合作组织阿斯塔纳峰会期间举行了会晤。9月，奥通巴耶娃总统应邀赴乌鲁木齐出席了首届"中国—亚欧博览会"，并与李克强副总理进行了会见。此后，时任吉政府总理的阿坦巴耶夫应邀赴中国大连出席夏季达沃斯论坛，温家宝总理与其进行了富有成果的会晤。此外，时任吉政府第一副总理（现已出任政府总理）的巴巴诺夫也实现了访华，吉议会副议长马梅罗娃出席了在中国西安举行的欧亚经济论坛。中方国务委员兼公安部长孟建柱4月对吉进行了访问，与吉高层领导就两国加强各领域合作广泛深入地交换了意见。12月，中国全国人大常委会副委员长司马义·铁力瓦尔地作为胡锦涛主席的特使出席了吉新任总统阿坦巴耶夫的就职

仪式。

中吉在文化人文上有很强的相通性，合作也有所进展。中方在吉已开设了两所孔子学院，下设数十家孔子课堂和汉语教学点；吉青少年学习汉语和中国文化的积极性很高，需求旺盛；吉赴华留学人数持续攀升，中国也有不少学生来吉尔吉斯斯坦求学。这无疑有助于增强中吉睦邻友好关系的社会基础。作为中国的友好邻邦，目前吉尔吉斯斯坦已成为中亚地区汉语教学发展最迅速、水平最成熟的国家之一。

（五）与其他国家关系

吉尔吉斯斯坦国防部2011年11月28日表示，吉尔吉斯斯坦和印度将于12月1日至21日举行代号为"匕首—2011"的联合反恐军事演习。此次演习的主要目的是"提高两国合作和交流经验"。

加拿大Centerra黄金公司高层日前宣布，该公司将在2012年向所属吉尔吉斯斯坦库姆托尔金矿项目增资2亿美元，以扩大生产，增加赢利。库姆托尔金矿项目自1997年投产以来，年均产金近20吨，其产值占吉工业总产值的近一半，其出口额占吉出口总额的近40%，成为吉支柱性企业和财政收入的重要来源。

Kyrgyzstan

Shi Xiehong

Abstract: The 2010 turmoil turned out massive tests to the transitional government of Kyrgyzstan, which under the leadership of Roza Otunbayeva had withstood all the them. The successful presidential election on October 30th, 2011 achieved the peaceful transfer of the state government for the first time. It opened a new page in the history and paved the way for the new president. President Atambayev put anti-corruption the focal point of the national political life after he took office. Although the social economy showed a certain degree of development in the considerately stable situation, it still had a unenthusiastic future: the incompletely solidified government facing the potential threats from terrorism and extremism; the national economical operation running with difficuties; the living standard of people waiting to be improved; external relations seeking development among various strong competition. In addition, the fight for military bases in Kyrghyzstan between Russia and the United States of America as well as the discussions over Customs Union made Kyrghyzstan a continou focus of the international community.

Key Words: Kyrghyzstan; Presidential Election; 2011

Y.26 塔吉克斯坦

杨 进*

摘 要：2011年，塔吉克斯坦政治局势总体稳定，拉赫蒙总统继续保持对国内局势的掌控，总统对各部门领导人进行较为频繁的调整，一些新的法律由议会通过并得以实施。随着阿富汗以及中东北非局势的新变化，塔吉克斯坦安全面临严峻挑战，"三股势力"、跨国有组织犯罪、毒品走私等活动频繁。受农业丰收特别是棉花丰产以及出口贸易大幅增长的利好因素影响，全年经济增长态势良好。外交领域塔继续实行全方位、平衡、务实与灵活的外交政策，积极发展与俄罗斯、中国、中亚邻国、美国、欧盟以及其他国家的外交关系。

关键词：塔吉克斯坦 政治 经济 外交 安全

一 政治总体稳定 安全仍存挑战

（一）政治局势总体稳定

2011年塔吉克斯坦政治局势总体稳定。独立20年来，塔吉克斯坦在政治转型过程中经历过挫折，独立初期发生过全面内战，国家在政治发展道路上面临过重大选择，但最终还是实现了民族和解，建立起世俗的民主共和国，逐步完成了以总统制、多党制、议会制和直选制为特征的国家体制建设。从塔吉克斯坦当前政治格局看，已经形成了以总统为核心，总统与议会、总统与政府之间良性互动的局面。拉赫蒙总统近年对议会、政府以及强力部门的掌控能力日益加强，总统

---

* 杨进，博士，中国社会科学院俄罗斯东欧中亚研究所助理研究员。

有计划、有针对性地对重要部门进行改革,一些部门领导人不断得到调整和更换,总统威信和权力不断巩固。在国家政治生活中,由拉赫蒙总统领导的人民民主党发挥着独特作用。在本届议会中,人民民主党占据议会70%议席,是塔吉克斯坦名副其实的政权党。总统制定的各种政治、经济与社会政策可以畅行无阻地得到议会批准。

近年来,塔吉克斯坦高度重视司法和法律体系建设,把法律体系的完善视为建设现代国家和公民社会的基础。2011年4月20日,拉赫蒙总统在其国情咨文中强调"这些法律的通过其目标是保障公民的权力和自由,加强社会关系和法律秩序,保护居民健康,发展教育和文化事业,改善国民经济状况包括企业环境"[1]。拉赫蒙还指出,针对腐败问题,司法不公正问题,必须进行司法领域改革,"宪法法院、最高法院、最高经济法院、法律委员会、司法部以及相关机构必须采取严厉措施保证透明和公开的法律行为,包括提高它们在立法和执法活动中的责任性"[2]。

按照塔吉克斯坦宪法规定,总统既是国家元首也是政府首脑,因此拉赫蒙总统对政府机构改革和调整给予了特别关注。根据"关于完善塔吉克斯坦国家权力机构的法令",塔政府机构近年来精简了约1/3。塔吉克斯坦精简政府机构有几个方面的考虑,一是提高政府行政效率,克服机构庞大、人浮于事的弊端;二是节约行政资源,减少行政支出;三是在机构调整基础上进行频繁人事调动,防止一些官员长期在一个部门一个地区执掌权力,从而形成势力,滋生腐败。2011年有多个部门重要领导人换岗。

塔吉克斯坦政治局势稳定的背后也有暗流涌动,反对派长期存在,并且积极活动,最主要的反对派是伊斯兰复兴党。早在2008年,作为中亚地区唯一合法宗教政党塔吉克斯坦伊斯兰复兴党制定了"伊斯兰复兴党2008~2015年任务与目标"纲领性文件,该文件从组织建设到任务目标都十分明确。近年来该党势力有逐步做大的趋势。该党领袖穆西德金·卡比利时常接受国外媒体采访,发表

---

[1] Полание Президента Таджикистана Эмомали Рахмона Параламенту страны, http://www.president.tj/rus/novostee_200411.html.

[2] Полание Президента Таджикистана Эмомали Рахмона Параламенту страны, http://www.president.tj/rus/novostee_200411.html.

本人有关塔吉克斯坦内政外交的主张,而且他在塔国内外拥有较大影响①。

随着互联网、手机等现代化通信工具的普及,塔吉克斯坦出现了利用这些现代化交流平台议论、批评现政权的现象,政府对社会舆情的控制力呈下降趋势。2011年,塔政府以技术问题为由一度关闭广受年轻人喜欢的社交网站Facebook和其他网站,后经多方交涉,塔政府才重新恢复这些网站运营。2012年这种状况再次发生。网络安全未来将成为影响塔社会稳定的重要因素。

(二) 非传统安全问题突出

塔吉克斯坦在中亚地区有着较为特殊的地缘和社会环境。作为阿富汗的邻国,恐怖主义极易向该国进行渗透;深厚的伊斯兰文化传统为宗教极端主义的蔓延提供了良好土壤;复杂的历史、民族问题又为分离主义的发展制造了温床。2006~2010年,根据拉赫蒙建议,塔吉克斯坦制定实施了《打击恐怖主义和其他极端主义的国家计划》②,政府对"三股势力"保持高压打击态势,但是其增长态势难以消弭,"三股势力"依旧是当前塔吉克斯坦最大的安全威胁之一。

俄罗斯学者的研究表明,目前活跃在塔吉克斯坦境内的主要恐怖主义组织有十多个,其中包括"伊斯兰解放党"、"乌伊运"、"穆斯林兄弟会"等③。2011年9月7日,塔境内恐怖组织"真主信徒社"在YouTube网站上发布视频,威胁将继续对"异己者"发动恐怖袭击,该组织曾于2010年在苦盏市制造过一起死伤数十人的恐怖活动。12月26日,索格特州依法对53名参与恐怖活动的犯罪分子进行了判决。据塔学者透露,作为1992~1997年内战时期反政府武装大本营的"拉什特"山谷至今是恐怖分子藏身之地。

诸如毒品走私、跨国有组织犯罪等老问题也是影响塔国家安全的重要因素。塔吉克斯坦总统直属毒品监控局数据表明,该局2011年在境内抓获多个犯罪团伙,缴获毒品超过4吨,其缴获数量居独联体国家之首。塔吉克斯坦毒品主要来

---

① http://www.centrasia.ru/newsA.php?st=1331187780.
② Выступление Президента Республики Таджикистан Эмомали Рахмона на международной сессии по борьбе с терроризмом, http://translate.google.com.hk/translate?hl=zh-CN&sl=auto&tl=zh-CN&u=http%3A%2F%2Fwww.president.tj%2Frus%2Fnovostee_240611.html&anno=2.
③ Национальный портал противодействия терроризму: Терроризм в Центральной Азии, http://antiterror.ru/expabroad/80863962.

源于阿富汗，塔阿之间有长达1344公里的边界线，而毒品种植最集中的阿南部和西部缉毒能力极为薄弱，未来塔吉克斯坦毒品走私问题不容乐观。

二 经济形势良好 增长依然可期

塔吉克斯坦2011年经济形势较为良好，继续摆脱金融危机初期的不利态势，经济增长速度在独联体国家名列前茅。诸如能源短缺、经济结构单一和不合理的老问题依然存在，成为国民经济健康发展的制约性因素。

塔吉克斯坦统计局资料显示，2011年，塔吉克斯坦国内生产总值为301亿索莫尼，比上年增长6.4%①。其中农业生产总值为148.5亿索莫尼，增长9.1%。贸易产值为44.4亿美元，同比增长24.3%。其他行业全年产值分别是：工业75.8亿索莫尼；资本投资33.3亿索莫尼；公积金投资21.9亿索莫尼；投资住房82.7万平方米。全年通货膨胀率为9.3%，其中食品类为9.9%，非食品类为6.6%，居民社会服务为9.9%，消费品月平均通货膨胀率为0.9%。

2011年经济增长有三大亮点：一是农业；二是贸易；三是劳动移民收入。这是该年度塔吉克斯坦经济增长的几大支柱。

首先，在农业产值中，农作物产值为76.2亿索莫尼，增长9.9%，养殖业产值为23.4亿索莫尼，增长6.6%。最为突出的成就是棉花大丰收。2011年棉农收获棉花41.2万吨，完成了计划的105.5%，塔农业部预计全年棉花的最终收获量将达42万吨。由于2010年棉花价格上涨，刺激了棉农的生产积极性，棉花种植面积从2010年的16万公顷扩大到2011年的20.5万公顷。②

其次，在贸易方面，2011年塔与世界上88个国家保持贸易往来，其中包括10个独联体国家，在全部外贸增长中出口贡献了14.4亿美元，进口贡献了42.2亿美元。尽管塔吉克斯坦长期存在贸易逆差，但是积极的国际经贸往来促进了国民经济增长，改善了经济与社会发展的基本条件。

最后，劳动移民的收入较为稳定，为塔吉克斯坦2011年经济社会发展提供

---

① http://news.tj/ru/news/rost-vvp-tadzhikistana-v-2011-godu-sostavit-64.
② 以上数据综合 продовольная безопасность и бедность №3. Агентство по статистике при Президенте Республики Таджикистан及Макроэкономические показатели, 2000~2012.

了较大支持。据塔吉克斯坦央行公布的最新数据，2011年塔吉克斯坦海外劳动移民收入同比增加了33.6%，达到了近30亿美元，约占GDP的45%，成为塔吉克斯坦近年来侨汇收入的新纪录。据不完全统计，塔每年有超过100万人在国外打工，其中约90%在俄罗斯。

接受外国贷款和援助也是塔吉克斯坦缓解国内经济困难的重要途径。2011年1~10月，塔吉克斯坦共接受来自39个国家数额为8300万美元的人道援助。援助的物资包括粮油、食品、药品、医疗器械等。

塔吉克斯坦经济连续两年出现较快增长，主要得益于农业丰收、贸易活跃以及较为稳定的劳动移民汇款输入，在其他领域虽然均有增长，但是贡献并不显著。能源瓶颈依然是塔吉克斯坦经济增长的薄弱环节，塔政府制定了新的能源发展战略，目前能源问题正在逐步得到解决。

根据塔吉克斯坦经济增长结构分析，2012年塔吉克斯坦经济趋势总体看好，理由有三：①农业生产即使具有不确定因素，但农业占塔吉克斯坦经济份额有限，且棉花国际市场价格呈走俏、走高趋势，有利于棉农扩大生产，加之俄罗斯、哈萨克斯坦已经取消粮食出口限制，粮食价格稳定，塔粮食进口有保证。②塔吉克斯坦近年来对外贸易活跃，2012年将继续保持这一态势，对经济增长的贡献率仍将占据重要地位。③与俄罗斯、哈萨克斯坦的劳动移民矛盾通过谈判正在得到一定程度的缓解，随着俄、哈两国经济的快速发展，塔劳动移民将受到欢迎，侨汇收入依然可以期待。不利因素是：塔石油天然气严重依赖进口，2012年经济增长最大的变数在于国际能源市场价格的变化。综合来看，2012年塔吉克斯坦经济将平稳发展并维持在6%以上的增长速度。

三　外交突出平衡　重视对中关系

塔吉克斯坦十分珍惜来之不易的独立，在对外交往中遵循着互利、平等的基本原则，努力通过外交维护国家主权独立并促进国民经济发展，全方位、灵活、务实是塔吉克斯坦对外政策的基本特点。

（一）与独联体国家关系

塔吉克斯坦高度重视与独联体国家关系，视其为外交战略优先方向，这是由该国所处地缘环境,以及历史、文化和经济联系等因素决定的。

1. 塔俄关系正常发展

2011年,两国领导人继续保持密切沟通。7月12日,拉赫蒙总统给梅德韦杰夫总统发去电报,向"布加尔"客船事故中遇难人员表示哀悼。9月2日,应拉赫蒙总统邀请,梅德韦杰夫总统访塔。其间,两人进行了"一对一"交谈。拉赫蒙指出:"当前塔俄关系是建立在战略伙伴原则之上的,涵盖所有关键领域,包括政治、经济、投资、贸易、军事、军备、人文以及其他领域。"两国还发表了联合公报[①]。2011年,俄塔贸易额达10.36亿美元,俄是塔最大的贸易伙伴。

塔俄关系中也有一些不和谐因素存在。主要体现在三个方面,一是塔吉克斯坦俄语地位问题,俄对塔降低俄语地位的做法不太满意;二是塔对俄在水电开发、能源合作方面的立场有异议;三是两国在劳动移民问题上纠缠不清,互有微词,也多次发生外交纠纷。

2. 塔哈关系发展顺利,关系较为密切

2011年,拉赫蒙总统与纳扎尔巴耶夫总统多次在不同场合会晤、电话交谈或互致电报。12月16日,拉赫蒙在祝贺哈萨克斯坦独立20周年的贺电中高度评价塔哈关系:"塔哈有着传统友好互利关系,未来这种关系将牢不可破地向前发展并为两国和两国人民带来福祉。"[②]

3. 塔吉关系稳定发展

2011年,两国领导人继续保持频繁高层接触。4月30日,拉赫蒙总统致电吉总统奥通巴耶娃,电文说:"我们高度评价两国之间已经达到的合作水平,珍惜两国人民世代友好睦邻的关系,并将一如既往地坚持加强、丰富这一关系的新内容。"[③] 9月2日,拉赫蒙会见到访的吉总统奥通巴耶娃,双方就连接两国的公路和铁路建设计划等重要问题交换了意见。2011年11月4日,拉赫蒙致电阿坦巴耶夫祝贺其当选吉尔吉斯斯坦新总统并表达了两国继续加强友好合作的愿望。12月20日,拉赫蒙与阿坦巴耶夫在莫斯科举行会晤。

---

① http://www.president.tj/rus/novostee_020911.html.
② http://www.president.tj/rus/novostee_161211.html.
③ http://www.president.tj/rus/novostee_310811b.html.

4. 与土库曼斯坦（非独联体国家）关系正常发展

9月3日，拉赫蒙会见到访的土库曼斯坦总统别尔德穆哈梅多夫，双方就两国落实各个领域的友好合作问题进行了交谈，双方对双边贸易额的迅猛增长表示满意，并指出两国所签署的52个政府间合作文件是指导两国合作的重要依据，今后将继续扩大合作。10月27日，拉赫蒙总统致电别尔德穆哈梅多夫庆祝土独立20周年。

5. 与乌兹别克斯坦关系依然不睦

近年来，两国矛盾主要集中在水资源、能源贸易和过境运输等领域。乌对塔吉克斯坦在上游修建水电项目持反对立场，认为塔水电建设将给乌兹别克斯坦带来生态灾难和经济损失，而塔则认为本国缺乏能源，塔有权开发本国水资源。2011年4月，乌兹别克斯坦将供应塔吉克斯坦天然气价格从年初的227.85美元/千立方米提高到249美元/千立方米，上涨9.3%，塔认为乌违反了2010年两国签署的相关协议。11月，两国因罗贡水电站修建问题再起争端。

2011年度塔吉克斯坦与白俄罗斯、乌克兰等国家的关系也有发展。特别是10月28日白俄罗斯总统卢卡申科访塔，双方发表联合声明并签署一系列合作文件，把塔白关系提高到新水平。

（二）与周边伊斯兰国家关系

塔吉克斯坦有着深厚的伊斯兰文化传统。塔政府十分重视发展与周边伊斯兰国家关系，其中与伊朗、土耳其、阿富汗关系尤为密切。

1. 与伊朗关系继续巩固

2011年两国领导人保持密切联系。5月10日，伊朗副外长沙巴宁访塔，双方认为两国应加强全面合作，特别是贸易和投资合作。9月4日，伊朗总统内贾德访问塔吉克斯坦，塔总统网站新闻稿如此描述此次会晤："讲相同语言的两国元首强调双方都有发展友好与全方位合作关系的兴趣，两国是一种天然的战略伙伴"，"两国特别关注通过经贸、投资途径，落实能源特别是水电、工业、道路以及农业等领域的合作计划"。两国元首还签署了3个新的政府间合作文件①。在与俄、乌能源合作受阻后，塔吉克斯坦正在努力寻求与伊朗合作解

---

① http：//www.president.tj/rus/novostee_050911a.html.

决能源问题。

2. 与土耳其关系稳步发展

土耳其作为地区大国也是塔吉克斯坦十分重视的国家，两国关系长期较为密切。迄今塔土经贸混委会已经召开7届。2011年9月，由土耳其出资在塔成立了"孔特投资银行"。10月29日，拉赫蒙致电土耳其总统居尔庆祝土国庆节并表示塔愿继续加强与土合作。2011年11月2日，土耳其总统居尔向拉赫蒙总统发出访问邀请，土方还表示将加强与塔吉克斯坦在安全、经贸、投资等领域合作。土耳其是塔吉克斯坦最主要的贸易和投资伙伴之一。

3. 积极发展与阿富汗关系

阿富汗是塔吉克斯坦的重要邻国，两国在历史和文化方面有着某些共同点，在安全、经济发展方面又有着相似的利益需求，因而塔吉克斯坦历来重视与阿富汗关系。2011年7月13日，拉赫蒙总统向阿富汗总统致电，对发生在该国造成重大伤亡的恐怖事件表示谴责并对遇难人员表示哀悼。当天两国元首还进行了电话交谈。7月28日，拉赫蒙会见来访的阿富汗外交部长拉苏尔，双方就有关合作事宜进行了交谈。9月1日，阿富汗总统卡尔扎伊访问塔吉克斯坦并与拉赫蒙进行会晤，两国领导人就落实塔阿签署的有关水资源、过境贸易、能源、贸易标准化以及安全等合作事项深入交换意见。10月26日，拉赫蒙会见到访的阿富汗第一副总统穆哈穆德·法希姆汉，双方特别就能源合作进行了交谈。

（三）与西方国家关系

塔吉克斯坦十分重视与西方国家关系，尤其重视发展与美国、欧盟等西方大国关系，塔认为，美国等西方力量进入中亚地区有利于平衡地区周边其他大国力量，对于保持国家主权独立能发挥"平衡器"作用，还可以通过与之合作获取更大经济利益。

1. 重视发展与美国关系

2011年，塔美关系平顺，全年有多位美国高官访问塔吉克斯坦。10月7日，拉赫蒙总统会见到访的美国国务院阿富汗和巴基斯坦事务特使格罗斯曼，就塔美合作关系、安全合作和阿富汗局势等问题交换意见，拉赫蒙对美方重建"丝绸之路"的倡议表示积极支持。10月22日，拉赫蒙会见到访的美国国务卿希拉里·克林顿，拉赫蒙称希拉里的访问表明了美国对塔吉克斯坦和该地区"特别关注",而希拉里则"高度评价塔吉克斯坦在地区特别是在阿富汗经济重建中所发挥的作用",希拉里还表示,美国将继续帮助塔吉克斯坦加强安全与稳定,包括对塔边防军和其他强力部门乃至塔阿边境海关提供支援。2011年,美国继续加大对塔经济援助,在塔吉克斯坦接受的所有援助中美国占70%以上份额。美国还计划到2012年把援助额度提高到3880万美元。

2. 与欧盟国家合作不断深入

2011年,拉赫蒙总统访问的欧洲国家有法国、奥地利、卢森堡、匈牙利等。塔吉克斯坦与欧盟国家合作的重点在经济领域。根据欧盟加强同中亚地区伙伴关系的新战略,2007~2010年,塔吉克斯坦共获得总额6600万欧元的技术支持和无偿援助。2011年3月中旬,欧盟和塔吉克斯坦合作委员会举行了第一次会议,欧盟代表对塔加入世界贸易组织等一系列问题予以支持,并表示:"欧盟将在2011~2013年度地区战略框架内援助塔吉克斯坦6200万欧元,用于保健和社会保障领域的社会改革,支持私营部门的发展,尤其是支持农业部门,以及巩固国家政权机关和国家财政管理。"①

3. 与日本关系正常发展

近年来,塔吉克斯坦与日本的合作成就主要体现为经贸合作及援助项目。9月27日,日本驻塔大使与塔哈特隆州穆明纳巴德区第一副区长签署援助合同,日本将向该区提供11万美元援助资金,修复其第30中学。据统计,日本自1996年向塔提供人道援助以来,共执行了272个项目,项目总金额为1990万美元,主要向塔地方政府、教育卫生机构等提供援助,惠及居民较广。

(四) 与中国关系

塔吉克斯坦重视对华关系,把发展与中国的关系作为外交政策的优先方向,强调在平等互利的基础上与中国建立牢固的睦邻友好关系。独立20年来,两国在政治、经济、安全、文化等各个领域的合作不断深化,取得了令人瞩目的成就。

2011年,两国高层继续保持密切往来势头,政治互信不断得到加强。6月14日,中国国家主席胡锦涛在上海合作组织阿斯塔纳峰会期间与拉赫蒙总统举

---

① http://www.mofcom.gov.cn/aarticle/i/jyjl/m/201103/20110307452912.html.

行会晤,两国元首就双边关系和其他共同关心的问题交换了意见。8月22～24日,中共中央政治局常委周永康率领中国高级代表团访问塔吉克斯坦,分别与拉赫蒙总统、阿基洛夫总理以及两院议长举行会谈,访问取得了丰硕成果。11月7日,中国国务院总理温家宝在圣彼得堡上海合作组织总理会议期间与塔总理阿基洛夫举行会谈。阿基洛夫表示,发展同中国的关系始终是塔吉克斯坦对外关系的最优方向之一,塔方愿与中方密切配合,落实好各项共识,更多造福两国人民。

近年来,两国在交通、通信、矿业、建筑、农业、金融等领域的合作日益密切,双边经济领域的互补性潜力得到不断体现。据塔吉克统计局数据显示,2011年中塔贸易总额为6.61亿美元,占塔外贸总额44.4亿美元的14.9%。其中,塔对中国出口2.55亿美元,塔自中国进口4.07亿美元,中国成为塔第二大贸易伙伴。

2011年,两国在双边及上海合作组织框架内为共同打击"三股势力"、毒品走私和跨国有组织犯罪等继续保持密切合作,取得了丰硕成果。2011年5月,在中国新疆举行了上海合作组织框架内"天山—2号(2011)"联合反恐演习,塔吉克斯坦执法安全机关参与演习活动并给予很好的沟通和配合。本次演习充分体现了上海合作组织成员国在反恐领域的务实合作成果,进一步密切了上海合作组织成员国之间的反恐合作关系和执法安全协作机制,有效检验和提高了联合打击恐怖主义的能力,也将有效地震慑和打击本地区"三股势力",对维护各国及本地区的安全与稳定发挥积极作用。

总体而言,2011年塔吉克斯坦在政治上突出一个"稳"字,针对现政权的反对派依然很难成大气候,拉赫蒙总统对全局的把握能力突出,在没有外部力量突出干预的情况下,塔将继续保持政治稳定。在安全领域,尽管潜在威胁因素在增加,特别是2014年阿富汗撤军的不确定因素对塔吉克斯坦安全局势提出挑战,但当前塔政府措施得力,提前预防,安全问题暂时不会威胁到社会稳定的大局。随着塔吉克斯坦政府对经济结构的努力调整,以及各项改革措施的推进,塔经济形势逐年好转,2011年经济形势向好趋势在2012年将得到延续。塔吉克斯坦在外交领域所坚持的平衡、多元、务实和灵活的外交战略符合本国国情,有利于维护塔国家独立,保障国家安全和促进经济发展,塔吉克斯坦未来将坚持该战略,继续加强国际合作,特别重视与中国这样的大国发展全面关系,努力提高本国国际地位。

Tajikistan

Yang Jin

Abstract: The political situation in Tajikistan was generally stable in 2011. President Rakhmon continued to maintain a firm grasp of the domestic situations. The president also made frequent adjustments to the leaders of different departments. Some new laws were passed by the Parliament and then were implemented. With the new changes of the situations in Afghanistan, Middle East and North Africa, the Security of Tajikistan was facing severe challenges. The illegal activities of "three forces", transnational organized crimes, and drug smuggling were still active. Influenced by the favorable factors, such as the good harvest of agriculture, especially the high yield of cotton and the substantial growth in exports, economy of the year grew rapidly. Tajikistan continued to implement a comprehensive, balanced, pragmatic and flexible foreign policy, and actively developed diplomatic relations with Russia, China, the neighboring countries, the United States, European Union and other countries.

Key Words: Tajikistan; Politics; Economy; Diplomacy; Security

Y.27

土库曼斯坦

张昊*

> **摘　要：** 2011年土库曼斯坦政局继续保持稳定，土总统别尔德穆哈梅多夫顺利实现连任，多党制政党法案获得通过，增设公用事业部等部委，部分高级领导干部岗位发生变动；经济总体走势良好，增长迅速，制订一系列社会经济发展规划；在对外关系方面，继续坚持永久中立原则，中土关系快速发展，与俄、美两国保持等距离外交，重视与周边国家的合作。
>
> **关键词：** 土库曼斯坦　政治　经济　天然气　外交

土库曼斯坦是我国重要近邻，位于中亚地区西南部，东北部与哈萨克斯坦、乌兹别克斯坦接壤，东南面与阿富汗接壤，西濒里海与阿塞拜疆、俄罗斯相望，南邻伊朗，是典型的内陆国家。

2011～2012年间，土库曼斯坦在政治、经济和外交等各个领域都取得了不小的成果。总体上看，土国内政治局势未受到中东、北非局势的影响，保持稳定，社会经济发展迅速，国际地位不断提升，中土关系进一步深化。

一　政治形势

（一）总统选举顺利举行

2012年2月12日，土库曼斯坦举行了总统选举。土总统别尔德穆哈梅多夫以97.14%的得票率获得压倒性胜利，顺利实现连任。此次选举共有包括别尔德

---

* 张昊，中国社会科学院研究生院硕士。

穆哈梅多夫在内的8名候选人参加竞选，其他候选人包括阿哈尔州州长阿伊多格德·卡卡巴耶夫，水利部长安纳格尔季·亚兹梅拉多夫，能源和工业部长亚尔穆哈迈特·奥拉兹古雷耶夫等人。

根据土库曼斯坦中央选举委员会提供的数据，此次总统选举在册选民约298万人，选民参选率高达96.7%。全国共设2307个选区，其中海外选区29个，来自独联体各国家、俄白联盟议会和独联体执行委员会的63名国际观察员和2300多名土库曼斯坦本国观察员全程监督选举投票和计票进程。①

此次总统选举是在公开、透明的氛围下举行的，选民投票热情高涨。这标志着土库曼斯坦在通往民主、世俗和法制国家的道路上迈出了重要一步，另外，别尔德穆哈梅多夫的连任也将使土库曼斯坦的内外政策保持连续和稳定，有利于该国以及周边地区的稳定和发展。

（二）多党制政党法获得通过

2012年1月10日，土库曼斯坦议会通过了政党法法案，并交予总统签署和付印。该法案允许在土境内建立除执政党外的其他政党，并以法条的形式确定了建立政党的法律基础、政党的义务和权利，调节政党与国家机构以及其他组织的关系。政党法法案将保障实现宪法赋予公民建立政党，组织其工作，终止其活动的权利，并调整与之相关的社会关系。②

对于新的政党法，土库曼斯坦总统认为"新法将鼓励多党竞争，打破原先民主党的垄断地位"。③

从目前的情况来看，土库曼斯坦有两个合法的政党：土库曼斯坦民主党和农民党。民主党是由原苏联土库曼共产党改组而来，该党是土库曼斯坦名副其实的执政党，从中央到地方各级政府机关的领导人都是该党的干部。根据民主党党章，土库曼斯坦民主党代表着工人、农民和知识分子以及所有劳动人民利益的力量。由总统别尔德穆哈梅多夫提议并批准的农民党成立于

---

① Совместное заседание Кабинета Министров и Государственного совета безопасности，15.02.2012，http://www.turkmenistan.gov.tm/?id=775.
② 《土库曼斯坦议会通过多党制政党法》，2012年1月11日，人民网，http://world.people.com.cn/GB/16852407.html。
③ 《土库曼斯坦修法允许多党制》，2012年1月13日《东方早报》，国际时局版。

2010年，① 至今没有任何有影响力的举措。

尽管土库曼斯坦实行了新的政党法，但多党并存激烈竞争的格局在短时期内不会形成，土民主党一党独大的局面在今后很长一个时期内将不会改变。

（三）增设公用事业部等部委

2011年4月8日，土库曼斯坦总统签发了两项命令，增设劳动和居民社会保障部，取代原有的社会保障部并行使其原职能；新设公用事业部，统一管理全国城市公用事业、市政公用设备设施和城市环境卫生。

近几年，随着土全国经济快速发展和大规模城乡建设，城市公共服务、劳动就业、市容市貌管理与维护等相关问题日益突出，通过新设立的公用事业部进一步统一综合治理。据悉，劳动和居民社会保障部筹建工作由主管经济的副总理扎帕洛夫负责督导，公用事业部的组建则由主管建设的副总理奥拉佐夫负责。

5月30日，总统别尔德穆哈梅多夫签发命令，决定设立土库曼斯坦总统直属国家宇航署，其主要职能包括：协调卫星通信，监督绕地球轨道，从事与宇航空间有关的科研，组织管理从本土发射的人造卫星。② 新设立的国家宇航署将提高土库曼斯坦科学技术的水平，加速国家通信系统、互联网及电视行业的发展，促进环保与矿产勘查项目，同时还能够协助国家其他规划项目的顺利进行，有力推动土库曼斯坦航天卫星事业的起步，为土通信、导航等高科技领域的进一步发展打下扎实基础。

（四）部分高级领导干部岗位发生变动

2011年7月13日，土库曼斯坦总统别尔德穆哈梅多夫在内阁扩大会议上宣布：主管农业的副总理阿克马梅多夫不称职，农业部门整体工作落后，免去其副总理职务，任命努尔马梅多夫为新副总理，主管农业；鉴于银行系统出现严重漏洞，对中央银行董事会主席格克列诺夫予以免职；同时，土总统还因工作不得力解除了一批各州区级领导和企事业单位负责人的职务。

---

① Turkmenistan Business outlook, EIU store, http：//store.eiu.com/article.aspx? productid = 750000175.
② 《土库曼设立总统直属国家宇航署》，2011年6月2日，商务部网站，http：//www.mofcom. gov.cn/aarticle/i/jyjl/m/201106/20110607583622.html。

2012年2月,在当选后不久,总统别尔德穆哈梅多夫举行会议,着手组建新内阁、任命武装力量高级指挥员,包括任命霍贾穆哈迈特·穆哈迈多夫为总统办公厅主任,拉希德·迈列多夫为副总理兼外交部长。[①]

从总体上看,2011~2012年土库曼斯坦国内政治局势稳定,未受到中东北非局势的影响,顺利完成了总统换届选举,体现出别尔德穆哈梅多夫总统以及其所率领的土民主党执政基础牢固,受到民众的好评。同时,随着办公无纸化的推进,土库曼斯坦各机关的行政效率将逐渐提高,国家各管理机构之间的协调合作进一步完善。

二 经济形势

(一)经济总体走势良好,增长迅速

2011年土库曼斯坦经济快速发展,总体态势良好,表现强劲。根据独联体统计委员会数据,2011年土库曼斯坦国内生产总值(GDP)增长率为14.7%,涨幅位列所有独联体国家之首,位居第二位、第三位的是乌兹别克斯坦(8.3%)和哈萨克斯坦(7.5%)[②](参见图1)。

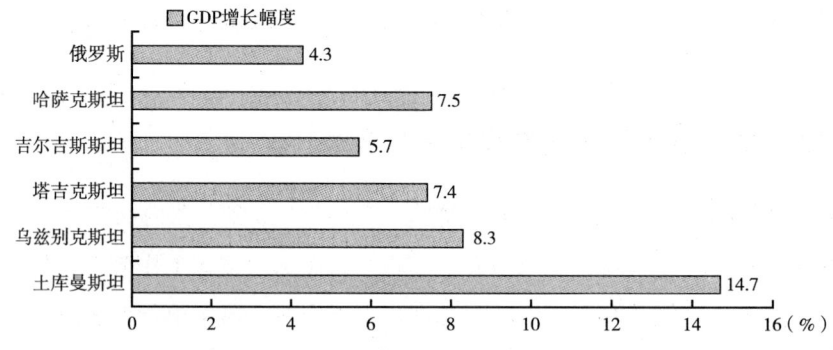

图1 2011年中亚国家和俄罗斯GDP增长幅度比较

---

① Назначены руководители правоохранительных и силовых структур страны, 28.02.2012, http://www.turkmenistan.gov.tm/?id=868.

② Туркменистан, Узбекистан и Казахстан лидируют в СНГ по росту, http://news.rambler.ru/12832151/.

全年工业生产总值增长 24.2%，职工工资年均增长 13.7%。交通通信行业增长 7.8%，建筑行业增长 12.4%，农业增长 0.2%。在工业产品中，天然气产量增长 40.6%，电力能源生产增长 12%，石油产量增长 8%。建筑材料生产增长 11.2%。① 天然气等能源产品的出口增加在很大程度上刺激了土库曼斯坦经济发展，提高了工业产值和财政收入。

2011 年土库曼斯坦进出口交易发展迅猛，全年出口交易总额较同期增长 57.2%，其中进口总额增长 38.5%，出口总额增长 73.1%②，天然气出口的大幅增长有力地拉动了出口总额的提升。

投资方面，2011 年土库曼斯坦社会投资总额增长显著，为社会经济发展注入了强劲的动力。据统计，全年社会投资总额较 2010 年同期提高 23.2%，其中公司企业投资额增长 13.2%，中央及地方财政投资增长 23.6%。同时国外资金投资不足的问题逐渐显现，全年外资投资额较同期仅增长 0.2%③，国内经济较为封闭、政策不够透明、官员腐败等原因都导致了土在吸引外资方面竞争力不足，很大程度上阻碍了外国投资者前往投资。改善投资环境，鼓励外国投资者前往投资已成为土库曼斯坦政府在未来一个时期内工作的重点之一。

财政方面，2011 财政年度土库曼斯坦政府收支平衡，总体上略有盈余。财政实际支出占预计支出的 93.7%，财政收入则超出预计 37.2%④。土总统指出："和原来一样，国家预算远高于其支出。"据估计，受天然气出口增加的影响，2012~2013 年土政府财政状况将进一步改善。

货币方面，土库曼斯坦货币供应充足，货币总供给量持续增长，通货膨胀压力在可控范围之内。2011 年原土库曼斯坦旧币彻底完成其使命，完全退出了历史舞台。旧币于 1993 年 11 月开始流通，作为独立初期发行的货币，马纳特是土

---

① В Туркмении в 2011 году рост ВВП составил 14.7%，http：//www.regnum.ru/news/economy/1486166.html.
② Внешнеторговый оборот，Государственный комитет Туркменистана по статистике，http：//www.stat.gov.tm/ru/.
③ Темпы роста инвестиции в основной капитал по источникам финансирования за 2011 год，Государственный комитет Туркменистана по статистике，http：//www.stat.gov.tm/ru/.
④ Социально-экономическое положение Туркменистана，Государственный комитет Туркменистана по статистике，http：//www.stat.gov.tm/ru/.

巩固独立的成果，在初期经济发展中起到了重要作用。但随着经济发展，货币双轨制和面额等问题对经济统计和招商引资等工作产生了不利影响，进而影响到经济持续健康发展。为改变这一情况，土总统别尔德穆哈梅多夫于2007年底率先从汇改入手，以行政命令形式确定官方汇率，实现并轨。2008年4月土总统签署命令，批准自2009年1月1日起在全国范围内发行新币回收旧币①。货币制度的成功改革有力地推动了经济的发展，激发了各生产部门的活力。另外，货币改革后马纳特汇率稳定，为土库曼斯坦日后经济健康有序的发展提供了有力保障。

对于未来土库曼斯坦经济的前景，各方均持乐观的态度。欧洲复兴开发银行预计2012年土库曼斯坦GDP增长为8%，其中最大的增长点将可能是大型基础建设类。英国《经济学人》杂志经济情报中心则估计，土库曼斯坦2012年、2013年GDP涨幅分别为6%和7%，伊朗局势的持续紧张可能会对土经济发展产生负面影响。②

总体上看，土库曼斯坦社会经济发展快速稳定，世界经济的逐渐复苏以及国际市场石油天然气能源价格的持续走高都将加快其经济发展进程。2012年土GDP总额仍将保持较大的增长幅度，在中亚以及独联体国家中继续保持领先地位。

（二）制定社会经济发展规划

2012年2月24日召开的土库曼斯坦新政府第一次会议上，总统别尔德穆哈梅多夫批准了《2012～2016年国家社会经济发展规划》③。根据这一规划，在未来5年中土库曼斯坦将采取一系列措施，旨在推动国家社会经济快速向前发展，进一步提高国民福利水平，加大对于居民价格补贴力度，增加教育和医疗的投资比重，还将对国民经济各个领域的物质技术基础进行现代化改造，土库曼斯坦还计划在燃料—能源、化工、纺织工业、农工综合体和交通通信等领域新建设施。同时，积极改善投资环境，吸引外国投资者来土投资。根据《2011～2030年社

---

① 《汇率和货币改革后土库曼斯坦本币对美元汇率至今保持稳定》，驻土库曼经商参处子站，http://www.mofcom.gov.cn/aarticle/i/jyjl/m/200904/20090406193423.html.
② EIU, Country Report 2012 <Turkmenistan>, 第5页。
③ President of Turkmenistan approves Programme of Socio-Economic Development for 2012 - 2016, http://www.turkmenistan.ru/en/articles/15944.html.

会经济发展纲要》，土政府将在未来20年内维持较大投资力度，以保障经济快速增长和居民生活水平持续提高。

土库曼斯坦经济战略另一个重要改革是推动国家经济实现转型，促进经济所有制多样化，支持非公有制经济发展。为了完成从农业国发展成工业强国的目标，土库曼斯坦计划在未来建立大量拥有先进设备的工厂，形成拥有一定规模的工业体系，培养技术骨干和高科技人才。同时充分利用丰富的矿产自然资源，改变单一的原料能源出口局面，全面实现工农业产品在国内的深加工。不断提高国民生活水平。因此，土库曼斯坦计划在未来5年的时间内在各个行业建立数百个中小生产企业，并承诺为中小企业的发展创造良好环境。

（三）确立各地区工业发展主要方向

2011年2月，土库曼斯坦总统别尔德穆哈梅多夫签署决议，确立了巴尔坎、达绍古兹等各州工业的主要方向。此举目的在于充分结合各地区自然资源和经济发展现有特点，进一步推动经济快速全面发展，平衡区域间经济发展差异，扩大出口潜力，为提高居民的生活水平和质量奠定基础。地区政策已经成为土库曼斯坦社会经济方针的重要组成部分之一。

巴尔坎州位于土库曼斯坦西部，北邻乌兹别克斯坦，西濒里海，西南部与伊朗接壤。其矿产资源丰富，集中了大量的油气田；工业基础雄厚，工业产值在各州中占据领先地位。近年来，土库曼斯坦国有石油公司已对位于该州的原有设备进行了大量更新，通过使用先进的环保技术从岩层深处及海底开采石油、天然气将成为未来生产的主要模式。油气资源的开采和加工的专业化发展将成为该州的主要发展方向。同时建筑业以及建材生产业、渔业、化工原料开采加工业等都将成为重点发展方向。

马雷州位于土库曼斯坦东南部，南邻阿富汗，是土库曼斯坦重要的工业中心之一。其工业产值仅次于巴尔坎州，位居第二位，拥有大量天然气开采、化工、发电、机器制造、金属加工、纺织和食品工业、棉花加工、建材、矿物肥和日用消费品生产企业。世界第二大气田的南约洛坦—奥斯曼气田位于该州境内。根据决议，电力、化工业、轻工业、食品加工业以及传统能源业都将是该州的优先发展对象。

列巴普州位于土库曼斯坦东部的阿姆河中游左岸，拥有丰富的矿产资源。天

然气石油开采加工业、食品工业、化工业、纺织业、电力和建材生产在该州工业生产中占较大比重。中亚—中国输气管道的起点巴格迪雅尔雷克天然气加压站就位于该州的霍贾姆巴兹地区。从长期来看，出口主导型的高科技纺织业、以肉类和乳制品为代表的食品加工业，以及化工业、能源业都将成为经济增长的主要拉动点。

达绍古兹州农业发达。为结合自身特点，充分发挥农业特长，达绍古兹州将工业发展的优先方向确定为棉花加工业、纺织业、制衣业、制毯业和食品加工业。通过组建设备先进的高科技企业，提高劳动效率，改善劳动条件，不断提高产品的竞争力。

阿哈尔斯克州（原阿什哈巴德州）经济基础较好，人力资源相对丰富，政治优越性明显，同时境内非金属矿物原料和天然气资源丰富。根据规划，阿哈尔斯克州将重点发展轻工业、食品工业、建材业以及传统能源业。

（四）能源争夺日趋激烈

1. 能源储量总体形势

土库曼斯坦拥有极为丰富的天然气和石油资源。据第三方估计，土天然气储量约为26.2万亿立方米[1]。土境内新发现的南约洛坦—奥斯曼气田，经土库曼斯坦专家初步勘探表明，其储量有望达到21万亿立方米。这个发现大大提升了土天然气总储量，使土天然气储量跃居世界第二[2]，土主管部门预测在开发第一阶段，年产能将达到300亿立方米，最终到达1000亿立方米。

独立以来，土库曼斯坦大幅度加快了对油气的开采进程，以满足经济发展的需要，天然气和石油出口额占土出口总额的比重接近80%。近20年来，土天然气开采量增加了2倍，石油开采量增长了5倍。2011年，土库曼斯坦向俄出口天然气为110亿立方米，向伊朗出口70亿立方米。[3]

石油及其制品是土库曼斯坦出口的主要商品之一。据美国能源咨询公司HIS估计，土库曼斯坦石油储量约有2.7亿吨，另外还有约8.1亿吨未探明储量，多

---

[1] 数据源于英国Gaffney, Cline & Associates公司报告。
[2] Turkmenistan gas field is now said to be world's 2nd largest, USA Today, http://www.usatoday.com/money/industries/energy/2011-05-25-turkmenistan-natural-gas-field_n.htm.
[3] Просто Парс какой-то, Газета "Коммерсантъ", №191（4732）, 12.10.2011, http://www.kommersant.ru/doc/1792665.

集中在该国西部的南里海含油气盆地。土库曼斯坦政府曾于 2000 年宣布该国里海大陆架石油远景储量约有 110 亿吨。从未来看，土库曼斯坦石油开采量将由 20 万桶/天（2010 年）上升到 2015 年的 30.5 万桶/天，至 2020 年石油年产量将达到 35.3 万桶/天，其中出口量大约为 16 万桶/天①。目前石油出口的主要运输方式有管道、轮船和铁路等，其中海运是最主要的出口方式。

2011 年土库曼斯坦天然气开采量较上年增加了 42.5%，出口量增加了 75.2%②。如今，土库曼斯坦天然气年开采量大约为 800 亿立方米，是世界主要的天然气出口国之一。从未来看，土天然气生产潜力巨大。据保守预计，到 2015 年时，土库曼斯坦天然气年开采量将达到 900 亿立方米左右，其中出口 579 亿立方米，自用 321 亿立方米；到 2020 年时，天然气开采量将上升至 1400 亿立方米，年出口 940 亿立方米③。

推进能源出口多元化始终是土库曼斯坦所奉行的重要能源政策。土现有天然气管道大约 8000 公里，主要出口方向：向东，通过"中亚—中国"管道向中国输送天然气；向南，通过两条管线向伊朗输送；向北，通过"中央—中亚"管道，以及"土哈俄沿里海管道"向俄输送天然气。未来，还将修建向南通往阿富汗、巴基斯坦、印度的 TAPI 线，以及向西通往欧洲方向的纳布科线。

2. 中土管道意义重大

中国—中亚输气管道西起土库曼斯坦阿姆河右岸巴哥德雷气田，越过乌兹别克斯坦和哈萨克斯坦，抵达新疆霍尔果斯进入我国境内，延伸至上海、广东，为长三角与珠三角经济区提供能源。管道全长约 1 万公里，总投资约为 65 亿美元。

2011 年 11 月 24 日，土天然气抵达广东通气点火仪式在深圳举行，土库曼斯坦总统别尔德穆哈梅多夫亲自出席点火仪式。在谈到该管道的意义时，土总统表示，"这条管道的运营将对两国经济社会发展产生巨大的推动作用，成为世界跨国能源合作项目的典范。"④

---

① 数据源于 Turkmenistan Oil and Gas Report Q1 2012。
② Meeting of the Cabinet of Ministers, 05.12.2011, http：//www.turkmenistan.gov.tm/_eng/？id=236.
③ 数据源于 Turkmenistan Oil and Gas Report Q1 2012。
④ 《土库曼斯坦总统亲临广东来为"通气"点火》，2011 年 11 月 25 日《广州日报》。

根据土总统别尔德穆哈梅多夫对华访问期间所达成的协议,从2011年起四年内土向中国供应天然气总量将从目前的170亿立方米增至650亿立方米,其中,2012年将达400亿立方米。土天然气出口一方面可以缓解我国逐年显现的天然气能源短缺问题,有利于调整优化能源结构,保障我国国家能源安全;另一方面,也可使我国摆脱对俄罗斯天然气的过度依赖,使我国处于中俄天然气谈判的有利地位,符合我国能源进口多元化战略,意义重大。

3. 纳布科项目与TAPI项目前途未卜

根据《土、阿、巴和印政府间管道协议》和《天然气销售购买协议》,在2013~2014年间将修建一条起自土库曼斯坦东部气田,经阿富汗和巴基斯坦中部城市木尔坦并最终到达印度西北法兹卡的天然气管道。预计投资为80亿美元,全长约1735公里。此协议表明中亚和南亚地区的能源合作进入实质性实施阶段,同时也标志着对土库曼斯坦天然气争夺的博弈参与者更加多元,竞争更加激烈。

TAPI管道受到了美国方面的积极支持与推动。对于美方而言,首先,TAPI管道将有力促进阿富汗的重建工作,管道过境会给阿富汗带来数以万计的工作岗位和大量的能源过境费;其次,TAPI线也将为美国在亚洲的盟友印度和巴基斯坦提供经济增长所必需的能源,解决其能源紧缺问题,增强美在这两国的影响力;再次,TAPI计划还可以加快落实有关促进中亚、南亚合作的"大中亚计划",增强美国在该地区的话语权,进一步增加与俄罗斯、中国在中亚地区博弈的筹码。然而,受到阿富汗动荡局势以及土自身开采能力的限制,TAPI项目何时能够顺利启动,从目前的情况看尚不明朗。

纳布科计划同样也是未来土库曼斯坦能源出口的规划之一。根据纳布科计划,将土天然气穿过里海海底,通过阿塞拜疆、格鲁吉亚、土耳其、保加利亚等国最终输送到欧洲国家。对于欧盟而言,纳布科计划将极大地有利于削弱成员国对俄天然气依赖。然而,纳布科计划受到里海问题严重困扰,一直以来里海周边无法在这个问题上达成一致。俄罗斯在里海问题上态度强硬,在很大程度上阻挠了纳布科管道建设的进展。根据规划,2017年这条管道将开始通气,但是从现在的情况来看,要按时完成难度很大。预计在2012年召开的里海周边国家会议上,此问题会有一定的进展。

三 外交形势

(一) 继续坚持永久中立原则

2011年，土库曼斯坦的外交总方针没有发生大的变动，继续坚持永久中立的外交路线。土总统在政府机关报《土库曼斯坦报》上撰文指出，土库曼斯坦将始终不渝地坚持永久中立地位，爱好和平、睦邻友好、互利合作原则是国家对外政策的核心。获得中立地位16年以来，土库曼斯坦的国际威望正在不断地提高[1]。

另外，土库曼斯坦更加注重在国际经济贸易活动中保持中立态度，不将经济合作政治化。土总统指出，"土库曼斯坦对外政治关系的扩大为国家的国际经济、贸易和投资合作多样化创造了有利条件。所有国际项目的顺利实施，很大程度上都取决于土的中立政策。我们任何时候也不会政治化经济合作。作为一个中立的国家，我们会在明确和清晰的原则基础之上建立长期的对外经济战略。"[2]

2011年，土库曼斯坦在外交领域收获颇丰，与各国交往日趋紧密，双边合作程度不断加深。据统计，2011年全年土总统率团对10个国家进行了国事和工作访问，以国家首脑和总理为首的11个外国政府代表团，包括欧盟委员会主席和其他一些政要对土库曼斯坦进行了访问。全年土与其他国家签订双边文件共计111个，在土增设或新任大使17人。[3]

独立以来，土库曼斯坦对外贸易发展迅速，现已同世界103个国家发展了贸易往来。2011年全年贸易总额增长57.2%，其中进口总额增长38.5%，出口总额增长73.1%[4]，其中同亚洲国家的交易额占交易总额的63.8%，欧洲国家占

---

[1] Поздравление Президента Туркменистана, АШХАБАД, 12 декабря, http://www.turkmeninform.com/ru/news/20111212/05032.html.

[2] Permanent Neutrality Turkmenistan: Cooperation for Peace, Security and Progress, The Statement of President of Turkmenistan Gurbanguly Berdimuhamedov at the International Conference to mark the 15th anniversary of neutrality of Turkmenistan, http://www.turkmenistan.ru/en/articles/14412.html.

[3] Выступление Президента Гурбангулы Бердымухамедова на расширенном заседании Кабинета Министров Туркменистана, http://www.turkmenistan.gov.tm/?id=517.

[4] Внешнеторговый оборот, Государственный комитет Туркменистана по статистике, http://www.stat.gov.tm/ru/.

31.6%，其他地区国家占4.6%①。

2012年土库曼斯坦是独联体轮值主席国，有包括独联体政府首脑理事会会议、独联体经济理事会会议、独联体成员国元首峰会和外交部长理事会会议在内的一系列独联体会议将在阿什哈巴德市举行。同时，土库曼斯坦也非常重视将于6月在中国举行的上海合作组织例行会议，以及联合国举行的"里约+20峰会"。2012年下半年，土库曼斯坦将举办由各方广泛参与的有关中亚和里海地区安全问题的国际会议，据称，成立中亚和里海地区和平发展协商委员会有可能成为此次代表大会的政治成果之一。②

（二）中土关系达到历史最高水平

2012年是中国与土库曼斯坦建交20周年③。在过去的20年中，中土两国关系始终保持良好发展势头，双方高层互访频繁，经贸合作不断扩大，能源合作取得重大进展，人文交流日益活跃。自建交以来，双方已签订了国家间、政府间、部门间各种协定、协议100多个，两国贸易额增长近40倍。中国已成为土最大的贸易伙伴，2011年前11个月，两国贸易额将近100亿美元。

中国是土库曼斯坦的优先战略伙伴，土库曼斯坦也是中国外交的优先方向之一④。中国和土库曼斯坦两国在政治上高度互信，在涉及彼此核心利益的重大问题上相互坚定支持。经济上互利互惠，共同实施了一批有代表性的重大合作项目，中国已成为土第一大贸易伙伴和天然气第一大进口国。在安全上紧密协作，携手打击"三股势力"和跨国有组织犯罪，共同维护两国及本地区稳定安宁。文化上交流互鉴，中土世代友好的社会和民意基础不断巩固。

2011年，中土双方高层互访频繁，为两国关系发展注入了新的动力。11月土库曼斯坦总统对我国进行了国事访问，分别与国家主席胡锦涛，国务院总理温家宝，人大常委会委员长吴邦国举行了会谈，并签订了《中华人民共和国和土

---

① О Туркменистане, Государственный комитет Туркменистана по статистике, http://www.stat.gov.tm/ru/.
② Выступление Президента Гурбангулы Бердымухамедова на расширенном заседании Кабинета Министров Туркменистана, http://www.turkmenistan.gov.tm/?id=517.
③ 中国和土库曼斯坦于1992年1月6日建交。
④ 中华人民共和国驻土库曼斯坦大使馆：《肖清华大使就中土建交20周年在〈土库曼斯坦中立报〉发表文章》，http://tm.china-embassy.org/chn/xwdt/t893987.htm。

库曼斯坦关于全面深化中土友好合作关系的联合声明》和《中华人民共和国和土库曼斯坦关于土库曼斯坦向中华人民共和国增供天然气的协议》。人大常委会副委员长陈至立、外交部部长杨洁篪、文化部副部长赵少华等分别对土库曼斯坦进行了访问。对于中土建交20周年，土方予以了高度重视。土库曼斯坦中立报、国家电视台等官方媒体均编发了土外交部提供的专稿，纪念中土建交20周年。

中土关系前景广阔，潜力巨大。今后两国关系的发展将基于以下几点。第一，进一步提升友好互信水平。加强高层交往，扩大政府、立法机构、政党之间的交流，不断增进政治互信，充分发挥中土合作委员会的指导协调作用。第二，进一步推进两国务实合作，深化能源合作，建立长期稳定的能源战略伙伴关系，加强在交通、通信、农业、化工、纺织、医疗卫生、高科技等非资源领域合作，共同营造良好的合作环境。第三，进一步扩大人文领域合作，要以两国建交20周年为契机，共同办好文化日、艺术节等庆祝活动，广泛开展两国新闻媒体、青少年组织、地方和民间团体的友好交流。第四，进一步开展安全执法合作，严厉打击"三股势力"和跨国有组织犯罪，维护各自国家和地区的安全稳定。第五，进一步密切国际和地区事务的协调配合，在彼此关切的重大问题上加强对话磋商，继续相互坚定支持，为维护世界和平、促进共同发展而共同努力。

（三）与美、俄保持等距离外交

2011年，土库曼斯坦与美国、俄罗斯两国关系保持总体稳定，力图与俄、美都保持等距离的关系，搞平衡外交。同时，出于自身国家利益的考虑，左右逢源，不得罪任何一方并给予加强能源合作的许诺。

1. 美土关系

美国—土库曼斯坦关系在过去的一年中有所升温。外交上，美国向土库曼斯坦新派了大使，而在过去的五年中此职位一直空缺。显然，美增派大使的目的在于提高双边外交水平，进一步增强与土库曼斯坦的能源合作。12月，美国主管南亚和中亚事务的助理国务卿罗伯特·布莱克访问了土库曼斯坦并与总统举行会面，就两国在安全、经贸、能源和投资等领域的合作交换了意见。经贸上，土库曼斯坦举办了首次美国公司展览会，期间还举办了土美商务论坛，有60多家美国企业前来参展和出席论坛，其中有世界著名的石油和能源巨头斯伦贝谢公司、埃克森·美孚公司、霍尼韦尔公司、卡梅伦公司、雪弗龙公司、科诺科菲利普斯

公司,信息和通信业巨擘 IBM 公司,等等。

美国与土库曼斯坦关系被认为具有一定的发展潜力。一方面,对于美国而言,中亚地区始终被视为在未来用来补充和平衡中东的另一个重要石油天然气储备基地,土库曼斯坦这个天然气储量居全球第四位的国家的作用不言而喻。首先,美从全球能源安全战略出发,希望土天然气只供给"自己的欧洲朋友"。其次,美国积极鼓励土库曼斯坦开放能源市场,允许西方石油公司直接投资,削弱俄罗斯在中亚地区的地位与影响力。再次,美国在阿富汗重建问题上,甚至是伊朗问题上都离不开土库曼斯坦方面的支持。另一方面,土库曼斯坦也期待"在基于平等和互利共赢的原则下"与美国发展外交关系[①],深化两国在能源领域的合作,促进土天然气对欧洲市场出口。

2. 俄土关系

在梳理 2011 年的俄土两国关系时不难发现,2011 年俄土关系依旧冷淡,但总体是向上发展的,尤其是在经贸合作和一些具体问题的处理方面取得了一定成效。由于俄、土两国此前具有一定的关系基础,且在许多问题领域须进行必要的接触,有理由认为两国关系会逐步改善。

一方面,俄土双边关系始终受到土天然气出口问题的困扰而无法恢复到 2009 年 4 月以前的水平。[②] 两国在一些问题上时有龃龉。3 月,土库曼斯坦外交部发表严正声明,指责俄罗斯移动通信系统公司(MTC)不诚信行为和私自提高运价,以回应其针对土政府的批评。[③] 11 月 19 日俄罗斯电视台播放了对俄罗斯天然气工业公司副总裁亚历山大·梅德韦杰夫的访谈节目,节目中亚历山大·梅德韦杰夫对土库曼斯坦天然气储量的官方通报表示质疑,并称俄罗斯天然气工业公司不相信在土库曼斯坦发现大气田。1 月 20 日土库曼斯坦外交部发表官方声明,称此前俄罗斯天然气工业公司副总裁亚历山大·梅德韦杰夫关于土库曼斯

[①] 《土库曼斯坦和美国将继续深化双边合作》,http://gb.cri.cn/27824/2011/12/01/3245s3457898.htm。

[②] 2009 年 4 月 9 日,俄土间的"中亚—中央"天然气管道突然发生爆炸,土库曼斯坦随即停止向俄罗斯供气,当年土向俄供气仅为 95 亿立方米,远小于当时协议所规定的 410 亿立方米。从此,俄土伙伴关系也随之呈现急剧降温趋势。最近几年,俄虽逐年提高天然气进口数量,但始终无法达到 2009 年以前水平。

[③] Туркменистан обиделся на МТС, 俄罗斯报纸报网站,http://www.gazeta.ru/business/2011/03/05/3546617.shtml。

坦的天然气储量的说法是对土奉行的独立的能源政策的攻击与不礼貌的行为。

2011年，土库曼斯坦向俄出口天然气仅为110亿立方米。对于土库曼斯坦而言，俄罗斯已不再是其唯一的天然气买家，伊朗、中国等国家每年从土库曼斯坦进口大量天然气；对于俄罗斯而言，土库曼斯坦在纳布科项目、TAPI项目上的一举一动都牵涉到切身利益，另外土库曼斯坦每年向国际能源市场售出的天然气逐年增加，俄罗斯天然气已不再受到过去的追捧，当年的"小伙伴"如今摇身一变成了"竞争对手"。

这两年双方领导人为数不多的会面次数也证实了这一点，土库曼斯坦国家首脑是独联体国家领导人中和俄罗斯首脑会面次数最少的，而且近两年来俄土之间也没有签订任何外交协议。①

另一方面，从2011年全年的情况看，俄土关系总体是向上发展。12月23日，土库曼斯坦总统对俄罗斯进行了工作访问，分别会见了梅德韦杰夫和普京，就跨里海天然气管道问题展开讨论。同时，两国经贸关系有所改善。据透露，前十个月，双边贸易额（不包含天然气进出口贸易）为9.9亿美元，同比增长32.9%，其中俄对土出口额为8.71亿美元，同比增长35.4%；土对俄出口额为1.1亿美元，同比增长16.8%。在其他领域，俄土两国也取得了一些进展。2011～2012学年，土库曼斯坦在俄的公费留学生394人，双方决定进一步推动人文领域合作，特别是加强在文化、体育、干部人才培训领域上的合作。②

2012年土库曼斯坦作为独联体轮值主席国将在阿什哈巴德市主持召开一系列独联体会议。随着双方领导人会面次数的上升，与俄罗斯双边和多边会晤的日渐频繁，估计2012年俄土关系将有所改善，两国可能就里海、天然气管道等问题达成一些协定。

（四）着力加强与周边国家合作

1. 多边外交

2011年4月24日，伊朗、土库曼斯坦、乌兹别克斯坦、卡塔尔、阿曼五国

---

① Россия не сводит газ с Туркмении，〔俄〕2011年11月23日《生意人报》。
② Президенты РФ и Туркмении обсудят в Москве сотрудничество в энергетике，http://ria.ru/politics/20111223/523704165.html.

在土库曼斯坦首都阿什哈巴德签订有关建立新的国际运输走廊的五方协议。预计,这一运输走廊将从乌兹别克斯坦通往土库曼斯坦,然后再通往伊朗、阿曼和卡塔尔,最后到达波斯湾和阿曼湾的港口。这条交通走廊将有力地推进中亚地区合作与繁荣,是中亚地区建设贯通南亚、非洲、太平洋地区交通运输大通道的第一步①。土库曼斯坦将在运输走廊项目中扮演极为重要的角色,是承上启下的一个环节,这一项目的成效在很大程度上取决于土库曼斯坦的作用。

6月,中亚哈萨克斯坦、吉尔吉斯斯坦、塔吉克斯坦、土库曼斯坦和乌兹别克斯坦五国副外长齐聚阿什哈巴德,召开中亚外长会议,就中亚区域性热点合作、稳定和可持续发展等问题展开讨论。讨论内容涉及有关打击跨国犯罪、极端主义、贩毒、阿富汗和吉尔吉斯斯坦局势以及共享自然资源和环境安全管理等内容。

12月30日,在阿什哈巴德市举行了中亚地区实施联合国全球反恐战略高级别会议,来自中亚五国以及中国、美国、俄罗斯、阿富汗和伊朗等国的代表参加了会议。会议讨论了《中亚地区实施联合国全球反恐战略共同行动计划》。②

2. 双边外交

2011年5月5~6日,土库曼斯坦总统别尔德穆哈梅多夫对乌兹别克斯坦进行了为期两天的国事访问。双方探讨了扩大和加深双方合作以及地区和国际问题,签订了联合声明以及有关科技合作和互设商业代表处的政府间协议。

6月8日,土库曼斯坦—塔吉克斯坦政府间经贸科技合作委员会第三次会议在阿什哈巴德召开,此次会议的主要目的在于加强双方在电力、工业、农业、运输、科学、教育、文化、卫生等方面的合作。双方结合两国的地理位置和过境运输能力的特点,指出两国优先合作方向是能源和公共交通领域。③

中亚各国在加强地区安全稳定,共同打击国际恐怖主义、宗教极端势力、地区分裂主义势力和有组织跨国犯罪等问题上有着共同的立场或相似的观点。因此中亚各国间的双边、多边合作对于提高整个地区与各国内部的安全稳定以及经济发展都有着极为积极的作用。

---

① 驻伊朗使馆经商参处:《中亚五国签订交通运输合作协议》,http://ir.mofcom.gov.cn/aarticle/c/f/201105/20110507538385.html。
② 《中亚五国在土库曼斯坦首都阿什哈巴德举行反恐会议》,http://gb.cri.cn/27824/2011/12/01/5951s3456865.htm。
③ 《中亚国家将建立国际运输走廊》,亚心网,http://www.xjjjb.com。

3. 伊土关系

土库曼斯坦是伊朗重要的邻国,也是中亚地区唯一和伊朗有陆地接壤的国家。两国共有约 1200 公里的边界线,2011 年全年两国贸易额预计达到 50 亿美元①。同时,每年有大量的天然气从土库曼斯坦出口到伊朗。土库曼斯坦总统曾经指出,"土库曼斯坦和伊朗的合作具有巨大的经济潜力,伊朗是土库曼斯坦对外政策实施的重要方向之一。"

对于伊朗局势的持续紧张,土库曼斯坦方面十分关注。伊朗局势一旦恶化,土库曼斯坦必将成为高危地区,届时会有大量难民涌向伊土边界,存在破坏土库曼斯坦局势稳定的可能性,如何妥善安置难民将成为土政府的棘手问题。伊朗局势的不稳定还将导致里海问题的进一步复杂化,提高在土投资风险,恶化土国内投资环境,同时能源安全风险将迅速上升,危害到土库曼斯坦国家经济安全。

Turkmenistan

Zhang Hao

Abstract:Turkmenistan maintained political stability in 2011. President Berdymukhamedov won the presidential election again. Multi-party system legislation was passed and the government established the Ministry of Public Utilities. Some senior officials were changed. Official figures indicate a strong performance on economy. The government made a series of plans for social and economic development. Turkmenistan maintains perpetual neutral status in the field of foreign policy. Sino-Turkmenistan relations develops rapidly in the past year. Turkmenistan pursued equidistant diplomacy to Russia and USA and attaches importance to cooperation with its neighboring countries.

Key Words:Turkmenistan;Politics;Economy;Natural Gas;Diplomacy

---

① 伊朗伊斯兰共和国对外广播电台,http://www2.irib.ir/worldservice/chinese/huigu/20010913/shishi/2001091301.htm。

附录
Appendix

Ⅴ.28
2011年中亚国家大事记

哈萨克斯坦

1月6日 哈萨克斯坦议会上院一致支持关于总统纳扎尔巴耶夫任期延长至2020年全民公决的倡议。

1月31日 纳扎尔巴耶夫总统发表讲话,拒绝举行关于其任期延长至2020年的全民公决,并称将提前举行总统选举。

2月5日 哈萨克斯坦总统竞选候选人提名开始,共有19名候选人登记参加选举。

2月20日 哈萨克斯坦总统纳扎尔巴耶夫访问中国。

3月9日 哈萨克斯坦总统纳扎尔巴耶夫发表竞选演说,承诺将在当选后的任期内将贫困率减少至6%。

3月16日 哈萨克斯坦"Kazmunaigaz"宣布将在里海盆地北部建立溢油应急基地。

3月17日 纳扎尔巴耶夫总统访问俄罗斯;上海合作组织国防部长会议在阿斯塔纳举行,会后签署了联合公报和《2012~2013年合作计划》。

3月24日 欧盟驻中亚特别代表皮埃尔·莫雷尔同哈萨克斯坦人权事务高级专员举行会谈。

3月29日 哈萨克斯坦纳扎尔巴耶夫总统批准《关于独联体成员国在打击犯罪和恐怖主义融资合法化（洗钱）活动的协定》。

3月30日 上海合作组织成员国禁毒机构代表在阿斯塔纳通过了《上海合作组织2011～2016年禁毒战略》及其执行计划。

4月3日 哈萨克斯坦举行总统大选，共有4名候选人参加选举。

4月4日 哈萨克斯坦中央选举委员会宣布，纳扎尔巴耶夫获得选举胜利，得票率为95.5%。

4月6日 哈萨克斯坦宣布国家工业化方案，2011年将实施约200个工业项目，总成本为1.5万亿坚戈。

4月7日 中国国家主席胡锦涛祝贺纳扎尔巴耶夫总统连任。

4月8日 哈萨克斯坦举行总统就职典礼，纳扎尔巴耶夫总统签署命令，任命马西莫夫为总理。

4月13日 哈萨克斯坦议会下院批准美哈两国就向阿富汗过境转运政府间协议。

4月15日 印度总理辛格对哈萨克斯坦进行正式访问。

4月19日 纳扎尔巴耶夫总统赴基辅参加核峰会。

4月28日 在阿斯塔纳举行上海合作组织成员国公安/内务部长第二次会议。

4月29日 在阿斯塔纳举行上海合作组织成员国安全会议秘书第六次会议。

5月2日 阿拉木图举行活动庆祝民族团结日。

5月3日 在哈萨克斯坦召开第四届阿斯塔纳经济论坛。

5月5日 哈萨克斯坦中央银行发行上海合作组织成立10周年纪念币。

5月6日 在阿拉木图举办"哈萨克斯坦作为上海合作组织轮值主席国：2010～2011"研讨会。

5月12～14日 北约秘书长高加索和中亚事务特别代表访问哈萨克斯坦。

5月13日 俄罗斯外长拉夫罗夫访问哈萨克斯坦。

5月14日 在阿拉木图召开了上海合作组织外长理事会会议。

5月17日 曼吉斯套州Karazhanbasmunai石油公司工人开始举行罢工。

5月19日 在阿斯塔纳举行上海合作组织成员国第八次文化部长会议。

5月23日　哈萨克斯坦人民民主党代表团访问中国。

5月24日　阿斯塔纳发生爆炸事件，造成2人死亡。

5月25日　在阿斯塔纳举行中亚可持续发展委员会会议。

5月26日　议会下院批准允许法国过境向阿富汗运输军事装备和人员协议。

5月27日　在阿拉木图举行了独联体国家电力能源委员会第39届会议。

5月31日　哈萨克斯坦外长率团出席在明斯克举行的集安组织外长理事会会议。

6月1日　哈外交部副部长率团出席在巴厘岛举行的第16届不结盟运动部长级会议。

6月6日　马来西亚首相纳吉布·拉扎克访问哈萨克斯坦。

6月7日　在哈萨克斯坦召开世界伊斯兰经济论坛。

6月8日　第九届上海合作组织成员国检察长会议在阿拉木图举行。

6月9日　哈参议院没有批准向阿富汗派遣军事人员协议。

6月13日　中国国家主席胡锦涛抵达哈萨克斯坦进行访问。

6月14日　在阿斯塔纳举行上海合作组织峰会。

6月15日　上海合作组织峰会通过了《上海合作组织阿斯塔纳宣言》。

6月22日　中国进出口银行向哈萨克斯坦能源项目提供5亿美元。

6月23日　哈萨克斯坦议会批准了《哈萨克斯坦—土耳其战略伙伴关系协议》。

6月26日　马西莫夫总理访问法国。

6月28日　哈萨克斯坦举行第38届伊斯兰会议组织外长会议。

7月1日　第三届世界传统宗教领袖大会在阿斯塔纳开幕；中哈霍尔果斯国际边境合作中心封关运营；哈萨克斯坦开始执行关税同盟统一关税。

7月8日　上海合作组织青年理事会在阿拉木图讨论人道主义合作。

7月10日　哈萨克斯坦发射升空第二颗通信卫星。

7月11日　哈萨克斯坦卡拉干达州巴尔喀什市159/21号监狱发生越狱者自杀性爆炸事件。

8月1日　美国驻阿富汗、巴基斯坦特命全权大使格罗斯曼访问哈萨克斯坦。

8月8日　代号为"草原之鹰—2011"联合军事演习在哈萨克斯坦举行。

8月12日　独联体集安组织在阿斯塔纳举行非正式领导人会议。

8月24日　韩国总统李明博访问哈萨克斯坦。

8月29日 哈萨克斯坦外交部发表公告纪念禁止核试验国际日。

8月30日 哈举行阅兵式庆祝第16个宪法日。

9月1日 哈萨克斯坦庆祝独立20周年。

9月7日 巴基斯坦总理吉拉尼访问哈萨克斯坦；哈萨克斯坦外交部长卡济汉诺夫访问中国。

9月14日 哈议会下院批准对关税同盟委员会条约的修改。

9月16日 马西莫夫总理访问吉尔吉斯斯坦。

9月17日 哈萨克斯坦亚冬会吉祥物确定为雪豹。

9月23日 中国全国人大常委会委员长吴邦国对哈萨克斯坦进行了正式友好访问；在里海地区举行了"中心—2011"联合军事演习。

9月24日 世界无核论坛在阿斯阿塔纳举行。

9月28日 哈议会下院通过了政府2011~2013年预算修正案。

10月3日 哈萨克斯坦同保加利亚政府间合作协议签署。

10月6日 哈萨克斯坦上院通过2011~2013政府预算修正案。

10月12日 "为了一个无核世界"论坛在哈萨克斯坦举行。

10月13日 突厥语国家合作委员会第一次全体经济部长会议在哈萨克斯坦召开。

10月18日 哈总理马西莫夫出席在圣彼得堡举行的独联体政府首脑理事会会议。

10月20日 哈议会上院批准修订关税同盟委员会条约。

10月30日 哈总统纳扎尔巴耶夫访问越南。

11月3日 哈议会通过了《哈萨克斯坦同美国关于过境铁路协定修正案》的法律性文件。

11月7日 哈总理马西莫夫赴圣彼得堡参加上海合作组织成员国政府首脑峰会。

11月11日 欧盟代表团访问哈萨克斯坦。

11月17日 独联体第61次国防部长会议在哈萨克斯坦举行。

11月21日 哈总理马西莫夫访问法国。

12月1日 哈总理马西莫夫参加吉尔吉斯斯坦总统阿坦巴耶夫就职典礼并与其会晤。

12月7日 哈议会通过《天然气及天然气供应法》。

12月10日 哈议会通过哈萨克斯坦独立20周年宣言。

12月16日 哈萨克斯坦庆祝独立20周年；哈萨克斯坦曼吉斯套州扎瑙津市发生骚乱；哈总统纳扎尔巴耶夫宣布解除铁木尔·库利巴耶夫"萨姆鲁克—卡泽纳"基金总裁职务，由总理舒克耶夫兼任。

乌兹别克斯坦

1月24日 卡里莫夫总统访问布鲁塞尔北约和欧盟总部，签署了《在乌兹别克斯坦设立欧盟代表处协议》、《欧盟和乌兹别克斯坦在能源领域合作备忘录》和《欧盟2011～2013年对乌兹别克斯坦实施技术援助的指示性计划备忘录》等一系列文件。

2月7日 乌兹别克斯坦同日本达成协议，未来10年乌方将向日方每年供应500～1000吨铀。

2月8日 卡里莫夫总统访问日本。

2月16日 塔什干市市长图赫塔耶夫因贪污受贿被免职。

2月17日 乌兹别克斯坦恢复向吉尔吉斯斯坦奥什州和卡拉苏州供应天然气。

2月18日 美国负责中南亚事务的副国务卿罗伯特·布莱克率团访问乌兹别克斯坦，并举行了乌美经贸论坛。

3月1日 乌兹别克斯坦上调外国车辆入境过境费和乌塔边境杂费征收标准。

3月3日 乌兹别克斯坦关闭了位于塔什干的"Turkuaz"超市，这是继2010年底以来第二家被关闭的土耳其商贸中心。

3月5日 新疆特变电工股份有限公司在"乌兹别克电力公司塔里马尔詹500千伏热电站—索格底亚纳500千伏露天配套电网"项目设备招标中中标，项目总金额为994.1万美元。

3月10日 驻阿联军在阿富汗北部打死两名"乌伊运"指挥官，抓获1名指挥官及4名武装分子。

3月15日 乌兹别克斯坦关闭The Human Rights Watch驻乌办事处。

3月18日 中国国防部长梁光烈访问乌兹别克斯坦。

3月24日 巴基斯坦总理吉拉尼访问乌兹别克斯坦。同日，乌兹别克斯坦宣布2011年计划将小企业和私营企业在国内生产总值中所占份额提高到54%。

3月25日 在塔什干举行了上海合作组织地区反恐怖机构理事会第18次会议。

3月31日 乌兹别克斯坦宣布再度将塔吉克斯坦铁路过境费提高15%。

4月7日 在塔什干举行欧盟—中亚国家外长会议。

4月13日 在塔什干举行了上海合作组织与独联体成员国执法机构代表会议。

4月18日 乌兹别克斯坦第一副总理阿齐莫夫访问中国。

4月19日 乌兹别克斯坦总统卡里莫夫访问中国。

4月22日 美国将在阿富汗被捕的乌伊运成员引渡至德国。

4月27日 欧盟代表团访问乌兹别克斯坦。

5月2日 乌兹别克斯坦媒体报道德国开始支付铁尔梅兹空军基地的租赁费用。

5月5日 土库曼斯坦总统别尔德穆哈梅多夫访问乌兹别克斯坦。

5月12日 乌兹别克斯坦外交部同美国国务院核走私及扩散协议协调员迈克尔·斯塔福德率领的代表团会谈。

5月18日 卡里莫夫总统访问印度。

5月19日 卡里莫夫总统参加在明斯克举行的独联体国家政府首脑理事会议。

5月23日 乌兹别克斯坦表示拒绝签署独联体国家自由贸易区协议。

5月25日 乌兹别克斯坦农业技术博览会在乌兹别克会展中心开幕。

5月27日 中国国务委员、公安部部长孟建柱同乌兹别克斯坦内务部部长在北京举行会谈。

5月27日 在塔什干举行上海合作组织论坛第六次会议。

6月2日 卡里莫夫接见到访的欧安组织代表、立陶宛外长。

6月8日 乌兹别克斯坦正式加入国际大坝委员会。

6月14日 俄罗斯总统梅德韦杰夫访问乌兹别克斯坦。

6月15日 巴基斯坦企业家代表团访问乌兹别克斯坦。

6月24日 德国代表团访问乌兹别克斯坦,并举行乌德商务论坛。

6月27日 在塔什干市销毁了675公斤毒品。

6月28日 卡里莫夫总统签署《关于完善商品进口海关税费调节的补充措施》,从7月1日起上调部分食品进口关税税率。

6月29日 俄罗斯联邦军事技术公司总裁访问乌兹别克斯坦。

7月5日 卡里莫夫接受新任中国驻乌大使张霄递交的国书。

7月6日 乌兹别克斯坦在华成功举办"乌兹别克斯坦文化日"。

7月7日 乌兹别克斯坦宣布,乌方修建的海拉顿—马扎里沙里夫铁路将正式运营。

7月10日 卡里莫夫总统签署命令,从8月1日起工资、退休金、补助和奖学金提高1.5倍。

7月12日 乌兹别克斯坦议会下院通过《限制销售和使用酒精及烟草产品法》。

7月20日 乌兹别克斯坦最高会议参议院主席萨比罗夫访问中国。同日,乌兹别克斯坦费尔干纳州发生里氏6.5~7级地震,造成13人死亡,80多人受伤。

8月2日 乌兹别克斯坦宣布将出口塔吉克斯坦的天然气价格提高到284.33美元/立方米。

8月10日 集安组织秘书长称,卡里莫夫总统宣布将不参加集安组织非正式领导人峰会。

8月23日 韩国总统李明博访问乌兹别克斯坦。

8月26日 乌议会上院通过"有关限制传播和使用酒精和烟草制品的法律"。

8月31日 乌驻俄使馆举行国庆招待会,俄外长拉夫罗夫发表讲话。

9月1日 乌兹别克斯坦庆祝独立日。

9月20日 中国全国人大常委会委员长吴邦国访问乌兹别克斯坦。

9月22日 卡里莫夫总统出版新书《乌兹别克斯坦临近独立成就》。

10月6日 乌兹别克斯坦被接纳为国际天然气联盟正式成员。

10月12日 第七届世界棉花大会在乌兹别克斯坦举行。

10月19日 卡里莫夫总统签署《限制酒精与烟草产品经销与消费法案》。

10月23日 美国国务卿希拉里访问乌兹别克斯坦。

10月25日 乌兹别克斯坦第一副总理阿齐莫夫访问中国,参加中乌政府间合作委员会第一次会议。

11月23日 中国驻乌兹别克斯坦大使张霄会见乌国家协调员阿尔特科夫。

11月26日 "乌兹别克斯坦保护母亲和儿童健康模式"国际研讨会在塔什干开幕。

12月5日 乌议会上院批准有关将总统任期缩短为5年的宪法修正案。

12月7日 乌兹别克斯坦隆重庆祝宪法日；乌议会上院批准通过《上海合作组织反恐公约》。

12月13日 乌兹别克斯坦提高酒类（除啤酒）最低出厂批发价和零售价。

12月15日 中亚天然气管道C线乌国段开工。

12月27日 乌兹别克斯坦将对进口机电产品进行强制标志。

12月29日 俄罗斯鲁克石油公司在乌兹别克斯坦产出第一批天然气。

吉尔吉斯斯坦

1月5日 吉尔吉斯斯坦内务部抓获11名"吉尔吉斯斯坦公正统治军"成员，3人在逃。

1月19日 代总统奥通巴耶娃签署命令，取消国家安全委员会，代之以国防委员会。

1月31日 代总统奥通巴耶娃同哈萨克斯坦总统纳扎尔巴耶夫会谈，两国元首决定废除禁止哈萨克斯坦向吉尔吉斯斯坦出口石油产品的禁令。

2月8日 吉尔吉斯斯坦政府同美国签署了由吉方向马纳斯转运基地提供燃料的协议，吉方所获的资金将可用于卫生和教育领域。

2月17日 吉尔吉斯斯坦劳动部宣布，2010年从俄罗斯汇回的侨汇为12亿美元。

3月2日 欧盟主席巴罗佐在会见奥通巴耶娃总统时表示，在2013年之前欧盟将向吉提供5100万欧元援助。

3月7日 奥通巴耶娃总统访问美国，讨论双边关系及马纳斯转运中心问题。

3月10日 美国宣布向吉尔吉斯斯坦边防部队提供援助。

3月14日 美国助理国务卿表示奥通巴耶娃总统重申支持马纳斯转运基地协议。

3月15日 巴基斯坦总理吉拉尼访问吉尔吉斯斯坦。3月21日，吉尔吉斯斯坦总理阿坦巴耶夫访问俄罗斯。

3月31日 吉尔吉斯斯坦能源部同俄罗斯水电公司成立纳伦河水电站建设合资公司。

4月11日　俄罗斯宣布将向吉尔吉斯斯坦南部住房基础设施重建提供人道主义援助。

4月15日　吉尔吉斯斯坦议会通过国家银行法修正案。

4月26日　奥通巴耶娃总统会见到访的中国公安部部长。

4月27日　比什凯克的欧安组织中心为吉尔吉斯斯坦和阿富汗海关关员举行联合训练。

5月3日　独联体反恐中心在吉南部举行军事演习。

5月4日　北约秘书长高加索和中亚地区特别代表访问吉尔吉斯斯坦。

5月11日　吉尔吉斯斯坦财政部宣布，科威特阿拉伯发展基金准备注销吉1520万美元债务。

5月12日　中国进出口银行向吉尔吉斯斯坦 Datka-South 输电线路项目发放2080万美元。

5月20日　阿坦巴耶夫总理会见俄罗斯总理普京。

5月25日　伊斯兰开发银行向吉尔吉斯斯坦卫生保健部门提供2000万美元援助。

5月27日　吉尔吉斯斯坦宣布6月10日为"六月事件"受害者纪念日。

6月1日　吉方同中国中水电签订修建 Suusamyr-Kokemeren 梯级电站意向性协议。

6月6日　奥通巴耶娃总统会见世界银行总经理。

6月8日　亚洲开发银行向中国—吉尔吉斯斯坦公路改造项目发放5500万美元贷款。

6月9日　日本政府向 Balykchy 提供价值8.8万美元的医疗设备。

6月10日　吉议会批准在吉建立北约联络处。

6月13日　吉政府向农民发放5.54亿索姆贷款。

6月14日　吉尔吉斯斯坦同中国签署向吉南部输电线路建设提供2.08亿美元贷款协议。

6月15日　美国国际开发署向吉提供1500万美元用于支持发展。

6月16日　吉尔吉斯斯坦将举办2013年上海合作组织峰会。

6月20日　中国向吉尔吉斯斯坦提供1430万美元用于具体项目。

6月22日　第一副总理巴巴诺夫参加于莫斯科举行的欧亚经济共同体一体

化委员会第 54 次会议。

6 月 23 日　吉议会批准了上海合作组织信息安全合作协议。

6 月 24 日　吉议会确定 8 名中央选举委员会委员名单。

6 月 30 日　吉议会确定于 2011 年 10 月 30 日举行总统选举。

7 月 4 日　印度国防部长率团访问吉尔吉斯斯坦。

7 月 18 日　美国助理国务卿罗伯特·布莱克访问吉尔吉斯斯坦。

7 月 19 日　吉强力部门在巴特肯州举行代号为"巴特肯—2011 反恐"联合反恐演习。

7 月 20 日　吉西南部发生里氏 6.1 级地震。

7 月 27 日　吉尔吉斯斯坦举办"紧急援助吉尔吉斯共和国—和解与重建"南方重建工作捐助方高级别会议。

7 月 28 日　中吉合作电网改造项目正式启动。

7 月 29 日　中国向吉尔吉斯斯坦援赠 267 辆拖拉机。

8 月 5 日　美国驻吉尔吉斯斯坦大使馆宣布将投资更新吉空中运输管理系统。

8 月 11 日　中亚贸易论坛在吉尔吉斯斯坦开幕。

8 月 14 日　吉尔吉斯社会民主党推选阿坦巴耶夫为总统候选人。

8 月 15 日　吉总理阿坦巴耶夫宣布 2014 年后将关闭美国马纳斯国际转运中心。

8 月 16 日　吉尔吉斯斯坦总统候选人推选结束,共有 83 人报名。

8 月 31 日　吉尔吉斯斯坦庆祝独立 20 周年。

9 月 1 日　吉总统奥通巴耶娃访问乌鲁木齐,参加"中国—亚欧博览会"。

9 月 7 日　吉总理阿坦巴耶夫同俄天然气工业石油公司首席执行官阿列克谢·米勒会谈,双方将扩大能源合作。

9 月 14 日　伊马纳利耶夫担任吉尔吉斯"尊严"党议会党团主席。

9 月 16 日　吉尔吉斯斯坦同哈萨克斯坦举行第二次政府间委员会会议。

9 月 19 日　集安组织实兵演习在比什凯克举行。

9 月 23 日　捷克巴耶夫宣布退出总统竞选。

9 月 25 日　吉总统大选竞选活动开始。

9 月 27 日　中国文化周在吉首都比什凯克举行。

10 月 8 日　吉安全部队在奥什市击毙 1 名试图渗透的武装人员。

10 月 10 日　吉安全部门在奥什市成功挫败一起恐怖袭击,抓获 10 名恐怖组织成员。

10月14日 吉尔吉斯斯坦首个孔子课堂在比什凯克第69中学揭牌。

10月19日 吉代总理巴巴诺夫在圣彼得堡宣布，欧亚经济共同体成员国同意吉加入关税同盟。

10月20日 吉将向比什凯克1万多名婴幼儿免费发放补铁药。

10月30日 吉尔吉斯斯坦举行总统大选投票。

10月31日 吉总统大选计票结果初步显示，阿坦巴耶夫赢得大选。

11月7日 吉代总理巴巴诺夫参加上合组织成员国政府首脑峰会。

11月12日 吉中央选举委员会正式宣布，阿坦巴耶夫获得62.52%选票，当选总统。

12月1日 吉新任总统阿坦巴耶夫宣誓就职。

12月8日 吉美两国特种兵举行联合演习。

12月12日 吉议长克尔迪别科夫递交辞呈。

12月13日 吉数所监狱囚犯举行绝食抗议。

12月21日 叶延别科夫当选吉尔吉斯议会新议长。

12月23日 巴巴诺夫当选吉总理。

塔吉克斯坦

1月6日 塔吉克斯坦内务部发言人称，在清缴拉什特峡谷非法武装分子的行动中，以Davlatov为首的一股武装分子已经被歼灭。

1月21日 塔吉克斯坦中央银行行长称，2010年从俄罗斯汇回的侨汇数额为22.9亿美元，比2009年增长25%。

1月22日 胡占德州内务局和国家安全委员会大楼附近的两辆小汽车内查获相当于6公斤TNT当量的炸药。

2月18日 塔吉克斯坦各中学将不再教授"伊斯兰认知"课程，取而代之的是"塔吉克斯坦历史"。

3月4日 塔吉克斯坦外长扎里菲同俄罗斯外长拉夫罗夫讨论了包括边境与军事合作在内的双边合作相关问题。

3月7日 拉赫蒙总统访问巴基斯坦。

3月8日 在杜尚别"夏日传说"饭店附近发生恐怖爆炸袭击,袭击造成一名少年轻伤。

3月11日 欧安组织驻塔吉克斯坦办事处举办高级警务人员战略规划研讨会。

3月14日 联合国欧洲经济委员会在杜尚别举办国际水资源合作研讨会。

4月4日 欧安组织代表团访问塔吉克斯坦。

4月15日 非法武装首领阿卜杜拉·拉希莫夫在专项行动中丧生。

4月24日 中国同塔吉克斯坦签署协议,将向塔吉克斯坦提供价值206万美元的警用设备。

5月12日 联合国开发计划署向塔吉克斯坦提供救援紧急通信设备。

5月26日 在Fahrabad举行塔吉克斯坦—法国联合军事训练。

5月30日 巴基斯坦企业家代表团访问塔吉克斯坦。

6月5日 拉赫蒙总统访问欧洲。

6月6日 国际货币基金组织向塔吉克斯坦Accessbank提供400万美元贷款。

6月7日 巴西企业家代表团访问塔吉克斯坦。

6月14日 在杜尚别举行独联体国家反垄断机构理事会会议。

6月15日 中国向塔吉克斯坦提供1.2亿元人民币捐助。

6月20日 塔吉克斯坦同吉尔吉斯斯坦在巴特肯地区举行联合军事演习。

6月24日 世界银行向塔吉克斯坦拨款1000万美元用于危机后复苏。

6月27日 在杜尚别举行塔吉克斯坦沙特阿拉伯投资者理事会会议。

6月28日 伊朗总统访问塔吉克斯坦。

7月7日 美国驻塔吉克斯坦大使称,美国已开始建设塔吉克斯坦军事训练中心。

7月27日 塔吉克斯坦总统拉赫蒙宣布,为纪念独立20周年特赦1.5万名罪犯。

7月21日 塔议会通过《关于父母教育子女责任法》。

7月28日 塔吉克斯坦边境警卫击毙8名阿富汗毒贩。

7月30日 塔吉克斯坦国家电力公司总裁称,连接塔—阿电力系统的220千伏输变电线路将投入使用。

8月3日 塔吉克斯坦第一副总理阿萨杜洛·古罗莫夫因中风去世。

8月9日 拉赫蒙总统建议对停工企业进行国有化。

8月19日 美国驻塔使馆宣布将拨款700万美元用于帮助加强边境管控及改善安全状况。

8月23日 中共中央政治局常委周永康访问塔吉克斯坦。

8月26日 塔财政部表示,将于2012年继续增加对罗贡水电站项目的拨款。

8月30日 拉赫蒙总统宣布建成世界上最高的旗杆。

9月5日 塔吉克斯坦同伊朗共同建设的桑格图德2号水电站1号机组正式投产。

9月6日 塔吉克斯坦制1.4万平方米巨旗为独立20周年献礼。

9月9日 塔吉克斯坦庆祝独立20周年。

9月14日 塔哈特隆州大型水泥厂项目开始修建。

9月16日 恐怖组织"真主信徒社"发布视频,威胁将发动恐怖袭击。

9月19日 代号为"中央—2011"的集安组织快速反应部队首长司令部演习在塔举行。

9月23日 塔吉克斯坦国防部军事学院基地举行代号"地区合作—2011"联合演习。

10月1日 俄罗斯总理普京签署政府令,将向塔吉克斯坦汽油出口关税下调7%。

10月6日 塔吉克斯坦动工修建中亚最大清真寺,可容纳11.5万人。

10月12日 塔吉克斯坦提前实施秋冬限电措施。

10月14日 特变电工承建的"胡占德—艾尼"220千伏输变电工程投入运行成功。

10月22日 伊朗议会代表团访问塔吉克斯坦。

11月7日 塔吉克斯坦总理阿基洛夫参加上合组织政府首脑峰会。

11月8日 塔吉克斯坦库尔干秋别市法院判处两名俄罗斯飞行员(其中一人为爱沙尼亚国籍)走私、非法入境和违反飞行规定罪名成立,监禁8年半。

11月11日 俄罗斯联邦移民局局长罗莫丹诺夫宣布将驱逐297名塔非法移民。

11月15日 亚洲开发银行向塔吉克斯坦增加600万美元用于替代能源发展。

11月16日 中国向塔吉克斯坦禁毒署援赠物资装备。

11月18日 拉赫蒙在国家科学院成立60周年大会上表示建设罗贡水电站的坚决态度。

11月21日 印度宣布将重开位于塔吉克斯坦法尔霍尔空军基地的军医院。

11月22日 哈特隆州法院裁定释放两名外国飞行员。

11月28日 美国驻塔吉克斯坦大使馆发表声明称,美方没有考虑过在塔建立军事基地。

12月8日 "塔吉克斯坦与中国:共同发展的经验与机遇"研讨会在中国社会科学院俄罗斯东欧中亚研究所举行。

12月13日 塔总统拉赫蒙访问德国。

12月13日 美国向塔提供价值3500万美元的药品援助。

12月19日 塔吉克斯坦航空公司验收首架新舟60飞机。

12月26日 塔北部一法院宣布53人因参与2010年9月的一次恐怖袭击而获刑。

12月29日 《中塔边境口岸及其管理制度协定》签署。

土库曼斯坦

1月17日 土库曼斯坦别尔德穆哈梅多夫总统同乌兹别克斯坦总统卡里莫夫通话,讨论了双边关系的现状和前景,并就相关地区和国际问题交换了看法。

3月3日 欧洲复兴开发银行代表团访问土库曼斯坦。

3月17日 欧安组织在阿什哈巴德召开主题为"能源外交与加强能源安全国际合作"研讨会。

3月18日 土库曼斯坦总统别尔德穆哈梅多夫宣布将向伊朗提供1000吨面粉。

3月28日 土库曼斯坦国民议会通过《关于外国公民在土库曼斯坦的法律地位》法案。

4月12日 土库曼斯坦副总理兼外长梅列多夫及石油和矿产资源部部长对法国进行工作访问。

4月15日 土库曼斯坦通过了社会改革国家计划。

4月29日 土库曼斯坦军队在阿什哈巴德举行代号为"盾牌—2011"的军事演习。

5月2日 土库曼斯坦能源与石油部部长出席在新德里举行的TAPI天然气

管道项目督导委员会第 13 次会议。

5 月 4 日　土库曼斯坦开设人权信息中心。

5 月 5 日　中国驻土库曼斯坦大使肖清泉向别尔德穆哈梅多夫总统递交国书。

5 月 13 日　在布加勒斯特举行土库曼—罗马尼亚政府间经济科技合作委员会会议。

5 月 19 日　土库曼斯坦同阿富汗签署修建铁路协议。

5 月 26 日　中石油宣布土库曼斯坦天然气将于 2012 年开始向中国香港供气。

6 月 2 日　土库曼斯坦举行了第三届国际儿童权利保护中亚论坛。

6 月 14 日　美国欧亚能源特使访问土库曼斯坦。

7 月 4 日　3500 多名市民在阿什哈巴德举行音乐会庆祝别尔德穆哈梅多夫总统 54 岁生日。

7 月 6 日　土库曼斯坦国家石油公司在巴尔干斯卡亚地区发现工业油流。

7 月 7 日　阿巴丹的一所烟花仓库失火并同附近的武器仓库共同发生爆炸，造成 15 人死亡。

7 月 8 日　别尔德穆哈梅多夫总统宣布将副总理扎帕罗夫解职，改任中央银行行长，阿克马梅多夫副总理被解职。

7 月 21 日　土库曼斯坦庆祝国家医疗卫生工作者日。

8 月 5 日　土议会第十一次会议通过决议，将于 2012 年 2 月 12 日举行总统选举。

8 月 9 日　土库曼斯坦首次开采里海天然气并进入管道出口。

8 月 16 日　土总统别尔德穆哈梅多夫要求限制每栋建筑物安装碟形卫星天线的数量。

8 月 29 日　中国机械进出口集团和南阳资阳机车有限公司同土库曼斯坦铁路运输部签署机车供货合同。

9 月 2 日　"中国—亚欧博览会"土库曼斯坦投资环境推介会在乌鲁木齐举行。

9 月 3 日　别尔德穆哈梅多夫总统签署总统令，要求切实保障新婚夫妇使用低息贷款购买住宅、家具电器和生产工具的权利。

9 月 19 日　土库曼斯坦北戈尔图佩地区里海沿岸发现一油田，预计原油日产量高达 730 亿吨。

9月26日　中国国务委员孟建柱访问土库曼斯坦。

10月14日　土库曼斯坦同奥地利签署能源合作备忘录。

10月20日　伊朗称准备同土库曼斯坦进行石油天然气串换。

10月27日　土库曼斯坦庆祝独立20周年。

10月30日　新疆增开从乌鲁木齐至阿什哈巴德航班。

11月14日　土库曼斯坦总统别尔德穆哈梅多夫访问巴基斯坦。

11月22日　土库曼斯坦总统别尔德穆哈梅多夫访问中国。

11月27日　土库曼斯坦举行庆祝独立20周年阅兵式。

12月1日　美国负责中亚和南亚事务的助理国务卿罗伯特·布莱克访问土库曼斯坦。

12月4日　土库曼斯坦庆祝"睦邻节"。

12月6日　土库曼斯坦首届国际棉制品展销会在阿什哈巴德举行。

12月12日　土库曼斯坦重要标志——中立柱重新亮相阿什哈巴德。

12月13日　土库曼斯坦阿姆河天然气项目二期工程开工。

12月15日　土库曼斯坦民族复兴运动正式推举现任总统别尔德穆哈梅多夫为下届总统候选人。

Ⅲ.29
中国与中亚国家高层交往与友好合作大事记

（1991.12～2011.12）

1991 年

12 月 27 日 中国政府发表声明，承认哈萨克斯坦、吉尔吉斯斯坦、塔吉克斯坦、土库曼斯坦、乌兹别克斯坦独立。

1992 年

1 月 2～6 日 由中国政府经贸部部长李岚清、外交部副部长田曾佩率领中国政府代表团访问了乌兹别克斯坦、哈萨克斯坦、塔吉克斯坦、吉尔吉斯斯坦、土库曼斯坦，分别与各国签署了建交公报，建立了大使级外交关系。

2 月 24～28 日 哈萨克斯坦总理谢·捷列先科率哈萨克斯坦政府代表团正式访华。中国国家党政最高领导人分别与其会见或会谈。双方签署了联合公报和一系列文件。

3 月 12～14 日 乌兹别克斯坦总统卡里莫夫对华进行国事访问。中国党政最高领导人与其会见或会谈。双方发表了联合公报和签署了 14 个合作文件。

5 月 12～16 日 吉尔吉斯斯坦总统阿·阿卡耶夫对华进行正式访问。中国党政最高领导人分别与其会见或会谈。双方发表了联合公报，并签署了 8 个合作文件。

6 月 20 日 中国与哈萨克斯坦的乌鲁木齐至阿拉木图旅客列车开通。

8 月 3～5 日 吉尔吉斯斯坦总理图·成吉雪夫访问中国新疆。

11 月 18～20 日 国务委员兼外交部长钱其琛访问乌兹别克斯坦。乌总统卡里莫夫、最高苏维埃主席尤达舍夫分别会见了他。

11月20~22日 国务委员兼外交部长钱其琛访问吉尔吉斯斯坦，吉总统阿卡耶夫、总理成吉雪夫分别与其会见。

1993年

3月7~11日 塔吉克斯坦国家元首、最高苏维埃主席拉赫莫诺夫（后更名拉赫蒙）正式访华，中国党政最高领导人与其会见或会谈。双方发表了《中塔相互关系基本原则的联合声明》，还签署了11个文件。

4月20~25日 哈萨克斯坦最高苏维埃主席阿布季尔金正式访华。中国国家主席江泽民和全国人大常委会委员长乔石与其会见。

5月24~30日 吉尔吉斯斯坦最高苏维埃主席舍利姆库洛夫访华。乔石等人与其会见。

7月3日 全国人大常委会副委员长铁木尔·达瓦买提率中国人大代表团访问乌兹别克斯坦。乌最高苏维埃主席尤达舍夫与其会谈。

7月17~23日 全国人大常委会副委员长铁木尔·达瓦买提率中国人大代表团访问吉尔吉斯斯坦。分别会见吉最高苏维埃主席舍利姆库洛夫、总理成吉雪夫等领导人。

7月23~26日 全国人大常委会副委员长铁木尔·达瓦买提率中国人大代表团访问塔吉克斯坦。塔国家元首、最高苏维埃主席拉赫蒙，最高苏维埃第一副主席多斯季耶夫会见了代表团。

7月26~30日 全国人大常委会副委员长铁木尔·达瓦买提率中国人大代表团访问土库曼斯坦。土总统尼亚佐夫、国民议会议长穆拉多夫分别会见了他。

8月4~9日 全国人大常委会副委员长铁木尔·达瓦买提率中国人大代表团访问哈萨克斯坦。哈总统纳扎尔巴耶夫、最高苏维埃主席阿布季尔金与其会见。

10月18~21日 哈萨克斯坦总统纳扎尔巴耶夫正式访华。中国党政最高领导人与其会谈或会见。两国签署了《关于中哈友好关系基础的联合声明》以及多项合作协议。

1994 年

2月20~25日　土库曼斯坦议会议长穆拉多夫率团访华。乔石委员长等国家领导人分别与其会见或会谈。

4月20~22日　国务院总理李鹏对土库曼斯坦进行正式访问,与土总统尼亚佐夫举行了会谈。双方签署了中国向土提供贷款和物资以及有关石油、天然气开展合作的意向书等文件。

4月22~25日　国务院总理李鹏对吉尔吉斯斯坦进行正式访问,与吉总统阿卡耶夫举行了会谈。双方签署了中国向吉提供贷款和物资以及经贸合作协定等6个文件。

4月25~28日　国务院总理李鹏对哈萨克斯坦进行了正式访问,与哈总统纳扎尔巴耶夫举行了会谈。双方签署了4个文件。

4月18~20日　国务院总理李鹏对乌兹别克斯坦进行了正式访问,与乌总统卡里莫夫举行了会谈。双方签署了中国对乌提供贷款、赠送物资以及航空、贸易等4项协定。19日李鹏总理在乌兹别克斯坦议会大厦发表了关于中国对中亚国家政策的重要演讲。

6月21~28日　塔吉克斯坦最高苏维埃第一副主席多斯季耶夫率团访华。

10月24~26日　乌兹别克斯坦总统卡里莫夫对华进行国事访问。中国党政最高领导人分别与其会谈或会见。双方签署了《中乌关于相互关系基本准则和发展与加深互利合作的声明》及其他一些文件。

11月10~18日　国务委员兼国家民族事务委员会主任司马义·艾买提率中国政府代表团访问塔吉克斯坦并应邀出席塔总统拉赫蒙的就职典礼。

12月29日　全国人大常委会批准了《中哈国界协定》。

1995 年

2月8日　中国政府发表关于向哈萨克斯坦政府提供安全保证的声明。

2月20~24日　哈萨克斯坦第一副总理伊辛加林访华。李鹏、李岚清、吴仪等国家和部门领导人分别与其会见或会谈。

9月11~13日 哈萨克斯坦总统纳扎尔巴耶夫正式访华。中国党政最高领导人与其会见或会谈。双方签署了《进一步发展和加深友好关系的联合声明》以及两国政府间有关国防、港务、气象等多项合作协定。

10月23~27日 吉尔吉斯斯坦政府总理朱马古洛夫正式访华。中国党政最高领导人分别与其会见或会谈。双方签署了3个文件。

10月25~28日 中共中央政治局常委、书记处书记胡锦涛访问土库曼斯坦,与土总统尼亚佐夫举行会谈。访问期间,胡锦涛还分别会见了土内阁副总理萨帕罗夫、土民主党第一书记穆萨耶夫等。

10月28日~11月2日 中共中央政治局常委、书记处书记胡锦涛正式访问乌兹别克斯坦,与乌总统卡里莫夫举行了会谈。此外,还会见了乌政府副总理兼外经部长苏尔丹诺夫、副总理兼财政部长哈米多夫和议会副议长卡西莫夫等。

1996年

4月26日 国家主席江泽民、哈萨克斯坦总统纳扎尔巴耶夫、吉尔吉斯斯坦总统阿卡耶夫、俄罗斯联邦总统叶利钦、塔吉克斯坦总统拉赫蒙在上海共同签署了五国《关于在边境地区加强军事领域信任的协定》。

5月9~15日 中国人民解放军总参谋长傅全有上将率中国军事代表团访问哈萨克斯坦。

7月2~3日 国家主席江泽民对乌兹别克斯坦进行国事访问,与乌总统卡里莫夫和乌最高议会主席哈利洛夫进行会谈与会见。双方签署了《中乌联合声明》以及政府间有关运输、关税等的协定文件。

7月3~4日 国家主席江泽民对吉尔吉斯斯坦进行国事访问,与吉总统阿卡耶夫举行了会谈,会见了吉总理朱马古洛夫、议会立法会议主席和人民代表会议主席。双方签署了《中吉联合声明》,以及《中吉国界协定》等5个文件,双方还签署了中国向吉赠送物资援助的换文。

7月4~6日 国家主席江泽民对哈萨克斯坦进行国事访问,与纳扎尔巴耶夫总统举行了会谈,并会见了哈马日利斯主席奥斯帕诺夫,并在哈议会发表了《共创中国与中亚友好合作的美好未来》的重要演讲。双方签署了"联合声明"以及政府间多项协定。

9月3~6日 国务委员兼国家体改委主任李铁映率团对哈进行了工作访问。

9月16~20日 塔吉克斯坦总统拉赫蒙对华进行国事访问,中国党政最高领导人与其会谈与会见,双方签署了《中塔联合声明》以及政府间多项协定和中国向塔提供无偿物资援助的换文。

1997 年

2月12~22日 哈萨克斯坦总统纳扎尔巴耶夫来华休假。江泽民主席与其会见并宴请。

4月24日 中国国家主席江泽民和哈萨克斯坦总统纳扎尔巴耶夫、吉尔吉斯斯坦总统阿卡耶夫、俄罗斯联邦总统叶利钦、塔吉克斯坦总统拉赫蒙在莫斯科签署了五国《关于在边境地区相互裁减军事力量的协定》。

6月11~16日 中央军委副主席、国务委员兼国防部长迟浩田上将访问了哈萨克斯坦,与阿尔腾巴耶夫上将举行了会谈。

6月16~20日 中央军委副主席、国务委员兼国防部长迟浩田上将对吉尔吉斯斯坦进行了正式访问,与吉国防部长苏班诺夫举行了会谈。

9月1~3日 吉尔吉斯斯坦总理朱马古洛夫应中国政府邀请对中国新疆进行了工作访问。

9月24日 国务院总理李鹏对哈萨克斯坦进行访问,并出席了中哈石油合作协议的签字仪式。24日与哈总统纳扎尔巴耶夫举行了会谈。会谈结束,双方签署了《中哈国界补充协定》以及政府间有关石油、天然气开发和管道建设协议。

9月24~27日 国务院副总理李岚清对哈萨克斯坦进行了正式访问,与哈总统纳扎尔巴耶夫和叶西莫夫代总理举行了会见或会谈。签署了海关合作与互助协定、油田石油生产合同。

1998 年

4月26~30日 吉尔吉斯斯坦总统阿卡耶夫对华进行国事访问,中国党政最高领导人与其会见或会谈。双方签署了《关于进一步发展友好合作关系的联合声明》、《中吉国界协定》以及引渡条约、中国向吉提供无偿援助换文、经贸

中国与中亚国家高层交往与友好合作大事记

合作协定、中国向吉提供贴息贷款的协定等文件。

5月7~12日 哈萨克斯坦总理巴尔金巴耶夫对华进行正式访问,中国党政最高领导人与其会见或会谈。访问期间,双方签署了《中国政府向哈萨克斯坦政府提供无偿援助的换文》以及政府间有关和平利用宇宙空间,开展文化教育、卫生合作等文件。

6月10日 中国政府特使、交通部部长黄镇东赴哈萨克斯坦出席哈新首都定都庆典。

7月3日 国家主席江泽民赴哈萨克斯坦出席中国、哈萨克斯坦、吉尔吉斯斯坦、俄罗斯、塔吉克斯坦五国阿拉木图会晤。江泽民主席发表了题为《维护和平稳定,促进发展繁荣》的重要讲话。会晤结束后,五国外长签署了《阿拉木图会晤联合声明》。会晤期间,江泽民主席还会见了塔吉克斯坦总统拉赫蒙,就双边关系等问题交换了意见。

8月31日~9月4日 土库曼斯坦总统尼亚佐夫对华进行国事访问,中国党政最高领导人与其会谈或会见。双方签署了《关于进一步发展和加强两国友好合作关系的联合声明》以及关于中国向土提供优惠贷款的框架协议、中国向土提供无偿援助的换文和科技、旅游、文化教育合作等文件。

9月22~27日 乌兹别克斯坦政府副总理尤努索夫对华进行工作访问。

10月5~7日 哈萨克斯坦国防部长阿尔腾巴耶夫上将赴乌鲁木齐与迟浩田上将就两军交往情况及双边关系的有关问题交换了意见。

1999年

1月19~20日 国务院副总理钱其琛应邀赴哈萨克斯坦出席纳扎尔巴耶夫总统就职仪式。

6月3~6日 国务院副总理钱其琛对土库曼斯坦进行正式访问,与土总统尼亚佐夫,土副总理举行了会见与会谈。双方签署了中国政府向土政府提供人民币无偿援助的换文。

6月6~8日 国务院副总理钱其琛对塔吉克斯坦进行了正式访问,会见了塔总统拉赫蒙、最高会议主席拉贾博夫等领导人。双方还签署了两国政府经济、技术合作协定。

343

6月8~10日 国务院副总理钱其琛访问吉尔吉斯斯坦，会见了吉总统阿卡耶夫、议会立法会议主席穆卡姆巴耶夫和人民代表会议主席艾尔克巴耶夫，同吉第一副总理西拉耶夫举行了会谈。双方签署了中国政府向吉尔吉斯斯坦政府提供无偿援助的换文。

7月7~15日 哈萨克斯坦副总理兼外长托卡耶夫正式访华。江泽民主席、钱其琛副总理、唐家璇外长分别与其会见或会谈。双方签署了中国向哈萨克斯坦提供1亿元政府贷款的协定。

8月24~26日 国家主席江泽民赴吉首都比什凯克出席中、俄、哈、吉、塔五国元首会晤。五国元首签署了比什凯克联合声明。其间，江泽民主席会见了哈萨克斯坦总统纳扎尔巴耶夫。江泽民主席还与阿卡耶夫总统签署了《中吉国界补充协定》，并同阿卡耶夫总统和纳扎尔巴耶夫总统签署了《中、吉、哈三国国界交界点协定》。

8月31日~9月6日 土库曼斯坦副总理兼国防部长萨尔贾耶夫率土军事代表团访华。国务院总理朱镕基、国防部长迟浩田上将和总参谋长傅全有上将分别同萨进行了会见或会谈。

11月19日 哈萨克斯坦总统纳扎尔巴耶夫签署命令，决定授予江泽民主席"金鹰"勋章，以表彰其对发展中哈关系作出的巨大贡献。

11月23~27日 哈萨克斯坦总统纳扎尔巴耶夫应邀正式访华。江泽民主席、胡锦涛副主席和李岚清副总理分别与其进行会谈或会见。双方签署了《中哈关于在21世纪继续加强全面合作的联合声明》、《中哈关于全面解决边界问题的联合公报》以及中国向哈提供无偿援助协定、中哈在反不正当竞争与反垄断领域合作的协定。

11月8~11日 乌兹别克斯坦总统卡里莫夫对华进行国事访问。中国党政最高领导人与其举行了会见和会谈。双方签署了《中乌关于进一步发展两国友好关系的联合声明》以及中国向乌政府提供优惠贷款的框架协议等多项文件。

2000年

3月30日 中央军委副主席、国务委员兼国防部长迟浩田上将赴哈萨克斯坦出席"上海五国"国防部长会晤。

7月3~5日 国家主席江泽民赴杜尚别出席"上海五国"元首会晤，并对塔吉克斯坦进行国事访问。其间，中塔两国元首签署了《中塔关于发展两国面向21世纪的睦邻友好合作关系的联合声明》。双方还签署了《中塔国界协定》以及经济技术合作协定等文件。

7月5日 国家主席江泽民在塔吉克斯坦首都杜尚别出席"上海五国"元首会晤期间，会见哈萨克斯坦总统纳扎尔巴耶夫和吉尔吉斯斯坦总统阿卡耶夫，就多领域的合作及共同关心的地区和国际问题广泛地交换了意见。还会见了以观察员身份出席会晤的乌兹别克斯坦总统卡里莫夫，双方就中乌双边关系及共同关心的国际和地区问题交换了意见，达成了广泛共识。

7月5~7日 国家主席江泽民对土库曼斯坦进行国事访问，与尼亚佐夫总统举行了会谈。两国签署了《中土联合声明》以及《关于中国向土提供优惠贷款的协定》、《在石油天然气领域合作的谅解备忘录》等文件。

7月27~30日 国家副主席胡锦涛应邀对哈萨克斯坦进行正式访问，会见了纳扎尔巴耶夫总统，并同托卡耶夫总理举行了会谈。双方签署了《中哈经济技术合作协定》。

2001年

4月11~12日 国务院副总理李岚清率中国政府代表团访问乌兹别克斯坦，分别与乌总统卡里莫夫、总理苏尔丹诺夫、议长哈利洛夫举行会见或会谈。双方签署中国向乌提供无偿援助的换文和提供无息贷款的政府协定。

5月7~11日 中共中央政治局委员、中国社会科学院院长李铁映率团访问乌兹别克斯坦。

6月14日 国家主席江泽民分别会见了出席上海合作组织成员国元首会晤的哈萨克斯坦总统纳扎尔巴耶夫、乌兹别克斯坦总统卡里莫夫、塔吉克斯坦总统拉赫蒙、吉尔吉斯斯坦总统阿卡耶夫，双方就两国关系及其他共同感兴趣的问题交换了意见。

6月14~15日 上海合作组织在上海正式成立。六个成员国国家元首签署了《上海合作组织成立宣言》、《打击恐怖主义、分裂主义、极端主义上海公约》等文件。

6月18日 全国人大常委会委员长李鹏会见应邀访华的塔吉克斯坦议会下院议长海鲁罗耶夫。

8月18～24日 吉尔吉斯斯坦议会人民代表会议主席博鲁巴耶夫率团访华。李鹏委员长、钱其琛副总理、唐家璇外长以及铁道部部长傅志寰分别会见了博鲁巴耶夫一行。

9月14日 上海合作组织成员国政府首脑理事会首次会议在阿拉木图举行。中国国务院总理朱镕基出席并发表重要讲话。会议签署了《上海合作组织成员国政府间关于开展多边经济合作的基本目标和方向及贸易投资便利化进程的备忘录》和新闻公报。

9月14日 国务院总理朱镕基在阿拉木图出席上海合作组织成员国政府首脑理事会首次会晤期间会见塔吉克斯坦总理阿基洛夫、吉尔吉斯斯坦总理巴基耶夫,就双方合作问题交换意见。

9月13～15日 国务院总理朱镕基对哈萨克斯坦进行正式访问,并出席在阿拉木图举行的上海合作组织成员国政府首脑理事会首次会晤。哈总统纳扎尔巴耶夫、上院议长阿勃迪卡里莫夫和下院议长图亚克拜分别与朱镕基总理举行会见或会谈。双方签署中哈联合公报、中国向哈萨克斯坦提供无偿援助的换文,以及保护跨界河流等文件。

2002年

1月16～19日 国务委员司马义·艾买提率中国政府代表团访问吉尔吉斯斯坦,分别会见吉总统阿卡耶夫、上院议长博鲁巴耶夫、下院议长艾尔克巴耶夫,并出席中吉建交10周年庆祝活动。

1月23～24日 国务委员司马义·艾买提率中国政府代表团访问土库曼斯坦,并参加中土两国建交10周年庆祝活动,土议长阿拉佐夫同他进行会谈。双方签署了中国向土提供无偿援助协定。两国还签署了《对土古姆达格油田进行增资改造的技术服务合同》等文件。

3月2～8日 土库曼斯坦民主党政治委员会第一书记穆萨耶夫率团访华。

3月18日 哈萨克斯坦总统纳扎尔巴耶夫接见来哈访问的中国人民解放军副总参谋长熊光楷上将。熊光楷与哈军队领导人就中哈两军合作、反恐等问题交换了意见。中国向哈萨克斯坦提供300万美元的军事装备。

4月14～20日 土库曼斯坦议长哈雷耶夫率议会代表团参加在中国举行的亚洲议会和平协会第三届年会。李鹏委员长会见了代表团。

4月16～19日 塔吉克斯坦议会上院议长乌拜杜洛耶夫来华出席亚洲议会和平协会第三届年会。李鹏委员长会见了代表团。

5月16～19日 塔吉克斯坦总统拉赫蒙对华进行工作访问。中国党政最高领导人分别与其会谈或会见。双方签署了《中塔国界补充协定》、《中塔联合声明》、《中塔关于能源领域合作协定》等文件。

6月4～7日 国家主席江泽民出席阿拉木图"亚洲相互协作与信任措施会议"峰会和上海合作组织成员国圣彼得堡峰会,并签署了《上海合作组织宪章》。访哈期间,江泽民与哈总统纳扎尔巴耶夫就中哈关系与重大国际问题交换了意见。

6月7日 上海合作组织成员国元首理事会第二次会议在俄罗斯圣彼得堡举行,中国国家主席江泽民出席并发表重要讲话。会议签署了《上海合作组织宪章》、《关于地区反恐怖机构的协定》以及元首宣言等文件。

6月23～25日 吉尔吉斯斯坦总统阿卡耶夫对华进行工作访问,中国党政最高领导人与其会谈或会见。双方签署了《中吉睦邻友好合作条约》、《中吉公民往来协定》、《中吉能源领域合作协定》等5个文件。

10月10～11日 吉尔吉斯斯坦与中国在两国边境地区举行联合反恐军事演习,这是在上海合作组织框架内中吉两国首次举行的双边联合军事演习。

12月22～25日 哈萨克斯坦总统纳扎尔巴耶夫访华,中国党政最高领导人与其会谈或会见。双方签署了《中哈睦邻友好合作条约》、《中哈打击恐怖主义、分裂主义、极端主义的合作协定》、《关于预防危险军事活动》等文件。

2003 年

5月9～11日 哈萨克斯坦国务秘书兼外长托卡耶夫正式访华。双方签署《中哈勘界议定书》。

5月28日 国家主席胡锦涛出席上海合作组织成员国元首理事会第三次会议期间与吉总统阿卡耶夫举行双边会见。

中亚黄皮书

5月29日 上海合作组织成员国元首理事会第三次会议在莫斯科举行,中国国家主席胡锦涛出席并发表重要讲话。会议发表了《上海合作组织成员国元首宣言》等文件。

6月2~4日 国家主席胡锦涛对哈萨克斯坦进行国事访问,与纳扎尔巴耶夫总统、塔斯马加姆别托夫总理、阿勃迪卡里莫夫上院议长、图亚克拜下院议长、托卡耶夫国务秘书兼外长会谈或会见。双方签署了《中哈联合声明》、《中哈2003年至2008年合作纲要》等文件。

6月24~26日 哈萨克斯坦副总理马西莫夫对华进行工作访问。

8月6~12日 上海合作组织五国在中国与哈萨克斯坦举行代号为"联合—2003"联合军事演习。

9月23日 上海合作组织成员国政府首脑理事会第二次会议在北京举行,中国国务院总理温家宝出席并发表重要讲话。会议批准了《多边合作纲要》等文件。胡锦涛会见了各国总理。

9月23日 吉尔吉斯斯坦总理塔纳耶夫在参加上海合作组织成员国政府首脑理事会第二次会议期间与温家宝总理举行双边会谈。

11月19~25日 吉尔吉斯斯坦国防部长托波耶夫上将访华。

2004年

4月26~28日 哈萨克斯坦国防部长阿尔腾巴耶夫大将应邀访华。黄菊副总理和中央军委委员、总参谋长梁光烈上将分别与其会见,中央军委副主席、国务委员兼国防部长曹刚川上将与其会谈。

5月16~19日 哈萨克斯坦总统纳扎尔巴耶夫对华进行国事访问,中国党政最高领导人分别与其会谈或会见。双方签署《中哈联合声明》、《中哈关于成立中哈合作委员会的协议》等文件。中哈合作委员会于5月17日正式成立。中方主席为国务院副总理吴仪,哈方主席为哈副总理叶西莫夫。

6月14~16日 国家主席胡锦涛对乌兹别克斯坦进行国事访问,分别与乌总统卡里莫夫、议长哈利洛夫会谈或会见,就中乌关系、地区和国际形势等重大问题交换意见。两国元首签署了《中乌关于进一步发展和加深两国友好合作伙伴关系的联合声明》,两国有关部门签署了《中乌政府关于禁止非法贩运和滥用

麻醉药品和精神药物的合作协议》等9个文件。

6月16日 国家主席胡锦涛与吉尔吉斯斯坦总统阿卡耶夫在上海合作组织成员国元首理事会第四次会议期间举行双边会见。

6月17日 上海合作组织成员国元首理事会第四次会议在塔什干举行,中国国家主席胡锦涛出席并发表重要讲话,会议发表《塔什干宣言》等文件。

6月17日 国家主席胡锦涛与哈萨克斯坦总统纳扎尔巴耶夫在上海合作组织成员国元首理事会第四次会议期间举行会晤。

7月2日 中哈合作委员会第一次会议在北京举行。

9月1~9日 土库曼斯坦民主党政治委员会第一书记穆萨耶夫出席在北京举行的第三届亚洲政党国际会议并顺访兰州。

9月21~22日 国务院总理温家宝对吉尔吉斯斯坦进行正式访问,会见了吉总统阿卡耶夫,同吉总理塔纳耶夫会谈。双方签署了《中吉政府联合公报》、《中吉2004~2014年合作纲要》、《中吉勘界议定书》等文件。

9月22日 国务院总理温家宝在比什凯克出席上海合作组织成员国政府首脑理事会第三次会议期间与哈萨克斯坦总理阿赫梅托夫举行双边会晤,就推动中哈经贸、能源、交通等领域合作坦诚交换意见。

9月22日 国务院总理温家宝在比什凯克出席上海合作组织成员国政府首脑理事会第三次会议期间会见乌兹别克斯坦副总理苏尔丹诺夫。双方就两国政治关系、经贸合作、打击"三股势力"等问题交换意见。

9月23日 上海合作组织成员国政府首脑理事会第三次会议在比什凯克举行。中国国务院总理温家宝出席并发表重要讲话。会议通过《"成员国多边合作纲要"落实措施计划》等文件。

9月24~25日 哈萨克斯坦总统纳扎尔巴耶夫对新疆维吾尔自治区进行工作访问,与中共中央政治局委员、新疆维吾尔自治区党委书记王乐泉举行会见,并参观考察了中哈霍尔果斯口岸和伊宁市。

10月21~23日 中国外长李肇星出席在哈萨克斯坦首都阿斯塔纳举行的"亚洲相互协作与信任措施会议"第二次外长会议,并分别会见哈总统纳扎尔巴耶夫和外长托卡耶夫。

11月28日~12月3日 吉尔吉斯斯坦总理塔纳耶夫访问上海、广州。

12月9~10日 中国国务委员唐家璇访问吉尔吉斯斯坦,分别会见阿卡耶

夫总统、塔纳耶夫总理和艾特马托夫外长。

12月22~26日 哈萨克斯坦议会上院议长阿贝卡耶夫应邀访华。国家主席胡锦涛、全国人大常务委员会委员长吴邦国、全国政协主席贾庆林分别会见阿贝卡耶夫一行。

2005 年

4月23日 哈萨克斯坦副总理叶西莫夫出席博鳌亚洲论坛年会。

5月9日 国家主席胡锦涛在莫斯科出席俄罗斯纪念卫国战争胜利60周年庆典期间会见土库曼斯坦总统尼亚佐夫。

5月18~20日 中国国务委员兼公安部长周永康访问哈萨克斯坦,分别与纳扎尔巴耶夫总统、安全会议秘书乌捷姆拉托夫、内务部长图里斯别科夫、国家安全委员会主席杜特巴耶夫会见或会谈。

5月25~27日 乌兹别克斯坦总统卡里莫夫对华进行国事访问。胡锦涛主席与卡里莫夫总统举行会谈,温家宝总理、唐家璇国务委员分别会见卡里莫夫。双方签署了《中乌友好合作伙伴关系条约》,以及其他14个合作文件。

6月4~8日 中共中央书记处书记、中纪委副书记何勇率中国共产党代表团访问土库曼斯坦。尼亚佐夫总统和阿塔耶夫议长分别会见了何勇一行。

7月3~4日 国家主席胡锦涛对哈萨克斯坦进行国事访问,与纳扎尔巴耶夫总统举行会谈,并分别会见阿赫梅托夫总理、阿贝卡耶夫上院议长、穆罕默德扎诺夫下院议长。两国元首签署了《中哈关于建立和发展战略伙伴关系的联合声明》,以及《中哈关于霍尔果斯国际边境合作中心活动管理的协议》等8个合作文件。

7月5日 上海合作组织成员国元首理事会第五次会议在阿斯塔纳举行。中国国家主席胡锦涛出席并发表重要讲话。会议发表了元首宣言,签署了《成员国合作打击恐怖主义、分裂主义和极端主义构想》等文件。

7月5日 国家主席胡锦涛出席上海合作组织成员国元首理事会第五次会议期间,分别同乌兹别克斯坦总统卡里莫夫、吉尔吉斯斯坦代总统巴基耶夫举行双边会见。

7月13~17日 国务院副总理吴仪应邀对哈进行正式访问,分别与纳扎尔巴耶夫总统、阿赫梅托夫总理举行会见，与叶西莫夫副总理共同主持中哈合作委员会第二次会议。

7月19~27日 哈萨克斯坦祖国党代主席茹马古洛夫访华。中共中央政治局常委李长春、中联部部长王家瑞、外交部副部长张业遂分别会见。

8月20~26日 哈萨克斯坦国防部副部长塔斯布拉托夫率团来华观摩中俄联合军事演习。

9月15~18日 中央军委副主席、国务委员兼国防部长曹刚川上将应邀访问哈萨克斯坦，分别与哈总理阿赫梅托夫、哈国防部长阿尔滕巴耶夫会见或会谈。

10月26日 上海合作组织成员国政府首脑理事会第四次会议在莫斯科举行。中国国务院总理温家宝出席并发表重要讲话。会议发表了联合公报，批准了《多边经贸合作纲要》落实措施计划、实施机制等文件。

10月26日 国务院总理温家宝出席上海合作组织成员国政府首脑第四次会议期间同哈萨克斯坦总理阿赫梅托夫举行双边会见。

10月27日 国务院总理温家宝出席上海合作组织成员国政府首脑第四次会议期间同吉尔吉斯斯坦总理库洛夫举行双边会晤。

2006年

1月9~12日 中国国家副主席曾庆红应邀赴哈萨克斯坦参加纳扎尔巴耶夫总统就职仪式并访哈。

4月2~7日 土库曼斯坦总统尼亚佐夫对华进行国事访问。胡锦涛主席、吴邦国委员长分别与其会谈或会见。两国签署了《中土联合声明》。

4月11~13日 哈萨克斯坦外长托卡耶夫应邀访华，温家宝总理、唐家璇国务委员、李肇星外长、戴秉国副外长分别与托卡耶夫会见或会谈。

5月29日 中国全国人大常委会委员长吴邦国在莫斯科出席上海合作组织成员国议长会议期间，同哈萨克斯坦上院议长阿贝卡耶夫举行双边会见。

5月29日 中国全国人大常委会委员长吴邦国在莫斯科出席上海合作组织成员国议长会议期间，同乌兹别克斯坦最高会议立法院主席哈利洛夫举行双边会见。

5月30日 上海合作组织成员国首次议长会议在莫斯科举行。中国全国人大常委会委员长吴邦国出席并发表重要讲话。会议发表了联合声明。

5月30日 中国全国人大常委会委员长吴邦国在莫斯科出席上海合作组织成员国议长会议期间,分别会见了吉尔吉斯斯坦议长苏丹诺夫和塔吉克斯坦上院议长乌拜杜拉耶夫。

6月9~10日 吉尔吉斯斯坦总统巴基耶夫对华进行国事访问。中国党政最高领导人与其会见或会谈。两国签署了《中吉联合声明》等文件。

6月14日 国家主席胡锦涛会见前来出席上海合作组织成员国元首理事会会议的塔、乌、哈三国总统。

6月15日 上海合作组织成员国元首理事会第六次会议暨组织成立五周年大会在上海举行。中国国家主席胡锦涛出席会议并发表重要讲话。会议签署了《元首会议公报》、《上海合作组织五周年宣言》等文件。

6月17日 中国国家主席胡锦涛出席在阿拉木图举行的"亚信会议"第二届峰会。

8月24~26日 中哈执法安全部门举行上海合作组织框架内"天山-1号"联合反恐演习。

9月15日 上海合作组织政府首脑理事会第五次会议在杜尚别举行,中国国务院总理温家宝出席并发表重要讲话。

9月15日 中国国务院总理温家宝在杜尚别出席上海合作组织成员国政府首脑理事会第五次会议期间,同哈萨克斯坦总理阿赫梅托夫举行了双边会见。

9月14~16日 国务院总理温家宝对塔吉克斯坦进行正式访问,会见了塔总统拉赫蒙,同阿基洛夫总理举行会谈。双方签署了《中塔政府联合公报》。

9月22~23日 中塔两国在塔吉克斯坦哈特隆州举行代号为"协作—2006"的首次联合反恐军事演习。

10月15~18日 中国全国人大常委会副委员长许嘉璐率团访问土库曼斯坦,土总统尼亚佐夫、议长阿塔耶夫分别与其会见。

11月12~15日 中共中央政治局委员、新疆维吾尔自治区党委书记王乐泉率团访问哈萨克斯坦。哈总统纳扎尔巴耶夫、副总理马西莫夫、外长托卡耶夫、阿斯塔纳市长马明、阿拉木图市长塔斯马加姆别托夫分别与其会见。

11月16~19日 中共中央政治局委员、北京市委书记刘淇率团访问哈萨克斯坦。哈总统纳扎尔巴耶夫、阿斯塔纳市长马明分别与其会见。双方签署了《北京市与阿斯塔纳市建立友好城市关系协议书》。

11月17日 中国国务院总理温家宝会见来华出席中哈合作委员会第三次会议的哈副总理马西莫夫。同日，中哈合作委员会第三次会议在北京举行。

12月19～22日 哈萨克斯坦总统纳扎尔巴耶夫对华进行国事访问，中国党政最高领导人分别与其会谈或会见。双方签署《中哈21世纪合作战略》、《中哈经济合作发展构想》等11项合作文件。

2007年

2月13～14日 全国人大常委会副委员长司马义·艾买提作为胡锦涛主席特使出席土总统别尔德穆哈梅多夫的就职典礼。

3月17～18日 哈萨克斯坦总理马西莫夫率团赴新疆考察中哈阿拉山口和霍尔果斯口岸。

6月6日 国务院副总理曾培炎会见到访的哈萨克斯坦副总理兼经济预算计划部长穆辛。

7月16～18日 土库曼斯坦总统别尔德穆哈梅多夫对华进行国事访问，中国党政最高领导人分别与其会谈或会见。双方签署联合声明、中土教育合作协议、中土政府间经济技术合作协定等文件。

7月29～31日 土库曼斯坦副总理塔格耶夫访华。

8月9～17日 上海合作组织六个成员国举行代号为"和平使命—2007"军事演习。

8月14～15日 国家主席胡锦涛对吉尔吉斯斯坦进行国事访问。两国签署了《关于进一步深化睦邻友好合作关系的联合声明》。

8月15日 国家主席胡锦涛与乌兹别克斯坦总统卡里莫夫在上海合作组织成员国元首理事会会议期间举行双边会见。

8月16日 上海合作组织成员国元首理事会第七次会议在比什凯克举行。中国国家主席胡锦涛与会并发表题为《加强睦邻互信 推动和平发展》的重要讲话。六国元首签署了《上海合作组织成员国长期睦邻友好合作条约》、《比什凯克宣言》和联合公报。

8月17~18日 国家主席胡锦涛对哈萨克斯坦进行国事访问，与哈总统纳扎尔巴耶夫举行会谈，并分别会见哈上院议长托卡耶夫、总理马西莫夫。两国签署《中哈联合公报》以及经贸、能源等合作文件。

11月2日 上海合作组织成员国政府首脑理事会第六次会议在塔什干举行，中国国务院总理温家宝出席并发表重要讲话。会上签署了一系列合作文件。

11月2~3日 国务院总理温家宝赴乌兹别克斯坦参加上海合作组织成员国政府首脑理事会第六次会议并对乌进行正式访问。访乌期间，温家宝总理分别会见乌总统卡里莫夫、总理米尔济约耶夫、最高会议参议院主席萨比罗夫、立法院主席哈利洛夫。温家宝总理同乌总理米尔济约耶夫举行会谈。签署了《中乌政府联合公报》。

11月7~9日 国务院副总理吴仪赴哈萨克斯坦主持召开中哈合作委员会第四次会议。

11月21~24日 乌兹别克斯坦最高会议立法院副主席沙特莫诺夫率团访华。

2008年

1月23~28日 哈萨克斯坦议会上院议长托卡耶夫应邀访华。国家主席胡锦涛、全国人大常委会委员长吴邦国、副委员长何鲁丽分别与其会见。托卡耶夫议长还访问了广东省和新疆维吾尔自治区。

4月9~12日 哈萨克斯坦总理马西莫夫正式访华并出席博鳌亚洲论坛2008年年会。中国党政最高领导人分别与其会见或会谈。双方签署《中哈政府联合公报》、《中哈非资源经济领域合作规划落实措施计划》等合作文件。

6月17~19日 塔吉克斯坦总统拉赫蒙对中国新疆进行为期三天的友好访问。

8月7~10日 哈萨克斯坦总统纳扎尔巴耶夫来华出席北京奥运会开幕式，胡锦涛主席与其会见。

8月8~9日 乌兹别克斯坦总统卡里莫夫来华出席北京奥运会开幕式。胡锦涛主席与其会见。

8月26~27日 国家主席胡锦涛对塔吉克斯坦进行国事访问，27日在杜尚别同塔总统拉赫蒙举行会谈，签署了《中塔关于发展睦邻友好合作关系的声明》。

8月28日 上海合作组织成员国元首理事会第八次会议在杜尚别举行。中国国家主席胡锦涛出席并发表了重要讲话。会议发表了《杜尚别宣言》等文件。

8月28～29日 国家主席胡锦涛对土库曼斯坦进行国事访问。两国签署了《中土联合声明》。

10月30日 上海合作组织成员国政府首脑理事会第七次会议在阿斯塔纳举行,中国国务院总理温家宝出席并发表重要讲话。会议修订《〈上海合作组织成员国多边经贸合作纲要〉落实措施计划》,签署了《海关能源监督信息交换议定书》等文件。

10月29～31日 国务院总理温家宝对哈萨克斯坦进行正式访问,同哈总统纳扎尔巴耶夫、总理马西莫夫分别举行会见或会谈,发表了《中哈政府联合公报》并签署了其他文件。

2009年

4月15～19日 哈萨克斯坦总统纳扎尔巴耶夫来华进行国事访问并出席博鳌亚洲论坛2009年年会。中国党政最高领导人分别与其举行会谈或会见,两国签署中哈联合声明以及经贸、能源等领域合作文件等。

6月15～16日 上海合作组织成员国元首理事会第九次会议在俄罗斯叶卡捷琳堡举行,中国国家主席胡锦涛出席并发表重要讲话。会议发表《叶卡捷琳堡宣言》和联合公报等文件。

6月15日 国家主席胡锦涛出席上海合作组织成员国元首理事会会议期间同乌兹别克斯坦总统卡里莫夫举行双边会见。

6月27～29日 国务院副总理李克强正式访问乌兹别克斯坦。乌总统卡里莫夫、第一副总理兼财政部长阿济莫夫分别同李克强副总理举行会见或会谈。双方签署两国在能源、经贸等领域合作文件。

9月3日 中国政府向吉尔吉斯斯坦无偿援助价值5000万元人民币的183辆公交车交接仪式在吉首都比什凯克市举行。

10月14日 上海合作组织成员国政府首脑理事会第八次会议在北京举行。中国国务院总理温家宝出席并发言。国家主席胡锦涛会见了出席会议的各成员国总理。

10月13~15日 吉尔吉斯斯坦总理丘季诺夫对华进行正式访问,并出席上海合作组织成员国政府首脑理事会第八次会议。双方签署《中吉政府联合公报》。

10月15日 国家主席胡锦涛、全国人大常委会委员长吴邦国会见吉尔吉斯斯坦总理丘季诺夫。

12月12~14日 国家主席胡锦涛对哈萨克斯坦和土库曼斯坦进行工作访问。访土期间,胡锦涛主席还同土库曼斯坦、哈萨克斯坦、乌兹别克斯坦三国总统共同出席中国—中亚天然气管道通气仪式。

2010年

6月18日 中共中央政治局常委、中央纪委书记贺国强在阿什哈巴德会见了土库曼斯坦总统别尔德穆哈梅多夫。两国政府签署了经济技术合作协定。

6月9~11日 国家主席胡锦涛对乌兹别克斯坦进行国事访问,与乌总统卡里莫夫举行会谈,会见了乌最高会议参议院主席萨比罗夫。中乌两国签署了《关于全面深化和发展两国友好合作伙伴关系的联合声明》等文件。

6月10日 国家主席胡锦涛在塔什干会见了前来参加上海合作组织成员国元首理事会会议的塔吉克斯坦总统拉赫蒙。

6月11日 国家主席胡锦涛出席在塔什干举行的上海合作组织第十次成员国元首理事会会议并发表了重要讲话。会议发表了元首宣言,并通过了一系列重要决议。

6月11~12日 国家主席胡锦涛对哈萨克斯坦进行国事访问,与哈总统纳扎尔巴耶夫进行会谈,与哈议会领导人进行会见。双方发表了联合公报。

9月24日 上海合作组织"和平使命—2010"联合反恐军事演习在哈萨克斯坦马特布卡克诸兵种合成训练场举行。

11月25日 上海合作组织成员国政府首脑理事会第九次会议在杜尚别举行。中国国务院总理温家宝出席并发表重要讲话。

11月24~25日 中国国务院总理温家宝对塔吉克斯坦进行正式访问并出席在杜尚别举行的上海合作组织成员国政府首脑理事会第九次会议。温家宝总理会见了塔吉克斯坦总统拉赫蒙,同阿基洛夫总理举行了正式会谈。双方签署了《中塔政府联合公报》。

中国与中亚国家高层交往与友好合作大事记

2011 年

2 月 21~23 日 哈萨克斯坦总统纳扎尔巴耶夫访华。中国党政最高领导人与其会谈或会见。双方签署了一系列合作文件。

3 月 1 日 土库曼斯坦总统特使、副总理霍贾穆哈梅多夫访华,胡锦涛主席会见了他,王岐山副总理与其会谈,双方签署了《中土政府关于中国国家开发银行向土库曼斯坦天然气康采恩提供贷款的框架协议》。

4 月 19~20 日 乌兹别克斯坦总统卡里莫夫应邀对华进行访问,中国党政最高领导人与其会谈或会见。两国发表了联合声明。

6 月 12 日 国家主席胡锦涛抵达阿斯塔纳,对哈萨克斯坦进行国事访问,与纳扎尔巴耶夫总统举行会谈,同马西莫夫总理举行会见。双方签署《中哈关于发展全面战略伙伴关系的联合声明》等文件。

6 月 14 日 国家主席胡锦涛会见参加上海合作组织成员元首理事会第十一次会议的塔吉克斯坦总统拉赫蒙和吉尔吉斯斯坦总统奥通巴耶娃,与他们就双边和地区问题交换看法。

6 月 15 日 国家主席胡锦涛出席上海合作组织成员国元首理事会第十一次会议暨组织成立 10 周年纪念峰会并发表重要讲话。

7 月 22 日 全国人大常委会委员长吴邦国会见乌兹别克斯坦最高会议参议院主席萨比罗夫。

8 月 21~23 日 中共中央政治局常委周永康访问塔吉克斯坦,会见了塔总统拉赫蒙、总理阿基洛夫、上院议长乌拜杜洛耶夫、下院议长祖胡罗夫。

9 月 1 日 国务院副总理李克强在新疆乌鲁木齐会见前来出席首届中国亚欧博览会的吉尔吉斯斯坦总统奥通巴耶娃。

9 月 14~16 日 吉尔吉斯斯坦总理阿坦巴耶夫出席在中国大连举行的达沃斯夏季论坛,温家宝总理会见了他。

9 月 20~23 日 全国人大常委会委员长吴邦国访问乌兹别克斯坦,与乌总统卡里莫夫、乌最高会议参议院主席萨比罗夫、乌最高会议立法院主席塔什穆哈梅多娃会谈,并在乌立法院发表题为《弘扬睦邻友好 实现共同发展》的演讲。

9 月 23~27 日 全国人大常委会委员长吴邦国访问哈萨克斯坦,与哈总统纳扎尔巴耶夫、哈上院议长马里和马日利斯议长姆哈默德扎诺夫会见或会谈。

9月26日 国务委员兼公安部长孟建柱在土库曼斯坦首都阿什哈巴德会见土总统别尔德穆哈梅多夫。

10月25~26日 乌兹别克斯坦第一副总理阿济莫夫来华出席中乌政府间合作委员会第一次会议。国家副主席习近平26日会见了他。

11月7日 上海合作组织成员国政府首脑理事会例行会议在圣彼得堡举行，中国国务院总理温家宝出席会议。会议通过了《上海合作组织成员国政府首脑（总理）关于世界和上海合作组织地区经济形势的联合声明》，还签署了一系列文件。

11月22~25日 土库曼斯坦总统别尔德穆哈梅多夫对华进行国事访问，中国党政最高领导人分别与其会谈或会见。双方签署了一系列双边合作文件。

12月2日 中哈霍尔果斯国际边境合作中心启动仪式暨中哈铁路对接仪式在霍尔果斯口岸举行。国务院副总理张德江与哈萨克斯坦副总理伊谢克舍夫共同出席了庆祝仪式。

中国皮书网

发布皮书研创资讯，传播皮书精彩内容
引领皮书出版潮流，打造皮书服务平台

栏目设置：

- □ 资讯：皮书动态、皮书观点、皮书数据、皮书报道、皮书新书发布会、电子期刊
- □ 标准：皮书评价、皮书研究、皮书规范、皮书专家、编撰团队
- □ 服务：最新皮书、皮书书目、重点推荐、在线购书
- □ 链接：皮书数据库、皮书博客、皮书微博、出版社首页、在线书城
- □ 搜索：资讯、图书、研究动态
- □ 互动：皮书论坛

www.pishu.cn

中国皮书网依托皮书系列"权威、前沿、原创"的优质内容资源，通过文字、图片、音频、视频等多种元素，在皮书研创者、使用者之间搭建了一个成果展示、资源共享的互动平台。

自2005年12月正式上线以来，中国皮书网的IP访问量、PV浏览量与日俱增，受到海内外研究者、公务人员、商务人士以及专业读者的广泛关注。

2008年10月，中国皮书网获得"最具商业价值网站"称号。

权威报告　热点资讯　海量资料

当代中国与世界发展的高端智库平台

皮书数据库 www.pishu.com.cn

　　皮书数据库是专业的社会科学综合学术资源总库，以大型连续性图书皮书系列为基础，整合国内外其他相关资讯构建而成。包含七大子库，涵盖两百多个主题，囊括了十几年间中国与世界经济社会发展报告，覆盖经济、社会、政治、文化、教育、国际问题等多个领域。

　　皮书数据库以篇章为基本单位，方便用户对皮书内容的阅读需求。用户可进行全文检索，也可对文献题目、内容提要、作者名称、作者单位、关键字等基本信息进行检索，还可对检索到的篇章再作二次筛选，进行在线阅读或下载阅读。智能多维度导航，可使用户根据自己熟知的分类标准进行分类导航筛选，使查找和检索更高效、便捷。

　　权威的研究报告，独特的调研数据，前沿的热点资讯，皮书数据库已发展成为国内最具影响力的关于中国与世界现实问题研究的成果库和资讯库。

皮书俱乐部会员服务指南

1. 谁能成为皮书俱乐部会员？

● 皮书作者自动成为皮书俱乐部会员；

● 购买皮书产品（纸质图书、电子书、皮书数据库充值卡）的个人用户。

2. 会员可享受的增值服务：

● 免费获赠该纸质图书的电子书；

● 免费获赠皮书数据库100元充值卡；

● 免费定期获赠皮书电子期刊；

● 优先参与各类皮书学术活动；

● 优先享受皮书产品的最新优惠。

3. 如何享受皮书俱乐部会员服务？

（1）如何免费获得整本电子书？

　　购买纸质图书后，将购书信息特别是书后附赠的卡号和密码通过邮件形式发送到pishu@188.com，我们将验证您的信息，通过验证并成功注册后即可获得该本皮书的电子书。

（2）如何获赠皮书数据库100元充值卡？

　　第1步：刮开附赠卡的密码涂层（左下）；

　　第2步：登录皮书数据库网站（www.pishu.com.cn），注册成为皮书数据库用户，注册时请提供您的真实信息，以便您获得皮书俱乐部会员服务；

　　第3步：注册成功后登录，点击进入"会员中心"；

　　第4步：点击"在线充值"，输入正确的卡号和密码即可使用。

卡号：4957336451006091

密码：

（本卡为图书内容的一部分，不购书刮卡，视为盗书）

皮书俱乐部会员可享受社会科学文献出版社其他相关免费增值服务
您有任何疑问，均可拨打服务电话：010-59367227　QQ:1924151860
欢迎登录社会科学文献出版社官网（www.ssap.com.cn）和中国皮书网（www.pishu.cn）了解更多信息

社会科学文献出版社　　皮书系列

"皮书"起源于十七八世纪的英国，主要指官方或社会组织正式发表的重要文件或报告，并多以白皮书命名。在中国，"皮书"这一概念被社会广泛接受，并被成功运作、发展成为一种全新的出版形态，则源于中国社会科学院社会科学文献出版社。

皮书是对中国与世界发展状况和热点问题进行年度监测，以专家和学术的视角，针对某一领域或区域现状与发展态势展开分析和预测，具备权威性、前沿性、原创性、实证性、时效性等特点的连续性公开出版物，由一系列权威研究报告组成。皮书系列是社会科学文献出版社编辑出版的蓝皮书、绿皮书、黄皮书等的统称。

皮书系列的作者以中国社会科学院、著名高校、地方社会科学院的研究人员为主，多为国内一流研究机构的权威专家学者，他们的看法和观点代表了学界对中国与世界的现实和未来最高水平的解读与分析。

自20世纪90年代末推出以经济蓝皮书为开端的皮书系列以来，至今已出版皮书近800部，内容涵盖经济、社会、政法、文化传媒、行业、地方发展、国际形势等领域。皮书系列已成为社会科学文献出版社的著名图书品牌和中国社会科学院的知名学术品牌。

皮书系列在数字出版和国际出版方面也是成就斐然。皮书数据库被评为"2008～2009年度数字出版知名品牌"；经济蓝皮书、社会蓝皮书等十几种皮书每年还由国外知名学术出版机构出版英文版、俄文版、韩文版和日文版，面向全球发行。

法律声明

"皮书系列"(含蓝皮书、绿皮书、黄皮书)由社会科学文献出版社最早使用并对外推广,现已成为中国图书市场上流行的品牌,是社会科学文献出版社的品牌图书。社会科学文献出版社拥有该系列图书的专有出版权和网络传播权,其LOGO(▇)与"经济蓝皮书"、"社会蓝皮书"等皮书名称已在中华人民共和国工商行政管理总局商标局登记注册,社会科学文献出版社合法拥有其商标专用权。

未经社会科学文献出版社的授权和许可,任何复制、模仿或以其他方式侵害"皮书系列"和(▇)、"经济蓝皮书"、"社会蓝皮书"等皮书名称商标专用权的行为均属于侵权行为,社会科学文献出版社将采取法律手段追究其法律责任,维护合法权益。

欢迎社会各界人士对侵犯社会科学文献出版社上述权利的违法行为进行举报。电话:010-59367121,电子邮箱:fawubu@ssap.cn。

社会科学文献出版社

盘点年度资讯　预测时代前程

社会科学文献出版社
皮书系列
（2012年版）

权威·前沿·原创

社会科学文献出版社
SOCIAL SCIENCES ACADEMIC PRESS (CHINA)

社长致辞

我们是图书出版者，更是人文社会科学内容资源供应商；

我们背靠中国社会科学院，面向中国与世界人文社会科学界，坚持为人文社会科学的繁荣与发展服务；

我们精心打造权威信息资源整合平台，坚持为中国经济与社会的繁荣与发展提供决策咨询服务；

我们以读者定位自身，立志让爱书人读到好书，让求知者获得知识；

我们精心编辑、设计每一本好书以形成品牌张力，以优秀的品牌形象服务读者，开拓市场；

我们始终坚持"创社科经典，出传世文献"的经营理念，坚持"权威、前沿、原创"的产品特色；

我们"以人为本"，提倡阳光下创业，员工与企业共享发展之成果；

我们立足于现实，认真对待我们的优势、劣势，我们更着眼于未来，以不断的学习与创新适应不断变化的世界，以不断的努力提升自己的实力；

我们愿与社会各界友好合作，共享人文社会科学发展之成果，共同推动中国学术出版乃至内容产业的繁荣与发展。

社会科学文献出版社社长
中国社会学会秘书长

2012 年 1 月

社会科学文献出版社　皮书系列

"皮书"起源于十七八世纪的英国，主要指官方或社会组织正式发表的重要文件或报告，并多以白皮书命名。在中国，"皮书"这一概念被社会广泛接受，并被成功运作、发展成为一种全新的出版形态，则源于中国社会科学院社会科学文献出版社。

皮书是对中国与世界发展状况和热点问题进行年度监测，以专家和学术的视角，针对某一领域或区域现状与发展态势展开分析和预测，具备权威性、前沿性、原创性、实证性、时效性等特点的连续性公开出版物，由一系列权威研究报告组成。皮书系列是社会科学文献出版社编辑出版的蓝皮书、绿皮书、黄皮书等的统称。

皮书系列的作者以中国社会科学院、著名高校、地方社会科学院的研究人员为主，多为国内一流研究机构的权威专家学者，他们的看法和观点代表了学界对中国与世界的现实和未来最高水平的解读与分析。

自20世纪90年代末推出以经济蓝皮书为开端的皮书系列以来，至今已出版皮书近800部，内容涵盖经济、社会、政法、文化传媒、行业、地方发展、国际形势等领域。皮书系列已成为社会科学文献出版社的著名图书品牌和中国社会科学院的知名学术品牌。

皮书系列在数字出版和国际出版方面成就斐然。皮书数据库被评为"2008~2009年度数字出版知名品牌"；经济蓝皮书、社会蓝皮书等十几种皮书每年还由国外知名学术出版机构出版英文版、俄文版、韩文版和日文版，面向全球发行。

2011年，皮书系列正式列入"十二五"国家重点出版规划项目，部分重点皮书列入中国社会科学院承担的国家哲学社会科学创新工程项目，一年一度的皮书年会也升格由中国社会科学院主办。

1. 经济蓝皮书

2012年中国经济形势分析与预测（赠阅读卡）

陈佳贵　李　扬/主编　　2011年12月出版　　定价：59.00元

◆　本书课题为"总理基金项目"，由著名经济学家陈佳贵、李扬、刘国光、王洛林、李京文领衔，联合数十家科研机构、国家部委和高等院校的专家共同撰写，分析中国每年的经济运行和发展态势，其内容涉及宏观决策、财政金融、证券投资、工业调整、就业分配、对外贸易等一系列热点问题，系统分析了中国2011年的经济形势并预测2012年我国经济运行情况。

2. 金融蓝皮书

中国金融发展报告(2012)（赠阅读卡）

李　扬　王国刚/主编　　2012年6月出版　　估价：89.00元

◆　本书由中国社会科学院金融研究所主编，对2011年中国金融业总体发展状况进行回顾和分析，聚焦国际及国内金融形势的新变化，解析中国货币政策、银行业、保险业和证券期货业的发展状况，预测中国金融发展的最新动态，包括投资基金、保险业发展和金融监管等。

3. 国家竞争力蓝皮书

中国国家竞争力报告No.2（赠阅读卡）

倪鹏飞/主编　　2012年10月出版　　估价：98.00元

◆　本书运用有关竞争力的最新经济学理论，选取全球100个主要国家，在理论研究和计量分析的基础上，对全球1990~2010年的国家竞争力进行了比较分析，并以这100个国家为参照系，指明了中国的位置和竞争环境，为研究中国的国家竞争力地位，制定全球竞争战略提供参考。

4. 世界经济黄皮书

2012年世界经济形势分析与预测（赠阅读卡）

王洛林　张宇燕/主编　　2012年1月出版　　定价：59.00元

◆　2011年全球经济复苏步伐明显放缓，发达国家复苏动力不足，主权债务危机的升级以及长期的低利率也大大压缩了财政与货币政策调控的空间。本书围绕因此而来的国际金融市场震荡频发、国际贸易与投资增长乏力等经济问题对世界经济进行了分析展望。

5. 区域蓝皮书

中国区域经济发展报告（2011~2012）（赠阅读卡）

戚本超 景体华/主编　　2012年5月出版　　估价：59.00元

◆ 本书云集了北京社会科学院、河北社会科学院、上海社会科学院等机构的专家学者，从国家经济发展战略的宏观视角分别对长三角、珠三角和京津冀等各大经济圈经济、社会发展的分工协作、产业结构、空间分布、劳动力布局进行分析，并对存在的问题给出解决方案，突出了区域协调发展的理念。

6. 城市蓝皮书

中国城市发展报告No.5（赠阅读卡）

潘家华 魏后凯/主编　　2012年7月出版　　估价：59.00元

◆ 本书由中国社会科学院城市发展与环境研究所主编，以聚焦新时期中国城市发展中的民生问题为主题，紧密联系现阶段中国城镇化发展的客观要求，回顾总结中国城镇化进程中城市民生改善的主要成效，并对城市发展中的各种民生问题进行全面剖析，在此基础上提出了民生优先的城市发展思路，以及改善城市民生的对策建议。

7. 城市竞争力蓝皮书

中国城市竞争力报告No.10（赠阅读卡）

倪鹏飞/主编　　2012年5月出版　　估价：65.00元

◆ 本书由中国社会科学院城市与竞争力中心主任倪鹏飞主持编写，汇集了众多研究城市经济问题的专家学者关于城市竞争力研究的最新成果。本报告构建了一套科学的城市竞争力评价指标体系，采用第一手数据材料，对国内重点城市年度竞争力格局变化进行客观分析和综合比较、排名，对研究城市经济及城市竞争力极具参考价值。

8. 西部蓝皮书

中国西部经济发展报告（2012）（赠阅读卡）

姚慧琴 任宗哲/主编　　2012年7月出版　　估价：79.00元

◆ 本书由西北大学中国西部经济发展研究中心主编，汇集了源自西部本土以及国内研究西部问题的权威专家的第一手资料，对国家实施西部大开发战略进行年度动态跟踪，并对2012年西部经济发展态势进行预测和展望。

9. 经济蓝皮书春季号

中国经济前景分析——2012年春季报告（赠阅读卡）

陈佳贵 李扬/主编　　2012年4月出版　　估价：59.00元

◆ 本书是经济蓝皮书的姊妹篇，是中国社会科学院"中国经济形势分析与预测"课题组推出的又一重磅作品，在模型模拟与实证分析的基础上，从我国面临的国内外环境入手，对2012年春季及全年经济全局及工业、农业、财政、金融、外贸、就业等热点问题进行多角度考察与研究，并提出政策建议，具有较强的实用性、科学性和前瞻性。

10. 宏观经济蓝皮书

中国经济增长报告(2011~2012)（赠阅读卡）

张平/主编　　2012年6月出版　　估价：69.00元

◆ 本书由中国社会科学院经济研究所组织编写，独创了中国各省(区、市)发展前景评价体系，通过产出效率、经济结构、经济稳定、产出消耗、增长潜力等近60个指标对中国各省(区、市)发展前景进行客观评价，并就"十二五"时期中国经济面临的主要问题进行全面分析。

11. 就业蓝皮书

2012年中国大学生就业报告（赠阅读卡）

麦可思研究院/主编　　王伯庆/主审　　2012年6月出版　　估价:98.00元

◆ 大学生就业是社会关注的热点和难点，本书是在麦可思研究院"中国2010届大学毕业生求职与工作能力调查"数据的基础上，由麦可思公司与西南财经大学共同完成的2012年度大学毕业生就业及重点产业人才分析报告。本书从就业水平、薪资、工作能力、求职等各个方面，分析2012年大学生的就业形势，并提出相应政策建议。

12. 环境绿皮书

中国环境发展报告(2012)（赠阅读卡）

杨东平/主编　　2012年4月出版　　定价:69.00元

◆ 本书由民间环保组织"自然之友"组织编写，共设五个版块，分别为特别关注、生态保护、宜居城市、可持续消费以及政策与治理，以公共利益的视角纪录、审视和思考中国环境状况，呈现2011年中国环境与可持续发展领域的全局态势；用深刻的思考、科学的数据分析2011年的环境热点事件。

13. 社会蓝皮书

2012年中国社会形势分析与预测（赠阅读卡）

汝信　陆学艺　李培林 / 主编　2012年1月出版　定价：59.00元

◆ 本书为中国社会科学院核心学术品牌之一，荟萃中国社会科学院众多学术单位的原创成果，对2011年中国社会发展主要领域进行了描述和分析，探讨了存在的问题和面临的挑战，对2012年的社会发展趋势进行了分析，提出了相应的政策建议，代表着中国社会发展的风向标。

14. 法治蓝皮书

中国法治发展报告 No.10(2012)（赠阅读卡）

李林 / 主编　2012年3月出版　定价：85.00元

◆ 本书分析了2011年中国法治发展取得的成绩和存在的问题，并对2012年中国法治发展形势进行了预测，书中还分析了2011年犯罪形势、微博管制的法律问题、房产税改革、民间借贷的法律规制等，对《婚姻法司法解释三》以及《刑事诉讼法》、《民事诉讼法》的修改进行了评述。

15. 反腐倡廉蓝皮书

中国反腐倡廉建设报告 No.1（赠阅读卡）

李秋芳 / 主编　2012年1月出版　定价：59.00元

◆ 本书从"惩治与专项治理、多主体综合监督、公共权力规制、公共资金资源资产监管、公职人员诚信管理、社会廉洁文化建设"六个方面对全国反腐倡廉建设进程与效果进行了综述，结合实地调研和问卷调查，反映了社会公众关注的难点焦点问题，并从理念和举措上提出建议。

16. 社会心态蓝皮书

2012年中国社会心态研究报告（赠阅读卡）

王俊秀　杨宜音 / 主编　2012年5月出版　估价：59.00元

◆ 本书是中国社会科学院社会学研究所社会心理研究中心的年度报告，从社会感受、价值观念、行为倾向等方面对于生活压力感、社会支持感、经济变动感受、国家认同、隐私观念、微博使用行为、情感护理、心理危机干预等问题，用社会心理学、社会学、经济学、传播学等多种学科的方法角度进行了调查和研究，对于我国社会心态状况有较广泛深入的揭示。

17. 国际城市蓝皮书

国际城市发展报告（2012）（赠阅读卡）

屠启宇/主编　　2012年1月出版　　定价:69.00元

◆ 国际城市蓝皮书是由上海社会科学院城市与区域研究中心主办、世界经济研究所国际政治经济学研究室协办的关于国际城市发展动态的年度报告，力求为中国城市发展的决策者、操作者、研究者和关注者把握与借鉴国际城市发展动态、规律和实践，提供及时、全面、权威的解读。

18. 城乡统筹蓝皮书

中国城乡统筹发展报告（2012）（赠阅读卡）

程志强　潘晨光/主编　　2012年3月出版　　定价:59.00元

◆ 全书客观地总结了各地城乡统筹发展进程中的经验，详细论述了统筹城乡经济社会发展的理论基础，从多个角度对新时期加快我国城乡统筹发展进程进行了深入的研究与探讨。

19. 房地产蓝皮书

中国房地产发展报告No.9（赠阅读卡）

潘家华　李景国/主编　　2012年5月出版　　估价:59.00元

◆ 本书由中国社会科学院城市发展与环境研究所组织编写，秉承客观公正、科学中立的原则，深度解析2011年中国房地产发展的形势和存在的主要矛盾，并预测2012年中国房价走势及房地产市场发展大势。观点精辟，数据翔实，对关注房地产市场的各阶层人士极具参考价值。

20. 资本市场蓝皮书

中国场外交易市场发展报告(2011~2012)（赠阅读卡）

高峦　钟冠华/主编　　2012年3月出版　　定价:79.00元

◆ 本书通过研究场外交易市场组织模式、结构模式、交易模式、融资模式和监管模式的发展脉络、演变节点及演变原因，总结其发展规律，为推进有中国特色的场外交易市场建设提供有益的理论指导，是系统研究我国场外交易市场发展规律的力作。

21. 文化蓝皮书

2012年中国文化产业发展报告（赠阅读卡）

张晓明 胡惠林 章建刚/主编　2012年7月出版　估价:59.00元

◆ 本书是由中国社会科学院文化研究中心和文化部、上海交通大学共同编写的第10本中国文化产业年度报告。内容涵盖了我国文化产业分析及政策分析，既有对2011年文化产业发展形势的评估，又有对2012年发展趋势的预测；既有对全国文化产业宏观形势的评估，又有对文化产业内各行业的权威年度报告。

22. 传媒蓝皮书

2012年中国传媒产业发展报告（赠阅读卡）

崔保国/主编　　2012年4月出版　　估价:69.00元

◆ 本书云集了清华大学、人民大学等众多权威机构的知名学者，对2011年中国传媒产业发展进行全面分析。剖析传统媒体转型过程中，中国传媒界的思索与实践；立足全球传媒产业发展现状，探索我国传媒产业向支柱产业发展面临的路径；并为我国构建现代国际传播体系，提升国际传播能力提供前瞻性研究与观点。

23. 新媒体蓝皮书

中国新媒体发展报告(2012)（赠阅读卡）

尹韵公/主编　　2012年7月出版　　估价:69.00元

◆ 本书由中国社会科学院新闻与传播研究所和上海大学合作编写，在构建新媒体发展研究基本框架的基础上，全面梳理2011年中国新媒体发展现状，发表最前沿的网络媒体深度调查数据和研究成果，并对新媒体发展的未来趋势做出预测。

24. 教育蓝皮书

中国教育发展报告(2012)（赠阅读卡）

杨东平/主编　　2012年3月出版　　定价：59.00元

◆ 本书由总报告、年度主题、特别关注——农村教育、教育新观察、教育满意度框架构成。主要针对义务教育均衡发展的现状与展望、学前教育的快速发展亟需奠定公平基石、高等学校考试招生制度改革的探索、新课堂新教育：学校布局调整与校车系统建设、大学生源下降背景下的高等教育结构调整等热点问题进行了分析论述。

25. 住房绿皮书

中国住房发展报告(2011~2012)（赠阅读卡）

倪鹏飞/主编　　2011年12月出版　　定价:69.00元

◆ 本书从宏观背景、市场体系和公共政策等方面，对中国住房市场作全面系统的分析、预测与评价。在评述2011年住房市场走势的基础上，预测2012年中国住房市场的发展变化；通过构建中国住房指数体系，量化评估住房市场各关键领域的发展状况；剖析中国住房市场发展所面临的主要问题与挑战，并给出政策建议。

26. 旅游绿皮书

2012年中国旅游发展分析与预测（赠阅读卡）

张广瑞　刘德谦　宋瑞/主编　2012年5月出版　估价:59.00元

◆ 本书由中国社会科学院旅游研究中心组织编写，从2011年国内外发展环境入手，深度剖析2011年我国旅游业的跌宕起伏以及背后错综复杂的影响因素，聚焦旅游相关行业的运行特征以及相关政策实施，对旅游发展的热点问题给出颇具见地的分析，并提出促进我国旅游业发展的对策建议。

27. 产业蓝皮书

中国产业竞争力报告（2012）NO.2（赠阅读卡）

张其仔/主编　2011年12月出版　定价:79.00元

◆ 本书对中国产业竞争力的最新变化进行了系统分析，对2012年中国产业竞争力的走势进行了展望，对各省、56个地区和44个园区的产业国际竞争力进行了评估，是了解中国产业竞争力、各地产业竞争力最新变化的支撑平台。

28. 能源蓝皮书

中国能源发展报告(2012)（赠阅读卡）

崔民选/主编　　2012年7月出版　　估价:79.00元

◆ 本书结合中国经济面临转型的新形势，着眼于构建安全稳定、经济清洁的现代能源产业体系，盘点2011年中国能源行业的运行和发展走势，对2011年我国能源产业和各行业的运行特征、热点问题进行了深度剖析，并提出了未来趋势预测和对策建议。

29. 国际形势黄皮书

全球政治与安全报告 (2012)（赠阅读卡）

李慎明　张宇燕 / 主编　　2012 年 1 月出版　　定价 :59.00 元

◆　本书是由中国社会科学院世界经济与政治研究所精心打造的又一品牌皮书，关注时下国际关系发展动向里隐藏的中长期趋势，剖析全球政治与安全格局下的国际形势最新动向以及国际关系发展的热点问题，并对 2012 年国际社会重大动态作出前瞻性的分析与预测。

30. 美国蓝皮书

美国问题研究报告 (2012)（赠阅读卡）

黄　平 / 主编　　2012 年 6 月出版　　估价 :69.00 元

◆　本书由中华美国学会和中国社会科学院美国研究所组织编写，从美国内政、外交、中美关系等角度系统论述 2012 年美国政治经济发展情况，既有对美国当今实力、地位的宏观分析，也有对美国近年来内政、外交政策的微观考察，对观察和研究美国及中美关系具有较强的参考作用。

31. 欧洲蓝皮书

欧洲发展报告 (2011~2012)（赠阅读卡）

周　弘 / 主编　　2012 年 3 月出版　　定价 :79.00 元

◆　2011 年是欧元开始流通的第十个年头，但是欧元在这一年经历了生死抉择。欧洲长期积累的财政和债务问题，终于在世界金融危机的冲击下转变成主权债务危机。在采取紧急应对危机举措的同时，欧盟还提出一系列经济治理方案。正当欧盟内部为保卫欧元而苦苦奋战之时，欧盟却在对外战线上成功地完成对利比亚的一场战争。关注欧洲蓝皮书，关注欧盟局势。

32. 经济信息绿皮书

中国与世界经济发展报告（2012）（赠阅读卡）

王长胜 / 主编　　2012 年 1 月出版　　定价 :69.00 元

◆　本书围绕 2011 年国内外经济发展环境、宏观经济发展趋势及调控政策取向、产业经济和区域经济热点、经济运行中的主要矛盾等进行了系统的分析预测。

经济类

经济蓝皮书
2012年中国经济形势分析与预测
著(编)者：陈佳贵　李扬　2011年12月出版／定价：59.00元

经济蓝皮书春季号
中国经济前景分析——2012年春季报告
著(编)者：陈佳贵　李扬　2012年4月出版／估价：59.00元

经济信息绿皮书
中国与世界经济发展报告(2012)
著(编)者：王长胜　2012年1月出版／定价：69.00元

宏观经济蓝皮书
中国经济增长报告(2012)
著(编)者：张平　刘霞辉　2012年6月出版／估价：69.00元

城市竞争力蓝皮书
中国城市竞争力报告No.10
著(编)者：倪鹏飞　2012年5月出版／估价：65.00元

农村绿皮书
中国农村经济形势分析与预测(2011~2012)
著(编)者：中国社会科学院农村发展研究所
　　　　　国家统计局农村社会经济调查司
2012年4月出版／定价：59.00元

人口与劳动绿皮书
中国人口与劳动问题报告No.13
著(编)者：蔡昉　2012年7月出版／估价：59.00元

国家竞争力蓝皮书
中国国家竞争力报告No.2
著(编)者：倪鹏飞　2012年10月出版／估价：98.00元

省域竞争力蓝皮书
"十一五"期间中国省域经济综合竞争力发展报告
著(编)者：李建平　2012年3月出版／定价：198.00元

民营经济蓝皮书
中国民营经济发展报告(2010~2011)
著(编)者：黄孟复　2012年9月出版／估价：69.00元

发展和改革蓝皮书
中国经济发展和体制改革报告No.5
著(编)者：邹东涛　2012年11月出版／估价：98.00元

中小城市绿皮书
中国中小城市发展报告(2012)
著(编)者：中国城市经济学会中小城市经济发展委员会
2012年10月出版／估价：59.00元

中国总部经济蓝皮书
中国总部经济发展报告(2011~2012)
著(编)者：赵弘　2012年12月出版／估价：55.00元

企业蓝皮书
中国企业竞争力报告(2012)
著(编)者：金碚　2012年10月出版／估价：79.00元

民营企业蓝皮书
中国民营企业发展报告 No.6
著(编)者：刘迎秋　徐志祥　2012年10月出版／估价：69.00元

低碳经济蓝皮书
中国低碳经济发展报告(2012)
著(编)者：薛进军　2011年12月出版／定价：98.00元

城市蓝皮书
中国城市发展报告No.5
著(编)者：潘家华　魏后凯　2012年7月出版／估价：59.00元

国际城市蓝皮书
国际城市发展报告(2012)
著(编)者：屠启宇　2012年1月出版／定价：69.00元

金融蓝皮书
中国金融发展报告(2012)
著(编)者：李扬　王国刚　2012年6月出版／估价：79.00元

工业化蓝皮书
中国工业化发展报告(2012)
著(编)者：陈佳贵　黄群慧　2012年6月出版／估价：69.00元

西部工业蓝皮书
中国西部工业发展报告(2012)
著(编)者：方行明　2012年10月出版／估价：79.00元

贸易蓝皮书
中国贸易发展报告（2012）
著(编)者：周晓燕　周大霖　荆林波　2012年6月出版／估价：59.00元

区域蓝皮书
中国区域经济发展报告(2011~2012)
著(编)者：戚本超　景体华
2012年5月出版／估价：59.00元

西部蓝皮书
中国西部经济发展报告(2012)
著(编)者：姚慧琴　任宗哲
2012年7月出版／估价：79.00元

中部蓝皮书
中国中部地区发展报告(2012)
著(编)者：李中元　2011年9月出版／定价：59.00元

东北蓝皮书
中国东北地区发展报告(2012)
著(编)者：鲍振东　曹晓峰
2012年8月出版／估价：69.00元

长三角蓝皮书
2012年科学发展长三角
著(编)者：宋林飞　2012年8月出版／估价：59.00元

社会政法类

社会蓝皮书
2012年中国社会形势分析与预测
著(编)者:汝 信 陆学艺 李培林
2011年12月出版 / 定价:59.00元

人权蓝皮书
中国人权发展报告(2012)
著(编)者:罗豪才
2012年8月出版 / 估价:59.00元

法治蓝皮书
中国法治发展报告No.10(2012)
著(编)者:李 林
2012年3月出版 / 定价:85.00元

反腐倡廉蓝皮书
中国反腐倡廉建设报告No.1
著(编)者:中国社会科学院廉政研究中心
2012年1月出版 / 定价:59.00元

舆情蓝皮书
中国社会舆情与危机管理报告(2012)
著(编)者:谢耘耕 2012年7月出版 / 估价:78.00元

社会心态蓝皮书
中国社会心态发展报告(2012)
著(编)者:王俊秀 杨宜音 2012年5月出版 / 估价:59.00元

公共服务蓝皮书
中国城市基本公共服务力评价(2011~2012)
著(编)者:侯惠勤 2012年7月出版 / 估价:78.00元

气候变化绿皮书
应对气候变化报告(2012)
著(编)者:王伟光 郑国光 2012年11月出版 / 估价:68.00元

环境绿皮书
中国环境发展报告(2012)
著(编)者:杨东平 2012年4月出版 / 定价:69.00元

环境竞争力绿皮书
中国环境竞争力发展报告(2010~2011)
著(编)者:李建平 李闽榕 王金南
2012年10月出版 / 估价:148.00元

生态城市绿皮书
中国生态城市建设发展报告(2012)
著(编)者:李景源 孙伟平 刘举科
2012年9月出版 / 估价:118.00元

生态文明绿皮书
中国省域生态文明建设评价报告(ECI 2012)
著(编)者:严 耕 2012年9月出版 / 估价:118.00元

教育蓝皮书
中国教育发展报告(2012)
著(编)者:杨东平 2012年3月出版 / 定价:59.00元

教师蓝皮书
全国中小学教师状况分析报告(2012)
著(编)者:曾晓东 曲恒昌 2012年5月出版 / 估价:55.00元

就业蓝皮书
2012年中国大学生就业报告
著(编)者:麦可思研究院 2012年6月出版 / 估价:98.00元

青少年蓝皮书
中国未成年人互联网运用报告(2011~2012)
著(编)者:李文革 沈 杰 2012年6月出版 / 估价:59.00元

妇女绿皮书
中国性别平等与妇女发展报告(2011~2012)
著(编)者:谭 琳 2012年12月出版 / 估价:79.00元

妇女发展蓝皮书
中国妇女发展报告 No.4(2012)
著(编)者:王金玲 2012年8月出版 / 估价:59.00元

女性生活蓝皮书
中国女性生活状况报告 No.6(2012)
著(编)者:韩湘景 2012年12月出版 / 估价:118.00元

女性教育蓝皮书
中国妇女教育发展报告No.2(2011~2012)
著(编)者:莫文秀 2012年9月出版 / 估价:79.00元

城乡统筹蓝皮书
中国城乡统筹发展报告(2012)
著(编)者:程志强 潘晨光 2012年3月出版 / 定价:59.00元

科普蓝皮书
中国科普基础设施发展报告(2011)
著(编)者:任福君 2012年3月出版 / 定价:79.00元

民族发展蓝皮书
中国民族区域自治发展报告(2012)
著(编)者:郝时远 王希恩 2012年8月出版 / 估价:59.00元

华侨华人蓝皮书
华侨华人发展报告(2012)
著(编)者:丘 进 2012年2月出版 / 估价:59.00元

宗教蓝皮书
中国宗教发展报告(2012)
著(编)者:金 泽 邱永辉 2012年6月出版 / 估价:59.00元

社会工作蓝皮书
中国社会工作发展报告(2011~2012)
著(编)者:蒋昆生 戚学森 2012年7月出版 / 估价:59.00元

社会建设蓝皮书
2012年北京社会建设分析报告
著(编)者:陆学艺 张 荆 唐 军
2012年7月出版 / 估价:59.00元

社会科学蓝皮书
中国社会科学学术前沿报告 No.3
著(编)者:高 翔 2012年8月出版／估价:68.00元

北京律师蓝皮书
北京律师发展报告(2012)
著(编)者:王 隽 周塞军 2012年9月出版／估价:70.00元

殡葬绿皮书
中国殡葬事业发展报告(2012)
著(编)者:朱 勇 2012年4月出版／估价:59.00元

中国政府创新蓝皮书
中国政府创新报告(2012)
著(编)者:俞可平 2012年11月出版／估价:78.00元

危机管理蓝皮书
中国危机管理报告(2012)
著(编)者:文学国 范正青 2012年11月出版／估价:79.00元

民间组织蓝皮书
中国民间组织报告(2011~2012)
著(编)者:黄晓勇 2012年3月出版／定价:69.00元

慈善蓝皮书
中国慈善发展报告(2012)
著(编)者:杨 团 2012年12月出版／估价:69.00元

企业公民蓝皮书
中国企业公民报告(2012)
著(编)者:邹东涛 2012年4月出版／估价:58.00元

企业社会责任蓝皮书
中国企业社会责任研究报告(2012)
著(编)者:陈佳贵 黄群慧 钟宏武 等
2012年10月出版／估价:59.00元

小康监测蓝皮书
中国小康监测发展报告(2012)
著(编)者:吕庆哲 2012年12月出版／估价:59.00元

信用蓝皮书
中国信用发展报告(2012)
著(编)者:章 政 田 侃 2012年7月出版／估价:55.00元

创新蓝皮书
创新型国家建设报告(2012)
著(编)者:詹正茂 熊思敏 2012年9月出版／估价:59.00元

民生蓝皮书
中国民生指数报告(2012)
著(编)者:吴晓灵 2012年9月出版／估价:59.00元

政治参与蓝皮书
中国政治参与报告(2012)
著(编)者:房 宁 2012年9月出版／估价:59.00元

人口老龄化蓝皮书
中国人口老龄化报告(2012)
著(编)者:田雪原 2012年9月出版／估价:59.00元

城乡一体化蓝皮书
中国城乡一体化发展报告(2012)
著(编)者:汝 信 傅崇兰 2012年11月出版／估价:59.00元

残疾人蓝皮书
中国残疾人事业发展报告(2012)
著(编)者:曹 元 2012年12月出版／估价:59.00元

非传统安全蓝皮书
非传统安全报告(2012)
著(编)者:余潇枫 2012年4月出版／定价:69.00元

食品安全蓝皮书
食品安全发展报告(2012)
著(编)者:周青杰 2012年7月出版／估价:59.00元

福建妇女发展蓝皮书
福建省妇女发展报告(2012)
著(编)者:刘群英 2012年10月出版／估价:58.00元

基金会绿皮书
中国基金会发展独立研究报告(2012)
著(编)者:康晓光 冯利 程 刚
2012年7月出版／估价:68.00元

行业协会蓝皮书
中国行业协会发展报告(2012)
著(编)者:刘忠祥 2012年7月出版／估价:68.00元

创新蓝皮书
创新型国家建设报告(2012)
著(编)者:詹正茂 熊思敏
2012年12月出版／估价:59.00元

人口与健康蓝皮书
深圳人口与健康发展报告(2012)
著(编)者:陆杰华 2012年12月出版／估价:98.00元

汽车社会蓝皮书
中国汽车社会发展报告(2012)
著(编)者:王俊秀 2012年10月出版／估价:59.00元

口腔健康蓝皮书
中国口腔健康发展报告(2012)
著(编)者:胡德渝 2011年12月出版／定价:59.00元

文明绿皮书
中国生态文明报告（2012）
著(编)者:中国生态文明研究与促进会
2012年9月出版／估价:59.00元

人力资源蓝皮书
中国人力资源发展报告（2011-2012）
著(编)者:中国人事科学研究院
2012年5月出版／估价:59.00元

旅游安全蓝皮书
中国旅游安全研究报告（2012）
著(编)者：郑向敏　戴　斌　田卫民　等
2012年5月出版/估价：65.00元

公益蓝皮书
中国公益发展蓝皮书（2012）
著(编)者：朱健刚　2012年5月出版/估价：68.00元

形象危机蓝皮书
形象危机研究报告（2012）
著(编)者：唐　钧　2012年7月出版/估价：78.00元

海洋安全蓝皮书
中国海洋安全报告(2012)
著(编)者：姜　安　2012年7月出版/估价：69.00元

行政改革蓝皮书
中国行政体制改革报告(2012)No.2
著(编)者：中国行政体制改革研究会　魏礼群　汪玉凯
2012年8月出版/估价：59.00元

社会保障绿皮书
中国社会保障发展报告(2012)
著(编)者：陈佳贵　王延中　2012年5月出版/估价：59.00元

劳动关系蓝皮书
2012年中国劳动关系报告
著(编)者：中国劳动关系学院　2012年3月出版/估价：59.00元

文化传媒类

文化蓝皮书
2012年中国文化产业发展报告
著(编)者：张晓明　胡惠林　章建刚
2012年7月出版/估价：59.00元

文化软实力蓝皮书
中国文化软实力研究报告(2012)
著(编)者：张国祚　2012年12月出版/估价：79.00元

全球传媒蓝皮书
全球传媒产业发展报告(2012)
著(编)者：胡正荣　2012年12月出版/估价：59.00元

传媒蓝皮书
2012年中国传媒产业发展报告
著(编)者：崔保国　2012年4月出版/估价：69.00元

新媒体蓝皮书
中国新媒体发展报告(2012)
著(编)者：尹韵公　2012年7月出版/估价：69.00元

动漫蓝皮书
中国动漫产业发展报告(2012)
著(编)者：卢　斌　郑玉明　牛兴侦
2012年4月出版/定价：69.00元

纪录片蓝皮书
中国纪录片发展报告(2012)
著(编)者：何苏六　2012年9月出版/估价：88.00元

广告主蓝皮书
中国广告主营销推广趋势报告No.7
著(编)者：黄升民　杜国清　等
2012年10月出版/估价：68.00元

电影蓝皮书
中国电影产业发展报告(2012)
著(编)者：侯克明　2012年9月出版/估价：68.00元

电视蓝皮书
中国电视产业发展报告(2012)
著(编)者：盘　剑　2012年9月出版/估价：68.00元

广电蓝皮书
中国广播电影电视发展报告(2012)
著(编)者：庞井君　2012年8月出版/估价：88.00元

视听新媒体蓝皮书
中国视听新媒体发展报告(2012)
著(编)者：庞井君　2012年8月出版/估价：88.00元

期刊蓝皮书
中国期刊发展报告(2008/2009)
著(编)者：李　频　2012年8月出版/估价：79.00元

文化遗产蓝皮书
中国文化遗产事业发展报告(2012)
著(编)者：刘世锦　林家彬　苏　杨
2012年10月出版/估价：79.00元

文学蓝皮书
中国文情报告(2011~2012)
著(编)者：白　烨　2012年9月出版/估价：68.00元

文化蓝皮书
中国文化消费需求景气评价报告(2012)
著(编)者：王亚南　2012年6月出版/估价：59.00元

文化蓝皮书
中国乡村文化消费需求景气评价报告(2012)
著(编)者：王亚南　2012年3月出版/估价：59.00元

文化蓝皮书
中国城镇文化消费需求景气评价报告(2012)
著(编)者：王亚南　2012年3月出版 / 估价：59.00元

文化蓝皮书
中国中心城市文化消费需求景气评价报告(2012)
著(编)者：王亚南　2012年3月出版 / 估价：59.00元

文化蓝皮书
中国少数民族文化发展报告(2012)
著(编)者：张晓明　胡惠林　章建刚
2012年6月出版 / 估价：59.00元

文化创新蓝皮书
中国文化创新发展报告(2011~2012)
著(编)者：詹正茂　熊思敏　2012年12月出版 / 估价：59.00元

创意城市蓝皮书
北京文化创意产业发展报告(2011)
著(编)者：张京成　2012年3月出版 / 定价：69.00元

创意城市蓝皮书
青岛市文化创意产业发展报告(2011)
著(编)者：马　达　2012年4月出版 / 估价：59.00元

两岸文化蓝皮书
两岸文化产业合作发展报告（2011）
著(编)者：胡惠林　2012年4月出版 / 估价：69.00元

中国文化品牌蓝皮书
中国文化品牌发展报告(2012)
著(编)者：欧阳友权　2012年4月出版 / 估价：59.00元

地方发展类

区域发展蓝皮书
中国欧亚大陆桥经济区带发展报告(2011)
著(编)者：李忠民　2012年4月出版 / 估价：69.00元

长株潭城市群蓝皮书
长株潭城市群发展报告(2012)
著(编)者：张　萍　2012年10月出版 / 估价：69.00元

港澳珠三角蓝皮书
粤港澳区域合作与发展研究报告(2011~2012)
著(编)者：梁庆寅　2012年6月出版 / 估价：79.00元

海峡西岸蓝皮书
海峡西岸经济区发展报告(2012)
著(编)者：张志南　李闽榕
2012年5月出版 / 估价：59.00元

中原蓝皮书
中原经济区发展报告(2012)
著(编)者：欧继中　2012年5月出版 / 估价：59.00元

西北蓝皮书
中国西北发展报告(2012)
著(编)者：杨尚勤　石　英　王建康
2012年5月出版 / 估价：59.00元

武汉城市圈蓝皮书
武汉城市圈经济社会发展报告(2011~2012)
著(编)者：肖安民　2012年9月出版 / 估价：69.00元

关中—天水经济区蓝皮书
中国关中—天水经济区发展报告(2012)
著(编)者：李忠民　2012年11月出版 / 估价：59.00元

北部湾蓝皮书
泛北部湾合作发展报告(2012)
著(编)者：吕余生　2012年5月出版 / 估价：65.00元

广西北部湾经济区蓝皮书
广西北部湾经济区开放开发报告(2012)
著(编)者：吕余生　2012年5月出版 / 估价：59.00元

大湄公河次区域蓝皮书
大湄公河次区域合作发展报告(2012)
著(编)者：刘　稚　2012年10月出版 / 估价：59.00元

首都圈蓝皮书
中国首都圈发展报告(2012)
著(编)者：祝尔娟　2012年4月出版 / 估价：79.00元

京津冀蓝皮书
京津冀区域一体化发展报告(2012)
著(编)者：文　魁　祝尔娟　2012年3月出版 / 定价：89.00元

北京蓝皮书
北京经济发展报告(2011~2012)
著(编)者：谭维克　戚本超　2012年4月出版 / 估价：59.00元

北京蓝皮书
北京社会发展报告(2011~2012)
著(编)者：戴建中　2012年9月出版 / 估价：59.00元

北京蓝皮书
北京文化发展报告(2011~2012)
著(编)者：张　泉　2012年4月出版 / 定价：69.00元

北京蓝皮书
北京社区发展报告(2011~2012)
著(编)者：刘牧雨　2012年6月出版 / 估价：59.00元

北京蓝皮书
北京城乡发展报告(2011~2012)
著(编)者:黄 序 2012年4月出版 / 估价:59.00元

北京蓝皮书
北京公共服务发展报告(2011~2012)
著(编)者:张 耘 2012年7月出版 / 估价:58.00元

北京人才蓝皮书
北京人才发展报告(2012)
著(编)者:张志伟 2012年6月出版 / 估价:59.00元

北京律师蓝皮书
北京律师发展报告No.1(2011)
著(编)者:王 隽 周塞军
2011年9月出版 / 定价:70.00元

上海蓝皮书
上海经济发展报告(2012)
著(编)者:屠启宇 沈开艳 2012年1月出版 / 定价:59.00元

上海蓝皮书
上海社会发展报告(2012)
著(编)者:卢汉龙 2012年1月出版 / 定价:59.00元

上海蓝皮书
上海文化发展报告(2012)
著(编)者:叶 辛 蒯大申 2012年1月出版 / 定价:59.00元

上海蓝皮书
上海资源环境发展报告(2012)
著(编)者:周冯琦 2012年1月出版 / 定价:59.00元

上海社会保障绿皮书
上海社会保障改革与发展报告(2011~2012)
著(编)者:汪 泓 2012年6月出版 / 估价:65.00元

上海蓝皮书
上海法治发展报告(2012)
著(编)者:叶 青 史建三 2012年1月出版 / 定价:59.00元

上海蓝皮书
2012年上海传媒发展报告:全媒体时代的创新与发展
著(编)者:强 荧 2012年1月出版 / 定价:59.00元

浦东新区蓝皮书
上海浦东经济发展报告(2012)
著(编)者:沈开艳 2011年11月出版 / 定价:59.00元

河南经济蓝皮书
2012年河南经济形势分析与预测
著(编)者:刘永奇 2012年3月出版 / 定价:65.00元

河南蓝皮书
河南经济发展报告(2012)
著(编)者:喻新安 2012年1月出版 / 定价:59.00元

河南蓝皮书
2012年河南社会形势分析与预测
著(编)者:林宪斋 牛苏林 2012年1月出版 / 定价:59.00元

河南蓝皮书
河南文化发展报告(2012)
著(编)者:张 锐 2012年1月出版 / 定价:69.00元

河南蓝皮书
河南城市发展报告(2012)
著(编)者:林宪斋 王建国 2012年1月出版 / 定价:69.00元

陕西蓝皮书
陕西经济发展报告(2012)
著(编)者:杨尚勤 石 英 裴成荣
2012年3月出版 / 定价:65.00元

陕西蓝皮书
陕西社会发展报告(2012)
著(编)者:杨尚勤 石 英 江 波
2012年3月出版 / 定价:65.00元

陕西蓝皮书
陕西文化发展报告(2012)
著(编)者:杨尚勤 石 英 王长寿
2012年3月出版 / 定价:59.00元

辽宁蓝皮书
2012年辽宁经济社会形势分析与预测
著(编)者:曹晓峰 张 晶 张卓民
2012年1月出版 / 定价:69.00元

广州蓝皮书
中国广州经济发展报告(2012)
著(编)者:汤应武 刘江华 2012年6月出版 / 估价:59.00元

广州蓝皮书
中国广州创意产业发展报告(2012)
著(编)者:李江涛 简文豪 2012年9月出版 / 估价:59.00元

广州蓝皮书
中国广州文化发展报告(2012)
著(编)者:王晓玲 2012年6月出版 / 估价:59.00元

广州蓝皮书
中国广州城市建设发展报告(2012)
著(编)者:李江涛 简文豪 2012年5月出版 / 估价:59.00元

广州蓝皮书
中国广州汽车产业发展报告(2012)
著(编)者:李江涛 朱名宏 2012年6月出版 / 估价:59.00元

广州蓝皮书
中国广州农村发展报告(2012)
著(编)者:李江涛 汤锦华 2012年7月出版 / 估价:59.00元

广州蓝皮书
中国广州科技与信息化发展报告(2012)
著(编)者:李江涛 谢学宁 2012年7月出版 / 估价:59.00元

广州蓝皮书
广州创新型城市发展报告(2012)
著(编)者:李江涛 简文豪 2012年7月出版 / 估价:59.00元

广州蓝皮书
广州社会保障发展报告(2012)
著(编)者:李江涛 简文豪 2012年7月出版 / 估价:59.00元

广州蓝皮书
广州国际化发展报告(2012)
著(编)者:李江涛 简文豪 2012年7月出版 / 估价:59.00元

广州蓝皮书
广州商贸流通业发展报告(2012)
著(编)者:李江涛 简文豪 2012年7月出版 / 估价:59.00元

广州蓝皮书
2012年中国广州经济形势分析与预测
著(编)者:李江涛 简文豪 2012年7月出版 / 估价:59.00元

经济特区蓝皮书
中国经济特区发展报告(2012)
著(编)者:钟 坚 2012年12月出版 / 估价:85.00元

深圳蓝皮书
深圳经济发展报告(2012)
著(编)者:乐 正 2012年3月出版 / 估价:59.00元

深圳蓝皮书
深圳社会发展报告(2012)
著(编)者:乐 正 祖玉琴 2012年11月出版 / 估价:69.00元

深圳蓝皮书
深圳劳动关系发展报告(2012)
著(编)者:汤庭芬 2012年5月出版 / 估价:69.00元

武汉蓝皮书
武汉经济社会发展报告(2012)
著(编)者:刘志辉 2012年6月出版 / 估价:59.00元

郑州蓝皮书
2012年郑州文化发展报告
著(编)者:丁世显 2012年6月出版 / 估价:59.00元

温州蓝皮书
2012年温州经济社会形势分析与预测
著(编)者:胡瑞怀 王春光 2012年3月出版 / 定价:69.00元

扬州蓝皮书
扬州经济社会发展报告(2011)
著(编)者:张爱军 2012年1月出版 / 定价:78.00元

南通蓝皮书
南通经济社会发展报告(2012)
著(编)者:南通市社科联 2012年4月出版 / 估价:79.00元

江苏法治蓝皮书
江苏法治发展报告(2012)
著(编)者:南京师大法学院 南京师大江苏法治发展研究院
     李 力 2012年4月出版 / 估价:68.00元

海峡经济区蓝皮书
海峡经济区发展报告(2012)
著(编)者:李闽榕 王秉安 2012年10月出版 / 估价:79.00元

山西蓝皮书
山西资源型经济转型发展报告(2012)
著(编)者:李志强 2012年1月出版 / 定价:79.00元

太原蓝皮书
太原经济社会发展报告(2012)
著(编)者:太原社会科学院
2012年4月出版 / 估价:79.00元

天津蓝皮书
天津滨海新区发展报告 (2012)
著(编)者:周立群 2012年9月出版 / 估价:79.00元

广东蓝皮书
广东外贸发展报告(2012)
著(编)者:陈万灵 2012年10月出版 / 估价:79.00元

广东现代服务业蓝皮书
广东现代服务业发展报告(2012)
著(编)者:祁 明 程 晓 2012年8月出版 / 估价:79.00元

贵州蓝皮书
贵州社会发展报告(2012)
著(编)者:王兴骥 2012年11月出版 / 估价:79.00元

贵州蓝皮书
贵州法治发展报告(2011)
著(编)者:吴大华 2012年1月出版 / 定价:65.00元

湖南蓝皮书
2012年湖南"两型社会"发展报告
著(编)者:梁志峰 2012年4月出版 / 估价:79.00元

湖南蓝皮书
2012年湖南产业发展报告
著(编)者:梁志峰 2012年4月出版 / 估价:89.00元

湖南蓝皮书
2012年湖南经济展望
著(编)者:梁志峰 2012年4月出版 / 估价:79.00元

湖南蓝皮书
2012年湖南法治发展报告
著(编)者:梁志峰 2012年4月出版 / 估价:79.00元

湖南县城绿皮书
湖南县城发展报告
著(编)者:朱有志 等 2012年4月出版 / 定价:69.00元

黑龙江蓝皮书
黑龙江经济发展报告(2012)
著(编)者：曲 伟 2012年1月出版 / 定价:69.00元

黑龙江蓝皮书
黑龙江社会发展报告(2012)
著(编)者：艾书琴 2012年1月出版 / 定价:65.00元

黑龙江产业蓝皮书
黑龙江产业发展报告(2012)
著(编)者：艾书琴 2012年6月出版 / 估价:79.00元

安徽社会蓝皮书
安徽社会发展报告(2012)
著(编)者：王开玉 2012年10月出版 / 估价:79.00元

青海蓝皮书
2012年青海经济社会发展报告
著(编)者：青海社会科学院 2012年5月出版 / 估价:79.00元

甘肃蓝皮书
甘肃经济发展报告(2012)
著(编)者：魏胜文 2012年6月出版 / 估价:79.00元

甘肃蓝皮书
甘肃文化发展报告(2012)
著(编)者：魏胜文 2012年6月出版 / 估价:79.00元

甘肃蓝皮书
甘肃社会发展报告(2012)
著(编)者：魏胜文 2012年6月出版 / 估价:79.00元

浙江蓝皮书
浙江金融业发展报告(2011)
著(编)者：刘仁伍 2012年3月出版 / 定价:69.00元

浙江蓝皮书
浙江省市场经济发展报告(2011)
著(编)者：刘仁伍 2012年3月出版 / 定价:79.00元

浙江蓝皮书
浙江民营经济发展报告2012
著(编)者：刘仁伍 2012年4月出版 / 定价:59.00元

浙江蓝皮书
浙江区域金融研究中心发展报告
著(编)者：刘仁伍 2012年4月出版 / 定价:69.00元

内蒙古蓝皮书
内蒙古经济发展蓝皮书(2012-2013)
著(编)者：黄育华 王 力 2012年12月出版 / 估价:69.00元

行业报告类

产业蓝皮书
中国产业竞争力报告(2012)
著(编)者：张其仔 2011年12月出版 / 估价:79.00元

金融蓝皮书
中国银行业风险管理报告(2012)
著(编)者：王 力 2012年5月出版 / 定价:65.00元

金融蓝皮书
中国金融中心发展报告(2011~2012)
著(编)者：王 力 2012年10月出版 / 定价:65.00元

金融蓝皮书
中国金融生态发展报告(2012)
著(编)者：刘煜辉 2012年9月出版 / 定价:59.00元

金融蓝皮书
中国商业银行竞争力报告(2012)
著(编)者：王松奇 2012年5月出版 / 定价:69.00元

金融蓝皮书
中国银行投资发展报告(2012)
著(编)者：张志前 2012年10月出版 / 定价:69.00元

金融蓝皮书
中国金融监管发展报告(2012)
著(编)者：刘煜辉 2012年6月出版 / 定价:69.00元

金融蓝皮书
中国期货发展报告(2012)
著(编)者：车卉淳 2012年10月出版 / 估价:69.00元

保险蓝皮书
中国保险业竞争力报告(2012)
著(编)者：王 力 2012年10月出版 / 定价:59.00元

服务外包蓝皮书
中国金融服务外包发展报告(2011~2012)
著(编)者：王 力 2012年8月出版 / 定价:69.00元

西部金融蓝皮书
中国西部金融发展报告(2011)
著(编)者：李忠民 2012年3月出版 / 定价:69.00元

住房绿皮书
中国住房发展报告(2011~2012)
著(编)者：倪鹏飞 2011年12月出版 / 定价:69.00元

房地产蓝皮书
中国房地产发展报告No.9
著(编)者:潘家华　李景国　2012年5月出版 / 估价:59.00元

汽车蓝皮书
中国汽车产业发展报告(2012)
著(编)者:国务院发展研究中心产业经济研究部
　　　　中国汽车工程学会　大众汽车集团(中国)
2012年7月出版 / 估价:69.00元

服务业蓝皮书
中国服务业发展报告No.10
著(编)者:荆林波　史　丹　夏杰长
2012年4月出版 / 估价:59.00元

服务业蓝皮书
广东现代服务业发展报告(2012)
著(编)者:祁　明　程　晓
2012年1月出版 / 定价:69.00元

商业蓝皮书
中国商业发展报告(2011~2012)
著(编)者:荆林波　2012年5月出版 / 估价:85.00元

信息化蓝皮书
中国信息化形势分析与预测(2012)
著(编)者:周宏仁　2012年8月出版 / 估价:98.00元

会展经济蓝皮书
中国会展经济发展报告(2012)
著(编)者:王方华　过聚荣
2012年4月出版 / 定价:65.00元

电子政务蓝皮书
中国电子政务发展报告(2012)
著(编)者:王长胜　许晓平
2012年6月出版 / 估价:59.00元

电子商务蓝皮书
中国电子商务服务业发展报告NO.2
著(编)者:荆林波　2012年8月出版 / 估价:59.00元

商会蓝皮书
中国商会发展报告(2012)
著(编)者:刘忠祥　2012年9月出版 / 估价:98.00元

中国商品市场蓝皮书
中国商品市场竞争力报告NO.2
著(编)者:荆林波　2012年9月出版 / 估价:69.00元

产权市场蓝皮书
中国产权市场发展报告(2011~2012)
著(编)者:曹和平　2012年10月出版 / 估价:69.00元

资本市场蓝皮书
中国场外交易市场发展报告(2011~2012)
著(编)者:高峦　钟冠华　2012年3月出版 / 定价:79.00元

私募市场蓝皮书
中国私募股权市场发展报告(2012)
著(编)者:曹和平　2012年10月出版 / 估价:59.00元

中国农业竞争力蓝皮书
中国省域农业竞争力发展报告No.2
著(编)者:郑传芳　宋洪远　李闽榕　等
2012年9月出版 / 估价:128.00元

中国林业竞争力蓝皮书
中国省域林业竞争力发展报告No.2
著(编)者:郑传芳　李闽榕　张春霞　等
2012年8月出版 / 估价:129.00元

旅游绿皮书
2012年中国旅游发展分析与预测
著(编)者:张广瑞　刘德谦　宋瑞
2012年5月出版 / 估价:59.00元

休闲绿皮书
2012年中国休闲发展报告
著(编)者:刘德谦　高舜礼　宋瑞
2012年5月出版 / 估价:69.00元

医疗卫生绿皮书
中国医疗卫生发展报告NO.6
著(编)者:杜乐勋　张文鸣　徐宝瑞
2012年9月出版 / 估价:68.00元

医药蓝皮书
中国传统医药发展报告(2012)
著(编)者:中国中医药管理局
2012年8月出版 / 估价:69.00元

食品药品蓝皮书
食品药品安全与监管政策研究报告(2012)
著(编)者:上海市食品药品安全研究中心
2012年5月出版 / 估价:69.00元

餐饮产业蓝皮书
中国餐饮产业发展报告(2012)
著(编)者:荆林波　2012年6月出版 / 估价:59.00元

交通运输蓝皮书
中国交通运输业发展报告(2012)
著(编)者:民生银行交通金融事业部课题组
2012年5月出版 / 估价:59.00元

体育蓝皮书
中国体育产业发展报告(2012)
著(编)者:江和平　张海潮　2012年6月出版 / 估价:69.00元

茶业蓝皮书
中国茶产业发展报告(2012)
著(编)者:李闽榕　杨江帆　2012年11月出版 / 估价:79.00元

测绘地理信息蓝皮书
中国地理信息产业发展报告(2012)
著(编)者:徐德明　2012年11月出版 / 估价:98.00元

物联网蓝皮书
中国物联网发展报告(2012)
著(编)者:黄桂田　张全升　2012年5月出版 / 估价:69.00元

能源蓝皮书
中国能源发展报告(2012)
著(编)者:崔民选　2012年7月出版 / 估价:79.00元

煤炭蓝皮书
中国煤炭工业发展报告(2012)
著(编)者:岳福斌　2012年5月出版 / 估价:69.00元

基金会蓝皮书
中国基金会发展报告(2012)
著(编)者:刘忠祥　2012年11月出版 / 估价:69.00元

服务外包蓝皮书
国际服务外包发展报告(2012)
著(编)者:王晓红　2012年8月出版 / 估价:69.00元

工业设计蓝皮书
中国工业设计发展报告(2012)
著(编)者:国家发改委宏观经济研究院
2012年8月出版 / 估价:69.00元

上市公司蓝皮书
中国上市公司非财务信息披露报告(2011)
著(编)者:钟宏武　张　旺　张　惠
2011年12月出版 / 估价:59.00元

投融资蓝皮书
中国中小企业投融资报告(2012)
著(编)者:中小企业投融资杂志社
2012年9月出版 / 估价:69.00元

投融资蓝皮书
中国国际贸易投资报告(2012)
著(编)者:赵忠秀　2012年10月出版 / 估价:69.00元

流通蓝皮书
湖南省商贸流通产业发展报告(2012)
著(编)者:柳思维　2012年9月出版 / 估价:69.00元

供销社蓝皮书
中国供销社发展报告(2012)
著(编)者:赵亚平　2012年10月出版 / 估价:69.00元

产业安全蓝皮书
中国产业安全报告(2011~2012)
著(编)者:李孟刚　2012年6月出版 / 估价:69.00元

产业安全蓝皮书
中国能源产业安全与发展报告(2012)
著(编)者:李孟刚　2012年6月出版 / 估价:69.00元

产业安全蓝皮书
中国城市投资公司安全与发展报告(2012)
著(编)者:李孟刚　2012年6月出版 / 估价:69.00元

产业安全蓝皮书
中国粮食深加工产业安全与发展报告(2012)
著(编)者:李孟刚　2012年6月出版 / 估价:69.00元

产业安全蓝皮书
中国新能源产业安全与发展报告(2012)
著(编)者:李孟刚　2012年6月出版 / 估价:69.00元

产业安全蓝皮书
北京市房地产业安全与发展报告(2012)
著(编)者:李孟刚　2012年6月出版 / 估价:69.00元

产业安全蓝皮书
中国保险产业安全与发展报告(2012)
著(编)者:李孟刚　2012年6月出版 / 估价:69.00元

产业安全蓝皮书
中国私募股权产业安全与发展报告(2012)
著(编)者:李孟刚　2012年6月出版 / 估价:69.00元

产业安全蓝皮书
中国证券产业安全与发展报告(2012)
著(编)者:李孟刚　2012年6月出版 / 估价:69.00元

煤炭市场蓝皮书
中国煤炭市场发展报告(2012)
著(编)者:山西汾渭能源咨询公司
2012年11月出版 / 估价:69.00元

物流蓝皮书
中国物流发展报告(2012)
著(编)者:赵　娴　2012年10月出版 / 估价:79.00元

软件和信息服务业蓝皮书
中国软件和信息服务业发展报告(2012)
著(编)者:李　颖　2012年10月出版 / 估价:98.00元

"老字号"蓝皮书
中国"老字号"企业发展报告(2012)
著(编)者:张继焦　2012年10月出版 / 估价:79.00元

"两化"融合蓝皮书
中国"两化"融合发展报告(2012)
著(编)者:朱金周　2012年8月出版 / 估价:79.00元

保健蓝皮书
中国保健用品产业发展报告No.1
著(编)者:中国保健协会　2012年5月出版/估价:198.00元

移动互联网蓝皮书
中国移动互联网发展报告(2012)
著(编)者:官建文　2012年5月出版/估价:59.00元

国别与地区类

国际形势黄皮书
全球政治与安全报告(2012)
著(编)者:李慎明　张宇燕
2012年1月出版 / 定价:59.00元

世界经济黄皮书
2012年世界经济形势分析与预测
著(编)者:王洛林　张宇燕
2012年1月出版 / 定价:59.00元

世界社会主义黄皮书
世界社会主义跟踪研究报告(2011~2012)
著(编)者:李慎明　2012年3月出版 / 定价:99.00元

上海合作组织黄皮书
上海合作组织发展报告(2012)
著(编)者:吴恩远　2012年9月出版 / 估价:69.00元

拉美黄皮书
拉丁美洲和加勒比发展报告(2011~2012)
著(编)者:苏振兴　2012年4月出版 / 估价:69.00元

美国蓝皮书
美国问题研究报告(2012)
著(编)者:黄　平　2012年6月出版 / 估价:69.00元

欧洲蓝皮书
欧洲发展报告(2012)
著(编)者:周　弘　2012年3月出版 / 定价:79.00元

德国蓝皮书
德国发展报告(2011~2012)
著(编)者:李乐曾　郑春荣
2012年5月出版 / 估价:59.00元

俄罗斯黄皮书
俄罗斯发展报告(2012)
著(编)者:李永全　2012年4月出版 / 估价:59.00元

中亚黄皮书
中亚国家发展报告(2012)
著(编)者:孙　立 等　2012年6月出版 / 估价:59.00元

中东黄皮书
中东发展报告(2012)
著(编)者:杨　光　2012年6月出版 / 估价:59.00元

非洲黄皮书
非洲发展报告(2012)
著(编)者:杨　光　2012年6月出版 / 估价:59.00元

亚太蓝皮书
亚太地区发展报告(2012)
著(编)者:李向阳　2012年1月出版 / 定价:59.00元

日本蓝皮书
日本发展报告(2012)
著(编)者:李　薇　2012年4月出版 / 估价:69.00元

日本经济蓝皮书
日本经济与中日经贸关系发展报告(2012)
著(编)者:王洛林　2012年5月出版 / 估价:69.00元

越南蓝皮书
越南国情报告(2012)
著(编)者:吕余生　2012年9月出版 / 估价:59.00元

缅甸蓝皮书
缅甸国情报告 No.1
著(编)者:刘　稚　2012年5月出版 / 估价:59.00元

印度蓝皮书
印度国情报告 No.1
著(编)者:刘　稚　2012年6月出版 / 估价:59.00元

G20国家创新竞争力黄皮书
G20国家创新竞争力发展报告(2011~2012)
著(编)者:李建平　李闽榕　赵新力
2012年11月出版 / 估价:98.00元

新兴经济体蓝皮书
金砖国家经济社会发展报告(2012)
著(编)者:林跃勤　周　文
2012年4月出版 / 定价:69.00元

东南亚蓝皮书
东南亚地区发展报告(2012)
著(编)者:王　勤　2012年5月出版 / 估价:69.00元

韩国蓝皮书
韩国发展报告(2011~2012)
著(编)者:牛林杰　2012年6月出版 / 估价:98.00元

澳门蓝皮书
澳门经济社会发展报告(2012)
著(编)者:郝雨凡　2012年3月出版 / 定价:79.00元

澳门会展蓝皮书
澳门会展业发展报告(2011~2012)
著(编)者:林广志　2012年6月出版 / 估价:59.00元

香港蓝皮书
香港经济社会发展报告(2011~2012)
著(编)者:薛凤旋　2012年5月出版 / 估价:79.00元

社会科学文献出版社
SOCIAL SCIENCES ACADEMIC PRESS (CHINA)

社会科学文献出版社成立于1985年，是直属于中国社会科学院的人文社会科学专业学术出版机构。

成立以来，特别是1998年实施第二次创业以来，依托于中国社会科学院丰厚的学术出版和专家学者两大资源，坚持"创社科经典，出传世文献"的出版理念和"权威、前沿、原创"的产品定位，走学术产品的系列化、规模化、数字化、市场化经营道路，社会科学文献出版社先后策划出版了著名的图书品牌和学术品牌"皮书"系列、《列国志》、"社科文献精品译库"、"全球化译丛"、"气候变化与人类发展译丛"、"近世中国"等一大批既有学术影响又有市场价值的图书。

在国内原创著作、国外名家经典著作大量出版的同时，社会科学文献出版社长期致力于中国学术出版走出去，先后与荷兰博睿出版社合作面向海外推出了《经济蓝皮书》、《社会蓝皮书》等十余种皮书的英文版；此外，《从苦行者社会到消费者社会》、《二十世纪中国史纲》、《中华人民共和国法制史》等三种著作入选新闻出版总署"经典中国国际出版工程"。

面对数字化浪潮的冲击，社会科学文献出版社力图从内容资源和数字平台两个方面实现传统出版的再造，并先后推出了皮书数据库、列国志数据库、中国田野调查数据库等一系列数字产品。

在新的发展时期，社会科学文献出版社结合社会的需求、自身的条件以及行业的发展，提出了新的创业目标：精心打造人文社会科学成果推广平台，发展成为一家集图书、期刊、声像电子和数字出版物为一体、面向海内外高端读者和客户，具备独特竞争力的人文社会科学内容资源经营商和海内外知名的专业学术出版机构。

皮书数据库
www.pishu.com.cn

皮书数据库二期全新上线

• 皮书数据库（SSDB）是社会科学文献出版社整合现有皮书资源开发的在线数字产品，全面收录"皮书系列"的内容资源，并以此为基础整合大量相关资讯构建而成。

• 皮书数据库现有中国经济发展数据库、中国社会发展数据库、世界经济与国际政治数据库等子库，覆盖经济、社会、文化等多个行业、领域，现有报告30000多篇，总字数超过5亿字，并以每年4000多篇的速度不断更新累积。2009年7月，皮书数据库荣获"2008~2009中国数字出版知名品牌"。

• 2011年3月，皮书数据库二期正式上线，开发了更加灵活便捷的检索系统，可以实现精确查找和模糊匹配，并与纸书发行基本同步，可为读者提供更加广泛的资讯服务。

更多信息请登录

中国皮书网
http://www.pishu.cn
中国皮书网
http://www.pishu.cn

皮书微博
http://weibo.com/pishu

中国皮书网的BLOG [编锚]
http://blog.sina.com.cn/pishu
皮书博客
http://blog.sina.com.cn/pishu

请到各地书店皮书专架 / 专柜购买，也可办理邮购

咨询 / 邮购电话：010-59367017　59367070　　邮　　箱：duzhe@ssap.cn
邮购地址：北京市西城区北三环中路甲29号院3号楼华龙大厦13层读者服务中心
邮　　编：100029
银行户名：社会科学文献出版社发行部
开户银行：中国工商银行北京北太平庄支行
账　　号：0200010009200367306
网上书店：010-59367070　qq：1265056568
网　　址：http://www.ssap.com.cn　　www.pishu.cn